KB053069

살아 있는 학교 어떻게 만들까

아이들도 선생님도 다니고 싶은

살아 있는 학교 어떻게 만들까

크리스 메르코글리아노 씀 · 조응주 옮김

민들레

새로운 학교, 새로운 삶을 꿈꾸는 이들의
열정과 사랑이 넘치는 이야기

이 책의 저자 크리스 메리코글리아노는 미국의 대표적 대안학교인 알바니 프리스쿨에서 40년 넘게 아이들을 만나며 학교를 꾸려온 교육자입니다. 한국에도 몇 번 다녀가 새로운 교육을 꿈꾸는 한국 교육자들에게 신선한 감동을 전해주기도 했습니다.

살아 있는 학교는 어떻게 만들어지는 걸까? 이 물음에 답하기 위해 크리스는 미국의 혁신적인 배움터 14곳을 직접 방문해 그 대표자들과 인터뷰를 했습니다. 이 이야기 속에 크리스는 자신이 꿈꾸는 배움터의 모습을 담은 것 같습니다.

과연 '살아 있는 학교'란 어떤 학교일까요? 크리스는 먼 미래의 애매한 목표를 위해 끊임없이 준비만 하는 곳이 아니라, 바로 지금 학생들이 하고 싶은 일을 직접 해볼 수 있도록 하는 학교가 살아 있는 학교라고 주장합니다. 이런 관점에서 보면 '삶이 곧 교육이고 생활이 곧 교육'이어야 합니다.

지금 우리는 교육 패러다임의 전환 시대에 살고 있습니다. 성공 중심의 교육관에서 행복 중심 교육관으로 패러다임이 바뀌고 있습니다. 이제는 성공, 성공 하며 무작정 앞만 보고 달리는 무한경쟁 시스템의 컨베이어 벨트에서 내려서야 할 때입니다. 누구나 다 성공할 수는 없어도 누구나 행복할 수는 있습니다. 더 이상 오늘의 행복을 내일로 미루어서는 안 됩니다. 오늘 행복해야 내일도 행복할 수 있습니다.

그런데도 오늘의 교육은 너무나 경직되고 획일화되어 있고, 교육의 중앙집중화와 표준화의 강도도 여전히 높습니다. 그래서 우리는 필연적으로 유연하고 탄력적이고 융통성 있는 새로운 교육, 새로운 배움터를 갈망하는 것이지요.

이런 갈망을 담아, 민들레출판사에서 이 책을 국내에 처음 소개한 지도 벌써 십 년이 지났습니다. 제가 이 책을 처음 밑줄 그으며 읽었을 때가 2009년 9월이었습니다. 그때 저는 공립 대안학교인 경남 창원의 태봉고등학교 공모 교장으로 선발되어 행복한 교육을 꿈꾸며 새로운 학교를 준비하고 있던 때였지요. '여럿이 함께 행복한 학교 하나 꼭 만들고 싶다'는 오랜 꿈을 실현할 수 있는 기회를 앞두고, 설렘에 가득 차 읽었던 책들 중 한 권이 바로 이 책입니다.

책을 읽으며 태봉고등학교의 모습을 미리 상상해보기도 하고, 크리스가 비유한 '밭 일구기 → 씨 뿌리기 → 싹 틔우기 → 가꾸기 → 수확하기'로 이어지는 새로운 학교의 설립 과정을 따라가면서 태봉고의 밑그림을 그려보기도 했습니다. 이 책은 개교 초창기의 여러 혼돈과 시련 속에서도 쉽게 포기하지 않는 용기와 흔들리지 않는 신념을 갖게 해준 스승 같은 역할을 했지요. 덕분에 태봉고는 학생, 학부모, 교사가 함께 주체가 되어 '감동을 위하여! 행복을 위하여!'라는 노래를 부르며 살아 있는 학교로 설 수 있었습니다.

태봉고등학교에서 임기 4년을 마치고 저는 2014년에 폐교 위기에 처한 남해 상주중학교(사립)로 옮겨왔습니다. '돌아오는 농촌, 다시 사는 마을학교'라는 비전을 세우고 여럿이 힘을 모아 대안교육 특성화중학교로 전환해 2016년 '새로운 학교'로 출범했습니다. 이제는 폐교 위기를 넘어 너도나도 '다니고 싶은 학교'로 알려지고 있습니다. 상주중학교가 이렇게 거듭날 수 있었던 것도 이 책에서 얻은 자양분 덕분이라고 생각합니다.

저는 현재 2020년 3월 개교를 목표로 이곳 남해에 민간 위탁형 공립 대안학교인 '(가칭)보물섬고등학교' 설립을 준비하고 있습니다. 이 학교는 교육부가 미국의 차터스쿨을 우리나라 상황에 맞게 적용하는 새로운 형태의 공립 대안학교입니다. 현재 전국 5개 지역에서 개교 준비 작업에 착수하지만, 언젠가는 우리나라 공교육의 변화를 이끌어내는 데 큰 역할을 하리라 기대합니다.

또다시 '새로운 학교'를 기획하며 많은 상상력을 동원하고 있는 저에게 『살아 있는 학교 어떻게 만들까』의 재출간 소식은 반갑지 않을 수 없습니다. 다른 사람에게 추천하기에 앞서 당장 저에게 절실하고 소중한 책이기 때문입니다. 이번에는 더욱 천천히 행간에 숨어 있는 무수한 이야기까지도 상상하면서 되새김질하며 읽었습니다. 태봉고와 상주중의 경험 없이 이 책을 읽을 때와 그 지난한 과정을 경험하고 다시 읽을 때의 느낌은 많이 달랐습니다. 역시 글과 삶이 함께 녹아야 '살아 있는 지혜'가 싹튼다는 것을 새삼 깨우쳤습니다.

책을 읽다 보면, 어쩌면 독자의 마음을 불편하게 할 수도 있는 과격한 생각과 높은 이상을 담은 내용이 있을 수도 있습니다. 더러는 지금까지 우리가 '교육에 대해서' 믿고 의지했던 지식과 상식의 근간을 송두리째 흔드는 불편한 이야기도 있을 수 있고요. 어떤 이에게는 감추고 싶고 묻어두고 싶은 우리들의 허위의식과 허영심을 콕콕 찌르는 송곳 같은 책일지도 모릅니다. 비주류 세계의 거친 야성이 묻어나는 역동적인 삶의 이야기를 담은 이 책은, 성찰적 지성인들이 3백여 년 전부터 꿈꾸어온 '오래된 교육의 미래'를 담은 책이기도 합니다.

이 책은 대안학교나 혁신학교에서 새로운 교육, 새로운 배움터를 기획하고 꿈꾸는 사람들에게 '살아 있는 교육'이란 무엇인지, '행복한 삶'이란 무엇인지를 깊이 사유하게 해주는 등불이 될 것입니다. 또한 이 책이 공교육 시스템 속에서 시들어가고 있는 이 땅의 모든 학생, 교사와 학부모들에게

'희망 메시지'를 전하고, 행복한 교육의 방향을 잡아주는 나침반 역할을 할 수 있길 진심으로 바랍니다.

　교육이 죽고, 학교가 죽었다고 넋을 놓고 있을 수만은 없습니다. 누구든 먼저 나서서 우리 삶을 옭아매고 있는 '교육의 사회구조적 모순과 이율배반의 역사'에 저항하고 도전해야 합니다. 그리하여 마침내 "실패한 교육과 거짓말"(촘스키)을 넘어서야 합니다. 나아가 다음 세대로 이어지는 '역사의 징검돌' 하나씩 놓는 작업을 꾸준히 해나가야 합니다. 이 책은 그 고난의 여정에 들어선 사람들에게 좋은 길벗이 될 것입니다.

2018년 5월

여태전(남해 상주중학교 교장)

이상을 현실로 만들기

여기서 나는 학교를 식물에 비유해 곳곳에 '싹트다', '가꾸다' 같은 표현을 썼다. 아이들의 육체적, 지적, 정서적, 영적 욕구를 충족시키는 좋은 학습환경은 정원과 여러 면에서 비슷하기 때문이다. 학교는 정원처럼 씨앗, 다시 말해 더 나은 방법에 대한 이상에서 출발한다. 그 씨앗은 곧 싹이 되고, 그 싹은 정성스럽게 가꿔줘야만 계속 생장하여 행복하고 유능하고 결단력 있고 자주적인 젊은이라는 열매를 맺는다.

원예 용어로 학교를 묘사하는 또 다른 까닭은 도심 빈민가 프리스쿨에서 교사 겸 운영자로 삼십 년 넘게 활동하는 동안 줄곧 원예에 관심을 가지고 있었기 때문이다. 오랜 세월 학생들을 가르치고 정원을 가꾸면서, 식물과 아이들의 성장 요건이 참 비슷하다는 생각을 하게 되었다. 식물과 아이 둘 다 사랑과 자양분을 필요로 한다. 따스함과 햇살과 탁 트인 공간을 원하고, 칭찬과 존중에 목말라 한다. 식물이든 아이든 자기만의 방식으로 자라게 놔둬야 하지만, 동시에 침입자나 유독성 자극에서 보호해줘야 한다. 그리고 식물과 아이 둘 다 합성 화학제품을 써서 발육을 조절해서는 안 된다.

정원을 가꾸면서 깨달은 것이 있다면 식물의 가능성을 꽃 피우기 위해 24시간 보살펴야 할 필요는 없다는 사실이다. 정원의 조건이 알맞고 모든 요소가 제대로 갖춰져 있으면, 원예가는 잡초를 뽑아주고 뿌리를 덮어주고 물을 주는 것 말고는 별로 할 일이 없다. 가만히 관찰하고 인내심을 가지면 된다.

식물이 튼튼하게 자라지 않을 때는 주의 깊게 살펴야 할 증상, 예를 들어 잎사귀의 색이 변한다거나, 벌레가 들끓는다거나, 꽃이 피지 않는다거나 하는 증상들이 있다. 이런 증상은 각각 어떤 원인이 있기 때문에 생겨난다. 토양에 꼭 필요한 요소가 부족할지도 모르고, 토양이 지나치게 산성화 되었을지도 모른다. 그도 아니면 물과 햇볕을 충분히 받지 못했거나 반대로 너무 많이 받았는지도 모른다. 원예가의 몫은 증상을 제대로 분석하여 필요한 조치를 취하는 것이나. 그러고 나서는 그저 식물을 바라보고 자라기를 기다려주면 된다. 물론 칭찬도 해줘야 한다. 식물이 가꾸는 사람의 애정을 감지하기 때문인데, 이는 철저한 실험을 통해 입증된 과학적 사실이다.

식물을 가꾸는 데는 인내가 필요하다. 재촉한다고 해서 더 빨리 성장하는 것은 아니기 때문이다. 식물은 자기만의 때에 따라 성장한다. 원예가에게는 조바심이 어울리지 않는다. 원예가가 조바심을 내면 식물도 덩달아 조바심을 느끼게 되고, 그렇게 되면 성장이 오히려 늦춰진다.

아이들도 마찬가지다. 배움은 사과가 익어가거나 장미가 피어나는 것처럼 자연적인 과정이다. 그런데 최첨단 기술과 더 높은 기준에 대한 강박관념이 지배하는 오늘날, 이 진리는 잊혀지기 십상이다. 사실 아이들은 태어나기 전부터 배움을 시작한다. 엄마의 자궁이 첫 학교인 셈이다. 태아는 엄마가 느끼는 감정과 주변의 아득한 소리를 감지하여 아직 보지 못한 바깥 세상에 대한 이미지를 만들어낸다.

이 책은 여러분이 기대하는 전형적인 입문서가 아니다. 사실 나는 그런 책을 좋아하지도 않는다. 무슨무슨 방법을 가르치는 책들이 옷장에 걸린 옷걸이처럼 서점의 서가를 가득 메우는 현상은 갈수록 커져가는 우리 본능과의 괴리를 웅변하고 있다. 우리는 스스로의 경험을 통해 배우는 능력을 신뢰하는 대신 이른바 전문가의 충고에 조건반사적으로 기대게끔 교육받았다. 다루기 힘든 문제를 창조적으로 해결하는 데는 실수만큼 좋은 안내자가 없는데, 우리는 실수를 범하는 위험을 견디지 못하는 것이다.

이렇듯 해답을 다른 사람에게서 찾는 고질병은 이 책에서

제기하고자 하는 문제의 이면에도 도사리고 있다. 이 고질병
이 가장 극성을 부리는 분야가 바로 교육제도, 그리고 교육
제도의 원천이자 산물인 학교인 것이다. 이반 일리히가『학
교 없는 사회Deschooling Society』에서 지적했듯이, 전통적 교육모
델의 궁극적이고 가장 교묘한 결과는 우리의 지성 자체가 학
습된다는 것이다. 우리의 생각과 신념, 다시 말해 우리의 모
든 사고 과정이 외부의 검증을 받아야만 유효해지는 것이다.
그리고 학교는 이러한 문화를 거울처럼 단순하게 반영하기
만 한다. 일종의 악순환이다.

나는 이런 식의 교육을 지속시키는 것이 위험하다고 생각
한다. 예전에는 아이들이 인생을 살아가면서 실력을 갖추고
행복해지기 위해 알아야 할 것들을 터득하도록 돕는 것이 너
무나 자연스럽게, 또 개별적으로 이루어졌다. 이것을 공식公式
으로 접근하거나 대량으로 복제하고 그 복제판을 재탕, 삼탕
하는 것은 더 이상 쓸모없는 방식이라고 믿는다.

따라서 이 책은 청사진이나 비법을 전수하려고 쓰여진 것
이 아니다. 이 책은 가능성이라는 예술의 탐구, 참고서, 자신
감 강화제, 고장 수리 설명서가 될 것이다. 한마디로 이 책은
도구다. 그리고 무엇보다도 이 책은 학교라는 인위적인 구조
의 신화를 해체하기 위한 나의 노력이다. 학교는 환상의 장
막 뒤에 숨은 오즈의 마법사처럼 자신을 신비하고 위압적인
존재로 부풀려왔다. 나는 그 장막을 걷어내어 아이들을 교육
하는 일이 얼마나 근본적이고 간단한지를 모든 사람들에게

알리고자 이 책을 썼다. 그래서 교육을 곳간 열쇠인 양 움켜쥐고 있는 전문가와 관료와 학자들에게서 되찾아왔으면 좋겠다.

전제를 말했으니 이제부터 학교를 키우는 방법을 다루는 글에 숨겨져 있는 역설을 의식하면서 조심스럽게 시작해보겠다. 내가 의식하고 있는 역설은 빌 아니Bill Arney가 『자유를 위한 교육Educating for Freedom』에서 말한 '교수법의 역설'이다. 아니는 다음과 같은 질문으로 이 역설을 설명한다. "자유를 가르치면서 어떻게 학생의 의지와 지능에 은근히 고삐를 당기지 않을 수 있겠는가?"

마찬가지로 나 또한 새롭고 독창적인 학교 만들기를 논하면서 어떻게 내가 내린 처방을 따르라고 종용하지 않을 수 있겠는가? 역설은 본디 해결책을 거부한다. 대신 모순으로 점철된 세상을 긍정적으로 변화시키려는 노력과 함께 늘 그 역설을 마음에 새겨둘 것을 요구한다. 스스로 이상을 실현하고자 하는 여러분의 건투를 빈다.

1부

살아 있는
학교 가꾸기

어떤 학교가
살아 있는 학교인가

정원을 제대로 가꿔보자는 결심을 한 뒤부터 나는 원예 분야에서 내용이 가장 충실하다는 책을 한 아름 구해서 읽기 시작했다. 또 언제부턴가 정원을 지나치게 되면 유심히 살펴보는 버릇이 생겼다. 여느 원예가들처럼 종자 카탈로그를 모았고, 카탈로그에 나오는 매혹적인 식물 사진을 바라보며 상상의 나래를 펼쳤다. 그러면서 무관심 때문에 폐허가 되어버린 도심 빈민가의 공터를 어떻게 가꿀지 고심했다.

처음에는 답해야 할 질문들이 너무나 많았다. 이곳 기후에도 잘 적응하고, 먹을거리도 되면서 미적 욕구까지 충족시키려면 무엇을 길러야 할까? 채소밭으로는 어느 정도의 공간을 할애할까? 약초는? 화초는? 친구들의 도움으로 치운 산더미

같은 폐기물과 쓰레기 밑에서 산성화된 채 딱딱하게 굳어버린 흙을 어떻게 회복시킬까? 시간이 많이 걸리더라도 자연적인 방식을 따를까, 아니면 이런 문제를 단시간에 해결해주는 화학제품을 써서 시간을 절약할까? 다시 말해 나는 훌륭한 정원을 구성하는 요소에 대해 묻고 있었던 것이다.

학교도 마찬가지라고 생각한다. 좋은 학습환경을 만드는 기본 원칙이 무엇인지 묻는 데서 출발해야 하는 것이다.

지금은 고인이 된 실비아 애쉬턴 워너Sylvia Ashton-Warner의 말을 빌리자면, 좋은 학교는 유기적이다. '유기적organic'이라는 단어는 1960~1970년대를 거치면서 남용된 감이 있지만, 본래의 뜻에 충실하기만 하면 여전히 유용한 표현이다. 웹스터 사전의 정의에 따르면, 유기적인 존재는 전체를 이루는 한 부분으로서 없어서는 안 될 요소이다. 워너는 뉴질랜드 마오리족의 길들여지지 않은 아이들을 가르치며 25년을 보내는 동안 나름대로 교육에 접근하는 방법을 개발해냈고, 이를 '유기적 가르침'이라 불렀다. 워너는 저서 『선생님Teacher』에서 자신의 생각을 이렇게 밝혀놓았다.

나는 어쨌든 뚜껑이 없는 것이 좋다. 예측 불가능성, 생기발랄함, 나이가 많든 적든 재미있는 사람, 신나는 일… 삶의 모든 것을 덮어두지 않고 모두 드러내는 게 좋다. 덮개란 덮개는 종류를 막론하고 다 싫다. 삶의 진정한 형태가 좋다. 학교에서도. 나는 유기적 형태와 사랑에 빠졌다.

예를 들자면 워너는 아이들이 자주 쓰는 단어를 사용해서 읽기를 가르쳤다. 아이들은 초급 읽기 교과서 대신 자신들이 직접 삽화도 그리고 거기에 설명을 달아놓은 책을 읽었다. 아이들은 춤으로, 노래로, 때로는 연극으로 자신의 이야기를 표현했다. 작은 마을 학교에서 매일같이 펼쳐지는 드라마를 바탕으로 글을 깨친 것이다.

워너는 또한 아이들이 학교에 나오면서 자기 일상의 나머지 부분을 집에 놔두고 오지는 않는다는 현실을 인정했다. 워너는 아이들의 부모와도 가깝게 지냈고, 집안에 무슨 일이 있는지 관심을 기울였다. 따라서 어떤 아이가 학교에 와서 화를 내거나 우울해하면 워너는 대개 이유를 알아챘고, 모르는 경우에는 꼭 알아내려고 노력했다.

이렇듯 좋은 학교는 아이의 세상에 없어서는 안 될 요소이다. 아이의 싱그러운 생기와 상상력을 무미건조하게 보관하는 창고가 아닌 것이다. 좋은 학교는 아이의 존재 전체에 영향을 미치며, 머리뿐만 아니라 가슴의 요구까지 충족시킨다. 정서, 지능, 신체를 모두 아우르는 생생한 체험을 일궈낸다는 뜻이다. 좋은 학교는 몸짓과 소리와 빛깔로 살아 움직여야 한다. 이런 곳에서 배우는 것은 모두 실체적 의미와 목적을 갖게 된다. 각종 과목으로 구성된 교과과정을 통과하는 것이 목표가 아니라 진정으로 중요하고 관심을 기울일 만한 분야를 탐구하는 것이 목표이다. 이러한 배움은 시의적절하고 흥미진진하며, 다양한 기술과 지식을 통합한 실질적 활동에 기반을 두고 있다.

좋은 학교는 학생들 간의 교류가 지닌 가치를 인정한다. 『선생님』에서 한 구절을 더 살펴보자.

나는 한참을 (너무나 비전문가처럼) 앉아서 관찰하고 고민한 끝에 우리가 이른바 가르침이라고 하는 것의 가장 큰 적을 발견했다. 바로 아이들이 서로에게 보이는 관심이다. 정통 교수법을 교란시키는 악마 그 자체라고 할 만하다. 아이들이 서로 떠들고 싸우고 사랑하지만 않는다면 얼마나 편할까? 꼴사납고 괘씸한 소통! 자신을 방어하려면 이놈의 소통을 나도 써먹는 수밖에. 아이들의 소통을 어찌할 수 없으니 내 방식의 동력이자 기반으로 만들어버리자! 아이들을 둘씩 짝지어 한 문장씩 번갈아 읽게 한다. 그러면 두 녀석 다 지루해할 틈이 없다. 서로 틀린 부분을 지적해주고 너무 느리면 빨리 하라고 다그친다. 짝꿍이 끝나야 자기 차례가 오니까. 그렇게 아이들은 모든 과제를 서로서로 가르쳐준다. 바닥에 책상다리를 하고 앉아 무릎을 맞대거나 의자에 앉아 책상을 사이에 둔 채, 서로 다투고 타이르고 괴롭히고 웃는다. 그러면서 시종일관 일체감을 느낀다. 그렇게 배움과 관계가 뒤섞인 나머지 배움이 관계의 일부가 되어버린다. 관계만큼 외면당하면서도 창조성 넘치는 매개가 또 있을까.

유기적 학습환경의 질서는 외부에서 강요되는 것이 아니

다. 또 표준화되고 살균 포장된 패키지에서 나오는 것이 아니다. 조지 데니슨이 『아이들의 삶The Lives of Children』에서 지적했듯이, 진정한 질서의 원칙은 개개인의 내면에 들어 있기 때문이다. 데니슨은 뉴욕 맨해튼 동부에서 '일번가 학교First Street School'라는 작은 학교를 운영하면서 워너와 같은 깨달음을 얻었다. 교사가 만들어낸 규칙과 일과와 교과과정을 통해 인위적으로 강요된 질서는 진정한 배움의 원천인 생명력을 억누르기만 한다는 사실을 터득한 것이다.

좋은 학교는 공동체이기도 하다. 수사적인 의미로서가 아닌 실존하는 공동체이다. 공동체는 협력의 장이자 구성원 모두가 발언권이 있는 곳이다. 강제적 지배와 상명하달식의 권위가 아닌 상호 합의에 기반을 두어야 하기 때문이다. 공동체가 학습환경인 곳에서는 아이들에게 운영에 동참할 권리를 준다. 아이들은 어른이 만들어준 학생회라는 테두리 안에서 주변적인 사안만 다루는 유명무실한 참여가 아니라 중대한 사안에 대해 진정한 민주적 의사 표현 권리를 행사한다. 이로써 학생들은 학교를 단지 교사나 행정 직원의 것이 아닌 자기의 것으로 여기게 된다. 때문에 자신을 위해, 서로를 위해, 그리고 학교의 안정을 위해 자연스럽게 책임의식을 갖는다. 뿐만 아니라 어릴 때부터 민주주의를 실천한 아이들은 성숙한 시민의식을 갖춘 사회 구성원으로 성장한다. (갈수록 심각해지는 미국 유권자들의 무관심을 치유할 대안도 여기서 얻을 수 있지 않을까?)

공동체로서의 학교에서는 교사와 학생이 한편이 되어 공통 목표를 향해 나아간다. 교사는 무서운 감독이나 규율 반장이나 비판자가 아닌 선배, 멘토, 안내자가 된다. 교사와 학생은 늘 에너지와 친밀감과 영감을 주고받는다. 이러한 교감 속에서 교사는 학생만큼이나 영혼의 양식을 얻는다. 교사도 외부의 제약, 상부의 간섭, 학사 일정에 맞춰 가르쳐야 하는 압박 따위에서 자유로워지면, 자신을 치밀하게 짜인 각본에 가두지 않고 가르치는 과정에 온몸으로 뛰어들기 때문이다.

　　경쟁적으로 성적을 내고 등수를 정하는 것은 학교의 공동체의식을 갉아먹는다. 이러한 구조는 학생들을 서로 대결하게 만들고 공동체의식 대신 분리와 고립을 부추긴다. 경쟁에서 진 학생은 말할 나위 없다. 경쟁은 상대방을 능가하는 것이 공개적으로 명시되고 합의된 목표인 환경, 그러니까 경기장에나 어울리는 것이다. 경쟁이 공동체 안에 포함되어서는 안 된다.

　　공동체가 곧 학교인 곳에서는 학생들의 상대적 성과를 정적인 숫자로 나타내지 않는다. 아이 한 명 한 명의 지적, 정서적, 신체적, 사회적 계발을 역동적이고 개별적으로 가늠한다. 이를 위해 많은 학교에서 학생들의 한 해 동안의 성과를 포트폴리오로 만들어 관리한다. 프리스쿨 교사들은 학생과 상담을 하거나 교사들끼리 의논을 해서 상반기가 끝날 무렵 학생 한 명 한 명에 대해 아주 세밀하게 평가한 평가서를 쓴다. 이 평가서는 학생이 성취한 것에 초점을 맞추고, 신경 써야 할 부분이 있으면 이를 간략하게 지적한다. 그러고 나서 학부모와 면담하면서 평가서의 내용을 더 깊이 있게 설명한다.

공동체는 본질 자체가 포용적이다. 주어진 틀에 맞추지 못하거나 어떤 기준에 부합하지 않는다고 해서 사람을 배제하는 집단은 공동체가 아니라 파벌이다. 공동체는 획일적인 동질성을 강요하기보다는 구성원 개개인의 차이를 존중한다.

악의적으로 골탕 먹이기, 무시하기, 괴롭히기 따위의 아이들 사이에서 일어나는 학대는 불평등하고 배타적인 환경이 낳은 부작용이다. 그러므로 공동체의 핵심 요소는 다양성이다. 그러나 불행히도 끈질긴 인종주의에 기반을 둔 경제 구조와 주거 양태로 말미암아 미국 근대교육에서는 다양성을 찾아보기 힘들어졌다. 법원의 대규모 개입과 마그넷스쿨(소수 인종 소외를 근절하기 위해 교육부의 지원을 받아 특수 교육과정을 개발하여 설립하는 공립학교_옮긴이) 같은 제도가 있는데도 대부분의 학군에서 여전히 소수 인종과 민족을 차별하고 있다.

그러나 이 대목에서 간과하면 안 될 중요한 사실이 있다. 미국 의무교육의 본래 취지 중 하나는 19세기에 밀려들어온 이민자들을 미국화하여 확대되는 산업 경제의 수요와 공급을 둘 다 충족시키는 동질적인 소비문화를 소성하는 것이었다. 이 목표는 너무나 효과적으로 달성되었다. 이제는 다문화적 교육을 도입하려는 노력이 다른 전통에 대한 아이들의 인식을 넓히는 데 조금은 기여하고 있다. 그러나 진정한 배움의 공동체는 이를 넘어 구성원들 간의 실질적인 다양성을 길러내고 받쳐준다.

내가 아직 자유라는 표현을 쓰지 않았다는 점을 눈치챈 독자도 있을 것이다. 프리스쿨이 내 전문 경력의 전부인데도 처음부터 자유를 언급하지 않은 것은 모순으로 보일지 모르겠지만, 그럴 만한 중요한 까닭이 있다. 자유는 특히 아이들과 연관된 맥락에서 볼 때 휘발성이 강하고 오해의 소지가 많은 개념이다. 심지어 통제 불능의 악동들이 미쳐 날뛰며 제멋대로 구는 『파리대왕』의 한 장면을 떠올리는 사람도 있다.

이러한 무법천지와 혼돈의 이미지를 깨뜨리기 위해 니일Neill은 저서 『서머힐Summerhill, A Radical Approach to Child Rearing』에서 자기 마음대로 하는 방종과 자유를 신중하게 구분한다. 다시 말해 서머힐 학생들은 자신이 원하는 대로 할 수 있는 자유는 있다. 다만 민주적으로 세워진 공동체의 규범을 벗어나지 않거나 타인의 존엄성과 감정을 해치지 않는 범위에서만 그 자유를 누린다. 그 누구도 붐비는 극장에서 '불이야!'라고 외칠 자유는 없다. 그건 방종이다.

또 어떤 사람은 학교가 아이를 자유롭게 한다고 하면 들꽃 흩날리는 동산을 마냥 돌아다니는 몽롱한 히피족을 떠올린다. 그러면서 이렇게 묻는다. "우리 아이에게 하루 종일 놀아도 된다는 선택권을 주면 과연 공부를 할까요?" 알바니 프리스쿨을 처음 방문한 학부모들은 대부분 이런 식의 질문을 한다. 나는 우리 학교에서 배움의 부재 때문에 골치 아팠던 적이 별로 없었다는 말밖에 해주지 못한다. 강압적인 방법이나 속임수를 써서 아이들을 배우게 할 필요는 전혀 없다. 아이들은 선천적으로 호기심이 많기 때문이다. 감동적인 책을 읽고 싶어하고, 자기의 꿈과 희망을 글로 표현하고 싶어하고, 수리數理를 익히고 기계가 어떻게 작동하는지 발견하고 싶어한다. 과거를 파헤쳐 현재와 미래에 미치는 영향을 알고 싶어한다. 한마디로 능력과 지식과 독립심을 갖추고 싶어한다.

아인슈타인이 대학 시절 학교교육에 대한 자신의 생각을 적은 일기에 이런 구절이 나온다. "그 많은 것을 좋든 싫든 다 머릿속에 쑤셔넣어야만 했다. 그런 식의 강압에 하도 질린 나머지 기말고사를 치르고 나서 무려 일 년 동안 과학 문제를 쳐다보기만 해도 불쾌감이 일었다." 그리고 젊은 아인슈타인은 이렇게 결론을 내린다.

근대 학습 방법이 탐구 정신의 신성한 호기심을 완전히 질식시켜버리지 않은 것은 그야말로 기적이다. 오묘한 호기심의 세계에 필수불가결한 요소에는 자극 말고도 자유도 있기 때문이다.

아이들이 당근과 채찍 없이 배울 자유를 누리고, 자신의 자유의지와 자신이 내건 조건에 따라 배움의 과정에 참여하면, 배움은 평생 과업이 된다. 게다가 배움 그 자체를 위해 배우는 아이들은 배움 고유의 즐거움을 알기 때문에 더 빨리 쉽게 배운다. 또한 새로 배운 기술과 정보를 끊임없이 일상 생활과 결합시키기 때문에 흡수한 것을 계속 간직하게 된다.

공립학교에서 탈출하여 우리 프리스쿨에 갓 피난 온 아이들 중에도 배움을 학교 공부로밖에 인식하지 못하고 일종의 자체 방학에 들어가버리는 아이들이 종종 있는 것은 사실이다. 대개는 몇 달이 지나면 스스로 방학을 끝내고 학교생활을 시작하지만, 간혹 방학을 끝내지 않고 끈질기게 지적 추구를 멀리하는 아이들을 관찰해보면 무관심과 학대의 상처로 심신이 얼룩진 경우가 많다. 이러한 아이들을 일반학교로 돌려보낸들 애당초 자신을 낙오자나 부적응아로 낙인찍은 바로 그 환경에서 제대로 다닐 리가 만무하다. 우리 학교에서는 이 아이들을 위해 일단 학업의 압박감을 없애고 대신 망가진 자의식을 회복하도록 도와준다. 처벌에 대한 두려움 없이 '싫어!'라고 말할 수 있는 기회가 주어지면, 이 아이들은 거의 다 방황에서 돌아오고 시간이 지나면서 '좋아!'라고 말할 수 있게 된다. 자신과 자신을 둘러싼 세상을 이해하고, 소질을 계발하고, 자신의 인생을 스스로 주도하려는 노력을 긍정하게 되는 것이다.

따라서 좋은 학교는 자유라는 명칭과 관계없이 아이들에게 선택의 권리, 그것도 아주 많은 선택권을 허용한다. 좋은 선택을 할 줄 아는 숙련된 기술이야말로 제대로 사는 데 필수 요건임을 알고 있어서다. 아이들은 일과 놀이에서 일상적으로 선택권을 행사하며 자신의 관심과 열정이 어디에 있는

지 탐색해보는 중요한 기회를 얻는다. 외부의 보상과 처벌이 아닌 내면의 동기에 따라 스스로 움직이는 것이 어떤 느낌인지 직접 체험하게 된다.

어느 학교든지 진정한 공동체라면 최고로 중요한 요소는 사랑임을 알 것이다. 사랑은 공동체의 구성원을 하나로 이어주고, 숭고한 목표를 향해 달리기 위해 모든 인간이 필요로 하는 일체감과 소속감을 불러일으킨다. 그러나 너무나 많은 학교에서 사랑과 늘 붙어다니는 관심과 친밀감은 명확히 규정된 역할 분담 때문에 억눌리고 만다. 학생은 학생의 역할만, 선생은 선생의 역할만, 행정 담당자는 행정 담당자의 역할만 해야 한다면, 상호 접촉의 가능성은 상당히 줄어든다. 공동체에서는 모든 참여자들이 주어진 역할의 단순한 수행을 넘어, 있는 그대로의 자신을 존재하게 해주는 격려와 지원을 받는다. 그래야만 비로소 사랑과 관심이 꽃을 피운다.

일반학교의 핵심 요소가 된 나이별 분반 또한 일체감의 가능성을 제한한다. 반면 나이 구분을 두지 않는 학교의 분위기는 훨씬 더 즐겁고 가족적이다. 좋은 학교에서는 동갑이 아닌데도 단짝이 되는 아이들을 쉽게 볼 수 있다. 이러한 아이들은 지구에서 보낸 햇수를 초월하여 공통 관심사 때문에 친해지는 것이다.

사랑에는 즉흥성과 신체 접촉이 포함되며, 갈등도 당연히 빠지지 않고 등장한다. 대부분의 학교가 이 세 가지 모두를 일상에서 배제하려고 애를 쓴다. 그러나 일번가 학교에 대한 조지 데니슨의 기막힌 통찰력에 따르면, 우리는 갈등이 끝까지 가도록 내버려둠으로써 소중한 교훈을 얻을 수 있다. 갈등이 완전히 풀릴 때까지 노력한 사람들은 갈등으로 인해 더 가까워진다. 반면 엄격한 통제와 지속적인 감시로 갈등을 억제하면 모든 사람들이 안전거리를 유지한 채 고정되어버리고, 따라서 사랑을 키우는 데 크게 공헌하는 예측 불가능한 접촉이 거의 일어나지 않게 된다. 근래에 전염병처럼 번지는 학교 총기 난사 사건에 비춰볼 때, 안전거리를 유지하는 환경이 과연 안전한지 의문이 든다.

알바니 프리스쿨 구성원들은 밀접한 관계를 맺지 못할 만큼 바쁘거나 떨어져 있는 일이 없기 때문에 인간관계에 대한 여러 가지 불만이 터져 나올 수밖에 없다. 그래서 우리 학교는 이러한 갈등의 중재를 위해 전체 회의라는 제도를 갖추고 있다. 교사를 비롯해 누구든지 혼자서 해결하지 못할 문제가 생기면 (유치원생을 제외한) 공동체 전원을 소집하여 도움을 받을 수 있다. 사전에 합의한 대로 모두 하던 일을 멈추고 학교 회의실로 가서 바닥에 둥그렇게 모여 앉는다.(유치원생들을 포함하지 않는 이유는 오랫동안 한자리에 가만히 앉아 있는 것을 힘들어하기 때문이다.) 문제는 두 명 또는 그 이상의 사람 사이에서 발생한 분쟁일 수도 있고, 아끼던 소지품의 분실, 도난, 또는 훼손일 수도 있다. 그도 아니면 규칙이나 정책을 새로 만들거나 바꾸고 싶은 것도 회의 소집 이유가 될 수 있다.

회의는 주로 학생이 주재하며 헨리 마틴 로버트의 회의 진행 규칙에 따라 진행된다. 당면 사안이 다툼일 경우, 회의 참석자들은 우선 진상을 파악할 수 있도록 당사자들을 도와준다. 누가 어떤 행동이나 말을 누구한테 했고 왜 했는지, 싸움이 어떻게 시작됐는지 따위를 가려낸다. 이러한 노력의 목적은 서로 다른 이야기를 하나로 일치시키고, 문제의 감정적 요소를 털어내고, 무엇보다도 당사자들이 일방적으로 자기 이야기만 쏟아내기보다는 서로 대화하도록 유도하는 데 있다. 회의는 주로 당사자들이 해결책을 합의할 때까지 계속된다.

이러한 회의는 사람들이 서로에 대한 불만을 털어놓을 수 있는 안전한 공간을 마련함으로써 분노의 독성을 누그러뜨린다. 만병통치약은 아니지만 적개심이 속으로 곪는 것을 효과적으로 방지하고 아이들에게 괴롭힘이나 부당한 대우에 대해 <u>스스로를 보호할 수 있는 힘</u>을 길러준다.

좋은 학교는 또한 투과성이 좋은 숨쉬는 그릇과 같아서 학교 안과 바깥 세상 사이에 잦은 교류가 이루어진다. 아이들과 나누고 싶은 기술이나 아이디어가 있는 어른들은 학부모가 아니더라도 언제든지 환영받는다. 이러한 학교는 교실 밖에 있는 흥미로운 배움의 기회를 포착하기 위해 늘 노력한다. 아이들은 도세 수업을 받거나 사회봉사 활동을 하면서, 또 인턴으로 일하면서 진짜 세상살이에 직접 참여하는 기회를 얻는다. 먼 미래의 애매한 목표를 위해 끝없이 준비만 하는 것이 아니라 바로 지금 진짜 일을 해보는 것이다. 다시 말해 좋은 학교에서는 삶과 배움이 같은 뜻을 지닌다.

어쩌면 좋은 학교의 가장 중요한 요소는 니일이 『서머힐』에서 말했듯이, 아이를 학교에 끼워 맞추려 하지 않고 학교를 아이한테 맞추는 자세인지도 모른다. 이 핵심 요소를 설명하기 위해 니일이 소개한 일화가 있다.

하루는 자신이 아끼던 온실을 지나가는데 한 사내아이가 온실 유리창을 부수고 있었다고 한다. 서머힐에서 생활한 지 얼마 안 된 아이였는데 아직 반사회적 충동에 사로잡혀 있었다. 니일은 분노에 찬 그 신입생을 꾸짖는 대신 같이 유리창에다 돌을 던졌다. 깜짝 놀란 아이는 자기 혼자 고립되었다는 생각을 멈추게 되었고, 곧 돌멩이를 내려놓더니 무엇이 그토록 자기를 괴롭히는지 니일에게 털어놓기 시작했다. 그 뒤로 아이는 파괴적 충동에서 벗어나 학교 분위기에 더 잘 적응할 수 있게 되었다.

이러한 융통성이 좋은 학교의 특징이다. 지적, 정서적, 또는 육체적으로 곤경에 빠진 아이들에게 똑같은 표준에 적응하라고 강요하기보다는 각각의 아이들을 위해 개별 맞춤형 학습계획을 세우는 학교, 개성을 억누르지 않고 키워주는 학교, 다수에게 맞는 방식의 검증된 유효성에 기대기보다는 끊임없이 새로운 방식을 모색하는 학교, 위험을 무릅쓸 줄 알고 자신이 만든 규칙과 정책에도 예외가 있다는 것을 과감하게 인정하는 학교가 좋은 학교다.

다시 말하지만 좋은 학습환경을 위한 단일한 공식은 없다.

좋은 학교의 본질은 외부 구조가 아니라 구조를 만드는 사람들 속에, 그리고 그 사람들사이의 일상적 소통 속에 있다. 물론 좋은 학교의 기본 원칙인 유기적 기능, 인간관계, 공동체, 민주주의, 융통성, 자유, 신뢰, 책임, 선택, 그리고 사랑을 소중히 가꿔야 한다. 그러기만 하면 가능성은 거의 무한대로 펼쳐진다.

살아 있는 학교의
뿌리 알기

　　　　　　　　　새로운 학교를 확실하게 다져진 기반 위에 세우고 운영하려면 우선 그 학교의 뿌리, 다시 말해 그 학교가 기본 원칙으로 삼을 이상의 기원을 알아야 한다. 스스로의 역사를 이해하고 존중하지 못하는 조직이나 사회운동은 지금 가고 있는 길에서 방향감각을 잃거나 완전히 길을 잃게 될지도 모른다. 기본 원칙이라는 것이 사람에 따라 천차만별로 해석이 가능한 추상적 개념이기 때문이다. 이러한 원칙을 역사적 맥락에서 읽어내는 데 익숙해지면 본래의 뜻을 보존하여 다음 세대에 물려줄 수 있게 된다.

　또한 관습의 틀에서 벗어난 학교를 세우려는 사람일수록 이 분야에 이미 상당한 지혜가 축적되어 있다는 사실을 알아둘 필요가 있다. 여기서 말하는 지혜란 경험을 거쳐 숙성된 최고의 지혜이다. 이 지혜를 잘 활용하면 함정에 빠지거나 막다른 골목으로 치닫는 상황을 어느 정도 피할 수 있다. 물론 실전에서는 누구나 갖가지 실수를 하게 마련이다. 어떤 실험이든지 실수는 없어서는 안 될 요소니까.

자신의 전통을 잘 아는 학교가 누리는 간접적 이득이 또하나 있다. 특히 새로운 생각을 쉽게 받아들이지 못하는 지역에서 색다른 학교를 만들려고 할 때나 의심 많은 학부모를 상대해야 할 때, 앞서 간 개척자들의 업적을 참고하면 신뢰를 확보하고 사람들을 안심시키는 데 도움이 된다.

아이들을 건강하고 긍정적으로 계발시키는 더 나은 방법을 찾으려는 시도는 전혀 새로운 것이 아니다. 아이들을 가르치는 전통적 방법론에 대해 주목할 만한 저항이 일어난 것은 르네상스 때부터였다. 그전까지 교육을 지배한 방식은 고고학자들이 발견한 이집트 점토판 문서에 새겨진 문구 하나로 요약될 수 있다. "매를 치쳤더니 지식이 내 머리에 들더이다." 당시에는 학교가 몇 군데밖에 되지도 않았지만, 가르치는 교사의 수준도 겨우 기초 교육만을 받은 정도였다. 훈육법은 매우 엄격했다. 교육 방법이라고는 암기와 주입밖에 없었다. 하층민의 자식은 전혀 학교를 다닐 수 없었는데, 차라리 안 다니는 것이 더 행복한 것이었는지도 모른다. 교육 세태를 체계적으로 비판한 최초의 인물 중 한 사람이 바로 18세기 철학자 장 자크 루소다. 오늘날 거의 모든 대안적인 학습법과 교수법은 루소의 자연주의 교육철학에 뿌리를 두고 있다.

루소의 뒤를 이은 사람은 하인리히 페스탈로치Heinrich Pestalozzi다. 스위스 태생의 페스탈로치는 18세기 말에서 19세기 초에 걸쳐 프러시아에서 루소의 급진적 사상을 실천하려고 애썼다. 페스탈로치의 노력을 독일에서 계승했던 차세대 주자는 프리드리히 프뢰벨Friedrich Fröbel이다. 프뢰벨도 페스탈로치와 마찬가지로 교육 방법을 개발했는데, 이는 훗날 전 세계의 주류 교육 제도가 되었다.

프뢰벨이 은퇴할 무렵, 당시 문학계의 유망주였던 레오 톨스토이Leo Tolstoy 백작은 문학으로 출세할 꿈을 잠시 접어두고 모스크바 가까이 있던 선조들의 땅에 자유를 기반으로 한 학교를 세웠다. 그 뒤 루소와 톨스토이의 영향을 받은 프란시스코 페레Francisco Ferrer는 스페인 바르셀로나에 자유의지에 기초한 '근대학교Modern School'를 세워 20세기 초 스페인 제도교육을 전면적으로 비판하고 나섰다. 톨스토이와 페레 두 사람모두 반체제 사상 때문에 국가의 탄압을 받았는데, 페레는 결국 1909년 스페인 정부에 의해 처형되었다.

비슷한 시기에 이탈리아에서는 마리아 몬테소리Maria Montessori라는 의사가 교육의 치료 효과를 탐구하고 있었다. 정신병원에서 시작된 몬테소리의 연구는 이후 로마의 빈민가에 세운 '어린이의 집Children's House'으로 이어졌다. 한편 동시대를 살던 루돌프 슈타이너Rudolph Steiner는 교육을 개인적이고 영적인 변화의 수단으로 정착시키려고 노력하고 있었다. 이 두 동시대인은 페스탈로치와 프뢰벨처럼 전 세계에 영향을 미쳤다. 그들의 교육 철학과 방법론은 몬테소리와 슈타이너라는 이름을 걸고 세계 곳곳에 설립된 학교들의 운영 토대가 되었다.

그리고 1920년대 영국에서는 니일이라는 젊은 교사가 모국 스코틀랜드의 학교에 팽배한 권위주의에 큰 충격을 받아 아이와 어른이 권리와 의무를 함께 갖는 기숙학교를 세웠다. 니일의 저서 『서머힐』이 발간되고 나서 니일의 서머힐 학교를 모델로 한 학교들이 미국을 중심으로 설립되기 시작했다.

격동의 1960년대를 거치면서 미국은 일일이 언급할 수 없을 정도로 많은 교육혁신론자와 비평가들을 낳았다. 이들 중 그 누구보다도 큰 영향력을 미친 사람은 존 홀트John Holt이다. 홀트는 진보적인 사립학교의 교사로 교육계에 첫발을 내디뎠는데, 그 뒤 미국의 교육 실태에 너무나 큰 환멸을 느낀 나머지 급기야 학교라는 개념 자체를 부정하기에 이르렀다. 수많은 학부모들이 그가 쓴 글의 영향을 받아 집에서 자녀를 교육시키는 홈스쿨링을 진지하게 고려하게 되었다.

1960년대에 인본주의 심리학자 칼 로저스Carl Rogers는 주류 교육방법론이었던 스키너Burrhus F Skinner의 '행동조건화behavioral conditioning'에 반기를 들었다. 로저스는 저서 『배울 자유Freedom to Learn』에서 전통적인 보상과 처벌의 교육 방법이 아닌 학습자 스스로 추진하고 주도하는 교육 방법을 강조했다.

그러면 지금부터 좋은 학교의 기본 원칙을 개발하고 정립한 주요 인물들, 그러니까 좋은 학교의 씨앗을 만든 사람들을 더 자세히 살펴보자.

루소

장 자크 루소(1712-1778)는 당대의 교육 모델을 완전히 전복시켰다. 루소는 우선 칼뱅주의를 표방하던 당시 교육제도의 철학적 근간을 무너뜨리는 데 주력했다. 다시 말해 아이들은 천성적으로 게으르고 믿을 수 없는 존재이기 때문에, 사회는 아이들에게 사회적으로 용납되는 정신과 인격을 형성시키는 역할을 수행해야 한다는 논리에 도전장을 던진 것이다. 루소는 칼뱅과는 정반대의 출발점, 곧 모든 아이들은 천성적으로 선량하다는 주장에서 시작했다. 다시 말해 루소가 『에밀Emille』에서 주장했듯이 인간의 마음에 원초적 사악함이란 존재하지 않는다는 것이다.

루소는 사악한 것은 아이들이 아니라 사회이며, 따라서 아이들을 사회의 악영향에서 보호해야 된다고 주장했다. 그리고 사회적 기관, 특히 학교가 모든 아이들을 일그러뜨려 맞든 안 맞든 학교가 정한 똑같은 틀에 억지로 끼워 맞추는 것이 문제라고 지적했다.

아이의 성장은 어른이 사사건건 관리하고 규제해야 하는 기계적 공정이 아니라 자연스럽게 펼쳐지는 과정이라는 것이 루소의 지론이었다. 아이들은 배우기 위해 태어났으며, 자신의 타고난 리듬과 자기한테 편한 속도에 맞춰 성장할 수 있도록 도와주고 격려해주는 환경만 주어지면 대개는 스스로를 교육시킨다. 따라서 루소는 정규교육의 필요성 자체에 의문을 던졌다. 그러나 루소는 정규교육의 필요성에 관한 논쟁을 떠나, 교육의 목적은 배우는 사람의 자유롭고 구속받지 않는 계발이라고 믿었다.

루소는 아동심리학자나 아버지보다는 철학자로서 훨씬 더 성공한 사람이었다. 루소는 아기가 아무런 관념이나 감정 없이 태어난다는 가설을 믿었는데, 태어난 지 얼마 되지 않은 친자식들의 양육권도 포기해버렸다. 그러나 루소는 2백 년 뒤에 널리 수용될 스위스의 아동심리학자 장 피아제Jean William Fritz Piaget의 이론을 예감했던 모양이다. 피아제는 아이들이 작은 어른으로서 이해력이나 능력이 어른에 비해 양적인 차이밖에 없다는 이론을 반박하면서 아이들은 보편적으로 일련의 성장 단계를 거친다고 주장했는데, 루소도 『에밀』에서 이와 비슷한 생각을 표현했다.

유년기에는 아이 나름대로 적합하다고 여기는 자기만의 보고, 생각하고, 느끼는 방식이 있다. 보는 정신은 고유의 형태가 있기 때문에 그 형태에 따라 지도해야 한다.

당시 서구사회에서는 아이들의 조기교육을 제도화하려는

움직임이 일어나고 있었는데, 루소는 이러한 추세를 맹비난했다. 그는 수학, 과학, 지리학 따위의 제도화된 학문 추구는 아이가 최소한 열두 살이 될 때까지 미뤄야 한다고 권고했다. 그의 논리에 따르면 열두 살 이하의 아이들은 직접 경험을 통해 자연 세계와 활발하게 접촉함으로써 최상의 학습을 한다. 150년 뒤에 등장한 교육자 마리아 몬테소리와 마찬가지로, 루소는 교육이 추상적 지능이 아닌 감각의 발달에서 출발해야 한다고 믿었다. 루소는 『에밀』에서 다음과 같이 자신의 주장을 밝혔다.

자연이 아이에게 온갖 영향을 받아들일 만큼 유연한 두뇌를 주었다면, 이는 왕의 이름과 역사적 사건의 연보, 귀족의 계보, 천문학이나 지리학 용어 따위를 새겨 넣기 위해서가 아니다. 그 어린 나이에 아무런 의미도 없는, 그 어떤 나이가 되어도 전혀 쓸모가 없는 단어들로 우울하고 메마른 유년 시절을 채워서는 안 된다.

읽기와 같은 기초 학습에 대해서도 루소는 종전의 느슨한 태도를 취한다. 다시 『에밀』을 살펴보자.

읽기를 가르치는 최상의 방법을 찾는 일은 이제 훌륭한 돈벌이가 되었다. 읽기 전용 책상이나 낱말 카드가 발명되었고, 아이의 방은 인쇄소를 방불케 한다. 로크는 주사위로 아이에게 읽기를 가르치라고 한다. 참으로 기발한 발상 아닌가? 안타깝기 짝이 없다. 가장 확실한 방법, 그러나 늘 간과되는 방법은 다름 아닌 배우고자 하는 의지이다. 아이에게 이 의지만 주고 책상이나 주사위 따위는 버려라. 그러면 어떤 방법이든 간에 아이에게 통할 것이다.

루소는 당시 널리 보급되었던 교수법도 공격했다. 루소는 참된 가르침의 토대를 권위와 통제가 아닌 사제 간의 애정 어린 유대감이라고 보았다. 이 유대감 속에서 스승과 제자는 관심사를 함께 탐구하는 것이다. 루소는 이른바 소극적 교육을 강력히 주창했는데, 쉽게 말해 아이가 무엇이든 스스로 발견하도록 내버려두라는 것이다. 루소는 『에밀』에서 소극적 교육을 이렇게 소개한다.

젊은 선생이여, 나는 당신에게 어려운 기술을 설파하고 있다. 그것은 훈계하지 않고 학생을 지도하는 기술이며, 아무것도 하지 않음으로써 모든 것을 다 하는 기술이다.

이어지는 설명을 들어보자.

아이에게 무엇을 배울지 권하는 것은 애초부터 당신의 몫이 아니라는 것을 알아야 한다. 배울 바를 갈망하고 추구하고 발견하는 것은 아이의 몫이다. 당신의 몫은 아이의 손이 닿는 곳에 목표물을 배치하고, 능숙한 솜씨로 아이의 배우려는 욕구를 살려주고, 그 욕구를 충족할 수단을 제공하는 것이다. 따라서 당신은 질문을 가끔씩만 하되 엄선해서 해야 한다.

루소는 자신이 얼마나 역설적인 사람인지 잘 알고 있었다.

독자들이여, 나의 역설을 용서하라. … 나는 편견으로 가득 찬 사람이 되기보다는 역설에 빠진 사람이 되고 싶다.

루소의 역설적 면모는 '잘 규제된 자유well-regulated freedom'라는 개념을 해설할 때 더 여실히 드러난다.

아이가 항상 자기가 선생이라고 믿게 하라. 그러면서도 항상 당신이 선생이 되어라. 겉으로 자유를 가진 것처럼 보이는 예속만큼 완벽한 예속은 없다. … 물론 아이는 자신이 원하는 대로만 행동하겠지만 당신이 원하는 대로 하기를 원할 것이다. 아이가 당신이 예측하지 못한 걸음을 떼는 일은 없을 것이며, 무슨 말을 하려는지 당신이 미리 알기 전에 입을 여는 일도 없을 것이다.

루소가 이런 말을 남긴 지 3백 년이 지나도록 자유를 주창하는 모든 교육 운동은 여전히 똑같은 역설 때문에 분투하고 있다.

페스탈로치

하인리히 페스탈로치(Johann Heinrich Pestalozzi, 1746-1827)는 개신
교 개혁자 존 칼뱅John Calvin의 고향인 스위스 태생이었으나,
루소가 그랬던 것처럼 인간의 본성에 비관적인 칼뱅주의의
관점을 거부했다. 이러한 관점은 당시 이웃 국가 프러시아에
서 보편화되고 있던 의무교육의 철학 기반이었다. 교육 역사
상 처음으로 시도된 프러시아의 의무교육은 곧 유럽과 미국
전역에 확산된 유사한 제도의 원형이 되었다.

페스탈로치는 군대식 규율과 틀에 박힌 단순 암기와 주입
식으로 대변되는 프러시아의 교육방법론을 강력히 반대하며
『은자의 황혼The Evening Hours of a Hermit』에서 이렇게 주장했다.

자연의 방법 속에는 딱딱하고 억압적인 것이 하나도 없다. …
꾀꼬리의 노래는 어둠 속에서도 울려 퍼지며, 자연의 만물은
상쾌한 자유 속에서 약동한다. 거기에는 조금도 강제와 억압이
없다. … 정신이 한 가지 사물만을 추구하도록 강요받으면, 인
간은 능력의 조화, 지혜의 힘을 잃게 된다. 그러므로 자연의 교
육 방법은 억압적이지 않다.

페스탈로치는 모든 아이들이 천부적 재능과 배움에 대한
자연스러운 욕망을 타고난다고 믿었다. 따라서 초기 교육은
직접 경험을 중심으로 이루어져야 한다고 말했다. 페스탈로

치에 따르면 모든 배움은 사물을 직접 관찰하는 데서 출발해 서서히 언어와 관념의 추상 영역으로 옮겨간다. 페스탈로치가 『인간교육The Education of Man, Die Menschenerziehung』에서 한 말을 들어보자.

다른 사람들이 아는 사실을 서둘러 기계적으로 암기한 탓에 단어의 포화 상태가 되어 자유와 관찰력과 호기심을 바탕으로 스스로 배우는 능력을 상실하는 것보다 자신이 직접 체험함으로써 천천히 지식에 도달하는 것이 훨씬 낫다. … 가르침과 교육의 진정한 토대는 인생 그 자체이다.

페스탈로치는 집 없는 전쟁고아들을 위해 농장에 설립한 여러 개의 기숙학교를 통해 자신만의 교육 방법을 개발했다. 페스탈로치는 교사들에게 아이들의 관심사를 존중할 것을 강조했다. 교사들은 안내자이자 역할모델이 되도록 훈련을 받았고, 배워야 하는 과목보다 배우는 사람의 요구를 더 중요시하는 자세를 익혔다.

페스탈로치는 진정한 교육의 핵심을 다른 무엇이 아닌 사랑으로 보았다. 그는 『인간교육』에서 이렇게 설명했다.

인내심만 발휘하면 된다고 생각하는 교육자는 불쌍한 사람이다. 그에게 진정으로 필요한 것은 사랑과 행복의 감정을 느껴보는 것이다. 가르침 그 자체만으로는 증오도 사랑도 이룰 수 없다. 그렇기에 가르침은 절대 교육의 본질이 아니다. 교육의 본질은 사랑이다. 사랑만이 우리 안에 모신 신성함의 영원한 발현이다. 사랑은 교육의 본질이 우러나오는 원천이다.

페스탈로치의 성공은 그에게 교육자로서 세계적인 명성을 안겨주었다. 당시 태동기에 접어든 프러시아의 공교육 창시자들은 사람들을 페스탈로치에게 보내 사사하게 하고 그의 생각을 전수받게 했다. 그 뒤 호레이스 만Horace Mann을 비롯한 미국 교육자들은 프러시아를 방문하여 공립학교 교육모델을 본떠 만들면서 페스탈로치의 사상을 미국으로 수입하였다.

그러나 프러시아든 미국이든 가르침과 배움에 대한 페스탈로치의 기술적 접근 방법만 모방했을 뿐, 정신은 물려받지 못했다. 론 밀러Ron Miller가 『학교는 무엇을 위해 존재하는가 What are Schools For』에서 지적했듯이, 페스탈로치를 근대 교수법의 아버지로 칭송했던 교육기관들은 페스탈로치가 자신의 교육 방법을 처음 실천했던 아늑하고 행복한 고아 학교와는 너무나 다른 모습으로 발전했다.

어쩌면 페스탈로치의 이상은 그 이상의 핵심에 자리 잡은 모순 때문에 쇠퇴했는지도 모른다. 페스탈로치는 모든 억압을 반대하고 자발성과 유기적 배움과 사제 간의 애정을 열광적으로 주창하는 동시에 구세주가 되려는 열망에 사로잡혀 있었다. 자신의 방법에 기반을 둔 교육 제도가 오랜 봉건주의와 내전으로 고통받는 수많은 아이들을 구원하리라고 기대한 것이다. 페스탈로치는 자신의 사상이 제도화됨으로써 결국 생명력을 잃게 되리라는 것을 미처 예견하지 못했다.

프뢰벨

한동안 페스탈로치에게 사사한 프리드리히 프뢰벨(1782-1852)은 스승과 마찬가지로 아이의 본능적인 배움의 욕구가 지닌 힘을 믿었다. 프뢰벨은 아이의 천부적 통찰력과 지능에 높은 가치를 부여했으며, 아이도 성장을 거듭하는 다른 생명체와 다름없이 외부의 강요된 계획이 아닌 내부의 타고난 고유의 발달 단계에 따라 양육되어야 한다고 믿었다. 페스탈로치의 저서와 같은 제목으로 출간된 프뢰벨의 교육서『인간교육The Education of Man』에서 한 구절을 살펴보자.

우리가 동식물, 특히 어린 동식물에게 시간과 공간을 주는 것은 이들이 내적 법칙에 따라 아름답고 훌륭하게 성장한다는 사실을 알기 때문이다. 우리는 동식물이 충분한 안정을 취하게 배려해주고, 건강한 성장을 방해할 만큼 무리한 간섭을 하지 않는다. 그런데 어린 인간은 우리 마음대로 주무를 수 있는 밀랍이나 진흙 덩어리로 여긴다. 우리는 왜 자연의 소리 없는 가르침에 마음을 열지 않는가? 혼잡하고 닫혀 있는 공간에서 성장하는 야생식물은 자기 고유의 모습을 드러내지 못한다. 그러나 너른 들판에서 자유롭게 자라는 식물은 자연 질서와 조화를 이룬 생명과 자태를 뽐낸다. 땅 위로 솟아오르는 태양, 빛나는 별처럼. 아이들도 똑같은 아름다움과 힘을 지닌 존재로 성장할 수 있다. 부모가 어린 나이부터 본성과 어울리지 않는 양식과 목적에 아이를 끼워 맞추지만 않는다면.

교사가 되기 전에는 임학林學 전문가였던 프뢰벨은 배움이 자연의 관계와 조건에 뿌리를 둔 과정이어야 한다고 믿었다. 아이들에게 나름대로 방향을 정하고 자발적으로 배우도록 배려하고 그 과정에 놀이가 중요한 부분을 차지하게 해주면, 아이들은 신이 나서 누가 시키지 않아도 배우려고 한다. 외부의 보상과 처벌이 전혀 필요 없다.

프뢰벨은 스승 페스탈로치와 마찬가지로 유럽 전역에 퍼진 교육제도, 다시 말해 국가가 통제하는 학교교육의 경직된 방법론과 표준화된 방식을 단호히 반대했으며, 『인간교육』에서 다음과 같은 대안을 제시했다.

각 세대와 개인은 초기 인류의 발전 양식을 고스란히 겪으면서 성장해야 하며, 실제로 그렇게 하고 있다. 그렇게 하지 않으면 과거와 현재를 이해할 수 없다. 인간은 이 과정을 베끼기와 흉내 내기 같은 생명력 없는 방식으로 거쳐서는 안 된다. 살아 있는 방식, 곧 자유롭고 독립적인 활동을 통해 발전해야 한다. 모든 인간은 이 양식을 자유롭게 재해석해야 하며, 지극히 개인적이고 독창적인 방법으로 인간의 가능성을 체현해야 한다. 이로써 인간과 신의 본성에 존재하는 무한함과 다양성이 더욱더 쉽게 인식될 것이다.

그러고는 이런 질문을 던진다.

우리는 아이들을 조폐소에서 동전 찍어내듯 꼭 그렇게 길러야만 하는가? 신의 형상으로 우리와 함께 걷게 하면 안 되나?

1816년, 프뢰벨은 어린아이들을 위한 실험학교를 세웠다. '어린이 동산'이라는 뜻의 이 킨더가르텐(Kindergarten, 오늘날 '유치원'이라는 이름으로 정착됐다._옮긴이)은 이후 독일 전역에 교육 모델로 자리 잡았다. 프뢰벨의 철학은 주류 교육과 너무나 극명한 대립을 이루는 것이어서 프러시아 정부는 결국 1850년대에 킨더가르텐을 금지했다.

그러나 프뢰벨과 그의 킨더가르텐은 국제적 운동을 일으킬 정도로 많은 관심을 끌었다. 프뢰벨의 아이디어는 특히 미국에서 빠르게 확산되었는데, 프뢰벨이 전혀 의도하지 않았던 제한된 형태로 일반 교육제도에 도입되었다. 이른바 본격적인 교육이 시작되는 여섯 살 이하의 아이들에게 일 년동안 재미있는 놀이를 즐길 수 있는 선택 사항으로 정착하게 된 것이다.

그리하여 프뢰벨의 교육론은 페스탈로치와 똑같은 아이러니에 부딪히게 되었다. 프뢰벨도 유년기를 자유와 자발성, 놀이와 개성으로 채워야 한다고 믿었지만, 사람들은 그 믿음을 상품으로 포장해서 파는 데 열을 올렸고, 결국 그 상품을 주류로 편입시켜버린 교육방법론은 오늘날 프뢰벨의 소신과는 정반대로 흘러가고 있는 것이다.

톨스토이

레오 톨스토이(1828-1910)가 19세기 중반 자신의 영지 야스나야폴랴나Yasnaya Polyana에 농민의 아이들을 위한 학교를 세웠다는 사실을 아는 사람은 그리 많지 않다. 아이들이 70명이나 다닐 만큼 규모가 컸던 이 농촌 학교를 위해 톨스토이는 자신의 농원 저택에 딸린 건물 하나를 통째로 내놓았다.

톨스토이는 당시 독일을 비롯한 유럽 전역에 이미 정착되었고 곧 러시아로 확산될 조짐을 보이고 있던 의무교육 제도를 신랄하게 비판했다. 톨스토이가 학교를 세우게 된 동기도 부분적으로 여기에서 비롯되었다. 그의 비판을 자세하게 담은 『톨스토이 교육론Tolstoy on Education』을 살펴보자.

> (학교는) 아이들이 가장 즐거워하고 어린 나이에 가장 필요한 자유로운 활동을 박탈낭하는 곳, 복종과 침묵이 가장 중요한 조건인 곳, 모든 비행이 매로 처벌받는 곳이다. … 이러한 학교는 교육에 대한 혐오를 키울 뿐만 아니라 6년 동안 학생들에게 위선과 거짓을 심어준다.

톨스토이는 감옥 같은 학교의 분위기뿐만 아니라 애초에 그런 학교를 만들어낸 어리석음도 비판했다. 다시 『톨스토이 교육론』을 살펴보자.

불행하게도 우리 모두에게 너무나 익숙한 '영혼의 학자화學者化'라는 요상한 심리 상태는 상상력, 창의력, 독창력과 같은 고등 지능을 동물 수준으로 저하시키고 만다. 관념과 무관한 소리만을 발음하는 것, "1, 2, 3, 4, 5…" 하는 식으로 숫자를 차례대로 세는 것, 소리를 이미지로 대체하는 상상력을 가로막고 단어만 인식하는 것, 한마디로 고등 지능을 짓밟는 능력만을 개발함으로써 공포를 조장하고 기억력과 집중력을 왜곡하는 학습 조건만 형성된다.

톨스토이는 공공교육이 민중을 구제할 것이라고 선동하는 지배자들의 속셈을 꿰뚫고 있었다. 톨스토이는 민중들이 자기 자식들 인생을 상당 부분 통제하려드는 국가에 맞서 저항하는 과정을 직접 목격했고, 그 저항을 『톨스토이 교육론』에서 이렇게 묘사했다.

학교제도를 고안한 독일은 2백 년의 세월이 흐르는 동안 학교에 대한 대중의 저항을 극복하지 못해 전전긍긍하고 있다. … 독일 사람들이 아무리 준법정신이 강하다지만, 이 순간에도 의무교육을 커다란 부담으로 여기고 있고, 정부는 정부대로 차마 의무교육법을 폐지하지 못하고 있다. 독일 정부는 통계 수치를 내세워 국민교육의 성과를 자랑할 수 있겠지만, 예나 지금이나 대중이 교육을 통해 얻는 것은 교육혐오증뿐이다.

그러고는 다른 나라로 눈을 돌려 비판을 계속했다.

미국이라는 신생 국가도 그 고충을 면하지 못하고 의무교육과 유사한 제도를 정착시켰다. 우리나라는 더 심각하다. … 교양 있다는 사람들이 독일의 의무교육법을 이 나라에 도입할 꿈을 꾸고 있으니 말이다. 그런 제도 아래서는 모든 학교, 심지어 고등교육기관까지 신분 상승과 그에 따른 특권을 약속하는 미끼일 뿐이다. … 뿐만 아니라 학교는 가장 행복해야 할 유년기에 아이를 하루 여섯 시간씩 인생에서 격리시키는 것도 모자라 이제는 세 살배기 아기까지 엄마 품에서 떼어내려고 한다. 이제는 유모마저도 대체할 증기기관을 발명하는 일만 남았다.

톨스토이는 야스나야폴랴나 학교를 세우기 전 독일, 스위스, 영국의 학교들을 돌아보았는데, 학교에 팽배한 권위주의에 질렸다고 한다. 톨스토이는 독일의 한 학교를 방문하고 나서 일기장에 이런 말을 남겼다.

끔찍하다. 국왕을 위해 기도문을 읊조리고, 선생한테 얻어맞고, 닥치는 대로 암기하고, 두려움에 떨면서 도덕적 불구가 된 아이들….

톨스토이는 유럽을 여행하다가 노인이 된 프뢰벨을 만났다. 톨스토이는 자유에 입각한 프뢰벨의 교육론에 감명했지만, 한층 더 발전된 방법을 실천하겠다는 의지를 다지며 귀국했다. 톨스토이는 또한 루소가 제시한 교육 철학의 영향도 받았으나, 사회질서를 위해 개인의 자유를 사회적 의지에 종속시켜야 한다는 플라톤 철학을 기반으로 한 루소의 사회계약론은 전면적으로 거부했다. 이는 전통적인 학교의 운영 방식에 대해 톨스토이가 가장 못마땅하게 여겼던 경직된 획일성과 연관된다. 사회계약론에 대한 『톨스토이 교육론』의 비판을 살펴보자.

그러한 (경직된 획일성의) 개념 때문에 누가 선생이 되고 누가 학생이 되든지 무조건 똑같은 교육 방법을 적용하려는 경향이 생겨났고, 그 경향은 지금도 끈질기게 계속되고 있다. … 교육이란 사람이 다른 사람을 자신과 똑같은 사람으로 만들려는 경향인 셈이다. … 학교는 사람들이 살면서 지켜야 하는 근본 법칙을 제대로 인식할 때 비로소 유익한 것이 된다. 러시아 초원 위에 펼쳐진 아름다운 마을학교는 그 마을 학생들의 욕구는 충족시킬 수 있겠지만, 파리의 아이들에게는 형편없는 학교일 것이다. 또 17세기 최고의 학교를 우리 시대에 옮겨놓으면 엄청난 실패작이 될 것이다.

자유와 개성에 대한 톨스토이의 신념은 학교를 운영한 3년 내내 흔들리지 않았는데, 교문에 걸려 있던 "네 멋대로 해라"는 표어는 그의 신념을 무엇보다 잘 웅변해주었다. 톨스토이는 교육의 궁극적 목표 같은 것은 없으며, 모든 배움은 자유로운 선택 속에서 이루어진다고 확신했다. 톨스토이의 친구 아일머 모드Aylmer Maude는 『톨스토이의 생애The Life of Tolstoy』에서 다음과 같이 톨스토이의 주장을 기록하였다.

선생과 학생 간의 가장 좋은 관계는 자연스러운 관계라는 점과 자연스러움의 반대는 강제라는 점을 부인하는 사람은 아무도 없을 것이다. 그렇다면 모든 교육 방법은 자연스러움이라는 척도로 측정할 수 있으며, 얼마나 강제성을 띠는지에 따라 평가할 수 있다. 아이를 덜 강제할수록 좋은 방법이다.

야스나야폴랴나 학교는 누가 보더라도 활력과 기쁨과 재미가 있고, 분위기 또한 자유분방하고 친근감이 넘치는 곳이었다. 배움은 아이들 각자의 관심사와 기호, 리듬을 중심으로 이루어졌다. 톨스토이는 『톨스토이 교육론』의 결론 부분에 학교 운영에 대해 다음과 같이 밝혔다.

모든 생명체와 마찬가지로 우리 학교도 매년, 매일, 매시간 변화를 겪는다. 뿐만 아니라 항상 일시적인 위기, 곤경, 불안감, 기분 나쁜 일 같은 것에 노출되어 있다.

… 아이들은 빈손으로 학교에 온다. 교과서나 공책도 없다. 집에서 해와야 하는 숙제도 없다. 아이들은 손만 비어 있는 것이 아니라 머리도 비어 있다. 수업 받은 내용을 기억할 필요가 전혀 없다. 전날 했던 일은 잊어도 된다. 앞으로 받을 수업을 생각하며 짜증을 낼 필요도 없다. 아이들은 오로지 민감한 감수성, 그리고 오늘도 어제처럼 재미있는 하루가 되리라는 믿음만 가지고 오면 된다.

… 우리 학교는 교사와 학생들이 세운 원칙을 토대로 자유롭게 발전해왔다. 교사의 영향력이 더 크긴 하지만, 학생은 언제든지 학교에 오지 않을 자유가 있고, 오더라도 교사의 말을 듣지 않을 자유가 있다. 교사는 특정 학생을 받지 않을 자유가 있고, 자신의 능력을 총동원하여 대부분의 학생들에게 영향을 미칠 수 있다.

… 아이들은 벤치, 책상, 창가, 바닥, 소파를 가리지 않고 자기가 편한 곳에 앉는다.

… 겉으로 보기에는 혼란스러워도, 또 교사에게는 아무리 낯설고 불편한 느낌이 들어도, 이러한 상태는 유익할 뿐만 아니라 무엇과도 바꿀 수 없다는 것이 내 생각이다. 이 무질서 또는 자유로운 질서가 끔찍하게 느껴지는 것은 우리가 교육받던 익숙한 분위기와 너무 다르기 때문이다. 이러한 무질서를 보면 대개는 인간 본성에 대한 충분한 고려 없이 조급하게 강제로 질서를 잡으려고 한다. 우리는 무질서가 점점 더 심해지고 무한대로 치닫지 않을까 두려워하지만, 사실 조금만 기다려보면 그

무질서(또는 활기)는 자연스럽게 잦아들고, 우리가 만든 인위적 질서보다 훨씬 견고하고 영구적인 질서로 발전한다.

… 나는 학교가 가정교육에 개입해서는 안 된다고 믿는다. 또한 학교가 보상과 처벌을 해서도 안 되고 그런 권리를 행사해서도 안 된다고 믿는다. 그리고 공부를 하든 자기들끼리 싸우다 화해를 하든 알아서 하도록 학생들에게 완전한 자유를 주는 것이 최상의 학교 운영 방식이라고 믿는다.

야스나야폴랴나는 크게 성공했지만, 이른바 '국가 전복 관련 증거'를 찾는다며 러시아 황제의 비밀경찰이 두 번이나 들이닥치자 결국 문을 닫고 말았다. 귀족 출신이었던 톨스토이는 비밀경찰의 만행에 정부의 사과를 받아내긴 했지만, 이 때문에 극도의 불안을 느낀 학부모들의 신뢰를 잃었다고 판단했다. 결국 톨스토이는 학교 문을 닫고 문학에 전념키로 했다. 그리고 2년 뒤 『전쟁과 평화』가 세상에 나오게 된다.

페레

프란시스코 페레(Francisco Ferrer, 1859-1909)는 당시 학교교육에 대한 교회의 통제에 도전하여 바르셀로나에 종교적인 색채를 띠지 않은 학교를 여럿 설립했다. 교회에서 관장하는 학교는 부유층의 자식, 그것도 남자아이들만 다닐 수 있었던 반면, 페레의 학교는 중간계급과 노동계급의 자식들을 위한 남녀공학이었다. 철저한 무정부주의자였던 페레에게 학교는 자신의 정치적 지향과 어린이의 행복에 대한 관심을 접목시킬 수 있는 최적의 공간이었다. 페레의 학교는 '모던스쿨'이라는 이름으로 알려졌는데, 학생들은 두려움이 아닌 호기심을 학습 동기로 삼고 직접적인 관찰과 경험에 따라 스스로 사고하는 법을 익혔다.

페레는 중앙통제식 의무교육이야말로 엘리트 집단이 나머지 사회 구성원을 통제하는 주요 방법이라고 주장했다. 페레는 저서『모던스쿨의 기원과 이상The Origins and Ideals of the Modern School』에서 당시 교육 세태를 이렇게 평가했다.

아이들은 사회를 지배하는 정론에 따라 순종하고 믿고 사고하도록 교육받는다. … 아이들이 자신의 재능을 자연스럽게 계발하거나 그 재능으로 자신의 육체적, 지적, 도덕적 욕구를 자유롭게 충족시키는 것은 상상조차 할 수 없다. 교육은 오로지 기성 개념을 아이들에게 강요하고, 기존의 사회제도를 유지하는 데 필요한 사고만 하도록 억압한다.

그러고 나서 이렇게 결론짓는다.

실제로 학교에서 전달하는 지식은 대부분 쓸모가 없다. 개혁론자들은 헛된 희망을 품고 있을 뿐이다. 학교가 이상을 지향하기보다는 지배계급의 목적을 달성하는 강력한 도구로 전락했기 때문이다. … 현실적으로 볼 때, 교육이란 지배와 교화에 불과하다.

루소, 페스탈로치, 프뢰벨, 톨스토이의 전통을 계승한 페레는 아이의 타고난 호기심과 배움에 대한 욕구를 굳게 믿었다. 페레의 모던스쿨 성공에 대한 보상도 실패에 대한 처벌도 하지 않았고, 학생들의 실력을 측정하거나 등급을 매기기 위해 시험을 치르지도 않았다. 나아가 페레는 스페인 학교가 천주교의 불합리하고 비과학적인 교리에 기반을 두었다고 주장하며 학교의 권위주의와 근본주의에서 벗어나고자 하는 운동을 지지하는 글을 열심히 써냈다. 페레는『모던스쿨의 기원과 이상』에서 자신의 주장을 이렇게 피력했다.

심리학과 생리학의 발전에 따라 교육 방법도 변화해야 한다. 이제 아이를 이해하는 일이 더 쉬워졌으므로 교사는 자연의 법칙에 더 부합하는 방식으로 학생을 가르쳐야 한다. 이러한 움직임은 더 큰 자유로 이어지리라 믿는다. 폭력은 무지한 자들의 수단이기 때문이다. 교육자라는 직함이 부끄럽지 않으려면 교사는 모든 행동을 자연스럽게 유도할 줄 알아야 한다. 또한 아이의 욕구를 잘 알고 그 욕구를 최대한 충족시킴으로써 아이의 계발에 이바지할 줄 알아야 한다. … 진정한 교육자는 자신의 생각과 의지를 아이에게 강요하지 않고 아이 스스로 힘을 발휘하도록 유도한다.

이러한 페레의 신념에 따라 근대학교는 개인의 자유와 독립적 사고에 큰 의미를 부여했으며, 교육을 학생들이 자신의 신념과 가치관을 형성하는 과정으로 보았다. 당연히 스페인 군주체제는 이러한 생각을 받아들이지 않았다. 페레는 1909년 폭동을 일으켰다는 누명을 쓰고 체포되었다가 얼마 뒤 처형당하고 말았다.

페레의 죽음으로 스페인의 모던스쿨 운동은 막을 내렸다. 그러나 페레의 희생은 미국 뉴욕의 급진적 운동가와 사상가들의 마음을 사로잡았다. 그중 대표적 인물이었던 엠마 골드만Emma Goldman과 윌 듀란트Will Durant는 1911년 이스트사이드(뉴욕 맨해튼 동부에 있는 빈민가_옮긴이)에 페레의 학교를 모델로 삼아 새로운 학교를 설립했다. 곧이어 20개 남짓한 단체가 같은 취지로 학교를 설립하면서 페레의 모던스쿨 운동은 대서양을 건너 미국 전역에 확산되었다. 그중 뉴욕에서 활동하던 한 단체는 1913년 뉴저지 농촌에 페레 학교와 연계하여 토지를 기반으로 한 의식적 생활공동체를 형성하기로 결심했다. 그렇게 출범한 '스텔튼 스쿨과 공동체The Stelton School and Community'는 1950년대까지 명맥을 유지했다.

근대학교 운동은 역사적 아이러니를 낳기도 했다. 역사학자 폴 애브리치Paul Avrich가 저서 『모던스쿨 운동The Modern School Movement』에서 지적했듯이, 교육에서의 자유운동이 활력을 더해가던 1950년대 후반, 그 운동의 전신이던 모던스쿨 운동은 사람들의 무관심 속에서 사라져가고 있었던 것이다.

몬테소리

이탈리아 최초의 여성 의학박사 마리아 몬테소리(1870-1952)는 의사로 사회에 첫발을 내디뎠다. 몬테소리는 로마의 정신병원에서 정신지체나 정서장애가 있는 아이들과 비행 청소년들의 치료를 맡았는데, 당시 사회는 이들을 '백치 아이들'이라 불렀다. 몬테소리는 아베롱Aveyron의 황야에서 태어나 자란 한 아이를 가르쳤던 장 이타르(Jean Itard, 프랑스 아베롱의 야생아를 대상으로 교육 실험을 하여 특수교육의 기초를 닦은 장애인 교육 연구의 개척자_옮긴이)를 스승으로 모시면서 정신의학을 공부했고, 그가 맡은 아이들의 학습 능력 부족이 생리적 결함이 아닌 유아기의 환경적 결핍에서 비롯된다는 사실을 입증하려고 노력했다. 장애 아동은 교육시킬 수 없다는 당시 통념에 도전한 것이다. 몬테소리는 장애 아동의 감각을 충분히 자극하고 아이를 위해 따뜻하고 가족적인 환경을 만들어주면 대부분의 경우 이른바 정상적인 아이에 견줄 만한 학습 속도를 보인다는 사실을 계속해서 발견했다.

몬테소리는 또한 장애가 없는 아이들도 학교에서 별로 성취감을 못 느낀다는 사실에 심각한 문제의식을 느꼈다. 몬테소리는 당시의 정규교육모델이 아이의 계발을 가로막는다고 믿었고, 자신의 방법이 더 나은 결과를 낳을지도 모른다고 생각했다. 그러다가 1907년, 자신의 생각을 검증할 기회를 맞게 되었다. 로마의 빈민 지역에 사는 3-7세의 아이들을 위한 '어린이의 집Case de Bambini'을 맡게 된 것이다.

몬테소리가 운영한 '어린이의 집'은 모든 면에서 공동체를 기반으로 한 교육기관이었다. 학교도 빈민 지역에 있었을 뿐만 아니라 교사들도 빈민 지역 주택가에서 살고 있었다. 몬테소리가 직접 개발한 특수 교재도 학교와 같은 건물에 있는 작업실에서 만들어졌다. 아이들은 아침 수업을 마치면 집으로 돌아가 낮잠을 잔 뒤에 다시 학교에 왔고, 학교를 찾는 학부모들은 언제든지 환영받았을 뿐만 아니라 학교 운영에 주인의식을 가지고 참여했다.

몬테소리는 당시 학생들을 사회에서 격리시키는 추세를 강력하게 반대했는데, 훗날 존 홀트를 비롯한 1960년대의 교육자들에게 지대한 영향을 미쳤다. 몬테소리는 저서 『유아교육Childhood Education』에서 다음과 같이 말했다.

아이가 태어나면서부터 주변 환경을 딛고 자기 인격을 형성하려면, 반드시 외부의 삶, 곧 세상과 접촉해야 한다. 어른의 생활에 참여해야 하고, 연결되어 있으면 더욱 좋다. 아이가 환경에 적응하려면 공공 생활에 동참해야 하며, 자기 민족 고유의 풍습을 지켜볼 수 있어야 한다.

몬테소리는 앞에서 언급한 선배 교육자들과 마찬가지로 교사의 지도 아래 끝없이 반복되는 주입식 훈련으로 하루를 다 보내는 교육 방법에 환멸을 느꼈다. 『몬테소리 교육법The

Montessori Method』에 나온 비판을 들어보자.

> 그런 학교에서는 아이들이 박제된 나비처럼 자기 자리에 묶여 있다. 핀을 꽂아 고정시킨 나비처럼 학교에서 얻은 시시하고 무의미한 지식의 날개를 책상에 드리운 채. … 교육법은 여전히 노예제도의 영향을 받고 있고, 따라서 학교 또한 똑같은 노예제도로 운영된다.

몬테소리는 이 책 곳곳에서 루소의 교육론을 '아이의 자유에 관한 비실용적인 원칙과 모호한 희망 사항'이라며 비판했지만, 사실 그는 루소가 제기한 '잘 규제된 자유'를 가장 많이 실천한 사람이었다. 몬테소리가 운영한 '어린이의 집'은 부엌, 식당, 욕실을 갖추고 있어 가정집과 다름없었는데, 아이들은 체계와 질서가 확실하게 잡힌 이 공간에서 선택과 움직임의 자유를 충분히 누렸다. 몬테소리는 『유아교육』에서 이 공간을 다음과 같이 묘사했다.

> 아이들을 움직이는 질서는 신비롭고 은밀한 내면의 지시에서 비롯된다. 이 내면의 지시는 아이에게 그 지시에 귀를 기울일 수 있는 자유가 주어져야만 드러난다. 이런 자유를 주기 위해서는 아이의 자기 계발 욕구가 충족되는 환경을 마련해줘야 하며, 그 환경 속에서 펼쳐지는 아이의 건설적이고 자발적인 활동에 대한 간섭을 절대 삼가야 한다.

그리고 아이의 자유에 대해서는 이렇게 주장했다.

(과학적 교육법의) 기본 원칙은 바로 학생의 자유여야 한다. 아이 본성의 개인적, 자발적인 발현이 허락되는 자유가 주어져야 한다.

몬테소리가 주창한 학교에서의 자유는 선배 톨스토이의 야스나야폴랴나나 후배 니일의 서머힐보다는 훨씬 더 많은 관리와 통제 속에서 이루어졌다. 그래도 몬테소리의 생각은 당대의 다른 학교와는 확연한 차이를 보였다. 『몬테소리 교육법』에 나온 그의 생각을 들어보자.

아이가 능동적으로 훈련받기 위해 가장 먼저 배워야 할 개념은 선과 악의 구분이다. 교육자의 임무는 아이가 아무 행동도 하지 않는 것을 선으로 착각하거나 행동하는 것을 악으로 착각하지 않도록 하는 데 있다. 옛 훈련 방식은 종종 그런 착각을 일으켰다. 그러나 우리의 목표는 행동하고 노동하고 선행하는 사람을 키우는 것이지, 행동하지 않고 수동적이고 복종하는 사람을 길러내는 것이 아니다.

몬테소리는 아이들이 가능한 한 어릴 때부터 독립심과 자율성을 배워야 한다고 믿었다. '어린이의 집'에 사는 아이들은 학교 살림을 꾸리는 데 함께했고, 밥도 서로 차려주고 같이 먹었다. 대부분의 교재가 스스로 학습하게끔 도와주는 것이었고, 교사들은 아이들의 활동을 감독하는 사람이 아니라 아이와 아이의 경험 사이에 끼어들지 않도록 훈련받은 사려 깊은 관찰자였다. 몬테소리는 아이들이 어른한테 잘 보이거나 인간이 만든 사회적 기준에 부응하기 위해서가 아니라 배움 그 자체를 위해 배워야 한다고 믿었다. 몬테소리는 전통 교육법의 일부였던 처벌과 보상을 완전히 거부했다. 다시 한 번 『유아교육』을 참고하자.

> 상이든 벌이든 모두 강요된 부자연스러운 노력을 유도하기 위한 것이므로 아이의 자연스러운 성장과 연관시킬 수 없다.
> … 처벌! 이것이 세상 모든 아이들을 꼼짝 못하게 하는 데 절대 없어서는 안 되는 제도일 줄이야. 세상 사람들 모두가 이 제도에 수모를 당하며 성장한 것이다.

몬테소리의 주장에 따르면, 모든 아이들은 신성한 생명력의 인도에 따라 움직인다. 몬테소리는 이를 내적 에너지 '호르메horme'라고 불렀다. 또한 아이들의 타고난 '흡입력 강한 정신'이라는 개념으로 성장을 촉진하는 무의식적 충동을 설명했다. 따라서 배움은 의식적인 행위가 아니라 아이의 내적 원동력에 따른 당연한 반응이다. 몬테소리는 이를 『유아교육』에서 다음과 같이 설명했다.

인간 정신의 창조에는 분명 어떤 비밀이 숨어 있다. 그렇지 않고서야 어떻게 주의력과 결단력과 사고력을 통해서만 모든 것을 배운다는 인간들 속에서 그런 주의력과 결단력과 사고력이 아직 없는 어린아이가 배울 수 있겠는가?

몬테소리는 질서와 청결, 그리고 더 빠른 학습 효과를 약속하는 '합리적 교육'을 강조했고, 이 때문에 결국 주류 사회의 호응을 얻게 되었다. 소외된 계층 중에서도 특히 더 외면당하던 아이들을 교육시키는 데 성공함으로써 역설적이게도 유럽과 미국 부르주아의 사랑을 한 몸에 받게 된 것이다. 오늘날 몬테소리 교육기관은 전 세계적으로 수천 개에 이른다.

슈타이너

루돌프 슈타이너(1861-1925)는 인지학(人智學, 신을 중심으로 한 신지학神智學에 반대하여 슈타이너가 주창한 인간 인식에 중심을 두는 철학체계_옮긴이)으로 알려진 심오한 비교철학체계를 기반으로 교육 방법을 개발했다. 어렸을 때부터 천리안 기질을 보였던 슈타이너는 신비주의자였고, 20대 초반에 괴테 전집을 편찬할 만큼 괴테의 영향을 많이 받았다. 괴테는 물질만이 실재라고 생각하는 유물론에 반대했었다.

슈타이너가 아이들의 교육에 관심을 갖게 된 것은 이미 인생의 황혼기에 접어든 뒤였다. 독일의 발도르프-아스토리아

담배 공장 사장이던 슈타이너의 제자가 공장 직원들을 위한 성인 교육반과 직원 자녀들을 위한 학교를 세워달라고 그에게 부탁했던 것이다.

슈타이너는 루소와 마찬가지로 아이들에게 어린 나이부터 학문을 가르치면 안 된다고 생각했다. 슈타이너는 아이의 발달 과정에서 태어날 때부터 일곱 살까지는 감각을 통해 세상을 탐구하고 모방을 통해 배우는 단계라고 규정했다. 슈타이너의 주장에 따르면 집중적인 교육은 아이의 영구치가 자란 뒤에 이루어져야 한다. 이 시기의 가장 효과적 학습 방법은 아이의 상상력과 감정을 자극하는 것이다. 아이들은 사춘기가 되어야 사고력이 뚜렷해지고 사물을 분석하고 개념화하는 능력이 발달하며 비판적 사고를 하게 된다.

슈타이너가 가장 우려했던 것은 당시 주류 교육모델이 오로지 경험주의와 합리적 정신에만 초점을 맞추고 있다는 사실이었다. 슈타이너는 경험주의나 합리성 말고도 똑같은 정도로 중요하거나 오히려 더 중요한 존재의 다른 측면이 있다고 믿었고, 아이들이 이를 발견하도록 돕는 교육법을 개발하기로 했다. 슈타이너의 강연록 『교육의 뿌리The Roots of Education』에는 다음과 같은 말이 나온다.

세계는 영靈으로 가득하기 때문에 세계에 대한 참된 지식은 영적 지식이어야 합니다.

또 『아동교육The Education of the Child』에서는 이렇게 주장했다.

유물론적 사고는 물질에 대한 지적 개념 말고는 더 이상 물질을 관통하는 것이 없다고 너무나 쉽게 단정한다. 사물을 포괄적으로 이해하기 위해서는 적어도 지성만큼 중요한 영혼의 다른 요소가 있는데, 유물론적 사고는 이 사실을 깨닫는 데 역부족이다. … 지적 개념은 세계의 사물을 이해하는 데 필요한 여러 수단 중 하나일 뿐이다.

… 모든 지각은 영靈으로 승화되어야 한다. 예를 들어 아이에게 식물이나 씨앗, 꽃을 보여줄 때 아이가 이를 감각으로만 받아들이는 것으로 만족해서는 안 된다. 모든 것은 영의 비유가 되어야 한다. 옥수수 알갱이 하나에도 눈으로 볼 수 있는 모습 이상의 것이 담겨 있다. 눈에 보이지 않는 새로운 식물을 품고 있는 것이다. 씨앗 하나에도 감각으로는 인식할 수 없는 무언가가 있다는 사실, 아이는 감수성과 상상력을 동원해야만 이 사실을 깨달을 수 있다. 자신의 느낌으로 존재의 비밀을 캐내야 하는 것이다.

슈타이너는 당시 교회가 운영하던 학교들의 종교적 세뇌 교육을 반대하여 학교에서 종교적 가르침을 배제했다. 대신 자연과 예술, 음악과 창의력을 동원한 체험을 통해 아이의 상상력을 조심스럽게 이끌어주면 아이는 자신만의 영적 규율을 스스로 발견한다고 믿었다.

교육은 그 자체로 교수법이 아니라 예술이라는 슈타이너의 관점과 '예술로서의 교육'이라는 표현은 슈타이너의 저서 곳곳에 등장한다. 슈타이너는 『젊은 세대The Younger Generation』에서 이렇게 이야기했다.

발도르프 학교의 교육체계는 교수법이 아니라 예술이다. 이미 인간 안에 존재하는 것을 일깨우는 예술이다.

몬테소리와 마찬가지로 슈타이너는 인간의 발전을 내면의 잠재력이 펼쳐지는 과정으로 보았다. 몬테소리가 '호르메'라는 이름을 붙인 것을 슈타이너는 '생명력vital force'이라고 불렀는데, 영혼에서 우러나와 인간을 인도하는 영적 에너지라고 정의했다. 다시 한번 『교육의 뿌리』를 살펴보자.

인간에 대한 구체적인 지식은 인간 자체를 꿰뚫어 보는 힘이 있기 때문에 이 지식만이 예술로서의 교육의 기반이 될 수 있습니다. 예술로서의 교육을 통해 인간은 자기 지위를 찾고 자신만의 운명에 따라 자신의 능력을 완전히 개발합니다. 교육은 절대로 사람의 운명을 거슬러서는 안 되며, 그 사람 고유의 소질을 완전히 개발해야 합니다. 오늘날의 교육은 사람들 안에 운명이 심어준 재능과 성향을 따라잡지 못하는 경우가 허다합니다. 우리는 우리가 돌보는 사람에게 운명이 허락한 모든 것을 이룰 수 있도록 그 사람 안에 있는 힘과 보조를 맞춰야 합니다. 그리하여 가장 명확한 사고, 가장 사랑스러운 감정의 심화, 가장 큰 에너지와 의지에 도달하도록 도와야 합니다.

1990년대에 이르자 발도르프 교육법은 전인교육의 요소를 갖춘 방법으로 인식되었다.《전인교육 리뷰Holistic Education Review》지의 설립자 론 밀러는 전인교육을 정신, 정서, 창조성, 상상력, 동정심, 호기심, 경외심, 자아실현 충동 같은 인간의 내적 특성을 인식하고 통합하려는 패러다임이라고 정의했다.『슈타이너 사상 총론The Essential Steiner』에 나온 슈타이너의 정의는 다음과 같다.

우리에게 필요한 것은 인간에게 전반적인 영향을 미칠 수 있는 인간에 관한 지식이다. 육체에 공급한 영양분이 피에 영향을 미치듯이 말이다. 우리의 영혼에도 피를 공급할 수 있는 인간에 관한 지식이 필요하다. 이를 통해 우리는 분별력과 총명함과 지적 능력뿐만 아니라 열정과 내면의 풍성함을 얻어 우리 안에 사랑을 불러일으킬 수 있다. 인간에 관한 참된 지식에서 출발하는 예술로서의 교육, 그것은 사랑의 산물이어야 한다.

슈타이너는 자신이 개발한 발도르프 원칙이 세상을 구원하리라고 기대하지는 않았다. 발도르프 학교를 전 세계에 확산시킨 것은 슈타이너의 제자들이었다. 그러나 슈타이너는 발도르프 학교가 효과적인 교육법의 살아 있는 사례가 되길 바랐다. 슈타이너는 교사들에게 학생들이 닮고 싶은 모델이 되어야 한다고 특별히 강조했는데(발도르프 학교에서는 학생이 졸업할 때까지 담임 선생이 바뀌지 않는다), 교사들 자신의 지적, 영적 계발에도 힘쓸 것을 당부했다. 마지막으로 『교육의 뿌리』에 나온 슈타이너의 당부를 들어보자.

교육자가 되려면 책임감이 있어야 합니다. 제가 앞서 드린 말씀이 여러분 안에 이 책임감을 불러일으켜야 합니다. 여러분의 마음은 이 책임감에 사로잡혀야 합니다. 여러분이 어린아이에게 미치는 영향이 아이가 평생 겪을 행복과 불행, 건강을 좌우한다는 생각이 처음에는 영혼을 짓누르는 짐처럼 느껴지겠지만, 이 사실 때문에 여러분은 더욱더 열심히 자신의 역량과 재능을 계발하게 될 것입니다. 그리고 무엇보다 교사로서 지녀야할 정신력, 아이가 우리 곁을 떠난 뒤에야 꽃피울 영혼의 씨앗을 지금 뿌릴 만큼 강인한 정신력을 길러야 합니다.

오늘날 7백 개가 넘는 발도르프 학교가 세계 곳곳에서 운영되고 있다.

니일

영국의 젊은 교사였던 니일은 1920년에 모국 스코틀랜드 학교의 경직성과 잔혹함에서 벗어나 서머힐을 세웠다. 서머힐은 런던에서 160킬로미터 정도 떨어진 작은 마을에 자리잡은 초·중·고등학교 학생들을 위한 기숙학교이다. 니일은 당시 십대 비행 청소년들을 위해 다른 소년원과는 전혀 다른 청소년 공동체를 미국과 영국 곳곳에서 만든 호머 레인Homer Lane의 영향을 많이 받았다. 니일은 레인이 타계한 뒤에 출간된 『부모와 교사를 위한 아동교육론Talks to Parents and Teachers』의 머리말에 다음과 같이 레인과의 관계를 회상했다.

호머 레인은 내가 아는 사람들 중에서 나에게 가장 많은 영감을 준 사람이다. 그를 처음 만난 것은 1917년, 영국 도싯 주의 리틀 커먼웰스Little Commonwealth라는 곳에서였다. 레인이 1913년에 감독으로 부임한 그곳은 청소년들이 작은 민주국가를 이루며 사는 자치 공동체였다. 레인을 포함한 모든 구성원은 동등한 투표권을 행사했다. … 나는 레인이 개발한 방법에 대한 설명을 새벽 3시까지 들었다. 그날 밤 나는 레인에게서 해답을 찾았다. 레인이 말한 방법은 오직 하나, 아이의 편에 서는 것이다. 아이의 편이 된다는 것은 모든 처벌과 두려움과 외부의 징계를 폐지한다는 것을 뜻한다. 아이들이 외부의 압력 없이 공동체의 자치만으로도 자신의 고유한 방식에 따라 성장할 수 있다는 믿음을 뜻한다. 배움보다는 삶이 더 우선임을 인식하는 것을 뜻한다.

니일은 민주적 자치 공동체로 운영되던 레인의 소년원을

서머힐의 모델로 삼았다. 서머힐에서는 교사의 채용이나 해고, 징계 같은 모든 정책적 의사 결정이 학생과 교사가 모두 한 표씩 행사하는 학교 총회를 통해 이루어졌다. 또한 서머힐의 모든 수업은 필수가 아닌 선택이었고, 아이들은 자기한테 편한 속도와 자기만의 취향대로 배워나갔다.

니일은 아이가 배움과 성장에 대한 욕구를 타고난다고 믿었는데, 그런 의미에서 루소의 전통을 계승했다. 니일은 『서머힐』에서 이렇게 말했다.

내 생각에 모든 아이는 선천적으로 지혜롭고 현실감각이 뛰어나다. 어른의 조언 없이 혼자 내버려둬도 아이는 자신을 개발할 수 있는 능력을 남김없이 발휘한다. 논리적으로 보자면, 학자가 될 능력을 타고났고 학자가 되고 싶어하는 아이는 학자가 되고, 청소부가 될 아이는 청소부가 되는 곳이 바로 서머힐이다. 그러나 아직 우리 학교를 졸업해서 청소부가 된 사람은 없다. 자랑하려고 하는 이야기가 아니다. 신경질적인 학자보다는 행복한 청소부를 키우는 학교가 되고 싶으니까.

니일에게 자유는 그 무엇보다도 자기 인생에 대한 아이의 결정권을 존중하는 것을 뜻했다. 톨스토이와 비슷한 니일의 무정부주의적 기질은 『서머힐』의 다음 구절에서 여실히 드러난다.

아이의 임무는 자기 인생을 사는 것이지, 극성스러운 부모가 자녀에게 바라는 인생이나 자기가 학생보다 우월하다고 착각하는 교육자가 의도한 인생을 사는 것이 아니다. 어른들의 이러한 간섭이나 지도는 로봇을 길러낼 뿐이다.

… 당신들은 아이들을 현상 유지에 순응하는 사람들로 키우고 있다. 사회는 현상 유지를 원한다. 지루한 사무실 책상 앞에 고분고분 앉아 있을 사람, 가게에서 줄 잘 서는 사람, 8시 30분 통근 열차에 기계처럼 정확하게 올라타는 사람이 필요한 사회라면 말이다. 그런 사회는 한마디로 공포에 떠는 소인배, 순응하지 않으면 두려워 죽을 것 같은 사람의 초라한 어깨로 지탱되는 사회다.

… 나는 무엇이든 권위를 내세워 강요하는 것은 잘못되었다고 생각한다. 아이는 다른 사람이 아닌 자기 스스로 어떤 일을 해야겠다는 생각이 들기 전까지는 그 일을 하면 안 된다. 인류가 받은 가장 큰 저주는 외부의 강제다. 그 외부가 교황이든, 국가든, 교사든, 부모든 간에, 외부의 강제는 완전한 파시즘이다.

니일은 또한 빌헬름 라이히Wilhelm Reich의 영향을 받았는데, 급진적 정신과 의사였던 라이히는 니일의 절친하고 든든한 친구가 되었다. 라이히는 아이들의 신경쇠약을 예방해야만 어른이 되어서 정신과를 찾지 않을 것이라고 생각하고 이 분야에 깊은 관심을 쏟았다. 그는 모든 아이들이 선천적으로 선하다고 믿었고, 아이가 자기의 욕구나 그 욕구를 충족시키는 가장 좋은 방법을 직관적으로 알아본다고 믿었다. 라이히는 이 자연스러운 배움의 과정에 대한 어른의 간섭이 신경증의 주요 원인이라고 주장했다. 라이히가 제시한 해답은 사람이 자신의 충동을 다스리고 일상을 관리하는 능력을 뜻하는 '자율'이었다. 이러한 자신의 원칙을 그대로 실천하고 있는 학교를 발견했으니 라이히의 기쁨은 짐작하고도 남는다.

니일은 교육자로서 일한 오랜 세월 동안 아이의 자유에 대한 신념을 굳게 지켰지만, 항상 '자유'와 '방종'을 신중하게 구분했다. 서머힐의 아이들은 타인의 권리나 감정을 침해하지 않는 범위에서만 자신이 하고 싶은 대로 할 자유를 누렸다. 예를 들어 니일이 가꾸는 온실을 어떤 아이가 망가뜨리려고 하면, 니일은 서슴없이 아이를 야단쳤다. 그러나 그 아이가 학교에 적응하는 데 힘들어하는 신입생이면 오히려 아이가 온실 부수는 것을 거들었다. 다시 『서머힐』을 살펴보자.

많은 부모들이 자유와 방종의 구분을 이해하지 못한다. 규율이 엄격한 가정의 아이들은 아무 권리도 없는 반면 응석을 다 받아주는 가정에서는 아이가 모든 권리를 독식한다. 제대로 된 가정은 아이와 어른이 동등한 권리를 누리는 가정이다. 학교도 마찬가지다. … 세 살배기가 식탁 위에서 놀겠다고 떼를 쓰면 안 된다고 말하면 된다. 물론 아이는 그 말에 복종해야 한다. 그러나 때로는 부모가 복종해야 하는 경우도 있다. 나 또한 아이들이 자기 방에서 나가달라고 하면 시키는 대로 한다.

니일은 배움의 과정에 사랑의 힘이 얼마나 크게 작용하는지 깨달은 것도 호머 레인 덕분이라고 했다. 데이빗 윌스David Wills가 『호머 레인 전기Homer Lane: A Biography』에서 지적한 바에 따르면, 레인은 페스탈로치와 그의 고아 학교에서 배움과 사랑의 관계에 대한 아이디어를 얻었다고 한다. 그러면 니일의 해석은 어떠했는지 『서머힐』에서 살펴보자.

사랑이란 아이를 지지하는 것이며, 어느 학교든지 사랑을 실천해야 한다. 아이를 처벌하고 아이한테 신경질을 부리면서 아이의 편이 될 수는 없다. 서머힐의 아이들은 자신이 늘 지지받고 있음을 확신하고 있다.

서머힐에서는 학문적 배움보다 정서적 배움과 건강을 더 중요시했다. 니일은 행복과 자신의 동기와 감정을 이해하고 표현할 줄 아는 능력이야말로 인간 발달의 초석이라고 믿었다. 또한 성공의 가장 큰 징표는 즐겁게 일하고 긍정적으로 사는 능력이라 믿었다. 그는 『서머힐』에서 이렇게 말했다.

내 주장을 요약하자면, 자유롭지 못한 교육은 완전한 삶을 살지 못하게 하는 결과를 낳는다. 그런 교육은 인생의 감정적 측면을 거의 완전히 무시해버린다. 감정은 역동적이기 때문에 감정을 표현할 기회가 부족해지면 반드시 천함과 추함과 미움으로 이어진다. 머리만 교육받는 것이다. 진정한 감정의 자유가 주어지면, 지적 능력은 저절로 개발된다.

루소와 마찬가지로 니일도 더 새롭고 더 나은 교수법이나 교과과정을 만들어야 한다며 호들갑을 떠는 교육개혁론자들을 비웃었다. 마지막으로 『서머힐』을 살펴보자.

서머힐에는 새로운 교수법이 없다. 가르치는 것 자체는 그리 중요하지 않다고 생각하기 때문이다. 어떤 학교가 나눗셈을 가르치는 특별한 방법이 있느냐 없느냐는 아무런 의미가 없다. 나눗셈을 배우고 싶어하는 사람이 아니라면 나눗셈 자체가 무의미하기 때문이다. 그리고 아이가 정말 나눗셈을 배우고 싶어 하면 무슨 방법으로 가르치든 배워내고야 만다.

『서머힐』이 출간된 이후, 세계 곳곳에서 서머힐을 표방한 학교들이 계속 생겨나기 시작했다. 오늘날 서머힐은 영국 정부가 끊임없이 방해 공작을 펼치고 있지만 니일의 외동딸 조이 레드헤드의 지도 아래 아이들과 함께하고 있다.

홀트

제2차 세계대전에 잠수함 승무원으로 참전했던 존 홀트 (1923-1985)는 히로시마와 나가사키에 원자폭탄을 투하한 미국의 비인간적 작전에 큰 충격을 받았다. 그는 종전 이후 교사가 되었고, 근본적인 사회개혁과 교육이 그런 변화에서 수행할 역할에 대해 늘 고민했다.

격동의 1960년대에 주류 학교교육을 비판한 사람이 홀트만 있었던 것은 아니다. 그러나 홀트는 아이들의 개별 학습 과정을 지켜보며 관찰기를 써냈고, 나중에는 모든 아이들을 바보로 만드는 일반학교 모델을 비판하는 글을 썼다. 당시 미국 교육을 본질에서부터 재검토해야 한다며 느슨하게나마 교육운동이 조직되고 있었는데, 홀트는 열정적인 저술 활동 덕분에 그 운동의 지도자가 되었다.

홀트의 교육사상을 만들어낸 가장 큰 원동력은 아이들이 세상을 나름의 방식으로 이해할 줄 아는 엄청난 능력을 지녔다는 믿음이다. 홀트는 아이의 자유로운 질문과 탐색과 실험을 허락하고, 세상에서 실제로 일어나는 일에 적극 참여할 수 있게 해주면 된다고 믿었다. 홀트를 이상주의에 빠진 로맨티시스트라고 부르는 사람도 있었지만, 그의 사상에는 철저히 실용적인 면도 있었다. 교육 잡지 《에드센트릭Edcentric》 1972년 9월호에 실린 홀트의 주장을 들어보자.

젊은이들에게 배움의 자기결정권과 자율과 선택권을 주는 가장 큰 이유는 아메리카라는 요새를 함락시킬 혁명가를 키우기 위함도 아니요, 무슨 신비주의적 순진함과 순결함을 지키기 위함도 아니요, 자연과 우주와 조화롭게 사는 법을 가르치기 위함도 아니다. 단지 그것이 가장 효과적인 배움의 방법이기 때문이다.

… 우리는 배우고 싶은 것을 자신이 결정하고, 남이 아닌 자신만의 이유가 있어서 배우고, 배우는 속도와 방식을 자신이 통제할 때 가장 잘 배운다.

그런데 미국의 학교들은 성적과 표준화에 점점 더 매몰되면서 공포와 통제의 아성으로 전락했다고 홀트는 결론지었다. 1960년대 중반에 이르면서 '강제 학습'은 홀트의 교육철학에서 대표적인 형용모순이 되었다. 그는 당근과 채찍의 교육 방식이 아이들의 정신과 정서에 입히는 상처를 이야기했다. 이런 방식은 홀트가 교사로 있던 부유층 자녀를 위한 이른바 진보적인 사립학교에서도 사용되고 있었다. 홀트가 출간한 교육서 시리즈 1호 『아이는 어떻게 실패하는가How Children Fail』에 나온 그의 비판을 들어보자.

어른인 우리가 아이한테 하는 행동이나 아이에게 강요하는 행동은 아이의 지적, 창조적 능력을 파괴하고 있다. 무엇보다도 아이를 두려워하게 만듦으로써 아이의 능력을 망가뜨리고 있다. 다른 사람들이 원하는 대로 행동하지 않는 것, 다른 사람을 만족시키지 못하는 것, 실수하고 실패하고 틀리는 것을 두려워하게 만들고 있다. 그럼으로써 우리는 아이가 모험과 실험을 두려워하게 만들고, 어렵고 잘 모르는 것은 시도할 엄두를 내지 못하게 만든다.

홀트는 10년 동안 교직에 있으면서 정해진 교과과정이라는 개념을 거부하게 되었다. 홀트는 모든 아이들이 반드시 알아야 하는 지식이 있다는 생각 자체가 말이 안 된다고 믿었다. 『아이는 어떻게 실패하는가』를 더 살펴보자.

이 말도 안 되는 것을 없애지 않고서는 참된 교육도 진정한 학습도 없다. 학교는 아이들이 알아야 한다고 우리가 생각하는 것이 아니라 아이들이 알고 싶어하는 것을 가르치는 곳이어야 한다. 알고 싶은 것을 알게 된 아이는 그것을 기억하고 활용한다. 누구를 만족시키거나 화내지 않게 하려고 무언가를 배우는 아이는 누구를 만족시킬 필요가 없어지거나 화를 면하면 배운 것을 잊어버린다. 그래서 아이들은 학교에서 배운 것들 중 극히 일부를 제외하고는 다 잊어버리는 것이다.

1970년대 초반부터 시작해서 홀트의 생각에 가장 큰 영향을 미친 사람은 이반 일리히였다. 일리히는 당시 미국 교육에 관한 논쟁을 학교를 넘어 모든 사회제도로 확산시키려고 했었다. 일리히의 주장에 따르면, 제도교육의 교묘하면서 간과하기 쉬운 기능은 배움을 생활 맥락에서 떼어내 추상화시키고 잘 포장된 소비재로 만드는 것이다. 일리히는 교육을 '취득'해야만 출세할 수 있다는 생각이 신화처럼 떠받들어지는 세태를 개탄했다. 또한 사람들이 아무리 학교를 욕해도 학교는 사람들이 의도한 기능을 수행하고 있다고 지적했다.

다시 말해 학교는 피라미드 모양의 분포도로 성적을 매겨 비운의 패자와 특혜 받은 승자를 구분하고, 현대사회의 대부분의 직장들이 요구하는 따분하고 반복적인 노동을 위해 아이들을 훈련시키는 것이다. 이러한 일리히의 주장에 동감했던 홀트는『자유 그 너머로Freedom and Beyond』에서 이렇게 말했다.

우리는 교육이라는 사업을 하면서, 시험문제를 내고 성적을 매기고 라벨을 붙이고 분류하고 누가 어디로 가고 무엇을 받을지 결정하는 사업을 동시에 병행할 수 없다. … 그것은 사람을 상품화하는 사업이다.

결국 홀트는 일리히와 같은 결론에 이르렀다. 미국의 공립 및 사립학교제도를 개혁하는 일은 시지프스가 바위를 나르는 일과 똑같다고 생각하게 된 것이다. 전국적인 교육개혁운동에 기여하고자 20년 가까이 노력한 끝에 맛본 실망감 속에서 홀트는『교육을 대신할 교육Instead of Education』에서 자신의 심정을 이렇게 토로한다.

학교를 개혁하려는 운동은 결코 오래 가지 못한다. 유행처럼 금방 지나가고, 빈둥직으로 번하고, 그나마 인간적인 변화를 추구하던 몇 안 되는 학교들은 대부분 포기하고 만다. 그렇게 되고 나면 사람들은 안도의 탄성을 지르면서 일반학교들의 고질적 병폐를 어이없게도 개혁자들의 탓으로 돌린다. 그리고 개혁안을 실제로 실행하여 성공을 거둔 사례가 있어도 금방 잊어버린다.

홀트는 미국 교육에 대한 급진적인 비판을 계기로 아예 학교라는 영역을 뛰어넘는 해결책을 찾기 시작했다. 『교육을 대신할 교육』에 풀어놓은 그의 고민을 들어보자.

나는 아이들을 위해 특별히 마련한 공간에서 아이들을 돌보기 위해 특별히 훈련된 사람들과 함께 아이가 모든 시간을 보내는 것을 원치 않는다. 아무리 그런 공간과 사람들이 훌륭하더라도 말이다. 아이는 그런 것들 이상을 필요로 한다. 아이가 필요로 하는 것은 열려 있고 접근하기 쉬우며 남녀노소 할 것 없이 모든 시민의 눈에 보이는 사회, 모든 시민이 나이를 불문하고 적극적이고 진지하게 책임감과 자존감을 느끼면서 제 역할을 할 권리가 있는 사회이다.

이러한 목표를 달성할 수 있는 유일한 방법은 부모가 자녀의 교육을 더 이상 사회에 맡기지 말고 가정과 공동체에서 배움의 과정을 일구는 것이라고 홀트는 역설했다. 오늘날 '홈스쿨링'이라는 이름으로 알려진 이 교육 방법은 지도부 없는 교육운동으로 급성장했다. 홀트는 제도교육에 기대지 않고 소신껏 자녀교육을 하겠다고 나선 사람들에게 영감과 지침을 주기 위해 『학교 없이 성장하기Growing Without Schooling』라는 교육 잡지를 창간했다. 당시 수많은 홈스쿨링 부모들이 불안함을 버리지 못해 가정을 학교의 대안으로 생각하기보다는 또 하나의 학교로 만들고 있었다. 이를 잘 알고 있었던 홀트는 재빨리 '탈학교deschooling'라는 말을 만들어내어 자발적이고 유기적이며 학습자 스스로 주도하는 자신의 교육 이상을 설명했다.

홀트에게 학습 과정에서 최고로 중요한 것은 자유였다. 그는『교육을 대신할 교육』의 결론에서 이렇게 못을 박았다.

강제 학습은 횡포요, 인간의 정신과 영혼에 대한 범죄이다.

로저스

홀트와 동시대인이었던 칼 로저스(1902-1987)는 1960년대 교육운동이 표방한 자유에 심리학적 기반을 더하는 데 주력했다. 로저스는 동시에 심리 치료를 프로이트의 정신분석 이론의 제한적 틀에서 해방시키려는 운동을 이끌고 있었다.

로저스는 자신의 새로운 접근 방법을 '인본주의 심리학humanistic psychology'이라고 명명했다. 인본주의 심리학의 목표는 완전한 제 기능을 하는 인간의 계발이었다. 로저스는『배울 자유Freedom to Learn』에서 이러한 인간을 이렇게 묘사했다.

구체적인 행동 양식을 쉽게 예측할 수 없는 창조적인 사람, 늘 변화하고 늘 발전하며 매순간 자신과 자신 안의 새로움을 발견하는 사람.

『배울 자유』는 주류 교육을 담당하고 있던 전문가들을 겨냥한 교육 선언이었다. 로저스는 이 책을 통해 교육의 진정한 목표는 젊은 사람들의 머리에 추상적 지식을 주입시키고 표준화된 성공의 잣대에 끼워 맞춰 경쟁을 강요하는 것이 아니라 그들이 진리와 의미와 관계를 추구하도록 돕는 것이라고 역설했다. 이러한 교육 목표는 학생들이 자신의 학습 과정을 통제할 수 있을 때 달성된다. 다시 말해 학생들은 선택의 자유, 그리고 자신의 행동이 불러일으킨 결과를 통해 배울 자유가 있어야 한다.

로저스는 또한 개인 성장의 핵심 요소는 자아 인식이라고 믿었다. 이 자아 인식도 아이가 자신의 경험과 다른 사람과 맺는 관계를 통제할 수 있을 때에만 발달한다. 로저스는 이를 입증한 대표적 사례로 비행 청소년의 행동에 영향을 미치는 요인들을 조사한 연구를 꼽았다. 이 연구에 따르면 가장 큰 영향을 미치는 요인은 자기 이해의 정도였다. 로저스는 『배울 자유』에서 연구 조사에 대해 이렇게 이야기했다.

나는 연구 조사가 의미한 바를 깨닫는 데 아주 오랜 시간이 걸렸다. 우선 내적 자율이 얼마나 중요한지 이해하게 되었다. 자신과 자신이 처한 상황을 제대로 이해하고 기꺼이 책임을 지는 사람은 단순히 외부 여건에 휘둘리는 사람과는 전혀 다르다. 그 차이는 그 사람 행동의 중요한 측면에서 드러난다.

로저스는 미국 학교들이 이런 원칙을 모든 아이들에게 적용해야 한다고 호소했다. 자유와 자율이야말로 진정한 배움의 기본 조건이라는 로저스의 믿음은 홀트와 일치한다. 교실에서만큼은 교사에게 융통성과 자율성을 허용해야 한다는 로저스의 외침은 교육개혁운동이 최고조에 이르렀던 1960년대 말과 1970년대 초에 일시적인 호응을 얻었지만, 그 뒤로 지금까지 줄곧 외면당하고 있다.

루소에서 로저스까지 교육사상의 발전 궤도는 여기서 설명한 대로 단순하고 직선적이지는 않다. 여기에 등장한 인물들은 저마다 자기만의 중대한 사명이 있었고, 이는 당대의 정치, 경제, 철학적 조건의 영향을 받았을 것이다. 또한 저마다 실천 방식이나 강조하고자 했던 지점이 달랐다. 톨스토이, 페레, 니일과 홀트에게는 아이 스스로 배움을 주도하는 자유가 그 무엇보다 중요했던 반면, 나머지 교육자들은 정도의 차이는 있겠지만 기본적으로 어른의 지도와 구조적 통제가 필요하다고 보았다. 그리고 이 모든 사람들에게 영감이 되었던 루소는 역설적이게도 양쪽의 주장을 다 피력했었다. 페스탈로치는 사랑을 최고의 가치로 여겼고, 프뢰벨은 자연을, 몬테소리는 인식의 발달을, 슈타이너는 창조성을, 로저스는 진정성과 자아 인식을, 그리고 니일은 민주적인 자치 공동체를 가장 중요시했다.

그러나 이 선구자들이 제시한 참된 교육의 기본 원칙들을 관통하는 한결같은 신념이 있다. 배움은 자연스럽고 자발적인 충동이며, 두려움과 강제와 통제는 배움의 적이라는 믿음이다. 그리고 이들의 교육사상은 주류 교육의 이론과 실제에 맞선 저항의 전통을 이어왔다. 이 전통은 교육의 중앙집중화와 표준화가 그 강도를 더해가며 진행되어온 4백 년의 세월을 견뎌냈고, 새 천년을 맞이한 오늘날에도 건재하고 있다.

밭 일구기

　　　　　새로운 학교, 특히 관습에 도전하는 학교는 이상이라는 씨앗에서 출발한다. 그런 다음에는 그 씨앗을 잘 일군 밭에 심어야 한다. 밭 일구기란 학교를 세우기 전에 여러 가지 질문에 답하는 작업을 뜻한다. 예컨대 이런 질문들이다. 새로운 학교의 교육철학은 무엇인가? 학교의 규모와 모양은? 권한은 누구에게 주고, 의사 결정은 어떻게 할 것인가? 학생의 발전은 어떻게 평가할 것인가? 운영 자금은 어디서 구할 것인가?

　이러한 기본적인 질문들을 사례로 나투기 전에, 수십 곳의 학교를 돌아다니면서 캐낸 금쪽 같은 지혜 하나를 미리 귀띔하자면, 성공적인 학교들의 절대 다수가 최소한 두 명 이상의 개인, 또는 한 집단의 합작품이라는 점이다. 성공의 열쇠는 함께하는 사람들 사이에 생겨나는 에너지와 상호 지원에 있다. 이는 이스트힐 농장학교East Hill Farm School 설립자들이 내게 작별 인사를 하며 건넨 조언이다. 버몬트 주의 젊은 부부가 설립한 이스트힐 농장학교는 오래 버티지 못하고 문을 닫았다. 그 부부는 학교를 운영하던 때를 돌아보며 처음부터 더 많은 설립자들을 모아서 시작했으면 학교 운영이 한결 수월했을 텐데 하는 아쉬움을 토로했다. 때로는 학교가 속해 있는 공동체에서도 이해하지 못하거나 공감하지 못하는 어려움이 있기 때문에 나온 말이리라. 이스트힐 농장학교가 남긴 또 하나의 교훈은 일단 의기투합했으면 정확한 의사소통 수단과 앞으로 생길 오해나 갈등을 해소할 방법을 반드시 정해야 한다는 것이다.

그런데 어떤 학교에서는 적어도 초기 단계에는 지도와 의사 결정에 관한 모든 권한을 설립자 혼자 갖는 것이 바람직하다고 말했다. 초기 단계에서는 의사 결정을 하느라 밀고 당기는 과정이 아까운 시간과 에너지를 잡아먹고, 결국 일을 지연시킬지도 모르기 때문이다.

주의사항 한 가지만 더 말해두자면, 아이들에게 독특한 배움의 기회를 마련해주고 싶다고 해서 꼭 상설기관을 세워야 할 필요는 없다는 것이다. 일시적인 교육기관도 아이들에게는 많은 도움을 줄 수 있다. 그 지역의 아이들이 다 자라 필요가 없어질 때까지만 운영하고 문을 닫는 홈스쿨링 지원센터가 좋은 예가 되겠다. 다시 말하지만, 정해진 규칙은 없다.

교육철학

개인이든 집단이든 학교를 세우려면 제일 먼저 구상하고 있
는 학교의 교육철학을 정해야 한다. 매사추세츠 주 프레이밍
햄에 자리잡고 있는 서드베리 밸리 스쿨Sudbury Valley School의 경
우, 설립자들이 학교의 교육철학을 2년 이상 논의한 뒤에야
학교 문을 열었다.

이와는 정반대로 메리 루는 공립학교 생활을 너무나 괴로
워하던 열 살배기 아들의 성화에 못 이겨 말 그대로 하룻밤
만에 알바니 프리스쿨을 세웠다. 메리에게는 서드베리 밸리
스쿨 경우처럼 사전 연구와 논의를 길게 할 수 있는 겨를이
없었다. 그래서 일부터 벌여놓고 지역 교육법이나 건축법의
규제에 그때그때 대응하는 경우가 많았다. 교육철학은 메리
의 급행 열차에 뛰어오른 교사, 학생, 학부모들이 함께 학교
를 꾸려나가면서 만들었다. 그 때문에 참여자들이 갖은 시행
착오를 통해 서서히 운영의 묘를 배워가던 초기 시절에는 학
교에 많은 변화가 있었다.

위의 두 학교와는 또 다른 업앳티나스 스쿨Upattinas School('티
나 집에 놀러 가다up at Tina? house'라는 말에서 'up at Tina?' 세 낱말을
이어 만든 이름_옮긴이)은 아직 농촌이넌 펜실베이니아의 아이
들이 윗마을에 사는 티나 아줌마 집에 몰려가 하루 종일 놀
기 시작하면서 구렁이 담 넘어가듯 시작된 학교다. 아이들의
부모들과 아이가 없던 티나는 아이들이 눈치채기도 전에 티

나의 집을 학교로 바꿔버렸다.

그 밖에도 이미 확립된 교육철학에 기초한 모델을 표방하는 학교도 있다. 몬테소리, 발도르프, 그리고 현재 급증하고 있는 서드베리 밸리 스쿨 들이 대표적인 예다. 이런 경우에는 당연히 교육철학을 정하는 단계는 건너뛰고 해당 교육 방식에 숙련된 사람을 채용하는 일이나 학교 위치 결정, 학생 모집, 재정 문제 해결 같은 사안에만 집중하면 된다.

학교를 세우게 된 경로와는 상관없이 모든 학교에는 그 학교의 기초를 이루는 철학이 있으며, (대개 바깥으로 드러나지 않는) 이 철학은 인간과 아이의 본성에 관한 신념을 바탕으로 한다. 19세기에 태동한 전통 공립학교 모델에 절대적 영향을 미친 철학은, 아이들을 선천적으로 게으르고 믿을 수 없는 존재라고 여겼던 칼뱅주의다. 이러한 부정적인 철학에 기반을 둔 교육 방식은 당연히 강제와 감시, 당근과 채찍일 수밖에 없다.

이 글에서 강조하고자 하는 학교의 철학은 이와는 정반대의 신념을 바탕으로 한다. 아이들은 건전함과 행복함에 자연적으로 끌리고 학습과 성취에 대한 욕구를 타고난다는 신념 말이다. 이러한 철학적 관점을 가진 학교는 배움의 가치를 배움 그 자체에 두고, 아이들을 믿기 때문에 아이들에게 책임감 있는 선택을 할 권리를 준다. 또한 아이들에게 힘을 불어넣고 아이들의 직감을 존중한다.

저마다의 학교가 내건 교육철학에서 가장 극명하게 차이

점이 드러나는 분야는 자유와 민주주의에 대한 관점일 것이다. 이 관점은 대안학교들 사이에서도 폭넓은 스펙트럼이 존재한다. 예를 들어 발도르프 학교는 교육에 대해서는 학생들에게 매우 제한된 선택권만 허용한다. 또한 어린 학생일수록 학교 정책에 대한 발언권이 거의 없다. 이는 설립자 루돌프 슈타이너의 신념 때문인데, 슈타이너는 열 살이 안 된 아이는 자기 인생에 대해 책임 있는 선택을 할 만큼 발달하지 못했으며 그런 선택권을 허용하면 오히려 아이의 영혼이 다친다고 믿었다. 그러한 스펙트럼의 반대편에 있는 서머힐이나 서드베리 밸리 스쿨 같은 프리스쿨들은 나이에 상관없이 모든 학생들에게 교과과정 선택권과 학교 정책에 대한 의사 결정권을 허용한다.

학교가 학생들에게 자기 교육을 설계하고 주도할 자유나 전반적인 학교 운영에 참여할 권리를 얼마만큼 주느냐에 따라 그 학교의 전체 구조나 성격은 지대한 영향을 받는다. 예를 들어 아이가 언제 어떻게 배울 것인지 스스로 선택할 자유가 있는 학교나 가정의 학습환경은 정해진 시간에 정해진 과목을 정해진 교과과정에 따라 배워야 하는 학습환경과는 전혀 다른 것이다. 전자의 환경은 겉으로 보기에는 질서가 없지만 훨씬 더 띠들썩하고 활기가 넘칠 가능성이 크다. 또한 교사(또는 부모) 역할도 완전히 달라진다.

마찬가지로 아이들에게 자기들만의 규칙을 만들고 자기들끼리 갈등을 해소할 권한을 주는 학교와 그러지 않은 학교는 모습도, 느낌도 다르다. 전자의 경우 민주적으로 의사를 결정하는 구조와 절차가 활성화 되어 있어, 학생들에게는 후자에서 찾아보기 힘든 성숙함과 주인의식이 느껴진다.

그 밖에도 교육철학을 결정하는 변수들은 많이 있다. 학습 환경은 경쟁적인가 협력적인가? 놀이에는 얼마만큼의 가치를 부여할 것인가? 육체적, 사회적, 정서적, 영적 계발에는? 다양성을 확보하기 위한 노력도 할 것인가?

학교를 만들 사람들은 학교의 교육철학에 담긴 모든 요소를 심사숙고해야 한다. 각각의 요소가 밭을 일구면서 답해야 할 나머지 질문들에 영향을 미치기 때문이다.

규모와 모양

학교가 모든 구성원의 개인적 욕구와 집단의 욕구를 희생시키지 않는 규모는 어느 정도일까? 답은 당연히 작을수록 좋다는 것이다. 지난 수십 년 동안 교육제도의 일반적 특징이 되어온 대규모 중앙집중식 학교는 그 규모 때문에 공동체 의식과 개성을 각각 군중 통제 정책과 동질화로 대체할 수밖에 없었다. 그러면서 학교는 소외감과 익명성의 온상이 되어버렸다.

내가 아는 좋은 학교들은 거의 재학생 수를 2백 명 이하로 유지한다. 그러나 학생을 6백 명이나 받고도 예술의 경지에 이른 조직력과 세심하고 헌신적인 교직원 덕분에 좋은 학교의 원칙을 충실히 지키는 곳도 보았다.

나는 고등학교는 규모가 더 커도 된다는 논리가 꽤 설득력 있다고 생각한다. 규모가 크면 교육이나 사회적 선택의 폭이 넓어지고, 과외 활동도 훨씬 다양해진다. 그러나 여전히 규모 때문에 감수해야 하는 희생은 있다. 규모가 커지면 커질수록 자율, 공동체의식, 민주주의 같은 장점은 어느 정도 희석되기 마련이다.

규모에 따른 단점은 조직의 모양으로 어느 정도 보완된다. 예를 들어 뉴욕 주 이타카에 있는 공립 대안 중고등학교인 얼터너티브 커뮤니티 스쿨Alternative Community School은 2백 명이 넘는 학생들을 14명으로 이루어진 가족 같은 조그만 그룹으로 나눴다. 이 소그룹은 일주일에 두 번씩 모여 학생들이 서로에게나 교사에게 느끼는 친밀감이 떨어지지는 않았는지 꾸준히 점검한다. 또한 학생들은 학교 운영 전반에 관여하는 다양한 학생위원회에 참여하여 학교에 대한 강한 주인의식과 소속감을 느낀다.

오리건 주 포틀랜드의 메트로폴리탄 학습센터Metropolitan Learning Center도 좋은 예가 되겠다. 재학생 550명의 K-12(K는 유치원을 뜻하는 'Kindergarten'의 머리글자이고 12는 학년을 뜻한다. 다시 말해 K-12 학교는 유치원생부터 12학년 학생까지 나뉘는 학교라는 뜻이다._옮긴이) 대안학교로 출발한 이 센터는 학생 25명을 하나의 '기지base station'로 편성한다. 한 기지는 유치원생부터 12학년 학생까지 다양한 연령의 학생으로 이루어지는

데, 기지는 큰 학교 안의 작은 학교 역할을 한다.

　재학생들을 어떤 식의 그룹으로 나눌지는 새로운 학교가 초기에 답해야 할 중요한 질문 가운데 하나다. 연령으로 나눌 것인가? 아니면 실력으로? 아니면 아예 나누지 않을 것인가? 알바니 프리스쿨은 그동안 여러 방식을 실험해보면서 다 나름의 장단점이 있다는 사실을 알게 되었다.

권한과 의사 결정

전통적인 교육모델을 특징짓는 결정적인 요인 가운데 하나가 바로 권한의 분배 방식이다. 그 분배 방식을 도표로 나타내면 어김없이 피라미드 모양이다. 공립학교의 경우, 피라미드의 맨 꼭대기에서 가장 많은 권한을 갖는 사람은 주 정부의 교육감이다. 사립학교의 경우는 학교장이나 재단 이사장일 것이고, 지역 학교의 경우는 지역 교육감일 것이다. 학생들은 대개 아무런 권한도 없이 피라미드의 맨 밑에 있다.

　이러한 피라미드를 만들어낸 철학적 기반은 뻔하다. 이런 학교는 경쟁적이고 강제적인 학습환경을 표방하며, 어쩔 수 없이 군대식 체계로 운영된다. 그리고 학생들은 더 높은 계급과 더 많은 특권을 얻기 위해 서로 경쟁하고 위에서 시키는 대로 행동할 수밖에 없다. 선택의 여지가 주어진다면, 이런 환경에서 생활하고 배우려고 하는 아이들은 별로 없을 것이다.

　　이런 학교에서는 교사들의 권한과 통제권도 극히 제한적일 수밖에 없다. 교사들은 정해진 교과과정의 미로를 헤쳐나가도록 학생들을 지도해야 하고, 정해져 있는 목표를 달성해야 한다. 자기가 맡고 있는 학급 학생들을 통제하는 것 말고는 아무런 권한이 없다. 내가 아는 훌륭한 교사들 가운데 이런 식의 답답한 근로 조건을 용납할 사람은 아무도 없다. 물론 이런 환경에서도 성실하게 일하는 훌륭한 교사들이 있는데, 그들은 학교체제의 허점을 창조적으로 활용하여 자기 교실에서만큼은 학생들에게 선택의 자유와 자치의 권한을 누리게 해준다. 나는 이런 사람들이야말로 교육계의 영웅이라고 생각한다.

　　전통적 학교모델에 대한 진정한 대안이 되려면 어떤 방식으로든 권한과 책임을 학생들과 함께 나눠 가져야 한다. 좋은 학교는 아이들이 자신의 학습 조건 조성에 참여할 권리가 있다는 것을 인정한다. 동시에 교사와 학부모들에게도 같은 권리를 부여하며, 이들을 협동 작업의 파트너로 대한다.

　　학교마다 권한이나 의사 결정에 관한 사안에 접근하는 방식이 다르다. 학생에게 권한을 부여하는 문제에 가장 급진적인 방식을 선보였던 학교는 아마 서머힐일 것이다. 서머힐은 뒤에 설립된 민주적 학교들의 본보기가 되었는데, 서머힐의 규칙은 모두 아이와 어른이 동등한 투표권을 행사하는 주례 총회에서 결정된다. 다시 말해 학생들은 공동체의 일상생활을 정하는 규율뿐 아니라 학교의 재정이나 교사의 채용과 해고에 대해서도 발언권을 행사한다. 학생들은 또한 학생 법정에서 징계 수위도 자체적으로 정한다.

메리 루는 알바니 프리스쿨의 첫 출발부터 학교 건물에 상주하는 사람들에게만 의사결정권을 주기로 했다. 학부모, 자문위원, 자원봉사자, 방문객 같이 학교에 매일 나오지 않는 사람들은 의견을 제시할 수는 있지만 그 이상의 권한은 없다.

델라웨어 주 뉴어크에 민주적으로 운영되는 '뉴 스쿨^{New} ^{School}'이라는 프리스쿨을 설립한 존 하이너도 그와 같은 입장을 취했다. 하이너는 자유롭고 유연한 방식으로 권한을 부여하되, 학교와 이해관계가 깊은 사람들이 권한을 가져야 한다고 주장했다. 하이너는 학교의 정책 결정에 학부모가 참여하면 그 학교는 점점 더 관습에 젖게 된다는 사실을 경험을 통해 배웠던 것이다.

어떤 학교는 학교장이나 이사장의 강력한 지도 아래 운영된다. 반면 노스캐롤라이나의 아서 모건 스쿨^{Arthur Morgan School} 같은 경우는 교직원이 공동으로 운영하는 방식을 택했다. 또 어떤 학교는 학부모조합이라는 이름 아래 학부모가 공동으로 운영한다. 학교 이사회도 정책을 입안하는 데 상당한 발언권을 행사하는 경우가 있는가 하면, 명목상의 이사회로만 머무는 경우도 있다.

공립 대안학교의 경우에는 당연히 학교가 속한 지역과 교육국의 감사를 받아야 하는 대신 학교장이 학교 안에서의 권한 분배를 결정할 자유가 있다. 차터스쿨은 공립 대안학교보다는 더 자율적이지만, 대개 학교를 설립한 공식기관의 감독 아래 운영된다. 권한 체계는 주^州마다 조금씩 다르다.

학생 평가

학생들에 대한 평가 방식은 학교의 기반이 되는 또 하나의 초석이다. 새로운 학교가 정할 평가 방식은 이미 정해진 교육철학을 반영하게 된다. 예를 들어 요즘 전국의 학교들을 강박관념에 시달리게 하는 학력평가시험(주로 주^州 단위로 실시하는 표준화된 과학 및 수학 시험제도로, 미국 교육의 모든 단계에서 실시되며, 학생의 학력뿐만 아니라 학교의 수준을 평가하고 교과과정을 설계하는 기준이 되고 있다. 현재 약 40개 주에서 실시하고 있다._옮긴이)은 근대 의무교육의 뿌리인 칼뱅주의의 결정판이라고 할 수 있다.

  이 제도는 두려움에 뿌리를 두고 있다. 커다랗고 무시무시한 채찍을 휘두르지 않으면 학생은 배우지 않고 선생은 가르치지 않을지도 모른다는 두려움 말이다. 학생들이 경쟁이 아닌 협동 속에서 즐겁게 공부하는 학교라면 잔인한 평가 방식을 거부할 것이다. 이런 학교는 학생을 통계 수치로 평가하거나 미리 정해놓은 잣대로 '성공'과 '실패'를 가늠하지 않는다. 그런 평가 방식은 지극히 칼뱅주의적인 것이다. 또한 즐겁게 공부하는 학교는 아이들에게 인위적 기준을 적용하거나 아이들을 서로 비교하지도 않는다.

평가 방식이 어떻든지 간에, 평가받는 아이의 비교 대상은 바로 그 아이이어야 한다. 평가는 아이가 거둔 성과와 업적을 반영해야 하며, 발달이 부진하다고 판단될 경우 문제점을 객관적으로 정리하는 동시에 미래지향적이고 긍정적인 충고까지 해주어야 한다. 평가의 목적은 차별과 처벌이 아니라 격려와 지원이다.

아이의 발달을 평가하는 방식에는 분기별, 과목별 서술형 평가서를 작성하는 것에서부터 공식 평가제도의 완전 폐지까지 다양한 스펙트럼이 존재한다. 교사들이 학생 저마다의 성과물을 포트폴리오로 만들어 그것으로 평가를 대신하는 학교도 많다. 또 학생의 자기 평가를 평가 과정에 포함시키는 학교도 있다. 평가 방식 역시 정해진 규칙은 없다. 다만 평가 방식이 그 학교의 교육철학과 일치하기만 하면 된다.

재정

마지막으로 가장 골치 아픈 질문이 남아 있다. 돈은 어디서 구할 것인가? 정부 지원금? 등록금? 재단 후원금? 기부금? 아니면 등록금, 후원금, 기부금의 적절한 배합? 학교의 성공을 가로막는 가장 큰 걸림돌이 재정 문제인 경우가 너무나 많다. 특히 대안학교나 대안학습센터를 세우려는 사람들에게는 재정 문제가 가장 큰 골칫거리다.

공적 자금이든 민간 자본이든 다 장단점이 있다. 국민의 세금으로 운영되는 학교가 포기해야 하는 가장 큰 부분은 자치권이다. 지방 정부의 교육정책이 아무리 자유롭다 해도 공금 지원을 받는 학교는 안정적인 재정을 보장받는 대신 자유와 융통성을 희생할 수밖에 없다. 희생의 정도는 학교 설립자의 수완과 학교가 자리잡은 지역의 정치적 분위기에 달려 있다.

이러한 공립 대안학교가 또 감안해야 하는 것은 학교의 지속적 존립 여부가 불투명하다는 점이다. 학교의 존폐를 좌우하는 사람들이 속해 있는 정치계는 끊임없이 변하기 때문이다. 과거에 아무리 성공적으로 학교가 운영되었다 해도 어느 날 갑자기 교육감이나 이사회의 구성이 바뀌면 생존이 위태로워질지도 모르는 것이다.

사립학교는 공립학교에 비해 독립성이 더 많이 보장되지만, 역시 여러 가지 위험과 희생이 따른다. 예를 들어 등록금으로 운영되는 학교는 학부모의 기대에 민감하게 반응할 수밖에 없다. 학교가 기대에 부응하지 못하면, 학부모들은 당연히 자녀를 다른 학교에 보내려고 할 것이다.

재단 후원금을 받는 학교들은 거의 예외 없이 큰 위험을 감수해야 한다. 일단 재단 후원금을 받아내기 위한 경쟁이 치열하기 때문에 받을 가능성부터가 매우 낮다. 그리고 성공 가능성에 비하면 후원금 신청 절차는 너무도 많은 시간과 노력을 요구한다. 그리고 성공한다 해도 후원금을 받은 학교는 후원자의 눈 밖에 나지 않기 위해 신경을 써야 한다. 공립 대안학교와 비슷한 처지가 되는 것이다. 게다가 후원 프로그램은 수명이 길지 않기 때문에 후원금을 다 쓰고 나면 새로운 후원자를 찾아 나서야 한다. 1960-1970년대에 제도교육을 비판하며 생겨난 수많은 소규모 학교들이 결국 문을 닫게 된 이유도 여기에 있다. 이 학교들은 기본 운영비까지 재단 후원금에 의존했기 때문에 후원금이 바닥나자 생존 자체가 어려워졌던 것이다.

그러나 해마다 크고 작은 재단들이 수천만 달러를 교육 후원금으로 내놓고 있는 것이 사실이다. 그리고 후원금 신청에는 거의 비용이 들지 않는다. 일단 기본적인 사업계획서를 작성해놓으면, 각 재단의 요건에 맞춰 표현만 조금씩 수정해서 제출할 수도 있다. 설립위원 가운데 재단 후원금 신청 요령을 잘 아는 경험자가 있는 운 좋은 학교도 있다. 그런 운이 없더라도 초보자를 위해 후원금 신청서 작성 요령을 가르쳐주는 강좌나 지침서는 얼마든지 있다.

메리 루는 후원금 의존이라는 함정에 빠지는 것을 막기 위해 후원금을 받더라도 알바니 프리스쿨의 기본 운영비로 사용하지 않도록 늘 조심했다. 반면 메인 주 캠던에 있는 커뮤니티 스쿨Community School의 에마뉴엘 패리서는 30년 넘게 정부와 재단법인의 지원금에 거의 전적으로 의존하면서도 성공적으로 학교를 운영해왔다. 역시 정해진 규칙은 없다.

여기서 근대교육이 만들어낸 가장 극단적이면서도 보편화

된 신화, 다시 말해 교육을 하려면 돈이 많이 든다는 신화가 거짓말이라는 것이 드러난다. 이보다 더 새빨간 거짓말은 없을 것이다. 성공적인 대안학교들이 남긴 가장 인상 깊은 교훈은 아이들에게 필요한 대안을 창조하려는 사람 뒤에는 반드시 든든한 버팀목이 되어주는 지역사회가 있다는 사실이다. 교육철학이 올바르고, 이를 실천하기 위해 성실하게 노력한다면 후원자들이 나서서 기자재와 교재 같은 물품을 기증할 것이고, 때로는 학교를 운영할 수 있는 시설까지도 마련해줄 것이다.

게다가 열정과 자기 동기를 바탕으로 한 학습 방식을 택한 학교라면 값비싼 교재나 기술, 특별 프로그램에 기댈 이유가 없다. 사실 이런 장치들은 일종의 '교육보험'에 불과한 경우가 많다. 뿐만 아니라 공공 지원을 받지 않는 학교들은 지역사회의 최첨단 실험실이나 전산실 같은 시설을 찾아 활용할 수도 있다. 또한 이런 학교들은 대가를 지불해야 각종 서비스를 받을 수 있는 공립학교와 달리 자원봉사자의 도움으로 많은 문제를 해결할 수 있다. 그리고 교사들도 가르치는 환경이 자신의 교육 이상과 일치하고 정말 즐거운 마음으로 출근할 수 있다면 보수가 적더라도 개의치 않는다. 새로운 학교가 혁신적이고 독창적이기까지 하다면, 그 흥미진진한 세계에 동참하기 위해 무보수로 일하겠다는 인턴과 자원봉사자들이 줄을 설 것이다. 이것 말고도 운영비를 절감할 수 있는 구체적인 방법들은 나중에 더 자세히 다룰 것이다.

학교를 세우기 전에 지금까지 언급한 문제들을 모두 해결하려면 험난하기 짝이 없는 과정을 거쳐야 될 것이다. 이론에서 실제로 넘어가는 과정도 마찬가지일 것이다. 메리 루가 알바니 프리스쿨을 시작하면서 들었던 충고 가운데 가장 도움이 되었던 충고는 가능하면 여러 종류의 학교를 모두 둘러보라는 것이었다. 메리는 이 충고를 따랐기 때문에 다양한 교육철학이 실전에 적용되는 모습, 현실세계에서 실제로 구현되는 과정을 지켜볼 수 있었다. 말 그대로 백문이 불여일견인 것이다. 제대로 된 원칙에 따라 운영되는 학교라면 언제든지 방문객을 환영할 것이고, 비슷한 길을 가는 사람들을 기꺼이 도와줄 것이다.

씨 뿌리기

밭을 다 일구었으면 이제 씨를 뿌릴 차례다. 학교 건물 확보와 개조, 관련 규정 준수, 재정 문제 해결, 교직원 채용, 그리고 학생 모집이 씨 뿌리기 단계에 해당하는 일들이다.

건물 확보

대안교육 사업의 창립 비용을 마련하기 위해서는 그때그때 형편에 따라 조치를 취해야 하는 경우가 많다. 학교를 위한 공간을 마련하는 일도 마찬가지인데, 사실 공간을 제약하는 것은 상상력뿐이다. 빌린 공간에서 출발하는 것도 한 방법이다. 교회나 시민단체에 도움을 청하면 대개는 임시로나마 공간을 마련해줄 것이다. 워싱턴 주 시애틀의 퓨젯사운드 커뮤니티 스쿨Puget Sound Community School은 처음에는 도서관 같은 공공시설을 돌아다니며 수업을 했다고 한다. 뉴욕의 엘리자베스 클리너스 스트리트 스쿨Elizabeth Cleaners Street School은 버려진 가게에 무단 입주하면서 출발했다. 학교 이름도 그 가게의 전 주인이 걸었던 간판에서 따온 것이다. 버몬트 주 벌링턴의 셰이커 마운틴 스쿨Shaker Mountain School은 열 몇 곳의 무료 시설을 돌아다니며 수업을 하다가 엑손 정유사를 끈질지게 설득한 끝에 폐쇄된 주유소를 기증받았다. 나중에는 주유소 옆에 값싼 중고 자재로 간이 건물을 지었다고 한다.

개인의 집에서 출발하는 학교도 있다. 앞에서 말한 업앳티나스 스쿨은 펜실베이니아 동부에 있는 티나의 집에서 시작했다가 아이들이 자라 집이 비좁아지자 근처 농가로 이사를 갔다. 나중에는 체육관을 기증받아 시설을 확장했는데, 덕분에 12학년 학생까지도 다닐 수 있게 되었다.

특히 도심 지역 주변을 살펴보면 조금 외진 곳의 저렴한 상가 공간을 쉽게 찾을 수 있을 것이다. 이런 공간을 매입하거나 임대한 뒤에 개조하면 된다. 꽤 많은 학교들이 낡은 창고에서 출발했다. 또한 오래된 도시라면 분명히 버려진 학교나 교회 건물이 몇 개씩 있을 것이다. 알바니 프리스쿨도 도심 빈민가의 폐교 건물을 싼값에 사들였다. 주방 시설까지 갖춘 건물이었는데도 1만 8천 달러밖에 들지 않았다.

큰 저택도 얼마든지 학교로 개조할 수 있다. 재학생 대부분이 보스턴 교외에 사는 중산층 가정의 자녀인 서드베리 밸리 스쿨은 낡은 대저택을 매입해 2백 명이 넘는 학생들을 수용할 수 있는 훌륭한 시설로 개조했다.

가장 이상적인 경우는 새로운 학교가 충분한 자금을 마련해 학교의 요구에 딱 맞는 건물을 설계, 건축하는 것이다. 조지아 주 애틀랜타의 호라이즌 스쿨Horizon School과 뉴욕 주 뉴팔츠의 아카데미The Academy는 학생과 학부모의 자원봉사로 처음부터 아름다운 보금자리를 마련해 출발했다.

관련 법 규정

공간을 확보했다면 골치 아픈 문제가 생길 가능성이 많은 단계, 다시 말해 관련 법 규정을 살펴보는 단계로 들어간다. 신설 학교가 신경 써야 할 법 규정에는 두 종류가 있는데, 하나는 토지계획법, 건축법, 보건법, 소방법이고, 다른 하나는 주 성부의 교육법이다.

조금 뒤에 다룰 교육법과 마찬가지로, 아이들을 수용하는 시설의 합법적 운영에 대한 규정과 준수 절차가 미국의 경우는 주마다 조금씩 다르다. 그런데 공통점이 있다면 이러한 규정을 담당하는 공무원들이 학교의 생사를 좌우할 만큼 절대적인 권력을 쥐고 있다는 것이다. 불행히도 요즘 토지계획법, 건축법, 소방법 같은 규정은 전국적으로 더 엄격해지는 추세여서 신생 학교들의 경제적 부담이 늘어나고 있다.

그러나 조사관들도 제복이나 근엄한 정장 안에는 따뜻한 심장을 가지고 있는 우리와 똑같은 사람이라는 사실을 잊지 말아야 한다. 제대로 접근하기만 하면 공무원들은 곤경에 처한 시민들을 친절하게 도와줄 것이다. 알바니 프리스쿨이 지은 지 백 년이 넘은 건물을 매입하고 처음 뚜껑을 열어봤을 때의 일이다. 당시 조사관들이 건물을 점검한 뒤에 지적한 건축법, 보건법, 소방법 위반 사항들은 공책 한 권을 채우고도 남을 정도였다. 그래도 대부분의 조사관들이 학교 건립 목적에 공감해주었고, 자금이 부족한 사정도 감안해주었다. 위반 사항 시정 기한을 넉넉히 잡아주고 여러 가지 타협안을 받아준 덕분에 그 건물에서 계속 학교를 운영할 수 있었다.

절대 타협할 수 없다고 버티는 조사관을 만난다 하더라도, 대개 그 조사관의 상관 가운데 타협할 의향이 있는 사람을 찾을 수 있다. 그마저 여의치 않을 정도로 꽉 막힌 공무원들밖에 없다면, 혼자서 또는 전문가의 도움을 받아 해당 법률을 연구한 다음 법정에서 해결해야 하는 경우도 있다. 그 어떤 상황이든 성공의 열쇠는 분을 삭이지 못해 좌절감에 빠지지 말고 기회가 닿을 때마다 영향력 있는 사람들을 알아둬서 인맥을 활용하는 데 있다.

교육법도 지역에 따라 많이 다르다. 어떤 주는 학교 설립 절차를 간소하게 만드는 반면 어떤 주는 더 까다롭게 만든다. 특정 주의 교육법에 대해 알아보려면 당연히 그 주의 교육국에 문의하면 된다. 어떤 교육국은 공립학교가 아닌 학교를 돕기 위한 특별 부서를 두기도 한다. 메리 루는 뉴욕 주 교육국에서 복잡한 법률 문제를 차근차근 설명해준 공무원을 만나기까지 했다.

같은 지역에 있는 비슷한 학교를 찾아가 자문을 구하는 것도 하나의 방법이다. 학교 운영에 필요한 각종 인허가를 어떻게 받았는지에 대해 설명을 들을 수 있어서 좋다.

주 정부의 교육법이 까다로운 경우에도 합법적으로 문제를 해결할 수 있는 방법이 있다. 특히 고등학교를 설립할 때는 교육법이 더 엄격하게 적용되는 경우가 많은데, 요즘 들어 많이 사용되고 있는 전략은 학교로 규정되지 않는 교육센터를 설립하는 것이다. 이런 교육센터에 다니는 학생들은 부모가 개별적으로 이미 교육 당국과 타협점을 찾은 홈스쿨 아이들이다. 교육센터는 학교가 아니기 때문에 학교가 준수해야 하는 교육국의 규정에서 자유롭다. 물론 건축이나 시설물 안전에 관한 규정은 따라야 한다.

요즘은 국민의 세금으로 신설된 학교를 차터스쿨로 분류하는 추세다. 그러나 오리건, 메인, 버몬트 같은 비교적 자유주의적인 주 정부는 공립학교의 부족한 점을 보완하는 대안학교라면 차터스쿨이 아니더라도 지원을 해준다. 예를 들어 메인 주 블루힐의 리버티 스쿨Liberty School 경우에는 그 지역에 공립 고등학교가 없기 때문에 교육국에서 리버티 스쿨 학생들의 등록금을 지원하고 있다.

차터스쿨은 공공 지원을 받으면서도 교육국의 감독을 받

지 않고 독립적으로 운영되기 때문에 여러 가지 실험과 혁신을 할 자율성을 보장받는다. 공립학교제도를 개혁하기 위한 오랜 노력 중 가장 최근에 시도된 전략인 이른바 차터스쿨운동은 한마디로 성격을 규정하기 어렵다. 어떤 주의 차터스쿨은 상당한 자치권을 누리며 정말 다양하고 색다른 교육을 하고 있다. 그런데 또 어떤 주의 차터스쿨은 상업적인 이해관계가 있는 집단의 통제를 받기 때문에 일반학교의 틀에서 크게 벗어나지 못하고 있기도 하다.

차터스쿨을 규제하는 법률과 절차는 주에 따라 상당한 차이가 있다. 그러나 현재 차터스쿨 관련법을 입법한 주는 대부분 경쟁적인 설립 신청 절차를 실시하고 있다. 일반적으로 설립 신청을 하면 특별히 구성된 심사단의 심사를 거치고, 통과된 차터스쿨은 이 심사단의 관할 아래 운영된다.

차터스쿨은 상당한 논쟁을 불러일으켰다. 교원노조와 기존의 학교 이사회에서는 일반학교가 받아야 될 지원금을 차터스쿨이 뺏아가고 있다고 주장한다. 어떤 지역에서는 소수인종의 반대에 부딪히기도 한다. 이들은 차터스쿨이 오히려 자녀의 교육권을 박탈하고 있고, 인종차별은 없지만 은근한 인종분리 정책을 여전히 유지하고 있다고 주장한다. 또 다른 이들은 학교의 상업화가 과연 아이들의 개인적 욕구를 충족시키지 못하는 공립학교의 무능함을 해결할 대안인지 의문을 제기한다.

재정 문제

사립 대안학교를 세우기 위해 가장 먼저 밟아야 하는 법적 절차 중 하나는 면세 자격을 국세청에서 인정받는 것이다. 그래야 학교에 기부금을 내는 개인이나 재단이 세금 공제 혜택을 받을 수 있다. 초보자에게는 매우 복잡하게 느껴지는 일이지만, 변호사협회 지부 같은 많은 법조 단체들이 가난한 단체나 개인을 위해 무료 법률 상담 서비스를 제공한다. 필요한 서류를 구비하여 제출하는 일도 무료로 해준다. 이는 보통 6개월 정도 걸린다. 면세 자격을 인정받은 뒤에는 지방 매출세(일종의 소비세로 우리나라의 부가가치세와 비슷하다._옮긴이) 면제 혜택을 신청한다. 이는 학교 운영을 위해 구입하는 모든 물품에 대해 소비세를 면제받는 혜택인데, 장기적으로 볼 때 상당한 비용 절감 효과가 있다.

아무리 중산층 자녀들을 주요 대상으로 하더라도 대부분의 사립학교가 등록금만으로는 운영이 힘들기 때문에 운영비 충당을 위해 각종 모금 활동을 벌여야 한다. 여기서도 가능성을 제약하는 것은 상상력뿐이며, 비용은 아이디어를 실현하는 데 드는 시간과 에너지밖에 없다.

물론 모금 활동은 많은 시간과 노력을 필요로 한다. 어떤 학교는 모금 활동을 전담하는 것으로 대의명분에 기여하겠다는 사람을 이사로 유치하여 이 문제를 해결한다. 또 학부모가 자원하여 모금 활동을 기획하고 실행하는 학교들도 있다. 여기서 늘 기억해둘 것은 미국이라는 나라에는 엄청난 잉여 자산이 있다는 사실, 그리고 아이들의 삶을 개선하는 사업이라면 기꺼이 그런 자산을 내놓을 사람이 넘쳐난다는 사실이다.

이쯤에서 사립학교의 배타성 문제로 돌아가보자. 교육에 관한 책을 여러 권 써냈고 초창기 프리스쿨운동의 지도자이기도 했던 조나단 코졸은 진정으로 모든 아이를 껴안는 학교가 되고자 노력하는 독립학교들에게 이런 충고를 남겼다. "등록금, 후원금, 기부금에 전적으로 의존하지 않도록 학교와 연계한 수익 사업을 개발하라."

이 문제 역시 지역 사정에 밝아야 성공할 수 있다. 예를 들어 코졸의 도움으로 보스턴 외곽에 자리잡은 한 대안학교는 대학 교재 배급 사업을 병행하여 대학이 많은 보스턴에서 꽤 높은 수익을 올렸다. 도심 빈민 지역에 있는 알바니 프리스쿨은 학교 근처의 비어 있거나 버려진 건물 열 채를 헐값에 매입하여 자원봉사자들과 함께 보수를 했다. 현재 이 건물에서 받는 임대료로 학교 운영 예산의 2/3를 충당하고, 나머지 1/3만 등록금으로 충당하고 있다. 등록금도 가정 형편에 따라 신축적으로 적용하고 있다. 이러한 재정 구조 덕분에 재학생 절반 가량이 저소득층 가정의 자녀들이다.

셰이커 마운틴 스쿨은 거의 20년 동안 빙고(일종의 복권 게임_옮긴이) 사업을 아주 성공적으로 운영하여 학교 예산을 마련했다. 사업 운영은 학생들이 담당했다. 이 학교의 또 다른 수입원은 역시 학생들이 운영한 가출 청소년 보호소였다. 덕분에 저소득층 학생들을 많이 받을 수 있었는데, 나중에 문을 닫긴 했지만 재정상의 어려움 때문은 아니었다고 한다.

한편 서드베리 밸리 스쿨은 프리스쿨 교육에 관한 책, 테이프, 비디오를 만들어 판매하는 출판사를 차렸다. 또한 서드베리 밸리 스쿨을 모델로 학교를 설립하려는 사람들에게 종합 지침서를 판매하기도 한다.

많은 대안학교들이 아이들을 위한 여름캠프를 운영하고 있다. 여름캠프는 필요한 시설이나 인력이 이미 확보되어 있기 때문에 비교적 쉽게 추가 수익을 낼 수 있는 방법이다. 게다가 신입생 모집 수단으로도 손색이 없다.

미시간 주 앤아버의 클롱라라 스쿨은 폭발적으로 늘어난 홈스쿨링에 대한 관심에서 사업 기회를 포착하고 홈스쿨 지원센터를 차렸다. 지원센터는 홈스쿨 가정을 상대로 회비를 받고 교과과정을 설계해주고 필요한 경우 법률 상담 서비스를 제공한다. 결국 기발한 모금 활동과 창의적인 예산 책정을 잘 배합하기만 하면, 신설 학교는 모든 계층의 아이들에게 교육 기회를 제공할 수 있을 것이다.

교사 채용

좋은 교사는 좋은 학교의 심장이자 영혼이다. 좋은 교사를 논하기 시작하면 바로 전문성의 기준과 자격이라는 민감한 문제에 부딪히게 된다. 교사 자격증의 이면에 숨어 있는 논리는 모든 교사들이 최소한의 수준을 넘어섰기 때문에 좋은 교사가 될 수 있다는 것이다. 그런데 자격증이 있는 교사들이 가득한 학교를 일정 기간 관찰해본 사람이라면 곧 그런 논리를 의심하게 된다. 사실 교사 자격증은 그 교사가 지정된 훈련 과정을 이수했고 전공 과목 시험을 통과했다는 사실 말고는 아무것도 보증하지 못한다.

교사 자격증을 취득하기 위한 일반적인 훈련은 일반적이지 않은 환경에서는 거의 쓸모가 없다. 개방된 환경에서 좋은 교사가 되려면 통찰력과 직관, 그리고 대학에서 가르치는 교수법이 아닌 경험에서 우러나오는 상황 대처 능력이 있어야 한다. 물론 자격증을 가진 교사가 어떤 환경에서든 가르칠 수 있는 창조적인 사람이 될 수 없다는 말은 아니다. 그러나 대체적으로 당근과 채찍을 주요 수단으로 삼고 통제를 중시하는 일반 교육모델에 길들여진 사람들은 그동안 학습된 지식을 버리기 위해 무던히 노력하지 않는 이상 이 책에서 권장하는 교육환경에서 효과적으로 일하기 힘들다.

교사 자격증을 중시하면 안 좋은 점이 두 가지 더 있다. 하나는 학교 운영비가 급격히 늘어난다는 점이고, 또 하나는 정말 실력 있는 많은 사람들이 아이들과 함께할 수 있는 길이 가로막힌다는 점이다.

사실 고등교육 학위가 있어야만 아이들에게 읽고 쓰고 셈하는 법을 가르칠 수 있는 것은 아니다. 고도의 훈련 과정을

거친 전문가들만 아이들에게 동화책을 읽어주고 연극을 지
도하고 기계 작동 원리를 가르치라는 법도 없다. 이는 유치
원과 초등학교 교육의 모든 영역에 해당되는 진리다.

『엉뚱하게 성장하기Growing Up Absurd』『허구로 가득 찬 의무
교육Compulsory Miseducation』 같은 교육 관련 책을 여러 권 쓴 폴
굿맨Paul Goodman은 한때 뉴욕의 동네마다 작은 학교를 열고 학
교 네트워크를 운영하는 꿈을 꾸었다고 한다. 굿맨은 이 동
네 학교들이 저녁과 주말에도 문을 열어 아이들뿐만 아니라
어른들에게도 유익한 공간이 되길 바랐다. 굿맨의 꿈이 이루
어졌다면, 그가 만든 학교들은 아이를 가둬놓는 감옥이 아니
라 활기 넘치는 다목적 주민센터가 되었으리라. 굿맨은 자신
의 꿈을 실현할 열쇠는 자격증 없는 어른들을 동원하는 데
있다고 했다. 이들을 직원이나 자원봉사자로 두고 학교 운영
을 맡기면 된다는 것이다. 굿맨의 이상이 현실로 이루어졌다
면 거대 도시가 겪는 사회문제가 얼마나 많이 해소되었을까?

아이가 심각한 학습 장애나 정서 불안을 겪고 있다면 전문
가의 도움이 필요할 수도 있다. 그리고 고등학교 과목을 가
르치려면 더 많은 전문 지식이 요구되는 것도 사실이다. 그
러나 이런 경우에도 자격증이 전문성을 보장하지는 않는다.

학교기 꾄습에 얽매이지 않는 교육 방법을 시도하려면 좋
은 교사를 찾는 것이 관건이다. 여기서 좋은 교사란 색다른
시도를 받아들일 만큼 유연하고 열려 있는 사람, 한층 깊은
차원에서 자신과 아이들을 이해할 줄 아는 사람, 가르치는

일이 마냥 행복하다고 느끼는 사람이다.

그런 사람을 어떻게 찾을 것인가? 몬테소리 학교와 발도르프 학교는 필요한 인재를 직접 양성하는 방법으로 이 문제를 해결했다. 이들은 교사 양성기관을 설립해 처음부터 예비 교사들에게 몬테소리 또는 발도르프식 교육체계를 체득하게 한다. 마찬가지로 미국 대안학교 연합체인 '전국대안공동체 학교연대National Coalition of Alternative Community Schools(NCACS)'도 회원 학교에서 일할 예비 교사를 양성하는 프로그램을 운영한다. 그리고 로스앤젤레스의 플레이 마운틴 플레이스, 메인 주 캠던의 커뮤니티 스쿨, 알바니 프리스쿨 같은 학교들은 인턴 과정을 실시하여 예비 교사에게 일반학교와는 다른 방법으로 아이들을 가르치는 기회를 제공한다. 인턴은 경험 많은 교사와 함께 일하면서 이들의 일과를 관찰하고, 다양한 상황에서 어떻게 아이들과 관계를 맺고 갈등을 해소하는지 지켜볼 수 있다.

같은 지역에 있는 대학은 훌륭한 인턴 공급원이 된다. 학교는 활기찬 젊은이들을 끌어들일 수 있고, 젊은이들은 아이들과 직접 생활하며 현장 경험을 쌓게 되니 모두에게 만족스러운 거래라고 할 수 있다. 대학생 인턴을 꾸준히 공급받는 가장 좋은 방법은 교육학과나 사범대 교수들과 친분을 맺는 것이다. 교수들은 제자들이 현장 경험을 쌓을 수 있는 곳을 늘 물색하기 때문이다. 게다가 신설 학교의 교육철학에 공감하는 교수라면 학교에 딱 맞는 인턴이나 자원봉사자를 보내줄 것이다. 인턴이 믿을 만하고 배우려는 자세를 갖췄다고 판단되면, 망설일 필요 없이 더 많은 책임을 부여해도 된다. 그래야만 그 인턴도 자신이 과연 좋은 교사의 자질이 있는지 확인할 수 있다. 게다가 일이 잘 풀리면 정식 교사가 되겠다고 결심할지도 모른다.

대안교육 잡지《교육혁명Education Revolution》과 '전국대안공동체학교연대' 기관지도 좋은 교사를 구하는 데 도움이 될 것이다. 두 잡지 모두 교사를 찾는 학교와 학교를 찾는 교사를 위해 구인구직란을 싣고 있다.《교육혁명》은 제리 민츠가 운영하는 '대안교육 지원기구Alternative Education Resource Organization'에서 발행하는데, 이 기구는 최신 정보를 제공하는 구인구직 게시판을 포함한 웹사이트도 운영하고 있다.

지역신문에 광고만 내도 적합한 교사를 찾을 수 있다. 요즘은 일반학교의 답답한 상황에 좌절한 실력파 교사들이 넘쳐난다. 많은 이들이 처음 교사가 되었을 때 품었던 이상을 마음껏 펼치면서 가르칠 수 있는 환경에 목말라하고 있다. 그리고 앞장에서 얘기했듯, 이런 환경에서 일할 기회만 주어진다면 적은 보수를 받고도 기꺼이 함께할 사람들이 많다.

학생 모집

새로운 학교를 만들어가는 마지막 단계이자 가장 핵심적인 단계는 학교를 학생으로 채우는 일이다. 학교가 표방하는 교육 방식이 관습과 거리가 멀면 멀수록 학생을 모집하는 것이 더 힘들어진다. 두려움에 근거를 둔 교육 보수주의가 전국을 휩쓸면서 자녀교육을 걱정하는 부모들이 선뜻 주류에서 벗어나지 못하게 만드는 분위기 탓이다.

그러나 이러한 분위기가 오히려 대안학교에 기회로 작용할 수도 있다. 학교들이 수준을 높이는 데 혈안이 되어 있고, 그것도 모자라 학생의 미래를 볼모로 하는 학력평가에 점점 더 의존하면서, 자녀를 위해 보다 인간적인 교육을 찾아 나선 부모들이 늘고 있기 때문이다.

새로운 학교를 홍보하는 좋은 방법은 언론을 활용하는 것이다. 언론의 주목을 받기 위한 기본 절차를 살펴보자. 우선 지역신문의 교육 담당 기자에게 연락해서 학교의 독특한 점을 강조하고 지역사회에 어떻게 기여할지 설명한다. 학교가 특정 교육 방법을 선택하게 된 배경과 취지에 대해 최대한 많은 정보를 제공한다. 지역 라디오 방송에 출연해서도 똑같이 한다. 그리고 출연시켜준다는 방송이 있으면 빠짐없이 학교 대표들을 내보낸다. 또 그 지역에서 발간되는 자녀교육 잡지에 글을 기고한다.

학교 설명회를 홍보할 때도 언론을 활용하면 좋다. 설명회는 교통이 편하고 대중적인 장소에서 전략적인 시기에 열어야 한다. 언론 홍보가 여의치 않으면 설명회를 알리는 전단이나 소책자를 대량 제작해 뿌리는 것도 한 방법이다. 경제적 여력이 된다면 신문 광고를 내는 것도 좋은 홍보 전략이다. 2부에 나오는 크로스로즈 스쿨Crossroads School은 광고비가 저렴한 지역 정보지에 시리즈 광고를 내보내 만족스러운 홍보 효과를 거뒀다.

메리 루는 알바니 프리스쿨의 정원을 늘리기로 결심하고 나서 대안교육 성공 사례를 담은 비디오를 몇 편 구해 상영했다. 상영 뒤에 이어진 활발한 토론을 통해 예비 학생을 여러 명 발굴할 수 있었다. 메리는 그 뒤 주립대학을 찾아가 교육 심포지엄을 열자고 제안했고, 유명한 대안교육운동 지도자들을 초청했다. 덕분에 알바니 프리스쿨의 인지도와 신뢰도가 훨씬 더 높아졌고, 여러 명의 새 식구를 맞게 되었다.

지역단체 중에서 아이들과 관련 있는 단체들과 접촉하는 것도 좋은 학생 모집 수단이다. 또한 학교 건물을 이미 확보하여 어느 정도 개보수가 끝난 상태라면, 학부모와 학생들을 초대하여 학교에 대해 설명하는 방법도 고려해볼 만하다.

인터넷으로 정보를 얻는 인구가 늘어나고 있는 요즘은 웹사이트도 좋은 모집 경로가 된다. 웹사이트를 잘 꾸며놓고 유익한 정보를 제공하면, 자녀를 위해 더 좋은 교육 방법을 모색하는 부모나 자신을 위해 더 좋은 학교를 찾는 청소년들의 눈길을 끌 수 있다. 웹사이트를 개발할 자체 인력이나 자금이 없는 신생 학교의 경우도 지원봉사자의 도움을 받을 수 있는 방법이 많이 있다. 경력을 쌓고 싶어하는 웹디자이너 지망생을 찾아보거나, 웹디자인 전문 회사에 지원 요청을 하면 된다. 지역사회에 정말 필요한 대안학교라고 판단되면 무료로 웹사이트를 만들어줄 회사가 분명히 있을 것이다.

신생 학교의 가장 훌륭한 학생 모집 수단은 아마 그 학교에 맨 처음 입학한 학생들일 것이다. 학교에 가면 얼마나 행복한지 친구들에게 신이 나서 자랑하는 것보다 더 효과 있는 홍보가 어디 있겠는가. 학교가 어떤 조건에서 출발하든 학생 모집의 관건은 갓 태어난 학교가 초기의 성장 단계를 거치는 동안 학교를 지켜줄 헌신적인 가족들, 곧 핵심 멤버를 찾는 것이다.

싹 틔우기

처음 출발하는 학교는 이제 막 돋아난 새싹과도 같다. 활기와 생명력이 넘치지만 연약하고 여리기 때문에 많은 보살핌과 영양 공급을 필요로 한다. 초기 단계에는 일이 어긋날 가능성이 너무나도 많다. 학교가 택한 방향이 마음에 들지 않아 자녀를 보내지 않겠다는 학부모도 있고, 교육철학이나 방법론을 놓고 학부모와 교사가 언성을 높여 다투는 일이 생기기도 한다. 교사들 사이에 또는 교사와 학생들 사이에 의사소통이 되지 않는 어려움이 생기기도 하고, 교사들이 너무 일에 치이거나 보수가 너무 적어 그만두는 경우도 있다. 학교가 공동체로서의 응집력을 좀처럼 살리지 못할 수도 있고, 신생 학교에게는 저승사자와도 같은 교육 당국의 반대에 부딪힐 수도 있다. 학교 문을 여는 것은 힘겨운 전투의 절반에 지나지 않는다. 나머지 반은 학교를 계속 유지해나가는 것이다.

초창기는 설립자나 교직원 모두 기력이 부치는 시기이기 때문에 학부모와 지역사회의 지원이 반드시 필요하다. 일하는 방식이나 인간관계가 모두에게 편안한 상태로 정착되고 나면 평범한 일과에 지나지 않는 상황들도 초창기에는 온갖 스트레스와 압박감으로 다가온다. 게다가 대부분의 대안학교가 그렇듯 재정 형편까지 넉넉하지 못하면 모든 사람들이 서너 사람 몫의 일을 감당해야 할 수밖에 없다.

교직원들은 최대한 자주 시간을 내서 모임을 갖고 대화를 나눠야 한다. 의사소통이 중요하지 않은 때는 없겠지만, 시행착오를 수없이 겪을 수밖에 없는 초창기에는 학교의 존폐를 좌우할 정도로 절대적인 요소가 효과적인 의사소통이다. 교직원들의 유대감을 강화하고 학교 상황에 대한 이해를 한 차원 높이기 위해 교직원 수련회를 갖는 것도 훌륭한 방법이다. 수련회 기간은 최소한 이틀로 잡고, 학교의 일상에서 벗어날 수 있는 곳으로 가는 게 좋다.

외부인의 객관적인 평가도 소중한 자원이 된다. 어떤 학교는 자문위원회를 구성하여 정기적으로 회의를 한다. 또 어떤 학교는 컨설턴트를 고용하거나 무료 자문을 해줄 만한 외부 인사와 친분을 맺어 도움을 받기도 한다.

특히 선례가 없는 교육 방법을 시도하는 학교라면 모든 사람들의 생각과 감정에 각별히 신경을 써야 한다. 이때는 다른 사람을 배려하는 솔직함이 요구된다. 실수를 받아들이고 새로운 발견의 기회로 삼아야 한다. 변화에는 불편함이 뒤따른다는 사실을 인정해야 한다. 실험을 두려워하지 말아야 한다. 안 되는 일인데도 계속 매달리는 관성에서 벗어나야 한다. 그리고 무엇보다도 인내심을 잃지 말아야 한다. 아이에게 발달을 재촉해서는 안 되는 것처럼 학교에도 발달을 재촉해서는 안 된다. 학교가 건강하게 성장하려면 당연히 시간이 걸린다.

이제 막 출발한 학교에 긴장감을 불러일으키는 주요 원인은 학부모의 기대다. 학생들이 제대로 배우고 발전하고 있다는 것을 학부모에게 보여주기 위해 학교가 만들어낸 교육의 전통적 부산물, 예를 들어 쪽지 시험, 성적표, 학력평가 따위를 일부러 피하면 몇몇 학부모들은 슬슬 불안해하기 마련이다. 이럴 때 학부모를 안심시킬 방법을 찾는 것이 중요하다. 학교의 실력에 불만을 품은 학부모 때문에 학생을 잃는 것만큼 학교의 사기를 떨어뜨리는 일은 없기 때문이다. 게다가 사립학교 경우에는 등록금 수입이 줄어 큰 타격을 입을지도 모른다.

예방이 최고의 처방이다. 처음부터 학부모에게 학교에 기대해도 되는 것과 기대해서는 안 되는 것을 확실하게 해둘 필요가 있다. 학생들에게 자기 학습시간표를 알아서 짜게 할 계획이라면, 사전에 학부모에게 취지를 설명해야 한다. 학교에 찾아오는 학부모를 따뜻하게 맞이하고, 학기 내내 정기적

의사소통 통로를 열어두어야 한다. 학부모의 밤 같은 행사를 정기적으로 열어 학부모에게 발언할 기회를 제공하는 것도 좋은 방법이나. 아이들을 통제하지 않고 가르치는 교육 방식에 경험이 있는 사람들을 초빙해서 학부모 간담회를 여는 것도 고려해볼 만하다. 대안교육 관련 책을 갖춰 놓고 읽어보라고 권하거나 스터디 모임을 조직하는 것도 괜찮은 아이디어다.

이 글을 쓰고 있는 지금, 2004년 9월 개교를 목표로 준비가 한창인 브루클린 프리스쿨은 학부모와의 의견 충돌을 미연에 방지할 수 있는 훌륭한 방법을 찾아냈다. 동네 교회가 마련해준 공간에 방학이나 주말을 이용한 '미니 학교'를 열어 35명의 아이들과 10명이 넘는 학부모, 자원봉사자, 예비교사들의 참여를 이끌어낸 것이다. 이러한 부담 없는 예행연습을 통해 설립자들은 자신의 아이디어를 실험해볼 수 있었고, 학교공동체는 학교를 여는 순간부터 필연적으로 찾아올 불안함과 압박감에서 자유로운 상태에서 미리 유대감을 형성할 수 있었다.

지혜로운 학교라면 처음부터 학교 간행물을 기획해야 한다. 학생들 작품을 선보이고 아이들이 학교에서 하는 재미있는 일들을 소개하는 교지나 학보, 인터넷 사이트는 학부모와 정보를 공유하는 좋은 방법일 뿐만 아니라 소중한 홍보 수단이기도 하다. 요즘은 기술이 발달해서 조그만 책자나 홈페이지를 만드는 것은 일도 아니다. 그리고 이런 간행물 제작에 학생들이 많이 참여할수록 학부모를 안심시키는 데 도움이 된다는 점을 잊지 말자.

교육 방식의 근거가 될 만한 책, 기사, 웹사이트 같은 것들의 목록을 만들어 학부모에게 최대한 많이 읽어볼 것을 권유하는 것도 좋은 방법이다. 통념을 깨는 낯선 아이디어도 활자 매체로 접하면 왠지 안심이 되는 경우가 많다. 비교적 간단한 방법이지만, 떨치기 힘든 의구심이 부정적인 결말로 치닫는 상황을 방지하는 데 큰 도움이 된다. 어떤 신생 학교들은 한 걸음 더 나아가 학부모를 위한 정기 독서 또는 토론 모임을 조직하기도 한다.

이제 막 싹을 틔운 학교에 꼭 당부하고 싶은 것이 있다면 방어벽을 쌓지 말라는 것이다. 초창기에 넘어야 할 험난한 고개가 너무나 많다보니 학교를 보호하고 싶은 마음이 굴뚝같겠지만 초창기야말로 외부 세계와 끊임없이 관계를 맺는 노력이 필요한 시기다. 새로운 학교에는 아무리 많아도 부족한 것이 아군임을 잊지 말자.

특히 입학 정원을 늘릴 계획이 있는 학교라면 언론에 긍정적으로 비칠 수 있는 기회를 계속 만들 필요가 있다. 지역 언론의 교육 담당 기자들과 꾸준히 접촉하고, 기사거리가 될 만한 일이 있으면 꼭 알려주어야 한다. 학교가 자녀에게 미친 영향에 만족스러워하는 학부모들을 중심으로 위원회를 구성하여 기회가 닿을 때마다 지역 방송 인터뷰에 출연해달라고 부탁하는 것도 좋은 방법이다.

신입생을 유치하는 또 다른 효과적인 방법은 지역 주민들의 호응을 얻을 수 있을 만한 행사를 겸한 모금운동을 벌이는 것이다. 대부분의 지역신문이나 방송은 무료로 행사를 홍보해줄 것이다. 이때도 그냥 보도 자료만 보내기보다는 각 언론사의 홍보 담당자와 전화 통화를 할 정도로 친분을 쌓아두는 것이 좋다.

알바니 프리스쿨은 몇 년 동안 해마다 파티를 열어 음식과 음료수를 팔았다. 지금도 주 정부 청사에서 해마다 열리는 공예품 박람회에 참여하고 있다. 수익은 몇 백 달러에 지나지 않지만, 학부모들에게 학교를 홍보할 수 있는 좋은 기회이다.

알바니 프리스쿨이 초창기에 실시한 또 다른 지역 활동은 지구의 날에 학생들을 데리고 나가 쓰레기를 줍게 한 것이었다. 행사를 하고 나면 부탁하지 않았는데도 어김없이 자원봉사를 하겠다거나 기부금을 내겠다는 사람들이 학교로 찾아왔다. 리버티 스쿨은 일손을 필요로 하는 지역 행사가 있다는 연락을 받으면 언제든지 출동할 수 있는 사회봉사 특별기동대를 만들었다. 학교가 이런 서비스를 제공한다는 사실이 알려지자 상인, 주민, 사회단체 할 것 없이 앞 다투어 특별기동대에 연락을 했고, 학생들의 자원봉사 덕분에 얻은 지역사회의 호의는 학교의 소중한 자산이 되었다. 리버티 스쿨이 최근 익명의 독지가에게서 기부금을 10만 달러나 받은 것도 학생들의 꾸준한 사회활동의 간접 효과인지 모른다.

갓 태어난 학교의 생존을 보장하는 최상의 방법은 학교를 재미있고 신나고 유익한 곳, 어느 누구의 욕구도 무시하지 않고 모든 사람들이 소속감을 느낄 수 있는 곳으로 만들려고 노력하는 것이다. 이러한 노력은 헌신과 책임의 주원료가 되는데, 헌신과 책임이야말로 학교 초창기의 혼란스러움을 극복하게 해주고 장기적으로 학교를 지속할 수 있게 해주는 열쇠다.

결국 새로운 학교가 사명에 걸맞은 모양과 형태를 서서히 갖춰나가는 동안 학교를 지탱하고 보호해줄 힘은 학교가 잘되기를 바라는 사람들의 헌신과 책임감이다.

가꾸기

학교가 영구적인 뿌리를 내리기 위해 노력하는 과정에서 어떤 시련을 만날지 예측하기란 불가능하다. 학교마다 처한 조건에 따라 겪는 어려움도 다르다. 그러나 여기서도 학교를 정원에 비유할 수 있다. 비옥한 토양과 충분한 햇빛과 정원사의 세심한 손길로 다듬은 정원이 해충이나 질병, 변덕스러운 날씨를 잘 견뎌내듯이 학교도 충분한 외부 지원과 가족과 교직원의 헌신으로 이루어진 든든한 기반만 있으면 그 어떤 고난도 이겨낼 수 있다.

성장기에 접어든 학교가 겪는 가장 큰 위기는 자금 부족이나 법적 분쟁 때문이 아니다. 대부분 갖가지 갈등과 그 갈등을 해소하지 못하는 무능함 때문에 위기를 겪게 된다. 갈등을 해소하는 법을 터득한 학교는 체질이 강해져서 장수할 확률이 높아진다. 내가 아는 학교들은 대개 갈등을 제대로 푸는 법을 진정한 공동체로 발전하는 과정에서 체득했다.

'공동체community'와 '의사소통communication'은 같은 라틴어 어근 'communis'에서 비롯되었다. 어쩌면 그래서 서로 더 밀접한 관계가 있는 것인지도 모른다. 'communis'는 영어로 'common', 곧 '공통' 또는 '공동'을 뜻한다. 다시 말해 공동체는 갈등이 생길 때마다 공통된 입장을 찾으려고 노력하는 집단이다. 따라서 공동체는 구성원간에 피할 수 없는 의사소통의 단절이 생기더라도 언제든지 관계를 회복할 수 있다.

그러나 스스로를 공동체라고 부른다고 해서 공동체가 되는 것은 아니다. 공동체가 되기 위해서는 연습이 필요하다. 스콧 펙Scott Peck은 이를 '공동체 유지'라고 했다. 펙은 공동체를 훌륭하게 분석한 저서 『다른 북소리The Different Drum』에서 다음과 같이 설명했다.

낡은 행동 양식과 몸에 밴 방어 태세로 돌아가도록 우리를 잡아끄는 고질적인 게으름과 관계를 맺는 새롭고 더 나은 방식을 지향하는 우리의 본성, 이 둘 사이의 긴장은 공동체 안에 늘 존재한다. 그래서 한번 공동체를 이뤘다고 해서 그 상태가 영원히 지속되는 것은 아니다. 우리는 자연히 퇴보한다. 가장 뛰어난 집단도 공동체 상태와 공동체가 아닌 상태를 오락가락한다. 공동체에 반하는 분열 요인들은 항상 작용하고 있다. 따라서 공동체는 공동체로 남기 위해 끊임없이 건강 관리를 해야 한다. 공동체의 궁극적 사명이 다른 사람을 위한 봉사라 할지라도, 공동체의 최우선 과제는 자기 감시를 비롯하여 자기 관리에 필요한 모든 노력을 다하는 것이어야 한다.

따라서 공동체가 되고자 하는 모든 학교들은 펙이 말한 공동체 관리 방법을 찾아야 한다. 여기에는 일정한 공식은 없지만, 펙이 제시한 성공의 열쇠는 모든 사람들에게 동등한 발언권이 있고 자신의 약점과 결함을 안심하고 드러낼 수 있는 토론의 장을 만드는 데 있다.

알바니 프리스쿨은 두 가지 토론의 장을 개발했다. 학교 안에는 이미 설명한 전체 회의제도가 있다. 이 제도의 백미는 만족스럽게 문제를 해결하게 해주는 도구라는 점 말고도 공동체의 진수를 강화해준다는 점이다. 전체 회의는 당면한 문제를 회의 소집자뿐만 아니라 구성원 전체의 문제로 함께 고민하게 해준다. 그리고 참석자들이 편안하게 자기 생각을 표현할 수 있도록 비밀을 철저히 보장해준다. 아무리 격한 감정이라도 편안하게 받아준다. 경험이 쌓이면 아이들의 회의 진행 실력은 몰라보게 향상된다. 때로는 가장 나이가 적은 아이가 가장 의미 있는 기여를 하기도 한다.

알바니 프리스쿨에는 학교 공동체에 속한 어른들을 위한 별도의 토론의 장이 있다. 어른들은 이 토론을 통해 학생들과 직접 관련이 없는 문제들을 해결한다. 여러 해 동안 교사들은 학교 공동체의 다른 구성원들과 매주 수요일 오후에 만나 인간관계에 얽힌 문제나 개인적인 문제를 놓고 몇 시간씩 회의를 했다. 초창기에는 이러한 내부 지원이 절실했었다. 그러나 요즘은 이런 회의를 한 달에 한 번만 하는 것으로도 충분하다.

한 가지만 더 덧붙이자면, 진정한 공동체라 하더라도 때로는 구성원들끼리 해결할 수 없는 갈등이 생긴다. 이런 경우에는 반드시 중재자, 상담자, 치료 전문가 같은 사람들의 도움을 요청해야 한다. 한때는 건강하던 공동체가 심각한 갈등을 외면하거나 사소한 갈등이라고 계속해서 무시하다가 결국 죽음을 맞는 경우가 너무나 많다.

공동체 관리의 또 다른 중요한 측면은 공동체만의 의식儀式을 창조하는 것이다. 여기에도 역시 무한한 가능성이 존재한다. 모든 학교가 일상생활에서 나름의 의식을 만들어간다. 알바니 프리스쿨 경우에는 함께 아침 식사를 하는 것으로 하루를 시작한다. 아침과 점심은 집에서 먹는 것과 다를 바 없이 먹는데, 아이들이 음식 만드는 일을 돕는 날이 많고, 때로는 학부모가 찾아와 전통 요리로 특식을 차려주기도 한다.

아침을 먹고 나면 유치원생들은 거의 매일 조회를 한다. 이런저런 이야기도 하고, 장기 자랑, 노래, 공동체 게임을 즐기는 시간이다. 생일을 맞은 사람이 있으면 온 힘을 다해 생일 축하곡을 불러주는 것도 조회 때 하는 일 가운데 하나다. 또 이가 빠진 아이는 이를 친구들한테 보여주고 여러 명의 요정한테 돈을 건다.(미국 아이들은 빠진 이를 베개 밑에 넣어두면 잠든 사이에 요정이 찾아와 돈을 놓고 이를 가져간다고 믿고 있다._옮긴이) 그리고 지금은 사라졌지만 한동안 유행했던 조회 마치기 의식도 있었다. 제일 나이가 적은 아이가 현재 시간을 알리며 조회가 끝났다고 큰소리로 말하는 의식이었다.

가족 중에 심각한 병을 앓는 사람이 있거나 소중한 것을 잃은 사람이 있으면 모두가 조회에 참석해 그 사람에게 힘을 준다. 여기서 우리 학교만의 또 다른 의식이 진행된다. 힘들어하는 사람을 위해 마치 기도 같은 노래 '사랑하는 이들이여Dear Ones'를 함께 불러준다. 이 노래는 종파를 초월한 아름다운 기도로, 인종과 종교가 다양한 우리 공동체에 안성맞춤이다.

초기의 성장통을 이겨내고 강인한 체질을 갖춘 학교도 정원에 비유할 수 있다. 지금부터는 학교를 가꾸는 일이 조금 더 수월해지고, 손도 덜 간다. 이제 학교의 일상적인 문제들이나 스트레스는 알아서 풀리기 때문에 모두 한시름 놓을 수 있다.

이때부터 학교의 철학, 스타일, 의식, 전통 같은 것이 어우러지면서 학교의 독특한 문화가 형성되기 시작한다. 그리고 문화와 체질은 서로를 북돋우며 시너지 효과를 창출한다. 이로써 학교의 정체성이 강화되고, 학교의 신뢰도가 높아진다.

그러나 아무리 성공적이고 지금 상태를 만족스러워하고 있는 학교라 하더라도 반드시 변화에 민감해야 한다. 여기서

제일 중요한 질문은 '학교가 학생 한 명 한 명의 욕구를 충족
시키고 있는가'이다. '아니다'라는 답이 나온다면 부족함을
보완하기 위해 학교의 변화를 모색할 때가 되었다는 뜻이다.
따라서 학생들의 욕구를 고려하고 충족시키는 더 좋은 방법
을 조금씩 발견하면서 세월과 함께 진화하는 학교를 좋은 학
교라고 할 수 있다.

마지막으로 세월이 조금 더 흘러 졸업생들이 어떻게 성장
했는지 확인할 수 있을 정도가 되면, 학교는 자기 교육모델
의 효과를 입증할 살아 있는 증거를 갖게 된다. 이론이나 가
정에만 근거했던 학교의 교육철학이 이제는 경험이라는 탄
탄한 기반을 갖게 될 것이다. 그러면 학교는 자신 있게 미래
를 향해 나아갈 수 있다.

수확하기

유기적 관계, 공동체, 민주주의, 유연성, 자유로운 선택, 신뢰, 책임감, 그리고 사랑에 뿌리내린 학습환경에서는 무엇을 수확할 수 있을까? 다시 말해 이 책에서 그리고 있는 학교의 졸업생들은 어떤 모습일까?

물론 단일한 모습은 아닐 것이다. 앞의 원칙에 기반을 둔 학교들은 편협한 모습을 강요하기보다는 모든 가능성을 열어놓기 때문이다. 그러나 몇 가지 공통된 특징은 있다. 자신을 있는 그대로 드러낼 자유를 주고, 배움 그 자체의 즐거움을 만끽하도록 학생을 격려하고, 자신의 생활을 주도할 권한을 부여하는 학습환경에서 일정 기간 생활한 아이들은 예외 없이 자율적인 인간, 자신과 남을 편안하게 받아들일 줄 아는 인간으로 성장한다. 칼 융은 이런 상태를 '개성화', 곧 심

리적 개인, 독립적이고 불가분한 결합체 또는 통일체가 되어
가는 과정이라고 했다.

융은 이러한 개성화를 인간 발전의 궁극적 목적으로 여겼
다. 그런데 이 목적을 달성하는 과정에 내재한 역설이 있다.
그러니까 고립된 상태의 인간은 진정으로 고유한 개인이 될
수 없다는 것이다. 인간 발전에 필수적인 학습과 성장은 공
동체 속에서만 이루어진다. 공동체는 집단적 사고방식에서
벗어나 자신만의 입장 세우기와 집단과의 유대관계 유지하
기 사이의 긴장감을 끊임없이 고민하게 만드는 곳이기 때문
이다. 그렇다면 이러한 긴장감을 조절하는 기술을 배우는 데
가장 적합한 공간은 자치가 허용되는 동시에 전체의 안위에
대한 책임을 함께 지는 학습환경이 아닐까?

우리가 길러내고자 하는 젊은이는 비판적 사고력과 탁월
한 문제 해결 능력을 갖춘 사람이다. 또한 해결하기 힘든 문
제에 부딪히면 다른 사람에게 도움을 청할 줄 아는 사람이
다. 이들은 자발적으로 일을 시작하고, 내면의 뚜렷한 방향감
각에 따라 다른 사람의 기대가 아닌 자신의 관심과 목적에
따라 의미 있는 삶을 살아간다. 인생에 끌려 다니지 않고 인
생을 주도한다.

서드베리 밸리 스쿨이 졸업생을 대상으로 조사하여 2001
년에 발표한 연구보고서는 이런 사실을 입증해주고 있다. 이
조사에 따르면, 인구통계학적 요인이나 사회경제적 지위를
막론하고 응답자 모두가 자신의 인생에 만족하고 있었다. 스

스로를 자기 운명의 주인으로 여기고 있었고, 역경에 대처할 능력을 갖췄다고 생각하고 있었다.

체계적인 졸업생 조사를 실시할 여력이 없는 다른 대안학교들도 이 연구결과를 뒷받침해줄 만한 사례를 얼마든지 제시할 수 있다. 이런 학교들은 모두 아이들이 자신의 꿈을 끝까지 이루는 데 필요한 자아 인식, 건강한 정서, 자신감, 인격, 지적 호기심, 결단력을 갖추고 졸업한다고 주장한다. 그리고 연륜에서 우러나온 권위가 이런 주장을 뒷받침한다.

이밖에도 홈스쿨링으로 교육받은 세대가 이제 장성하여 무수한 성공 신화의 주인공이 되고 있다. 이들은 명문 대학에 합격하기도 하고 유망한 사업가로 변신하기도 하면서 대단한 집중력과 결단력을 갖추고 사회에 발을 내딛고 있다.

2부

살아 있는
학교들이
걸어온 길

2부에서 소개하는 학교들은 미국 전역에 퍼져 있는 다양하고 독창적인 학교들 가운데 아주 일부에 지나지 않는다. 그러나 아이들을 위해 자유로운 학습환경을 창조하고 유지하는 데 필요한 요소들을 맛보기에는 충분한 사례가 될 것이다.

여기서는 아직 한 번도 기록되지 않았거나 앞으로 기록될 기회가 별로 없을 듯한 학교들을 주로 소개하기로 한다. 그래서 이미 다른 글을 통해 소개된 학교는 일부러 제외시켰다.

최대한 다양한 학습환경을 다루려고 노력했고, 될 수 있으면 개인적 선입견을 배제하려고 애를 썼다. 모든 인터뷰를 직접 진행하여 학교의 느낌을 최대한 살린다는 방침에 따라 전국을 돌아다녔기 때문에 시간과 재정의 한계에 부딪힐 수밖에 없었다. 그래서 어떤 학교는 지리적 위치라는 단순한 이유 때문에 실리기도 했다. 여기에 소개하지 못한 다른 학교들 이야기는 다음 기회로 미룰 수밖에 없겠다.

마을학교

1997년에 설립된 마을학교 Village School는 미네소타 주 노스필드에 자리잡은 자유를 기반으로 한 K-12(유치원Kindergarten부터 12학년까지 있는 학교_옮긴이) 차터스쿨이다. 정부 지원금을 받아 운영되는 마을학교에는 현재 유치원생부터 고등학생까지 70명의 학생이 다니고 있는데, 2000년에 새로 지은 건물로 옮겨왔다. 학생, 학부모, 교사 모두가 설계에 참여한 새 건물은 학교에서 강조하는 환경문제를 반영한 친환경 건물이다.

마을학교는 학생들이 자신의 관심 분야를 탐구하고 스스로 학습을 주도하는 공동체로 이루어지며, 성적표는 없다. 대신 학생들이 선택한 형식으로 포트폴리오를 작성하여 학습 성과를 관리한다.

학교의 운영체계는 네 개의 조직으로 구성된다. 학생과 학생의 가족으로 이루어진 가족 모임, 멘토와 다른 공동체 구성원들로 이루어진 공동체 모임, 교사와 인턴으로 이루어진 교원 모임, 그리고 학생들로만 이루어진 학생 모임이다. 이사회는 교사 네 명, 학부모 대표 한 명, 공동체 대표 한 명, 학생 대표 한 명으로 구성된다. 의사 결정은 모두 합의를 통해 이루어진다.

마을학교 이야기는 공동 설립자 올리비아 프레이가 해주었다.

크리스 학교를 세우겠다는 결심을 하게 된 동기는 무엇이었어요?

올리비아 교육대학에서 예비 교사들을 가르치는 교수로 있으면서 제도교육을 혐오하게 됐어요. 연구하면 할수록, 가르치면 가르칠수록, 정통 교수법에 점점 더 넌더리가 났던 거죠. 우등생 소리를 들으며 학교를 다녔지만, 그때를 되돌아보며 생각을 많이 했어요. 늘 두려움에 떨지 않았더라면, 오로지 좋은 성적을 내는 데만 초점을 맞춘 제도에 갇혀 있지 않더라면, 나는 어떤 사람이 되고 무엇을 이루었을까 하는 생각 말이에요.

그러다가 작문 교수법을 가르치면서 결정적인 깨달음을

얻게 되었어요. 당시에는 글쓰기를 가르치는 방법에 획기적인 변화가 일어나고 있었죠. 예전 방식은 굉장히 수사적이고 상투적이었거든요. 학생에게 보기를 주고 그것을 따르도록 가르치는 식이었죠. 그러다가 드디어 교육자들이 그런 방식이 잘못되었다는 것을 깨달았어요. 아이들이 너무나 형편없는 글만 써냈으니까요. 그래서 교육자들이 아주 획기적인 시도를 했어요. 수필가와 소설가 수백 명을 만나 그들이 생각하는 글쓰기란 무엇인지 물어본 거예요. 그렇게 해서 알게 된 내용을 토대로 작문 교수법을 바꿨어요. 글쓰기에 필요한 요소들을 학생에게 주입시키는 내용 중심적인 방식에서 과정을 중시하는 방식으로 바꿨죠. 이제는 작문을 가르치려면 우선 학생에게 무슨 얘기를 글로 표현하고 싶은지, 그리고 왜 그 얘기를 하고 싶은지 물어요. 예전에는 글을 쓰는 이유에는 아무도 관심을 기울이지 않았거든요. 그냥 시키는 대로 글을 써서 제 시간에 내야 한다는 게 이유였으니까요.

하던 얘기로 돌아가서, 1978년에 내가 가르치던 곳이 펜실베이니아에 있는 윌크스대학이었거든요. 대부분의 학생이 자기 집안에서는 자기가 처음으로 대학 교육을 받는 사람일 정도로 블루칼라 가정의 학생들이 많던 학교였어요. 그 학생들은 글을 써야 하는 진짜 이유를 필요로 했어요. 그저 내가 시키는 대로만 할 친구들이 아니었죠.

비슷한 시기에 글읽기 방법에 관한 강의도 맡게 되었어요. 그 분야에는 아무런 경험도 없었는데 말이죠. 그래서 강의를 준비하면서 기초 연구를 많이 해야 했어요. 성실하게 준비해야 된다는 순진한 생각으로 우선 이런저런 자료를 읽기 시작했는데, 읽기 교수법을 놓고 엄청난 논쟁이 벌어지고 있다는 것을 곧 알게 되었어요. 언어학의 방법을 따라 읽기 교육을 시킬 것이냐, 파닉스phonics(초보자에게 발음을 중심으로 철자와 읽기를 가르치는 어학 교수법_옮긴이)의 방법을 따라 읽기 교육을 시킬 것이냐를 두고 벌어진 논쟁이었죠. 그 논쟁에 흥미를 많이 느꼈어요. 그 당시 가장 인상 깊게 읽었던 책이 애쉬턴 워너의 『선생님』이었는데, 그 책을 읽으면서 눈을 떴다고나 할까요? '바로 이거야. 읽기 교육뿐만 아니라 모든 교육에 해당되는 얘기야'라는 생각이 들었어요.

그때부터 1960년대 말 대학 시절에 접했던 개념들이 갑자기 이해되기 시작하는 거예요. 당시 니일, 화이트헤드, 칼 로저스 같은 사람들의 글을 읽을 때는 서머힐에 강한 거부감을 느꼈거든요. 그런데 애쉬턴 워너 덕분에 생각이 확 바뀌었어요. 그 순간부터 그동안 배운 교육 방식대로는 절대 가르치지 않겠다고 결심했어요. 그 뒤로는 단 한 번도 뒤돌아보지 않았어요. 대학에서 가르치는 방법도 주어진 교과과정 안에서 최대한 많이 바꿨죠. 그래서 대학 당국과 끊임없는 불화를 일으키기도 했지만.

그러다가 1980년에 남편이 교통사고로 세상을 떠나 하루아침에 혼자서 3개월 된 아들을 키워야 하는 신세가 되었어요. 내 인생에서 또 한 번 중요한 깨달음을 얻는 순간이었죠.

그때까지만 해도 말 잘 듣고 착하게 살기만 하면 모든 일이 잘될 줄 알았거든요. 그래서 말 잘 듣고 착하게 살았는데도 남편을 잃었잖아요. 그때부터 결심했죠. '내가 어떻게 행동하든 결과는 마찬가지다. 그러니 내가 하고 싶은 대로 하면서 살자.'

그래도 먹고살아야 하니까 윌크스대학 교수직은 그만두지 않았어요. 그런데 학교에서 임용 계약을 자기들 맘대로 바꾸는 거예요. 결국 종신 재직권까지 빼앗기고 나니까 더 이상 참을 수 없었어요. 그래서 미네소타 주 노스필드에 있는 성 올라프대학 영문학과 작문 전공 교수로 자리를 옮겼는데, 생각해보니 나는 여전히 말 잘 듣고 착하게 살고 있는 거예요. 학생이라는 빈 그릇에 지식을 퍼넣는 틀에 박힌 역할에 머무르는 이상 행복해질 수 없다는 것을 깨닫게 되었죠. 그래서 학생들에게 성적을 매기지 않겠다고 했는데, 그 때문에 영문학과에서 난리가 났죠. 결국 영문학과에서는 쫓겨나고 말았어요. 그래도 교육학과 학생을 대상으로 한 교수법 강의는 계속했는데, 거기서도 답답하긴 마찬가지였어요. 학생들한테 다양하게 접근해보라고 아무리 강조해도 교생실습 감독 교사가 그러지 못하게 하는 거예요.

성올라프대학에서 그나마 버틸 수 있었던 것은 1970년에 생긴 준準 학사 과정 덕분이었죠. 대학 교과과정에 따라 진행되는 소규모 대안 과정이었는데, 정말 자유롭고 민주적인 교육 프로그램이었어요. 그 프로그램에 참여하는 학생들은 전공 분야나 교수를 자기가 선택할 수 있었어요. 캠퍼스 밖에서 현장 실습도 할 수 있었고. 나는 그 프로그램의 지도 교수로 학생들을 한 명씩 가르치거나 학생 몇 명이 한 조가 된 그룹을 가르치는 일을 했어요. 그러다가 1996년에 그 프로그램이 폐지되어 그것으로 대학생 가르치는 일은 끝이 났죠.

그동안 재혼해서 아이를 두 명 더 낳았는데, 세 아이 다 프레이리 크리크 커뮤니티 스쿨Prairie Creek Community School이라는 작은 사립학교에 보냈어요. 자녀를 공립학교에 보내기 싫었던 대학교수들이 세운 학교였는데, 사실 우리 부부는 교수 자녀들만 다니는 콧대 높은 학교에 아이들을 보내고 싶지 않았거든요. 평범한 아이들과 어울리며 자라게 하고 싶었어요. 그런데 어쩔 수 없이 프레이리 크리크에 보내게 된 것은 큰 아들 댄 때문이었죠.

댄이 시내에 있는 초등학교 유치부에 다닐 땐데, 선생님이 우리 부부를 부르더니 아이를 유급시켜야 한다고 그러더군요. 댄이 그때까지도 글을 읽지 못하고, 가만히 앉아 있지도 못한다는 거예요. 선생님 말을 빌리자면 댄은 그림책에 그려진 선 바깥쪽에다 색칠하고 싶어하는 그런 아이였죠. 사실 댄을 프레이리 크리크에 보낼 것을 권한 사람도 그 선생님이었어요. 결국 댄과 두 딸아이까지 해서 세 아이 모두 프레이리 크리크에 보냈는데, 아이들이 너무 좋아했어요. 대체로 아이들에게 강제로 무엇을 시키지 않고 놀면서 스스로 탐구하고 배우게 하는 분위기였죠. 문제는 5학년 과정까지밖에 없다는 거였어요. 그래서 세 아이 다 프레이리 크리크를 졸업하고 노스필드에 있는 중학교^{middle school}(미국에서는 6학년부터 8학년까지 세 학년만 있는 학교를 중학교라고 한다_옮긴이)에 보냈는데, 거긴 정말 형편없는 곳이었죠.

그 당시 미네소타 주가 미국에서는 처음으로 차터스쿨법을 통과시켰어요. 1992년이었는데, 그해는 로잔 슈타인후크, 엘렌 폴란스키, 크리스티 와모거, 그리프 리글리와 함께 일을 벌이기 시작한 해이기도 하죠. 나를 포함해 다섯 명 모두 프레이리 크리크를 다니고 있거나 졸업한 자녀를 둔 학부모였는데, 우리는 백 명의 학생이 다닐 수 있는 중학교 과정의 차터스쿨 설립 제안서를 일 년 반 동안 준비했어요.

그런데 시기가 안 좋았어요. 노스필드는 인구 1만 7천 명의 작은 도시로, 대학이 두 개나 있는데도 분위기는 굉장히 보수적이거든요. 교원노조에서 차터스쿨을 강력히 반대하고 나선 거예요. 교육위원회에 제출할 제안서를 준비해 놓았을 땐 이미 교원노소에서 조직적으로 움직인 뒤였죠. 차터스쿨이 생기면 노스필드의 다른 학교들은 지원금이나 우수한 학생들을 차터스쿨에 뺏기기 때문에 피해만 입을 거라고 사람들을 설득하고 다녔던 거죠.

크리스 차터스쿨 설립 결정권이 시교육위원회에 있었나 보죠?

141

올리비아 미네소타 주에서는 차터스쿨을 세우려면 반드시 후원자가 있어야 하는데, 그 당시에는 교육위원회만 후원자가 될 수 있었거든요. 이해관계가 얽힐 여지가 많았기 때문에 지금은 법이 바뀌었지만요.

아무튼 우리는 제안서가 통과될 가능성이 별로 없다는 것을 알고 있었어요. 교육위원장을 우리 편으로 만들려고 오랫동안 정말 많이 노력했는데, 그 사람은 지역 교사들의 미움을 살까봐 우리를 지지하지 못했죠.

크리스 그래서 어떻게 됐어요?

올리비아 교육위원회에서 우리 제안서를 표결에 붙였는데, 그날을 절대 못 잊을 거예요. 회의실을 가득 메운 공립학교 교사들이 하나같이 배지를 달고 있었어요. 사선으로 빨간 줄이 그어진 동그라미 안에 '차터스쿨'이라고 쓴 배지였죠. 내가 무슨 공공의 적이 된 느낌이었어요. 전혀 그럴 마음은 없었는데. 학교나 아이들에게 해가 될 일을 왜 하겠어요?

결국 5대 2로 부결됐어요. 나도 망연자실했지만, 엘렌 폴란스키는 거의 폐인이 되다시피 했어요. 프레이리 크리크 공동 설립자였는데, 또 새 학교를 세운다는 생각에 정말 신이 나서 제안서 준비에 온 힘과 정성을 쏟았거든요. 얼마 뒤에 엘렌은 가족과 함께 다른 도시로 이사를 갔어요.

하지만 나는 제도권에 몸담고 있던 그 오랜 시간 동안 비숫한 경험을 자주 했거든요. 변화의 걸림돌, 선입견, 적대감 같은 게 모두 두려움에서 비롯된다는 것도 알고 있었죠. 그래서 실망감에서 벗어날 수 있었어요.

그러고 나서 이번엔 로잔과 함께 테네시 주에 있는 개스킨 농원 같은 공동체 농원을 만들었어요. 공동체 전체가 학교가 되고 공동체 안에서의 모든 경험이 교육이 되는 곳을 꿈꿨죠. 학교와 공동체의 융합은 결국 실현되지 못했지만 어쨌든 우리는 여름만 되면 농원에 쪼그리고 앉아 잡초를 뽑으며 차터스쿨 계획이 왜 실패했는지, 다음엔 어떻게 하면 좋을지 이야기했어요.

그러던 어느 날 나는 사람들에게 한 번 더 시도할 때가 되었다고 말했어요. 차터스쿨이 정착된 지 몇 년이 흘렀고, 사람들도 이제는 초기 예상과 달리 차터스쿨이 나쁜 게 아니라는 사실을 직접 확인했으니까요. 차터스쿨이 우수한 학생들을 빼앗아가는 게 아니라 오히려 그 반대로 가르치기 힘들고 문제가 많은 학생들을 데려가는 경우가 많았거든요. 그래서 알고보니 차터스쿨은 좋은 제도라는 생각이 많이 확산된 상태였죠. 게다가 상품권식 장학제도인 바우처제도(학부모의 학교 선택권을 넓히고 학교간의 경쟁을 통해 교육 수준을 제고하자는 취지에서 교육 보조금voucher을 학교가 아닌 가정에 지원하는 제도_옮긴이)가 점점 확산되면서 교원노조에서는 차터스쿨보다 이 제도를 더 두려워하게 되었거든요.

그래서 면담 약속을 잡고, 특별히 산 새 옷을 차려 입고 교육위원장을 만나러 갔어요. 지난번이랑 똑같은 사람이었는데, 이번에는 우리한테 일단 기다려보라고 했어요. 자기가 먼저 나서보겠다고. 교육위원장은 기존 중학교에 대안교육 프로그램을 신설하는 방식을 제안했는데, 그런 색다른 시도를 해보겠다고 나서는 사람이 없었어요. 교육위원장의 계산된 정치적 제스처 같았어요. 그러니까 교사들이나 다른 위원들이 항의할 수 없게 선수를 친 거죠. '제도권 안에서 변화를 시도하려고 했는데 당신들이 못하게 하지 않았냐?'라고 할 말이 생긴 거죠.

그리고 우리한테는 "자, 이번에는 당신들을 밀어주겠다. 차터스쿨을 만들어보자"고 하더군요. 로잔이랑 나는 교육위원장의 태도가 지난번과 어쩌면 그렇게 달라질 수 있을까 의아해했어요. 그 사람이 교사들과 사이가 별로 안 좋았던 것과 연관이 있었겠죠. 그게 제도교육의 특징인 것 같아요. 변화가 있더라도 아이들을 위한 것이라기보다는 정치적인 면이 더 크게 작용하는 경우가 많죠.

아무튼 우린 새 제안서를 열심히 만들었어요. 이번에는 서드베리 밸리 스쿨을 모델로 한 K-12 학교를 제안했어요. 일단 정원 90명에 8학년까지 있는 학교로 출발해서 해마다 한 학년씩 늘려 12학년 학생까지 모집하는 계획을 짰어요.

다행히도 얼마 전부터 주 정부가 학교평가 기준을 내용 중심에서 결과 중심으로 바꿔서 우리가 제안한 접근 방법을 더 쉽게 정당화할 수 있었어요. 드디어 제안서가 통과되어 1997

년 9월에 50명의 학생으로 학교 문을 열게 되었어요.

크리스 학교 위치는요?

올리비아 적당한 위치를 찾는 게 쉽지 않았어요. 설립 지원금을 신청했는데 못 받았거든요. 아직도 왜 거절당했는지 모르겠지만 아무래도 또 정치적인 이유가 작용하지 않았나 싶어요. 아무튼 중고등학생들만 있었다면 시내 상가에다 학교를 열어도 상관없었겠지만, 어린 학생들도 있었기 때문에 시설물 관련 규정을 모두 만족시키는 건물을 찾아야 했어요. 그런데 아무리 시내를 둘러봐도 개조할 만한 건물은 너무 비용이 많이 드는 거예요.

개교를 한 달 남겨놓고 겨우 건물을 찾았어요. 발달장애 아동과 어른들을 위한 장애인센터 안에 있는 빈 건물이었는데, 관련 규정을 만족시켰죠. 그래서 거기가 우리 학교 첫 보금자리가 되었어요. 얼마나 다행이었는지 몰라요. 장애인센터에서 학생들 급식까지 해결해줘서 더 큰 행운이었죠.

크리스 첫 신입생들은 어떻게 모집했나요?

올리비아 그건 아무 문제 없었어요. 그 학군에 있는 모든 주택가에 영어와 스페인어로 된 전단을 돌리고, 공청회를 세 차례 열었어요. 공공 도서관에서 한 번, 저소득층 임대주택 지역에서 한 번, 그리고 고등학교에서 한 번. 공청회를 열 때마다 적어도 백 명씩은 참석했어요. 정말 사회 각계각층의 사람들이 왔었죠.

규정 정원보다 네 배나 많은 학생이 입학 원서를 냈기 때문에 결국 추첨을 할 수밖에 없었어요. 가슴 아픈 일이 벌어질 수도 있는 상황이었죠. 설립자들 중에서도 자녀를 이 학교에 보내고 싶어하는 사람들이 있었는데 그 사람들도 추첨을 해야 했거든요. 천만다행으로 그 사람들은 다 당첨이 됐어요.

그래도 추첨이라는 방식이 있었기 때문에 다양한 학생들을 받을 수 있었어요. 아직도 기억에 남는 가정이 있어요. 기계 수리공이던 로빈슨 씨 부부는 첫해에 정말 많은 도움을 주신 모범 학부모였죠. 아이도 정말 훌륭한 학생이었고요. 우리 학교에서 중학교 과정을 마치고 지금은 공립 고등학교에 다니는데 A학점만 받는 우등생이래요. 우리가 공립학교를 지향했던 이유도 여기에 있어요. 우리 학교가 프레이리 크리크 같은 사립학교였다면 로빈슨 부부는 우리 학교에 아이를 보낼 생각을 아예 하지 않았겠죠. 자기들이랑 분위기가 맞지 않을 거란 생각부터 했을 거예요.

부족한 점이 있다면 아직도 우리 학생들 중에 소수 인종이 별로 없다는 건데, 이 부분은 바꾸려고 노력하고 있어요.

크리스 교사는 어떻게 채용했나요?

올리비아 그 부분도 참 힘들었어요. 로잔도 처음부터 교사로 일했고, 우리가 운영했던 공동체 농원의 농지 주인이었던 애니 플라우더도 교사로 일했어요. 그때까지만 해도 나는 아직 성올라프대학에서 일하고 있었기 때문에 우리 학교엔 파트타임으로 자원 봉사하는 수준이었죠. 그래서 교사를 두 명 더 채용하려고 광고를 냈는데 정말 수백 명이 지원서를 보내왔어요. 대부분 여러 학교에 지원한 제도교육 교사들이었죠. 수백 통의 지원서를 보면서 과연 이 중에 우리 교육철학과 잘 맞는 사람이 있을까 하는 생각을 했어요. 그래도 열두 명을 추려 면접을 봤어요. 그중 한 사람은 대안교육에 일가견이 있고 자녀들을 홈스쿨링으로 키웠는데도 우리 프로그램이 자기가 생각한 것보다 너무 체계가 없다고 하더군요. 그때그때 분위기에 맞춰서 수업을 하고 아이들이 원하는 대로 따라주는 방식을 받아들일 수 있는 사람이 거의 없다는 게 놀라웠어요.

면접 때 주로 한 질문은 "학생들이 하루 종일 스케이트보드만 타겠다고 하면 어떻게 하겠는가?" 하는 것이었어요. (아이러니하게도 4년 뒤 우리 학교는 투표를 해서 스케이트보드를 금지시켰어요. 작년에 다시 투표를 해서 금지령을 해제했지만.) 또 다른 질문은 "가장 기억에 남는 학습 경험은 무엇인가?"였어요.

크리스 스케이트보드 질문의 정답은 뭐였나요?

147

올리비아 스케이트보드 타게 내버려둔다! 그 당시 우린 서드 베리 밸리 스쿨이나 알바니 프리스쿨처럼 조리 있게 우리의 교육철학을 설명하진 못했지만, '내재적 학습intrinsic learning'이라는 표현을 썼는데, 지금도 쓰고 있어요. 아이들은 배워야 할 것들을 자신만의 경험을 통해 스스로 배운다는 믿음, 지금 이 순간 하고 있는 일이 아이가 꼭 해야 되는 일이라는 믿음이 중요해요. 학습 동기는 아이의 내면에서 우러나야 하는 거죠. 이 부분에서 우린 댄 그린버그, 몬테소리, 애쉬턴 워너, 파커 파머 같은 사람들의 철학에 영향을 많이 받았어요.

크리스 구체적인 교사 채용 절차가 있었나요?

올리비아 교사, 학부모, 학생으로 구성된 위원회가 면접을 보았어요. 또 아이들이 면접 응시자와 특별활동을 같이 하면서 그 사람 분위기가 어떤지 직접 느껴보고 위원회에 의견을 제출했어요.

결국 채용한 사람은 마리아라는 특수교육 교사였는데, 장애아들이 별로 흥미를 느끼지도 않는 것을 억지로 시켜야 되고 또 그런 교육 방식에 대해 교사인 자신조차 발언권이 없는 생활이 끔찍했대요. 아이들의 욕구를 우선시하는 우리 학교 분위기가 무척 좋다고 했어요. 마리아는 정말 자유로운 영혼을 지닌 사람이었죠. 십대 시절 기찻길에서 놀다가 사고를 당해 한쪽 발을 잃었는데, 장애 때문에 하고 싶은 일을 포기한 적은 없었대요. 면접 때 가장 기억에 남는 학습 경험이 무엇이냐는 질문에는 미네소타 주 북부에 있는 강에서 카누 타던 거였다고 대답했어요. 우리 학교에 안성맞춤인 사람이었는데, 지금도 우리 학교 교사로 있죠.

다른 한 명은 대학을 갓 졸업한 남자였어요. 사실 학교에 여성이 너무 많아 균형을 잡을 필요가 있다는 게 그 친구를 채용한 가장 큰 이유였죠. 하지만 다른 사람들보다 격식을 훨씬 더 많이 따지는 성격이어서 많이 힘들었을 거예요. 아이들이랑 운동을 많이 했는데, 아이들도 많이 따랐어요. 그런데 화를 잘 표출하지 못하는 게 흠이었죠. 화를 내는 대신에 삐쳐서 수동적으로 공격성을 드러내곤 했어요. 결국 2년밖에 못 버티고 떠났어요.

좋은 교사를 구하는 일은 아직도 가장 힘든 과제로 남아 있죠.

크리스 초기에는 학교가 어땠나요?

올리비아 임신해서 아기를 낳는 거랑 비슷했어요. 알 건 다 안다고 생각하다가 막상 현실로 닥치면 아무것도 할 줄 모르는 산모 같았죠. 학교 창립식을 어떻게 할 것인지 아주 자세하게 그리고 있었어요. 학교 건물에 커다란 리본을 두르고 아이들이 가위로 리본을 자르면서 현관을 들어서는 행사를 기획했었거든요. 그래서 리본을 자르고 아이들이 모두 건물

149

에 들어왔는데, 그때부터 난감해진 거예요. 교사들은 "이제 뭐하지?"하는 표정으로 서로 쳐다보고만 있고…. 형식을 갖춘 거라고는 조회, 점심, 종례밖에 없었어요.

처음에는 교사들이 많이 힘들어했어요. 다른 학교에서는 학생들을 교실에 몰아넣고 이것저것 시키잖아요. 그런데 우리 학교는 교사가 주인이 아니니까 그렇게 할 수도 없고…. 반대로 아이들은 첫날부터 신이 났죠. 분위기에 맞춰 자연스럽게 행동하는 것이 어른들보다 쉬웠을 테니까요. 물론 긍정적인 일만 있었던 건 아니에요. 아이들이 스스로 갈등을 해소할 수 있도록 돕는 방법을 개발하기 전이었으니까요. 처음엔 정말 아이들이 하루가 멀다 하고 싸웠어요.

그렇게 첫 주를 보내고 교직원회의를 열었는데, 가관이었죠. 다들 주방 식탁에 둘러앉아 있었는데, 난데없이 복사기 회사 영업사원이 들어와서는 복사기를 팔아달라는 거예요. 우린 너무 지쳐 있었던데다 첫 주의 충격에 휩싸여서는 그 사람이 한 시간 반이나 떠들도록 내버려뒀어요. 그 사람이 가고 나서도 다들 서로에게 무슨 말을 해야 할지 모른 채 멍하니 앉아 있었어요. 차마 입 밖에 내지 못하는 질문이 허공을 맴돌고 있었죠. "우리 도대체 뭘 하고 있는 거지?"

크리스 총책임자가 있었나요?

올리비아 아뇨. 우리 학교에서는 모든 정책을 교사들의 합의를 통해 결정하거든요. 그리고 학교 행정을 여러 분야로 나눠 담당자를 정했어요. 문제가 생기면 누구부터 찾아야 하는지 사람들이 알 수 있게 하려고요. 비교적 잘 운영되고 있지만, 아직도 외부인은 누가 무엇을 담당하는지 몰라서 헤매다가 우리한테 짜증을 내기도 하죠.

아무튼 첫해는 참 많이 삐걱거렸어요. 강제적이지 않은 교육 방식을 시도해본 경험이 아무도 없었으니까요. 하지만 우리 방식이 옳다는 것을 직감적으로 아는 데서 오는 즐거움 때문에 불안감을 극복할 수 있었어요. 그리고 어떻게 보면 무지가 오히려 도움이 되었던 것 같아요. 예를 들어 우리 학교 교사들은 모든 학년의 학생들을 가르치는데다 자격증에 명시된 과목이 아닌 다른 분야까지 다루기 때문에 면책 신청을 해야 되거든요. 그런데 아무도 그걸 모른 채 첫해를 보낸 거예요.

그 다음 해는 여러모로 이상적인 한 해였어요. 학생들이 큰 몫을 했죠. 스스로 학습을 주도하는 방식에 이미 익숙해진 프레이리 크리크 졸업생이 여러 명 들어왔거든요. 이 아이들이 학교 전체의 분위기를 이끌어줬어요. 그리고 애니도 2년차가 되면서 드디어 물 만난 물고기가 되었어요. 원래 사려 깊고 창의적인 사람인 건 알았는데, 첫해이 자신감 없어 하던 모습이 사라지면서 장점이 빛을 발하게 된 거죠. 교사와 직원들을 이끄는 진정한 리더 역할을 했고, 다른 사람한테는 마음을 열지 않던 아이들과도 친해질 정도로 깊은 통찰

151

력을 발휘했어요.

크리스 초기에 학부모들 반응은 어땠나요?

올리비아 학부모들도 무지하긴 마찬가지였어요. 하지만 우리 학교가 자기 아이한테는 적합하지 않다고 판단해 다른 곳으로 전학시킨 학부모들도 몇 명 있었어요. 그렇게 해서 초반에 다섯 학생을 잃었던 것 같아요.

그런데 둘째 해가 되자 프레이리 크리크 출신 학부모들이 문제를 많이 일으켰어요. 모든 것을 다 안다고 생각하고 학교를 통제하려 들었어요. 그 사람들이 학교 일에 깊이 관여해서 도움이 된 경우도 꽤 많았지만, 아이들이 과연 충분히 배우고 있는지 끊임없이 문제를 제기했어요. "철자는요? 문법은요?" 마치 주문처럼 외우고 다녔다니까요.

삼 년째는 정말 위기의 해였어요. 세 가지 사건이 있었죠. 하나는 학교 재무 담당자와 관련된 문제였어요. 그 사람은 교직원 소득세를 납부하지 않는 바람에 학교를 곤경에 빠뜨린 적이 있었는데, 이번엔 신경쇠약에 걸리고 말았어요. 문제는 그 사람의 업무를 대신할 수 있는 사람이 아무도 없었던 거예요. 그래서 교직원회의 때마다 학교 경영 문제로 골머리를 앓느라 정작 중요한 아이들 문제는 신경을 못 썼어요.

그 와중에 애니가 심경의 변화를 일으켰어요. 무슨 자아실현 세미나에 갔다가 완전히 딴 사람이 되어 돌아온 거예요. 꽤 심각하게 자기를 성찰해보는 것 같았는데, 문제는 우리가 학교에서 하는 일에 대해서도 회의를 느꼈다는 거죠. 아이들에게 너무 많은 자유를 허용하는 게 아니냐는 의문에 사로잡힌 거예요. 그때부터 애니는 교직원회의 때마다 "이게 아니야"라는 말로 시작했어요.

애니를 중심으로 학교에 대한 불만이 확산되었는데, 결국 마리아랑 파트타임 교사 두 명에게까지 번졌어요.

크리스 다른 사람들은요?

올리비아 그땐 나도 정규 교사가 된 상태였어요. 로잔과 나는 자유를 중시하는 교육이 옳다는 생각을 점점 더 굳히고 있었어요. 그런데 교사들의 분열이 날로 심해지면서 심각한 문제가 되었죠.

그러다가 1월에 첫 평가를 받게 되었어요. 미네소타 주에서는 설립한 지 3년이 지난 차터스쿨에 외부인으로 구성된 팀을 보내 평가를 하게 되어 있어요. 교육위원장이 임명한 사람들로 구성된 평가단이 학교를 방문하죠. 우리 학교에 찾아온 평가단은 냉혈 인간으로 소문난 초등학교 교장, 중학교 교감, 학군 교과과정 감독관이었어요.

평가단이 모두 교육 당국 사람들이라는 게 마음에 걸려 더그 토마스한테 평가단으로 와달라고 구조 요청을 했어요. 더그는 미네소타 주 차터스쿨연합 활동가인데다 다른 시의 차터스쿨에도 관여하고 있던 사람이었어요.

평가단이 우리 학교에 도착했을 때, 아이들은 여느 때와 다름없이 하고 싶은 일을 하면서 신나게 놀고 있었죠. 그런데 조금 뒤에 우리 학교의 든든한 지지자였던 더그가 당황한 표정으로 나를 부르더니 잠깐 자기랑 조용히 얘기 좀 하자는 거예요. 그러더니 이렇게 말했죠. "정말 제대로 된 평가제도나 기록부가 없단 말입니까?" 그래서 이렇게 대꾸했어요. "알피 콘Alphie Kohn이 그랬잖아요. 아이들이 어떻게 지내는지 궁금하면 아이들한테 직접 물어보라고. 그렇게 하면 돼요."

더그는 내가 미친 게 아닌가 하는 표정으로 쳐다보더군요. 우린 아이들이 어떤 결과물을 남기면 그것을 포트폴리오로 만들어 보관하고, 1월과 6월에 학습 성과 보고서를 작성하거든요. 그런데 더그는 그것만으로는 부족하다는 거예요. 그러면서 이런 말까지 했어요. "이런 식으로는 절대 살아남을 수 없어요. 평가 결과도 장담 못합니다."

정말 눈앞이 캄캄했어요. 다른 세 사람은 처음부터 부정적인 선입견을 가지고 들어왔다 치고, 더그마저 고개를 내젓고 있었으니….

크리스 그래서 어떻게 됐어요?

올리비아 운이 아주 좋았어요. 평가단이 제출한 보고서는 당연히 부정적이었는데, 우리 학교를 폐쇄해야 한다는 권고까지 들어 있었어요. 그런데 다행히도 평가단장이었던 초등학교 교장이 보고서를 정말 못 썼어요. 더그가 한 말을 맥락에 맞지도 않게 인용하고, 우리 학교를 "학습의 중요성조차 모르는 색깔도 생명력도 없는 곳"이라며 강력하게 비난했어요. 평가 기준도 석차, 성적표, 영재교육 같은 틀에 박힌 개념들만 골라서 적용했더군요. 우린 영재교육 따위엔 관심도 없는데 말이죠. 우린 모든 아이들이 영재라고 믿으니까요. 게다가 차터스쿨법이 실험 정신과 대안적 접근을 권장하는데도 평가단장은 우리 학교가 그런 권장 사항을 따르는 것을 비난하는 자가당착에 빠졌어요.

그 보고서 사본을 받아본 날, 멍한 상태로 학교에서 돌아온 기억이 나요. 커다란 담요를 뒤집어쓰고 완전히 넋이 나가 있었죠. 하지만 다음 날로 정신을 차렸어요. 그리고 그날 저녁 로잔과 함께 컴퓨터 앞에 앉아 비장한 각오로 그 보고서에 대한 우리의 입장을 정리해 교육위원장과 모든 위원들에게 보냈어요. 평가단이 차터스쿨에 대해 부정적 선입견을 드러냈다는 점을 정치적으로 문제삼은 거죠. 우리가 얼마나 야단법석을 떨었던지 결국 교육위원회에서는 차터스쿨 운영권을 갱신해주었어요.

그해의 마지막 난관은 공간 문제였어요. 장애인센터에서 규모를 확장한다고 우리가 사용하던 건물을 돌려달라고 했어요. 그래서 다른 곳을 찾아볼 수밖에 없었죠.

다행히 그동안 우리 재무 담당자가 많이 회복이 되었어요.

그 사람이 차터스쿨 건물 신축 자금을 운영하는 투자회사를 찾아냈어요. 회사가 채권을 발행해 모은 자금으로 건물을 짓고, 임대료를 받아서 채권자에게 이자를 주는 방식이었어요. 외부인들이 차터스쿨에 투자할 수 있는 방법이었죠. 우리도 참여하기로 했는데, 이번에도 운이 따랐어요. 그 회사에서 그런 투자 상품을 딱 그해에만 판매했거든요. 그 다음 해부터는 차터스쿨 투자가 너무 위험 부담이 크다면서 손을 뗐어요. 정말 미묘한 시기였어요. 건물 신축 계획이랑 평가단 소동이랑 같은 시기에 일어났거든요. 그러다가 지역신문에서 신축 자금 조달을 맡은 사람이 교육위원회 위원이라는 사실을 발견하고 1면 기사로 재정 비리 의혹을 제기했어요. 사람들은 주 정부가 곧 폐쇄시킬 학교에서 뭐 하러 신축 자금을 모으냐고 수군댔어요. 우린 노스필드 지역에서 큰 논쟁거리가 되었죠.

크리스 그런 논쟁이 있기 전에는 언론이나 대중의 반응이 어땠나요?

올리비아 우린 별로 관심의 대상이 아니었어요. 지역 주민들은 대부분 우리의 존재 자체를 몰랐던 것 같아요. 아무튼 그렇게 3년을 버텼고, 이듬해 9월에 1백 50만 달러짜리 새 건물에 입주했어요. 새 건물은 훨씬 컸기 때문에 정원을 20명 더 늘렸어요.

크리스 신입생은 대기자 명단에서 뽑았나요?

올리비아 아뇨. 대기자 명단은 첫해에만 있었어요. 그 뒤론 학교 문을 닫지 않아도 될 정도로만 학생 수를 유지했던 것 같아요. 그렇게 한바탕 홍역을 치르고 나서는 우리 모두 미래에 대한 희망을 갖게 되었어요. 드디어 학교가 순풍에 돛 단 배처럼 순항할 것이라고 믿었죠. 그런데 얼마 지나지 않아 아까 말했던 프레이리 크리크 출신 학부모들이 격렬하게 불만을 토로하기 시작했어요. 새 건물에 입주하고 나면 학교도 더 체계가 잡히리라 기대했던 모양이에요.

그해 중반부터 그 학부모들이 본격적으로 움직이기 시작했어요. 카페 같은 데서 따로 회의를 하더니 이사회 회의에 들어와 이것저것 요구하기 시작했죠. 한번은 외부 이사를 도입하라고 강요하면서 아예 자기들이 뽑은 사람을 그 자리에 앉히려고 했어요. 그리고 그 전에는 이사회에서 중재인 임명 안건을 통과시켰어요. 학부모와 교직원 사이에서 중재할 사람을 데려온 거예요. 프레이리 크리크 출신 학부모가 뽑은 사람이었는데, 그 사람도 나름대로 학교에 이런저런 불만이 많았어요. 그래서 한동안 이사회는 그 중재인과 학부모들이 한편이 되고 우리 교직원들이 한편이 되어서 패싸움하는 곳이 되어버렸어요.

정말 답답한 노릇이었죠. 교직원들이 보기에는 그 학부모들이 우리 학교를 전혀 어울리지 않는 모습으로 바꾸려는 것 같았거든요. '프리스쿨도 싫다. 민주적인 학교도 싫다. 더 체계가 잡혀야 한다. 학교 규칙도 더 많이 만들어야 한다. 교사들은 아이들을 붙잡아 앉혀놓고 진짜 공부를 시켜야 한다.' 이런 식이었죠.

쉴 새 없는 압박에 정말 그냥 다 포기해버리고 싶을 때가 많았어요. 마리아나 로잔도 마찬가지였고. 포기해버리고 싶은 심정을 우리 셋이서 시간 차를 두고 느꼈기에 망정이지, 안 그랬으면 정말 포기했을 거예요.

한번은 프레이리 크리크 출신 학부모들이 이사회에서 타협안을 제시했어요. 무슨 솔로몬 왕도 아니고, 학교 안에 벽을 세워 물리적으로 학생들을 갈라놓자는 거예요. 자기 아이들, 그러니까 이른바 착한 아이들을 한쪽으로 몰고, 시끄럽고 말썽만 피우는 나머지 아이들은 다른 쪽으로 몰자고. 그렇게 해야 자기 아이들이 조용한 공간에서 읽기와 쓰기 공부를 할 수 있다나? 그 아이들이 정말 읽기와 쓰기 공부를 하고 싶어 했는지는 모르겠지만, 그 학부모들은 시켜야 된다고 생각했던 거죠. 그리고 문제아들 중에서 행동이나 학습 실력이 향상된 아이들에 한해 벽을 넘어갈 자격을 주자고 했어요. 정말 그런 제안까지 했다니까요.

크리스 그래서 결국 어떻게 됐어요?

올리비아 다행히 학교를 바꾸는 데 강력히 반대하는 학부모들도 많았어요. 아이들이 학교에서 정말 잘 지내고 있었으니까요.

그러다가 외부 이사를 도입하자는 제안을 둘러싸고 마침내 사태가 극에 달했어요. 어떤 안건에 대해 합의하지 못할 경우 이사회는 반드시 그 안건을 표결에 부쳐야 한다는 조항을 마리아가 학교 내규에서 찾아냈어요. 그래서 그 조항을 이용하기로 하고 내가 이사회에서 그 제안에 대해 합의할 수 없도록 일부러 막았죠. 그 당시 나는 이사는 아니었지만 어쨌든 표결로 몰고 갔는데, 이사회는 결국 5대 2로 제안을 부결시켰어요.

부결 직후에 외부 이사 도입을 지지하던 한 이사가 그러더군요. 매복 기습을 당한 느낌이라고. 그 사람은 이사직을 사퇴했고, 바로 다음 날 프레이리 크리크 출신 학부모들은 자기 아이들을 자퇴시켰어요. 진작 그렇게 할 일이지. 그 사람들은 마을학교를 원했던 게 아니었어요. 단지 그 학군에 있는 공립학교에 아이들을 보내기 싫었던 거죠. 결국 자기들도 차터스쿨을 설립하기로 결정하더군요. 그것도 진작 그랬어야죠. 학교 이름을 아트테크Art Tech라고 지었다던데, 아무튼 잘 되길 빌어요.

돌이켜보면 학부모들의 반란은 우리 교직원들을 더 단련시키는 계기가 되었어요. 그 사람들이 우리를 압박하면 할수록 우린 학교에 대한 전망에 더 자신감이 생겼죠. 나는 위기가 극에 달했을 때 마리아가 했던 말을 평생 잊지 못할 거예요. "우리는 이런 학교다. 다른 모습으로 바뀌 생명을 부지하느니 차라리 이 모습을 고수하다 죽겠다."

그 위기를 통해 다시는 그런 상황을 용납하지 않겠다는 단호함도 생겼어요. 학교에 불만이 있는 학부모에게 "우리 학교는 당신 아이에게 적합한 곳이 아닙니다"라고 솔직하게 말할 수 있게 되었죠.

크리스 학생들 사이에서 발생하는 갈등은 어떻게 해소하나요?

올리비아 그 문제에 관해서는 서드베리 밸리 스쿨 모델을 따르지 않기로 했어요. 그래서 사법위원회 대신 또래들의 중재와 '정의 회복'이라는 조치를 주로 사용했죠. 싸움을 한 아이들은 다른 아이에게 중재 요청을 할 수도 있고, 정의회복위원회에 가해자를 회부할 수도 있어요. 정의회복위원회는 지도 교사의 도움을 받아 학생들이 운영하는 위원회인데, 징계를 넘어 문제의 근원을 파악하는 데 초점을 맞추죠. 예를 들어 빌리가 죠니를 막대기로 찔렀다면 십중팔구 그날 아침에 죠니가 빌리 기분을 먼저 상하게 했을 거예요. 그러면 정의회복위원회는 갈등의 원인을 추적하도록 아이들을 도와주고, 당사자 모두를 만족시키는 해결책을 찾는 거죠. 심각하거나 쉽게 해결할 수 없는 문제가 생겼을 경우에는 학교 구성원 모두가 참석하는 전체 회의를 통해 해결하고 있어요. 이

밖에도 아이가 도를 지나친 행동을 해서 부모가 나서야 할 필요가 있는 경우를 위해 만든 모임도 있어요.

크리스 학생을 퇴학시킨 적이 있나요?

올리비아 초기에 한 아이가 난폭한 행동을 많이 해서 힘들었던 적이 있었죠. 어머니가 정신질환을 앓고 있어서 위탁 가정에 맡겨진 아이였는데, 학교만 오면 난동을 부렸어요. 그 아이를 절대 우리 학교에 두어서는 안 된다며 아주 단호하게 주장하는 교사도 있었죠. 그 교사는 "우리 모델이 모든 아이들을 구제할 순 없잖아요"라는 말을 수십 번도 더 했을 거예요. 불행히도 당시에는 나도 그 아이를 변호할 만큼 자신감이 없었고, 결국 그 아이를 담당하던 사회복지사가 다른 학교로 전학시켰어요.

　　그때로 다시 돌아갈 수 있다면 그 아이를 포기하지 않으려고 더 노력했을 것 같아요. 사랑으로 아이를 대하고 진심으로 아이를 존중하고 아이의 생각을 들어준다면 해결하지 못할 문제가 없다는 것을 지금은 아니까요. 게다가 폭력적인 행동을 하거나 주체할 수 없는 분노를 표출하는 아이가 또 들어오지 않으리라는 보장이 없잖아요. 아이들은 소란을 피우기 마련이고 가끔은 다치기도 해요. 이것저것 부수고 깨뜨리는 건 다반사죠. 그런데 그런 일들이 절대 일어나지 않는 곳을 만들려는 게 아니잖아요. 우리 학교는 아이들이 스스로 배우는 조용하고 평화로운 곳이 아니에요. 현실세계가 그렇지 않을 뿐더러, 그런 곳에서는 아이들이 현실세계에서 생존하기 위한 기술을 터득할 수 없어요.

우리 목표는 아이가 자신의 파괴적인 행동의 원인을 스스로 분석하도록 돕는 것, 그리고 그런 아이를 잘 도울 수 있도록 우리 모두의 문제 해결 능력을 키우는 거예요.

크리스 요즘은 학교가 어떤가요?

올리비아 이젠 5년이 지났으니까 우리가 제대로 가고 있다는 것을 입증해줄 학생과 성공 사례가 많이 축적되었어요. 그전까지는 과연 잘하고 있는지 확신하기가 힘들었거든요.

올해가 최고의 해인 것 같아요. 그렇다고 문제가 생기지 않을 거란 얘긴 아니에요. 이런 방식으로 학교를 운영하다보면 항상 문제에 부딪히니까요. 지금도 우리 학교는 처음 그 모습을 간직하고 있어요. 아이들과 함께 온몸으로 부딪히고 있죠. 아이들을 깊이 사랑해요. 가식 없이. 진짜 세상살이와 똑같이. 하지만 절대 쉽진 않죠.

리버티 스쿨

메인 주 캠던에서 해안을 따라 한 시간 정도 북쪽으로 올라가면 리버티 스쿨^{Liberty school}이라는 흥미로운 학교가 나온다. 인구 천오백 명의 블루힐 도심에서 1킬로미터 정도 떨어진 나무가 우거진 곳에 자리잡고 있는 이 학교는 조립식 건물 두 채와 커다란 창고를 쓰고 있다. 본관 입구에 학부모와 학생들이 만든 바위 정원이 여름에는 더욱 아름다워 보인다.

1997년에 설립된 리버티 스쿨은 공적 지원을 받는 대안학교로, 지금은 9학년부터 12학년까지 65명의 학생이 다니고 있다. 학교 홍보 책자에 따르면, 리버티 스쿨은 "사람들마다의 고유한 마음과 영혼을 존중하는 민주적 학습공동체"이다. 학생들은 학교 운영의 모든 면에 관여하며, 학교의 제반 사항은 매주 열리는 전체 회의에서 표결로 결정된다. 학생들은 또한 교과과정, 입학 관리, 인사人事, 수강 신청, 공동체에 관한 다양한 업무를 하는 각종 위원회에 참여한다. 여덟 명에서 열 명 정도의 학생, 교사 한 명, 그리고 이사장으로 구성된 공동체위원회는 일주일에 세 번씩 회의를 열어 학교 정책을 논의하고 전체 회의의 안건을 상정한다. 학교 이사회는 학교 정책에 대한 자문을 맡고 모금운동을 지원한다. 이사회는 이사장을 비롯하여 학부모 열 명, 교사 한 명, 학생 세 명으로 구성된다.

학생들은 학교를 자유롭게 드나들 수 있지만, 신청한 수업은 반드시 들어야 한다. 또한 졸업을 위해 특별 프로젝트나 프리젠테이션을 준비해야 한다. 졸업을 하려면 일반 고등학교와 똑같은 필수과목을 이수해야 하고, 또 '본질적인 질문'에 답하고 평생 학습에 필요한 기술과 지식을 습득했다는 것을 증명하는 졸업 프로젝트를 수행하거나 프리젠테이션을 거쳐야 한다. 졸업 프로젝트 심사는 학교의 여러 위원회 중 한 위원회에서 맡아 한다. 졸업생은 또한 일 년에 9시간 이상 사회봉사를 해야 하며, 학교를 다니는 기간의 절반 이상은 최소한 하나 이상의 위원회에서 활동해야 한다.

리버티 스쿨은 성적을 매기지 않는다. 평가는 본인 평가와 교사 평가가 결합된 서술식 보고서로 이루어진다. 수업에 대한 아이디어는 학생들이 제시하는 경우가 많은데, 자율학습이 적극 권장된다. 학교는 또한 모든 과목을 지역신문 광고

란에 공지하여 지역 주민 누구나 리버티 스쿨 학생들과 함께 수업을 받을 수 있게 하고 있다.

리버티 스쿨에 대한 이야기는 설립자 아널드 그린버그가 해주었다.

크리스 리버티 스쿨은 평생 교육자로 살아온 선생님의 경험의 결정체라고 볼 수 있겠죠? 교육자로서 걸어온 길에 대해 얘기해주세요.

아널드 리버티 스쿨은 아주 오래전, 그러니까 1963-1964년 그 즈음부터 갖게 된 생각들의 결실이에요. 전 고등학교를 중퇴했어요. 10학년 때 학교를 그만뒀죠. 그때는 학교에서 받았던 대우나 학교에 대해 느끼고 있던 감정 때문에 학교 다니는 게 너무 싫었어요. 그러다 학교를 떠나게 된 결정적인 계기가 있었어요. 영문학 수업 때 독후감을 숙제로 냈는데, 독후감을 내가 쓴 시로 대신했거든요. 당시 장래 희망이 시인이었기 때문에 그 시를 쓰는 데 심혈을 기울였죠. 그런데 선생님이 지정해준 형식에서 벗어났다고 F학점을 주신 거예요. 게다가 내가 직접 쓴 시라는 것도 믿지 않으셨어요.

그 일로 엄청난 상처를 받았지만 고통을 표현할 길이 없었던 나는 하루아침에 우등생에서 낙제생으로 전락했어요. 1950년대 그 당시엔 그런 부당함을 표현할 수 있는 말조차 없었죠. 그래서 그냥 마음을 닫아버렸고, 결국 학교를 중퇴하고 해군에 입대했어요.

그래서 교육에 대한 고민의 상당 부분은 고등학교 때 당했던 일을 이해하려는 노력에서 출발했어요. 내가 어떤 고등학교를 다니고 싶은지 스스로에게 질문했어요. 내가 꿈꾸는 고등학교는 시, 그림, 낚시 같이 내가 좋아하는 것들을 하게 해주는 곳이었죠. 그러면서 깨달았어요. 내가 살아 있다는 것을 느끼는 것은 학교 밖에 있을 때였고, 마음이 마비되고 죽은 것처럼 느껴질 때는 학교 안에 있을 때였다는 사실을요.

해군으로 세계를 누빌 때 오히려 학교 다닐 때보다 훨씬 진지한 학생이 되었어요. 수백 권의 책을 읽었고 방문하는 나라마다 그곳 사람들과 이야기를 나누었죠. 진짜 교육은 그때 시작된 것 같아요.

그러다 1959년에 제대하면서 검정고시로 고교 졸업장을 받고 템플대학에 합격했어요. 그런데 일 학년을 반쯤 다니고 나니까 대학이라고 해서 고등학교와 다를 게 없다는 생각이 들었어요. 그래서 또 자퇴를 하고 노르웨이 운송업체에 취직했죠. 그러다 직장 생활을 그만두고 고향 필라델피아로 돌아와서는 대부분의 시간을 도서관에서 책을 읽으며 보냈어요. 그런데 얼마 지나지 않아 외로워지더라고요. 그래서 템플대학로 돌아가 그 학교 학생으로 있을 때 사귀던 친구들과 학생 식당에서 수다를 떠는 재미로 하루하루를 보냈어요. 그러다가 생각이 비슷한 사람들과 언제든지 토론할 수 있는 생활이 그리워져 결국 복학을 결심했어요.

다시 학교를 다니던 중에 친구들이 필라델피아 외곽에 있
는 미콘이라는 대안 초등학교를 방문하고 돌아와서는 이야
기하는 걸 듣게 되었어요. 경치 좋은 시골 마을 개울가에서
노는 아이들 모습을 떠올리니 마음이 끌리더라고요. 그러다
교육철학 석사 학위를 받고 교사 자리를 구하던 중에 미콘에
가보기로 했어요. 미콘에 들어서는 순간, 어린이를 위한 꿈나
라에 들어서는 기분이었어요. 미콘은 잊고 있던 감정을 되살
리는 계기가 되었죠. 가장 큰 감정은 분노였어요. 이런 학교
를 다닐 기회가 없었던 것에 대한 분노, 누군가에게 속은 것
같은 억울함.

그래서 당장 5-6학년 교사로 미콘에 지원했어요. 연봉이
3천 달러밖에 안 된다는 얘기도 들었고 당시 결혼을 해서 아
이까지 있었는데도 미콘에서 일하고 싶었어요. 내가 꼭 있어
야 할 곳이라는 확신이 들었기 때문에 돈은 신경 쓰지 않기
로 결심했죠. 다행히 미콘에서 나를 받아줬어요. 연봉을 4천
7백 달러를 주겠다고 해서 기뻐했던 기억이 나네요.

미콘을 통해 교육에 대한 내 아이디어를 실험해볼 기회를
얻었어요. 미콘은 내게 사범대나 다름없었죠. 나는 아이들과
계약을 맺는 시스템을 개발했어요. 아이들은 나와 계약을 맺
고 자기 학습을 자기가 관리했어요. 하고 싶은 공부를 선택
해서 언제까지 하겠다고 나와 합의하는 거죠. 아이들은 밖에
서 마음껏 놀고 하고 싶은 대로 할 수 있는 자유가 있었지만

도움이 필요할 때는 나를 찾아와 나와 맺은 계약을 이행할 책임이 있었어요.

　나중에는 이 계약제도가 우리들만의 작은 국가로 발전했어요. 아이들은 이 국가를 '아널드 섬'이라고 불렀어요. 아널드 섬에서는 학기가 시작되면 아이들은 텅 비어 있는 교실로 들어가게 돼요. 책상도 의자도 없고, 벽에는 아무것도 걸려 있지 않고, 심지어는 바닥도 쓸지 않은 상태죠. 아이들이 다 들어가고 나면 따라 들어가 내 소개를 했어요. "나는 늘 교사가 되고 싶었던 엄청난 부자인데, 특별한 학습 사회를 건설하는 게 꿈이랍니다"라고요. 그러고는 무게가 20킬로그램이나 되는 땅콩이 가득 든 자루가 내 재산이라고 하면서 이 땅콩을 가지고 우리들만의 경제체제를 만들 거라고 설명했어요. 또한 나한테 가르칠 기회를 주고 나한테서 배우는 아이들에게 땅콩을 지불하겠다고 했죠.

크리스 아이들 반응은 어땠나요?

아널드 처음에는 내가 미친 사람이 아닌가 망설이는 것 같더니 금방 몰입하던데요. 우리는 우리 나라에서 쓸 지폐를 찍어내고, 다른 반 아이들과 무역을 하기 위해 외환 시스템을 만들었어요. 예를 들자면 교실 청소를 하기 위해 다른 반에서 빗자루와 쓰레받기를 빌려오고, 그 대신에 우리 의자를 빌려주는 거죠. 그리고 돈을 아끼기 위해 버려진 전선 감개를 들여다 책상으로 썼어요.

　나중에는 나라를 운영하는 데 드는 비용을 조달하기 위해 조세제도를 도입했어요. 그리고 수학을 무지 싫어하는 학생한테 수입과 지출을 파악하고 장부를 관리하는 일을 맡겼어요. 그리고 아이들은 여러 가지 사업을 시작했죠. 창업 자금을 대출해주는 은행도 만들고, 점심시간에 식당에 가서 음식을 가져오거나 저녁 때 교실을 청소하는 심부름센터도 만들었어요. 인플레이션 때문에 화폐 단위를 바꾼 일도 있었죠. 학기가 끝날 무렵에는 대부분 아이들이 자기 부모보다 경제 상식이 더 풍부해졌어요.

　그러던 어느 날 한 학생이 가방에서 "모리스가 온다. 믿는 자만이 구원을 얻으리라"라고 적힌 쪽지를 발견했어요. 그리고 며칠 뒤에 또 다른 쪽지가 발견됐는데, 이번에는 내용이 암호로 돼 있었어요. 아이들이 암호를 풀고 내용을 해독해보니 또 모리스의 계명이었어요. 아무도 그 쪽지들이 어디서 왔는지 몰랐어요. 모리스는 곧 신 같은 존재가 되었죠. 모리스의 존재를 믿는 아이들도 있었고, 믿지 않는 아이들도 있었는데, 잘 모르겠다고 하는 아이들도 있었어요. 그 사건 때문에 아이들은 종교에 대해 오랫동안 토론했어요.

크리스 수업 시간엔 누가 주도권을 잡았나요?

아널드 내겐 아무런 권한이 없었어요. 학생들은 다섯 개의 큰 책상에 나눠 앉았어요. 책상 하나가 대표가 있는 지역구가 되었고, 다섯 대표가 입법부를 구성해 아널드 섬의 모든 법을 제정했죠. 법률은 따로 마련한 공책에 모두 기록했고요. 그리고 범법 행위에 대처하는 사법부도 있었어요.

크리스 학생들은 의무적으로 수업에 들어와야 했나요?

아널드 수업이 의무냐 선택이냐는 문제가 되지 않았어요. 아이들이 아널드 섬을 너무 좋아했기 때문에 항상 수업에 들어오고 싶어했거든요. 그리고 밖에서 놀고 싶으면 언제든지 놀아도 됐어요. 시간을 어떻게 활용할 것인지 계약에 명시하기만 하면 됐죠.

크리스 정말 하루 종일 밖에서 놀아도 됐어요?

아널드 그것도 그다지 문제가 되지 않았어요. 아이들은 돈을 벌고 싶어했거든요. 그리고 시험을 치고 성적을 매기는 제도가 없으니까 오히려 더 어려운 문제를 내달라고 하던데요. 다들 대수학 같은 어려운 과목에 도전하고 싶다고 했어요.

그리고 시간이 조금 흐른 뒤에 아이들에게 지금까지 하던 공부 말고 역사박물관이나 과학박물관을 만들고 싶은 사람이 있냐고 물어봤어요. 그리고 4-5주 정도 그 일에만 매달렸어요. 아이들은 각자 다른 주제를 연구하고, 옛날 사람들의 의상과 옛날 마을 모형을 만들었죠. 그리고 완성된 박물관을 공개했어요. 관객들은 학교 사람들이었죠. 그리고 그해 후반에는 도시계획 프로젝트를 진행해 인구 5만 명의 도시를 설계했어요. 그 프로젝트도 5-6주 정도 걸렸죠.

12월 어느 날 내가 가르치던 6학년 학생의 어머니가 학교에 찾아와 이렇게 물었어요. 자기 아들이 올해 졸업을 하는데 지금 같은 방식으로 공부할 수 있는 중학교가 있느냐고. 당시에는 그런 학교가 없다고 대답할 수밖에 없었어요. 그래서 우린 곧 졸업하게 되는 6학년 아이들을 위한 학교를 만들자는 논의를 시작했어요. 그러고는 미콘 이사회에 고학년 아이들을 위한 학교를 만들자는 제안을 했는데, 이사회는 지원을 해주겠다고 약속했어요. 우린 작은 준비위원회를 구성했는데, 이사회에서 설립 자금으로 2천 5백 달러를 지원해주었어요.

1월에 그 동네에 살고 있던 학생 30명 정도를 우리 집으로 초청해서 새 학교의 가능성을 함께 논의했어요. 활발한 토론을 위해 내가 구상하고 있던 학교의 철학을 정리한 유인물을 나눠줬어요. 아이들은 학교의 좋은 점과 나쁜 점에 대해 의견을 제시하며 적극적으로 토론에 참여했어요.

흥미롭게도 그날 나눠준 유인물에 적힌 내부분의 생각이 오늘날 리버티 스쿨의 홍보 책자에 그대로 반영되어 있어요. 그 다음엔 비슷한 수의 교사들을 모아 똑같은 주제로 토론을 했어요. 반응이 아주 좋았죠. 좋은 타이밍과 좋은 아이디어가 결합되면 그것만큼 매력적인 게 없죠.

우린 학교 부지를 물색하다가 필라델피아 외곽에 있는 오래된 선교회관을 발견했어요. 우린 6만 달러에 그 건물을 사겠다고 했어요. 당시에는 상당한 액수였기에 선교회는 건물을 팔겠다고 하더군요. 그런데 동네에 대안학교가 생긴다는 소문이 퍼지자 지역 주민들이 거세게 반발하는 거예요.

크리스 그래서 어떻게 했나요?

아널드 도시계획위원회의 승인을 받아야 했는데 그 과정이 무슨 쟁의 소송 같았어요. 심의 날짜를 받고 나니까 벌써 6월 인가 7월이 된 거예요. 게다가 우린 주 교육법의 독소 조항 때문에 손발이 다 묶여 있는 상태였죠. 사립학교는 주 교육국의 허가를 받기 전엔 학생 모집 공고를 낼 수 없다는 조항이 있었어요. 그런데 도시계획위원회 승인이 나지 않으면 교육국 허가도 나지 않는 거고. 그래서 4월에 교육국에 전화를 걸어 담당자를 설득한 끝에 소방 법규에 맞는 안전시설을 다 갖춘 상태에서 학교 문을 열겠다는 조건으로 임시 허가를 받아냈어요. 그래서 합법적으로 학교 홍보를 할 수 있게 되었죠. 우선 관심을 보였던 백여 곳의 가정에 홍보물과 입학 원서를 발송했어요.

승인을 기다리는 동안 대외 홍보에 열을 올렸어요. 각종 회의에 찾아가 우리 학교를 반대하는 사람들이 제기한 문제에 답변을 하면서 도시개발위원회 심의를 위한 물밑 작업을 한 거죠. 그런데 심의 당일 엄청난 무더위 때문에 심의가 미뤄졌어요. 속기사가 배탈이 나서 더 이상 회의를 진행할 수 없었대요. 게다가 위원회가 다음 날부터 여름휴가에 들어가기 때문에 8월 말이나 돼야 업무를 재개한다는 거예요.

한편 입학 지원은 쇄도하고 있었고, 건물 개조 공사도 시작하지 않은 상태에서 교사들을 채용하기 시작했어요. 그러다 갑자기 재앙이 닥쳤어요. 우리한테 건물을 팔기로 한 선교회에서 전화가 왔어요. 기도회를 했는데 우리한테 건물을 팔지 말라는 하나님의 계시를 받았다는 거예요.

크리스 막막했겠네요. 그러다 어떻게 됐나요?

아널드 기적이 일어났어요. 며칠 뒤에 한 특수학교에서 전화가 왔어요. 학교 건물 신축 공사가 끝났는데 옛 건물을 우리한테 연 5천 달러에 임대해주겠대요. 건물은 이미 학교로 사용하는 데 필요한 승인을 모두 받은 상태였죠. 우린 입주만 하면 됐어요. 그렇게 해서 1970년 9월에 120명의 학생들을 받아 학교 문을 열었어요. 제가 예상했던 70명을 훨씬 넘는 수였죠. 심지어 입학 대기자 명단까지 생겼어요. 학교 건물이 너무 작아 120명 이상을 수용하기에는 무리였거든요.

크리스 입학생을 받을 때 다양성도 고려했나요?

173

아널드 학생들이 낸 등록금 1천 4백 달러에서 백 달러씩 빼서 그 돈으로 장학 기금을 조성한다는 원칙을 세웠어요. 그 장학 기금으로 소수 인종 학생이나 저소득층 학생 등록금을 지원했어요. 그런 학생이 정원의 3분의 1은 됐어요.

크리스 미콘에서의 경험이 리버티 스쿨을 설립하는 데 어떤 영향을 미쳤나요?

아널드 미콘에서 배운 가장 중요한 교훈은 민주주의에 대한 거예요. 미콘에서 내가 맡았던 역할은 선한 독재자였어요. 의사 결정을 할 때는 학생들과 교사들을 참여시켰는데, 사람들이 최종 결정권은 나한테 있다는 사실을 의식하고 있는 게 문제였어요. 사람들은 나를 아버지나 대장으로 보고 나한테 의존하려 했고, 자기들이 원하는 학교를 만들기 위해 노력하기보다는 뒤로 물러나 흉을 보고 비판하기만 했어요.

또 내가 우려한 것은 독창적인 생각으로 출발하는 학교들도 나중에는 제도화되는 경향이 있다는 거였어요. 그래서 우리 학교만큼은 민주적으로 운영해서 그런 경향을 방지하고 싶었죠.

또한 1960년대 시대정신의 영향도 많이 받았어요. 그것이 미콘에서 보낸 1970년대로 이어졌죠. 21세기의 문턱에서, 기술 발전과 세계화가 가속화되는 이 사회에서, 교육받은 사람으로 산다는 것은 무엇을 의미하는가? 이 질문의 답을 찾는

데 많은 시간을 투자했죠. 그래서 재단 후원금을 신청해 받은 돈으로 '미래를 위한 교육'이라는 회의를 조직했어요. 그 회의에 누군가 《녹색혁명Green Revolution》이라는 처음 보는 잡지를 들고 나왔어요. 펜실베이니아 농촌에서 유기농 농장과 공동체를 운영하는 '생활학교School of Living'라는 조직에서 펴낸 잡지였는데, 그때부터 생활학교와 연락을 주고받기 시작했어요. 그러면서 생태학과 농업 기술을 중심으로 운영되는 학교에 대한 내 구상을 펼쳐 보일 수 있었어요.

이 모든 행보가 미콘에 대해 점점 커져가고 있던 실망감의 반증이기도 했어요. 미콘에서도 학업 치중 현상이 두드러지게 나타나고 있었거든요. 졸업생의 90퍼센트가 하버드나 예일 같은 명문대학으로 진학하고 있었는데, 문제는 자신의 방향이나 동기에 대해 별 문제의식이 없었다는 거예요. 그저 성공의 전형을 따르고 있었던 거죠.

결국 학교를 시작한 지 6년째 되던 해에 교직원 회의에서 그 문제에 대해 우려를 표시했어요. 그리고 교장직을 사임할 테니 처음부터 다시 시작해보자고 제안했죠. 위원회에서 공동으로 학교를 운영하고, 교장은 대외적으로 학교의 대변인 역할만 해야 한다고 주장했어요.

크리스 반응이 어떻던가요?

아널드 아주 안 좋았어요. 파벌이 만들어졌거든요. 한쪽은 학교를 더 개방적인 공간으로 만들어야 한다는 내 주장을 지지했고, 다른 한쪽은 고삐를 조이고 체계를 잡아 대학 입학 준비에 초점을 맞춘 학교로 만들어야 한다고 주장했어요.

크리스 그 갈등을 해소할 수 있었나요?

아널드 아뇨. 하지만 중요한 교훈을 얻었어요. 협동으로 운영되는 학교든, 반찬 만드는 협동조합이든, 의식적인 공동체든, 모든 협동 조직에 해당되는 진리를 깨닫게 되었죠. 그런 조직들 안에는 출발할 때부터 긍정적인 요소와 부정적인 요소가 공존해요. 그런데 사람들은 긍정적인 요소에만 초점을 맞추고 부정적인 요소는 외면하려고 하죠. 가장 부정적인 요소 중의 하나가 권력과 통제에 대한 욕망이에요. 그런 요소는 대개 처음부터 드러나진 않아요. 완전히 수면 위로 떠오르는 데 몇 년은 걸리죠. 하지만 일단 드러나면 많은 갈등과 혼란을 초래해요. 미콘에서도 바로 그런 현상이 나타났어요. 내 생각에 반대하는 사람들은 따로 비밀리에 회의를 하고 이사들을 만나 나에 대한 험담을 늘어놓기 시작했어요.

크리스 그래서 어떻게 했나요?

아널드 연말에 미콘을 떠났죠. 그리고 얼마 뒤에 생활학교를 찾아가 그 농장에 농업학교를 세우자고 제안했어요. 생활학교는 그 제안을 받아들였고, 이로써 교육자로서의 내 인생은 또 다른 국면으로 접어들었죠.

크리스 선생님이 떠난 뒤에 미콘이 어떻게 됐는지 궁금하네요?

아널드 별다른 차질 없이 학교를 운영해나가는 것을 중시하는 사람을 교장으로 채용하면서 학교가 활기를 잃었어요. 미콘은 점점 더 보수적으로 변해갔고, 남아 있던 학생과 교사들이 더 이상 예전의 미콘이 아니라는 말을 해줬어요.

자만심에서 드리는 말씀이 아니라, 정말 학교의 분위기는 지도자한테 달려 있어요. 지도자는 결정권자가 아니라 학교의 영혼을 지키는 청지기예요. 지도자가 단지 행정가의 역할만을 하면, 학교는 살아 있는 공동체가 아닌 또 하나의 기관에 불과하죠.

크리스 그럼 다음 단계는 대략적인 설명만 듣고 리버티 스쿨 이야기로 들어가도 될까요?

아널드 농업학교를 몇 년 동안 이끌나가 롱아일랜드의 부유한 동네의 공립 중학교에서 농업경제학 교사가 됐어요. 흥미로운 직업이었죠. 그때 '뒤뜰을 활용한 자급자족 프로젝트'를 개발해 아이들에게 자기 집 뒤뜰에서 실험해볼 수 있는 재미

177

있는 농사 기법들을 가르쳤어요.

그 와중에 제과 기술도 익혔어요. 그래서 그 다음엔 뉴저지에 빵집을 차렸죠. 빵집을 확장해 카페를 운영하다가 나중에 메인 주 블루힐로 자리를 옮겨 레프트뱅크라는 카페를 차렸어요. 나는 카페를 학교로 여겼어요. 그리스어 '학교'의 본래 뜻은 '여유', 다시 말해 사고하고 학문을 연구할 여유거든요. 그래서 카페를 책과 잡지로 가득 채우고, 시리즈 음악회를 기획해 유명한 포크 음악가나 재즈 음악가들을 초청했어요. 혼성 그룹 피터 폴 앤 메리, 오데타, 탐 팩스턴 같은 음악가들이 우리 집 단골 게스트가 되었죠.

카페는 금세 그 지역의 지성과 예술의 중심지가 되었어요. 카페를 운영하는 내내 사람들과 교육에 대해 이야기했어요. 교사로서의 첫 경험을 담은 『아널드 섬Arnold's Island』을 출간했고요. 그러니까 완전히 교육계를 떠난 게 아니었어요. 잠깐 우회한 거죠.

그런데 카페 아르바이트생 대부분이 그 지역에 하나밖에 없는 고등학교였던 조지 스티븐스 아카데미 학생이었거든요. 나는 그 아이들이 학교생활을 지루해하고 단지 대학에 가기 위한 형식적 절차로 여기고 있다는 걸 알았어요. 그래서 아이들에게 내 교육 경험을 이야기하고, 블루힐 지역사회가 내 아이디어를 어떻게 받아들일 것 같냐고 물었죠.

크리스 펜실베이니아 생활학교에서처럼 말이죠?

아널드 그렇죠. 아이들과의 토론이 시초가 되어 카페를 팔고 새로운 고등학교를 만드는 일에 관심 있는 사람들을 모아 회의를 꾸렸어요. 그리고 내가 구상하고 있는 학교를 간략하게 설명한 글을 나눠주고 학교를 '민주적 학습공동체'라고 부르고 싶다고 했죠. 개인적으로 '학교'라는 단어가 안 들어갔으면 했는데, 같이 토론하면서 결국 학교라는 단어를 쓰기로 했어요.

이사회를 구성했는데, 이사회에서 나를 임시 이사장으로 임명했어요. 처음부터 최대한 민주적인 학교를 만들고 싶었지만, 일 년 안에 학교를 시작해야 했기 때문에 시간이 많이 부족했어요. 빨리 학교를 만들자고 재촉하는 아이들이 많았거든요. 그리고 민주적 절차가 굉장히 거추장스럽게 느껴지기도 했어요. 신속한 결정을 내리기가 어려웠을 뿐만 아니라 사람들이 날이 새도록 토론하는 것은 잘해도 실제로 행동하진 않으려고 했어요.

크리스 학교를 어떻게 출범시켰나요?

아널드 고등학교 마지막 학년을 조지 스티븐스 아카데미에서 보냈던 우리 아들이 당시 28살이었거든요. 아들과 내가 공동 설립자가 되어 학교를 출범시켰어요. 우린 2주에 한 번씩 우리를 돕겠다는 사람들로 구성된 위원회와 회의를 했어요. 그리고 9월에 새로운 고등학교의 출범을 알리기 위해 공

179

청회를 열기로 했죠. 공청회를 위해 시내에 있는 교회 강당을 빌렸어요. 20명 정도 올 줄 알았는데 90명이나 왔어요. 기자도 한 명 와서 다음 날 아주 긍정적인 기사가 나갔어요. 그리고 11월에 2차 공청회를 열었고, 그 다음엔 근처 도시를 돌아다니면서 공청회를 열었어요.

크리스 왜 그렇게 첫 반응이 좋았을까요?

아널드 내게는 고등학교를 세운 경험도 있었고, 또 내가 운영하던 카페가 꽤 인기가 있었기 때문에 사람들이 어느 정도 신뢰할 수 있었던 것 같아요. 그리고 사람들 사이에 조지 스티븐스 아카데미 말고 다른 대안이 있어야 한다는 공감대가 형성되어 있었죠. 뿐만 아니라 농사를 짓고 아이들을 키우기 위해 1960년대에 이주해온 사람들이 많았거든요. 우리 카페도 이런 대안문화를 지향하는 사람들 덕분에 잘됐던 거죠.

크리스 토박이들도 있었나요?

아널드 꽤 많았어요. 학교를 준비하면서 많이 만났어요. 다들 새로운 학교가 들어서는 것을 환영했죠. '우리가 어렸을 때 이런 학교가 있었으면 좋았을 텐데'라는 말을 얼마나 많이 들었는데요. 그 사람들도 제도교육의 문제점을 잘 알고 있었죠.

아무튼 이듬해 9월에 학교를 시작하는 것을 목표로 잡았기 때문에 어떻게든 일 년 안에 공식 승인을 받아야 했어요. 많은 사람들이 과연 해낼 수 있을까 하고 의심했어요. 그때까지 돈도 없고 건물도 없고 학생과 교사도 없었거든요. 그래서 사람들한테 그랬어요. "무슨 사기꾼이나 사이비 교주처럼 얘기해서 죄송하지만, 때가 되면 다 이루어질 거예요."

크리스 재정 문제는 어떻게 해결했나요?

아널드 메인 주는 고등학교 설립제도가 참 독특해요. 이름만 그렇게 안 불렀지 실제로는 상품권식 장학제도죠. 그러니까 공립 고등학교가 없는 도시에 사는 주민들은 자녀를 사립학교에 보내도 학군에서 학비를 지급하도록 돼 있어요. 사립학교가 그 혜택을 받으려면 주 교육부에서 승인한 교과과정을 따라야 하고 주에서 인증한 자격증이 있는 교사를 채용해야 돼요. 우린 그렇게 하기로 했죠.

그리고 블루힐은 잉여 자본이 많은 동네거든요. 내가 알고 지내는 사람 중에도 부와 영향력이 있는 사람이 몇 명 있었어요. 학교가 생기는 걸 무척 반가워했고 자기 돈으로 뜻있는 일을 하고 싶어했던 부자 할아버지 한 분이 계셨는데, 학교 부지를 물색하는 일을 맡은 위원회에 가입하셨어요. 그러던 어느 날 3월인가 그분이 전화를 해서 사우스가에 땅을 샀는데 학교 부지로 쓰고 싶으면 우리가 돈을 마련할 때까지

181

기다려주겠다고 하셨어요. 그러면서 2만 5천 달러를 보태주겠다고 하셨죠. 조건이 하나 있었는데, 그 정도 금액을 기부할 사람을 두 명 더 찾아낸다는 거였어요. 그런 사람을 찾아냈기 때문에 학교 부지를 마련할 수 있었죠.

4월에는 지역신문에 공고를 냈어요. 리버티 스쿨에 적합한 부지와 건물을 찾았다고 말이죠. 우린 우리의 일거수일투족이 보도되도록 신경을 썼어요. 언론 보도가 나갈 때마다 학교 신용도가 부쩍 올라갔거든요.

그보다 조금 전인 1월에 보스턴의 한 회사에서 전화가 왔었어요. 차터스쿨로 쓰일 조립식 건물을 제조하는 업체였는데, 우리 학교에 대한 소문을 듣고 연락을 한 거였어요. 우리가 자기네 건물을 임대하면 임대료로 쓸 24만 달러의 자금을 대신 조성해주겠다고 했어요.

크리스 그 회사는 왜 그런 제안을 한 거죠?

아널드 교육에 대한 내 생각이 맘에 들었대요. 그리고 차터스쿨 움직임에 속도가 붙고 있던 메인 주 시장에 진입하고 싶었던 거죠. 우리가 좋은 발판이 될 거라 생각했나봐요.

크리스 리버티 스쿨에 대해선 어떻게 알게 됐대요?

아널드 그건 지금도 몰라요.

크리스 그래서 어떻게 됐나요?

아널드 그 회사는 일정한 범위 안에서 우리가 원하는 대로 건물을 설계해주겠다고 그랬어요. 그 다음엔 우리 쪽에서 터만 닦아놓으면 소방 법규와 건축물 안전 법규 기준에 맞게 시설해주는 것은 물론이고 화장실, 칠판, 카펫도 다 갖춰서 조립까지 해주겠다고 했어요.

크리스 정말 횡재했네요.

아널드 그러는 동안 우리는 학교 인가를 받기 위한 준비를 하며 교사와 학생들 면접을 보고 있었죠. 한 가지 언급하지 못한 게 있네요. 우리 학교에 다니겠다고 이미 약속한 아이들을 11월부터 학교에 관한 계획이나 개발 과정에 참여시켰어요. 그 다음엔 도시개발위원회에 건축 허가를 받는 절차가 남아 있었죠. 그런데 여기서 좀 미묘한 상황이 발생했어요. 도시개발위원회 위원 대부분이 조지 스티븐스 아카데미 출신이었거든요. 우린 그 사람들의 모교와 경쟁하게 된 후발 주자였고.

크리스 그 상황엔 어떻게 대처했나요?

아널드 아주 신중하게 처신했죠. 위원회 위원들 앞에서는 항상 공손한 자세를 취했는데, 그 사람들이 문제삼는 사안마다 타협안을 제시했어요. 그런데도 위원회는 계속해서 까다롭게 굴었어요. 우리와 관련된 일이라면 사사건건 걸고 넘어졌죠. 하지만 그 사람들이 문제삼는 부분에 대안을 제시하고, 그 사람들이 내거는 조건을 모두 받아들였어요. 더 이상 우리 제안서에 반대할 근거를 못 찾을 때까지요.

그렇게 해서 최종 승인을 받은 게 8월 중순이었어요. 곧바로 조립식 건물을 세울 지반을 다지는 공사에 들어갔죠. 시점이 정말 아슬아슬했어요. 학교 시작이 9월 19일로 잡혀 있었거든요.

한편 우린 교과과정에 대한 승인을 받고, 부족한 부지 매입 금액을 대출해줄 은행을 찾았어요.

토대 공사도 끝나고, 회사에서 건물을 조립해줘서 우린 예정된 날짜에 학교 문을 열었죠. 학교 첫날 주 교육국 교육감이 찾아왔어요. 정부의 등록금 지원을 받으려면 그 교육감의 승인을 받아야 했거든요. 그래서 마지막 점검을 하기 위해 찾아온 거죠. 교육국은 그동안 우리 계획에 대해 말로는 굉장히 협조적이었거든요. 그런데 우리의 최종 운명을 쥐고 있던 그 사람이 실제로 승인할 때가 되니까 겁을 먹은 거예요. 주州의 모든 대안교육기관과 홈스쿨 교육을 관장하고 있었기 때문에 다른 관료한테 결정을 미룰 수도 없고. 우리처럼 성적도 매기지 않고 학생들한테 그렇게 자율권을 많이 주는 고등학교는 처음 접해본 모양이에요. 우리 학교를 승인해줬다가 자기 목이 날아갈까봐 겁이 났던 것 같아요.

교육감은 그날 점검을 마치면서 장애인용 진입로를 조금 고치는 것 같은 사소한 사항 몇 가지만 처리하면 승인해주겠다고 했어요. 그래서 곧바로 장애인용 진입로를 고치고 교육감에게 전화를 했죠. 그런데 이번엔 다른 것을 문제삼는 거예요. 문제가 된 부분을 고쳐놓으면 또 다른 걸 지적하고. 그런 식으로 몇 번이나 우릴 골탕을 먹이면서 점점 황당한 것까지 꼬투리를 잡는 거 있죠. 한번은 있지도 않은 화학 실험실에 자외선 램프가 달린 특수 암실을 만들라고 했어요. 또 주차장에 있는 장애인용 표지판이 부족하다며 장애인용 표지판이 어디 있는지 알려주는 표지판을 만들라고 한 적도 있어요.

그래서 11월에 이사회에서 결단을 내렸어요. 이 사람은 승인할 생각이 전혀 없으니 교육국장에게 직접 승인을 받자고요. 그래서 교육국장 면담을 신청했는데 1월에나 우릴 만날 수 있다는 거예요. 하지만 우린 그때까지 지원금 없이 버텨낼 여력이 없었어요. 그래서 주 의원인 내 친구한테 부탁해서 겨우 부국장과의 면담 약속을 받아냈어요. 그리고 그 다음 주 수요일, 12월 19일에 드디어 승인을 받았죠.

승인을 기다리는 동안 아무런 수입 없이 학교를 운영하다 보니 적자가 4만 달러로 불어났어요. 지원금은 받지 못했지만 교사 월급도 지급하고 대출 이자도 갚아야 했고, 그 밖에 갖가지 비용이 발생했으니까요.

크리스 어떻게 버텼어요?

아널드 기부금도 받고, 나머지는 빚을 냈죠.

크리스 초기에 다른 어려움은 없었나요?

아널드 또 하나 커다란 걸림돌은 우리 학교를 무슨 히피 집단으로 보는 사람들의 인식이었어요. 교사랑 학생들이랑 하루 종일 구호나 외치고 술에 취해 있는 줄 알았나봐요. 우리의 실제 모습과는 너무나 거리가 멀었죠. 우린 처음부터 진지한 학습공동체가 되겠다고 결의했거든요. 우린 치료기관도 아니었고, 사회복지기관도 아니었어요. 자신에게 주어진 자원과 자유를 적극 활용하는 학생들이 모인 공동체를 지향하는 곳이었죠.

학생들 스스로도 학교의 명예를 아주 중요하게 생각했어요. 첫해 중반쯤에 열린 전체 회의에서는 학생들이 나서서 수업하는 날은 어디에 있든지 학칙을 지키자는 결의안을 통과시켰어요. 학칙은 주로 흡연, 마약, 음주 같은 문제에 관한 것이었죠. 또한 입학 관리위원회에 있던 학생들은 우리 학교에 지원한 학생과 두 달 동안 함께 지내본 다음에 그 학생의 입학 여부를 결정하는 정책을 추진했어요.

크리스 입학을 거부당한 학생들도 있나요?

아널드 작년엔 입학 관리위원회에서 학생의 자유를 남용했다는 판단을 내린 학생들의 입학을 허락하지 않았어요. 그 학생들은 자유와 함께 주어지는 책임을 다할 준비가 안 돼 있었던 거죠. 입학 관리위원회에서는 입학 정원 미달로 학교 적자가 늘어나는 한이 있어도 학교의 명예를 지키는 게 더 중요하다고 믿었던 거죠.

크리스 요즘 재정 상태는 어떤가요?

아널드 해마다 모금행사를 해서 적자를 메웠어요. 지난 12월엔 익명의 편지를 받았는데 안에 10만 달러 수표가 들어 있지 않겠어요. 전 0이 몇 개인지 세고 또 세며 한참을 그 자리에 앉아 있었죠. 게다가 일주일 뒤에는 어떤 변호사한테서 전화가 왔어요. 자기 고객인 한 할머니가 돌아가시면서 우리한테 집을 한 채 남기셨대요. 우리는 얼마 전에 그 집을 9만 6천 달러에 팔았어요.

이런 후한 기부금 덕분에 빚을 다 갚고 기금까지 조성했어요. 지금은 상근 교사들에게 주 평균보다 10퍼센트 많은 급여를 주기 위해 5개년 재정 계획을 세우고 있어요. 학교에 남아 학교와 함께 성장할 좋은 교사들을 유치하기 위해서죠.

크리스 교사 자격증이 있으면서 동시에 학교의 독특한 교육 방법을 소화할 수 있는 교사들을 찾는 건 어렵지 않았나요?

아널드 전혀요. 우린 지원자들한테 기회가 주어진다면 가르쳐보고 싶은 이상적인 수업 과정 네 가지를 써내라고 해서 그걸 보고 심사를 해요. 그런 식으로 훌륭한 교사진을 구성할 수 있었죠. 지금도 우리와 함께 출발한 상근 교사들이 그대로 남아 있어요. 작년에 유태인 학교 교장직을 맡으러 포틀랜드로 간 제 아들만 빼고요.

덧붙여 설명을 드리자면 주 교육법상 자격증 있는 교사는 과목당 한 명만 두고 그 교사 밑에서 일하는 사람들은 교사 자격증이 없어도 되거든요. 그래서 제가 영문학 교사 자격증을 취득해 우리 학교 영문학 교사 채용의 폭을 넓혔죠.

크리스 지금 학교 평판은 어떤가요?

아널드 지역사회에서 두터운 신망을 받고 있는 것 같아요. 작년부터 실시한 사회봉사 기동대가 큰 도움이 됐죠. 급하게 일손이 필요한 지역 주민은 누구든지 우리 학교로 전화만 하면 돼요. 그러면 우리는 항상 대기하고 있는 기동대를 바로 보내주죠. 얼마 전엔 옷 창고를 옮기는 일을 도왔어요. 엄청 힘든 일이었지만 우리 아이들이 다 달라붙어 가뿐히 해치웠죠. 이런 사회봉사 덕분에 지역 주민들 사이에서 우리 학교 인기가 얼마나 높은지 몰라요. 그리고 도시 곳곳에서 공연을 하는 학교 아카펠라 합창단도 있어요. 실력이 대단해요. 얼마 전에 두 번째 음반을 냈어요.

크리스 학교가 선생님이 구상했던 모습을 갖춰가고 있나요?

아널드 네. 특히 '민주적 학습공동체'의 '민주', '학습', '공동체', 세 단어 모두가 진지하게 받아들여지고 있어서 기분이 좋아요. 모든 사람들이 나한테 의사 결정을 미루지 않고 학교를 꾸려나가는 일에 동참하고 있어요. 사실 학교에서 투표권이 없는 사람은 나밖에 없어요. 또한 학교는 정말 흥미진진한 학습환경을 갖추게 됐어요. 학생들은 자기 시간, 자기 열정, 자기 교육은 자기가 책임진다는 것을 확실히 이해하고 있어요. 수업이나 교과목에 대한 아이디어들을 보면 얼마나 기발한지 몰라요. 뿐만 아니라 학생들의 열정은 학교 밖으로까지 퍼져 갖가지 직업 연수와 사회봉사로 이어지고 있어요. 정말 멋진 여행 기회도 있었어요. 작년에는 한 교사가 자기 반 학생들을 데리고 한 학기 동안 프랑스 남부에 집을 빌려 그곳에서 지내다 왔고, 또 어떤 반은 과테말라에서 봉사활동을 하다 왔어요. 내년에는 케냐로 갈 계획이래요.

　무엇보다 중요한 건 우리가 진정한 공동체로 되어가고 있다는 사실이죠. 모든 구성원들이 서로에게, 그리고 학교에 관심과 애정을 아낌없이 쏟고 있어요. 모든 사람들이 학교에 주인의식을 느끼고, 이 학습공동체가 존재하는 것만으로도 힘을 얻고 충만함과 행복을 느끼고 있어요.

크리스 선생님이 은퇴해도 학교가 살아남을 수 있을까요?

아널드 그 부분에 대해서 참 많이 생각해봤어요. 나는 그 누구도 절대적인 존재가 되지 않는 체제로 학교를 꾸리려고 노력해왔어요. 모든 사람들이 자신을 교장으로 여기고 함께 학교를 운영하고 있다고 믿고 싶어요. 사실 학교는 저절로 굴러가고 있는 것 같아요. 내가 돌아다니며 일일이 관여할 필요가 전혀 없어요.

아까 말한 학교의 혼을 지키는 청지기 있죠? 우리 학교 젊은 교사들 중에서 그 청지기 역할을 감당할 재목이 나올 것 같아요. 아니면 완전히 새로운 사람이 바깥에서 투입되는 것도 괜찮을 것 같아요. 아이디어는 비슷하지만 신선한 에너지가 넘치는 사람이 들어오면 내 방식에 익숙해져버린 학교가 굳어진 관습들을 깨고 새로 거듭날 수 있겠죠.

중요한 건 누가 되든지 간에 교장은 학교의 혼이 꺼지지 않게 지켜내는 동시에 변화가 필요할 땐 학교를 변화시킬 줄 알아야 돼요.

뉴올리언스 프리스쿨

1971년 조그마한 지역 사립 대안학교로 출발한 뉴올리언스 프리스쿨New Orleans Free School은 오늘날 유치원생부터 8학년 학생까지 3백 명의 학생이 다니는 공립학교가 되었다. 학교는 뉴올리언스의 유명한 프렌치 쿼터French Quarter에서 3킬로미터 정도 떨어진 곳에 자리잡고 있다. 점점 더 생활 수준이 높아지고 있는 동네지만, 전체 학생의 95퍼센트가 저소득층 흑인 가정의 자녀들이다. 시 전체를 학군으로 지정했기 때문에 뉴올리언스 주민은 누구나 입학 자격이 있고, 입학생은 선착순으로 받고 있나. 새 학년이 시작될 때마다 꽤 길게 늘어나는 대기자 명단이 학교의 인기를 입증해준다.

학교는 주州 표준 교과과정을 따르고는 있지만, 주에서 그

토록 강조하는 학력평가시험제도에 최대한 구애받지 않으려고 노력하고 있다. 대부분의 학생이 그 시험에서 학군 평균보다 훨씬 높은 점수를 기록하고 있다. 학습은 다양한 활동에 기반을 두고 있고 답사나 견학을 자주 가고 성적이나 등급을 매기지 않는다. 그리고 학생들은 교사들을 부를 때 이름을 부른다.

학교가 공립학교 체제로 들어선 뒤부터 교장을 역임해온 밥 페리스는 학교의 공동 설립자이기도 하다. 밥은 교사 채용을 포함한 학교의 정책 결정을 교사들과 같이 하고 있고, 학부모의 참여도 적극 권장하고 있다. 30년간 이어진 학교의 변천사도 밥이 소개해줬다.

크리스 1960년대의 전형적인 프리스쿨 도시 버전으로 학교가 출발한 것 같은데요.

밥 학교를 세우게 된 동기가 당시 시대와 깊은 연관이 있죠. 모든 사람들이 저항문화운동에 휩쓸렸던 1970년대 초였거든요. 적어도 우리 부부가 아는 사람들은 다 그랬어요. 우린 더 좋은 세상을 만들기 위해 무슨 일이든 하고 싶었죠. 그래서 학교를 세우는 게 좋겠다고 생각했어요. 물론 이때는 공교육에 대한 비판이 절정에 이르렀을 때였죠. 니일의 『서머힐』은 물론 존 홀트를 비롯해서 조나단 코졸, 조지 데니슨, 냇 헨토프 같은 사람들의 교육 비판서가 이미 출간된 때였어요. 학교를 세우는 것이 당시에는 당연한 것처럼 느껴졌어요.

크리스 학교를 세우기 위해 어떤 준비를 했나요?

밥 회의를 많이 하거나 심오한 철학적 토론을 하진 않았어요. 그냥 시작했죠. 일단 주변에서 교사로 일하고 싶어하는 사람들을 몇 명 모았어요. 그 중 누군가가 세인트마크 주민센터에 아는 사람이 있다 해서 찾아갔더니 이사회에서 지하실을 무료로 내주겠다고 했어요. 그렇게 해서 시작한 거예요.

크리스 자금 조달은 어떻게 했는데요?

밥 어떤 사람이 후원금을 냈고, 우리도 사비를 털었어요. 다 합해서 만 달러 정도를 가지고 출발한 것으로 기억해요. 처음엔 교사들 월급도 많이 못 줬어요. 설립 회원들은 가지고 있던 돈을 모아 공동으로 관리했고요.

　우린 진정한 공립학교, 그러니까 학교를 다니고 싶어하는 아이는 누구든지 다닐 수 있는 학교를 만들고 싶었기 때문에 등록금을 받지 않았어요. 일부 학부모들은 그래도 조금씩 내더라고요. 경제적 여유가 되니까.

크리스 초기에는 어떻게 학생들을 모집했나요?

193

밥 당시에는 다른 직장을 다녔기 때문에 어떻게 학생을 모집했는지 몰라요. 그래도 1월에 학교 문을 여니까 아이들이 29명이나 되던데요? 그중 3분의 2가 가난한 가정의 아이들이었고. 나이는 다섯 살에서 아홉 살까지.

세인트마크 주민센터는 정말 훌륭한 공간이었어요. 거기서 6개월을 지내다가 아이들이 너무 많아져서 여름에 다른 곳을 찾아 나섰어요. 뉴올리언스의 '아이리시채널Irish Channel'이라고 알려진 동네에서 아주 낡은 저택을 발견했어요. 정말 멋있긴 했는데 손을 보지 않아도 되는 곳이 한 군데도 없었어요. 그런데 그 저택 뒤에 조금 더 작은 건물이 있더라고요. 방이 세 개였는데 한 방에 늙은 주정뱅이가 살고 있었어요. 냄새가 얼마나 고약하던지 방에 들어갈 수가 없었어요.

그 건물 소유주가 우리한테 건물을 임대해주겠다고 했어요. 아주 교활한 변호사였는데, 우리가 하는 일에 전혀 관심을 보이지 않다가 이율배반적으로 조나단 코졸이 우리 동네를 방문하니까 오픈하우스(학교를 일반인에게 개방하는 행사_옮긴이)를 개최해주겠다고 나서데요.

아무튼 새 학기에 맞춰 학교를 시작하려고 밤낮없이 건물 청소에 매달렸어요. 그런데 가장 먼저 한 일이 뭔 줄 아세요? 그 건물에 세 들어 살던 주정뱅이를 알코올중독 치료센터에 데려다준 거였어요. 그 사람은 6개월 정도 지난 뒤에 말짱해진 얼굴로 나타나서는 자기 짐을 찾아갔어요.

처음 2년 동안은 정말 아름다운 나날의 연속이었어요. 가장 기억에 남는 시기였던 것 같아요. 하루는 꼬마아이가 계속 악을 쓰는 바람에 동네 사람들이 도대체 애한테 무슨 짓을 하는지 보려고 몰려왔어요. 처음부터 우리를 의심의 눈초리로 봤거든요. 그 사람들 눈에는 우리가 우르르 몰려다니는 히피로만 보였을 테니까. 그런데 그 꼬마아이가 소리를 지른건 집으로 돌아가는 차에 타기 싫어서였거든요. 그날부터 동네 사람들은 모두 우리 편이 됐어요. 아이들이 집에 가기 싫어할 정도면 학교가 뭔가 대단한 일을 하고 있다는 증거라고 생각한 거죠.

크리스 등록금을 받지 않고 어떻게 학교를 유지했어요?

밥 서던교육재단에서 후원금을 몇 번 받았어요. 친구가 거기서 일하고 있었거든요. 그리고 우린 자금을 조달할 수 있는 방법이란 방법은 다 동원했어요. 신문지 모아서 팔고, 시청에서 말리기 전까지는 거리에서 자선냄비 들고 모금운동도 했죠. 다행히 학교가 건물 임대료를 부담할 필요가 없었어요. 설립 회원 몇 명이 작은 생활공동체를 꾸려서 그 건물 2층에 살았거든요. 그 생활공동체가 건물 임대료랑 공과금을 다 냈어요.

그래도 처음엔 많이 힘들었어요. 나는 직장을 계속 다니면서 학교 교사로도 일하고 있었고, 우린 건물 개조도 직접 하고 있었거든요. 아이들을 학교로 데려오고 집에 데려다주는 것도 우리가 직접 했어요.

크리스 학교를 설립하려고 공식 절차를 밟은 적은 없었나요?

밥 없었어요. 누구의 허락을 구하지도 않았고, 무슨 법 규정을 참고한 적도 없었어요. 그냥 학교 문을 열었어요. 요즘에야 그렇게 못하죠.

그런데 2년째 되던 해에 누군가 소방 당국에 우리 학교를 고발했어요. 오늘까지도 누가 그랬는지는 모르지만, 아무튼 그 때문에 한바탕 소란을 겪었어요. 소방국장은 우리 건물이 소방 법규상 불법 건물이라며 당장 폐쇄하라는 명령을 내렸어요.

다행히 그 당시 내가 일하고 있던 곳이 민권 변호사 사무실이었거든요. 거기 변호사 한 명이 시장과 잘 아는 사이였는데, 우리 학교 이사회 이사이기도 했어요. 그 변호사의 친구가 우리 학교 학부모였고요. 그 변호사가 힘을 써준 덕분에 소방국에서 우리 건물에 대한 기준을 대폭 낮춰줬어요. 계단에 방화벽이랑 방화문만 설치하면 학교를 다시 열어도 된다고 했죠. 뿐만 아니라 공사 기간에도 학교를 계속 운영할 수 있게 해줬어요. 그래서 아이들이 평상시처럼 등교하면 우린 아이들을 데리고 공원에서 하루를 보냈죠. 이 모든 과정이 일주일밖에 안 걸렸어요. 그 뒤론 소방국에서 우릴 찾아오는 일이 없었고요.

크리스 비영리법인 등록을 했나요?

밥 네. 아내 수가 다 처리했어요. 그래서 법인 이사회가 생기긴 했는데 단 한 번도 회의를 소집한 적이 없을 걸요.

크리스 그렇게 해서 단시간에 기반이 튼튼한 토종 프리스쿨을 만든 거네요. 위층에는 히피 생활공동체가 있고.

밥 건물을 꾸준히 개조한 덕분에 아주 예쁜 학교가 되었죠. 하지만 어느 시점부터는 우리 건물도 아닌데 이렇게 돈과 시간을 투자하는 게 아깝다는 생각이 들었어요. 그래서 그 변호사한테 건물을 팔라고 했죠. 그런데 우리가 가격을 제시할 때마다 가격을 올리는 거예요. 조금 있으면 가을 학기 시작해야 되는데 계속 가격 흥정만 하고 앉아 있을 순 없잖아요. 그래서 부동산 중개사를 찾아가 적당한 건물을 알아봐달라고 했어요.

하지만 부동산 소개소랑 도시를 아무리 뒤져도 쓸 만한 건물이 없더라고요. 그러다 하루는 카페테리아에서 같이 점심을 먹고 있는데 부동산 업자가 그러는 거예요. "그 양로원 건물이 맘에 안 드신다니 참 안타깝네요." 우린 대꾸했죠. "네? 양로원이라구요? 양로원은 안 보여줬잖아요."

보여줬다고 우겨서 한참을 실랑이했어요. 그 길로 양로원을 찾아갔죠. 건물을 보는 순간 제발 꿈이 아니기를 빌고 싶을 정도로 너무 완벽했어요. 원래는 불치병 환자들을 위한 요양원에서 흑인 전용 병동으로 쓰고 있었대요. 그런데 똑같은 시설이라도 백인과 흑인을 격리 수용하는 것은 위헌이라는 대법원 판결이 나와 기존 시설을 두고 백인과 흑인을 한 곳에 수용할 수 있는 더 큰 건물로 이사를 간 거래요. 건물은 그대로 보존되어 있었어요. 먼지 한 톨 없이 깨끗한 상태로요. 게다가 화재 진압용 스프링클러까지 설치되어 있어서 바로 입주해도 소방국에서 문제삼을 게 하나도 없었죠. 가격도 2만 5천 달러밖에 안 해서 바로 그 자리에서 계약을 했어요. 한 학부모와 제 명의로 대출을 받았고요. 그리고 그 건물에 입주한 지 일 년이 지나서 공립학교 체제로 편입되었죠.

크리스 어떻게 편입된 거죠?

밥 당시 뉴올리언스에 '교육혁신연대'라는 기구가 생겼거든요. 회장으로 고용된 그레이엄 위즈너라는 사람은 갑부인데도 히피 행세를 하고 다녔어요. 어느 날 그 사람이 우릴 찾아와서는 이러는 거예요. "공립학교 체제로 들어가는 건 어때요?"

우린 절대 그럴 수 없다고 대꾸했죠. 제도교육이 우리 숨통을 끊어놓을 거라고. 그 사람은 "안 그럴걸요" 하더니 바로 교육위원장한테 우리 얘기를 했어요. 그때는 혁신이 일종의 유행어였거든요. 너나 할 것 없이 혁신을 외치고 다녔죠. 아

198

무튼 위즈너는 다시 우릴 찾아와서 교육위원장이 우릴 만나고 싶어한다고 했어요. 그런데 조건이 있었죠. 대표 한 사람만 만나겠다고요. 우린 우루루 몰려가서 교육위원장한테 그랬죠. 우리 모두를 만나야 한다고. 그때 갔던 사람이 수와 나, 그리고 학교에서 일하던 사람 두세 명이었어요. 그때는 다니던 직장을 그만두고 상근교사로 일하고 있었어요.

처음엔 서로 째려보면서 눈싸움만 했어요. 그러다 우리가 막 자리를 박차고 나가려는데 위원장이 한 발 물러나 먼저 입을 뗐어요. 서류에 기재할 이름 하나만 있으면 된다고. 그래서 내 이름을 댔죠. 그러자 위원장이 엄청나게 두꺼운 규정집을 건네줬어요. 그걸 보고 생각했죠. '관두자. 우리가 미쳤지.' 그런데 위원장이 우리한테 규정을 검토해보고 면제받고 싶은 조항이 있으면 말해보라는 거예요.

놀랍게도 우린 세 개밖에 못 골랐어요. 교복 입는 거, 성적 매기는 거, 그리고 여행 제한하는 거. 우린 이 세 가지 규정은 면제받아야 되겠다고 했죠. 교육위원회가 여기에 동의한 순간, 우리는 공립학교 체제로 들어선 거예요.

재미있는 건 우린 사실 처음부터 공립학교를 지향했다는 거죠. 28년이 지난 지금은 만약 투표를 한다면 교복을 입게 할 가능성이 커요. 기난한 가정일수록 아이들에게 교복을 입히면 옷에 신경을 안 써도 되잖아요. 여행은 여전히 원하는 만큼 다니고 있죠. 그런데 작년에 처음으로 교육국에서 모든 학생이 가는 캠핑을 못 가게 했어요. 캠핑 못 가는 아이들한테 캠핑 기간 동안 학교에 나오지 못하게 할 권리가 없다는 게 이유였죠. 반박의 여지가 없는 것 같아서 우리가 포기했어요.

크리스 공립학교로 전환하기 전에는 교육 방식이 어땠나요?

밥 출발은 서머힐과 비슷했어요. 학생 구성도 여느 공립학교와 비슷했어요. 정말 가난한 아이들도 있었고, 아주 난폭한 아이들도 있었고, 착하고 별로 말썽 피우지 않는 중산층 아이들도 있었죠. 가끔은 아주 부잣집 아이들도 들어왔어요. 정신적으로 많이 힘들어하다가 우리 같은 대안학교에서 안정을 찾는 아이들이죠. 회복되고 나면 다시 비싼 사립학교로 돌아가더라고요.

처음에는 프로그램이 느슨하면서도 아주 강도가 높았어요. 일정이 긴 여행을 자주 다녔는데, 대부분의 학습이 체계가 없었죠. 그런데 시간이 지나면서 깨달은 게 있어요. 아이들은 강제로 시키지 않으면 자기 스스로 수업에 들어올 생각을 안 한다는 거였죠. 가난한 가정일수록 학부모들이 그걸 용납하지 않았고요. 아무튼 정말 재미있었어요. 그땐 학생도 적어서 아이들의 성격을 속속들이 잘 알게 되었거든요. 하지만 아이들이 너무 다양해서 갈등이 생길 수밖에 없었어요. 그게 우리한테는 큰 숙제였죠. 한번은 여자아이 하나가 교사한테 화가 나서 그 교사가 가르치고 있는 아이를 때렸어요.

맞은 아이의 부모는 때린 아이를 정학시키거나 퇴학시키라고 했어요. 그 일 때문에 많이 갈등했는데 우린 차마 그 아이를 내쫓을 수가 없었어요. 결국 맞은 아이의 가족이 떠나버렸어요.

되돌아보면 우리가 잘못 판단한 것 같아요. 하지만 그 당시에는 어느 아이든 포기하고 싶지 않았거든요. 모든 아이들을 구제할 수 없다는 걸 깨닫는 데 시간이 많이 걸렸어요.

크리스 공립학교가 되면서 학교가 많이 변했나요?

밥 그럼요. 하지만 좋은 점은 우리가 의도적으로 추구한 변화였다는 거죠. 제도권에서 강요한 게 아니라 우리 스스로 납득할 수 있는 체계를 우리가 만들었으니까. 이 점은 솔직하게 인정해야 할 것 같아요.

크리스 전형적인 학교 건물로 이사를 갔나요?

밥 처음부터 이사를 가진 않았어요. 원래 있던 건물을 교육국에 임대하기로 했죠.

크리스 같이 살던 생활공동체는요?

밥 새 건물에 같이 입주했어요. 공립학교로 전환한 다음에도 계속 같이 있을 수 있었는데, 예전처럼 2층을 쓰면서 건물 전체 유지비를 부담했죠.

부연 설명을 하자면 우린 건물을 수업 시간에만 교육국에 임대한 거예요. 그러니까 저녁에는 우리 건물인 거죠. 그래서 저녁에는 학부모 회의나 파티 같이 우리가 하고 싶은 일을 했어요. 회의가 있으면 학부모들은 거의 모두 참석했고, 초기엔 광란의 파티도 참 많이 했죠. 지금도 그 전통은 이어가고 있어요. 학예회가 끝나고 나면 교사들을 모두 우리 집으로 초대해서 거하게 뒤풀이를 하죠. 그리고 교육국에 나랑 교사 한 명을 우리 학교 건물 관리인으로 채용하게 했어요. 그렇게 받은 월급을 추가 수입으로 썼죠.

크리스 공립학교로 전환하면서 교직원들은 어떻게 됐나요? 교사 자격증이 없는 사람도 많았을 텐데.

밥 교사 자격증이 있는 사람도 있었고 없는 사람도 있었어요. 그래서 자격증 없는 사람들은 준교사로 채용했어요. 돈은 예전처럼 공동으로 관리했는데, 몇 명이 자기들은 식구가 많으니까 더 많이 받아야 된다며 문제를 제기하기 시작했어요. 그래서 공동 관리를 포기하고 다들 자기가 번 건 자기가 챙기기로 했죠.

초기부터 우리와 함께한 교사가 한 명 있어요. 우리 학교 학부모였을 때만 해도 동네 가게에서 점원으로 일하던 아줌마였죠. 교사로 채용할 때만 해도 사실 고등학교 졸업장조차 없었어요. 우리한테는 있다고 거짓말을 했지만. 그 뒤로 고등학교는 물론 대학까지 졸업하고 교사 자격증까지 받았어요. 우리 학교에서 계속 일하면서요. 지금은 우리 학교에서 가장 훌륭한 교사 중 한 사람이에요.

공립학교가 되고 나서 처음 몇 년 동안은 나도 준교사로 일했거든요. 교육 경험이 전혀 없었으니까. 그러다 주 교육위원회를 찾아가서 교사 자격증을 받아냈어요. 교사 자격증 시험을 보려면 이수해야 되는 교생실습이나 교육학 과목을 이수하지 않은 상태였는데, 교육위원회에 특별히 면제해달라고 요청한 거죠. 인디애나대학 밥 바르 교수한테서 대안교육석사 학위를 받긴 했는데 그런 학력은 루이지애나 주 공립학교에서는 쓸모가 없었으니까. 그런데 타이밍이 기가 막히게 잘 맞았어요. 그때 국가교원고사라는 제도가 막 도입됐거든요. 정부에서 사람들한테 제발 그 시험 좀 봐달라고 애걸하고 다닐 때였어요. 그래서 내가 거래를 하자고 했죠. 내가 그시험을 봐서 합격을 하면 다른 요건은 다 면제해주고 교사자격증을 달라고. 그 시험을 한 번에 합격하고 드디어 우리학교에 전문 교사로 공식 채용되었죠.

그런데 수는 늘 선견지명이 있었거든요. 나한테 교사 자격증에 만족하지 말고 석사 학위까지 받으라고 하더라고요. 언젠가는 교육위원회에서 우리 학교 교장을 임명할 텐데 우리가 학교 통제권을 잃지 않으려면 내가 교장을 해야 된다고.

크리스 그때까지도 교사들이 학교를 공동 운영하고 있었던 거죠?

밥 그렇죠. 지금도 학교에 관한 의사 결정은 최대한 공동으로 하려고 하고 있어요.

크리스 공립학교가 되면서 규모도 확장됐나요?

밥 양로원 건물에 입주한 지 삼 년 되니까 공간이 비좁아지기 시작했어요. 그러다 1980년 교육국에서 캠프가에 있는 낡은 건물을 내주겠다고 했죠. 정말 건물 상태가 엉망이었어요. 우리가 다 수리하고 개조해야 됐어요. 교육국에서는 손가락 하나 까딱하지 않았어요.

입주하고 첫해에는 건물 전체를 우리가 쓰다가 이듬해에 특수학교가 들어왔어요. 교육국에서는 우리가 무슨 악마라도 돼서 특수학교 사람들과 매일 싸움만 할 줄 알았나 봐요. 그러다 우리가 알아서 떠나주길 바랐던 거죠. 그런데 실제로는 특수학교 교장이랑 나랑 금방 친해졌어요. 지금도 좋은 친구 사이죠.

특수학교는 일 년만 있다가 나갔어요. 그 다음 교육국에서 들인 것이 지금은 오두본 몬테소리 학교로 알려진 학교였어요. 학생들이 거의 백인 상류층 아이들이었죠. 그런데 교육국에서 그들이 사용할 2층을 싹 수리해준 거예요. 납이 들어간

페인트가 있어서 아이들이 입주하기 전에 제거해야 된대나. 속으로 이랬죠. "그럼 우리 층은? 거기도 납 페인트 있을 거 아냐."

크리스 그러니까 제도 안으로 들어오기는 했는데 이등 시민 취급당하고 있었단 말이죠?

밥 높은 양반들이 우리 학교가 제도 안으로 들어올 때 자기들이 전혀 발언권을 행사하지 못한 것에 불만을 품었나 봐요. 게다가 우린 누구한테도 굽실거리지 않았으니 처음부터 미운 털이 박힌 거죠.

그런데 그 사건은 시작에 불과했어요. 그 다음엔 교육국에서 몬테소리 학교랑 우리 학교를 관리할 공동 교장을 앉히려고 했어요. 절대 안 된다며 목숨 걸고 저항했죠. 그 뒤로 십 년 동안 우린 내일 당장 학교 문을 열지 못할 수도 있다는 불안에 떨어야 했어요. 지옥이 따로 없었죠. 이번 판을 이긴다고 해도 다음 판이 또 기다리고 있는 끝 모를 전쟁이었어요.

우리 학교를 폐쇄하려는 움직임이 절정에 달했던 시기에 교육감이 같은 학군에 속해 있는 학교의 교장들을 모두 불러다 회의를 했어요. 아주 무섭게 생긴 사람이었는데, 회의가 시작되자마자 그러는 거예요. 교육 당국에서 몇 가지 결정을 내렸는데 교장들은 교육 당국의 일원으로서 그 결정을 따라야 할 의무가 있다. 그 결정이 당신 학교를 폐쇄하는 것일지라도 따라야 한다. 그게 체제를 위하는 길이고, 당신들은 체제에 충성해야 한다고.

크리스 누구를 겨냥해서 한 말인지 다 알고 있었겠네요?

밥 그렇죠. 그런데 교육감이 결정적인 실수를 했어요. 말을 끝내면서 질문 있냐고 물은 거예요. 여러 사람이 손을 들었는데, 교육감은 어리석게도 날 지목했어요. 나는 이렇게 말했죠. "교육감께서 방금 충성에 대해 말씀하셨습니다. 지금 학교 행정에 관한 문헌들을 보면 뚜렷한 경향이 나타나고 있습니다. 한마디로 학교의 위상을 높이기 위한 충성심은 학교에 바쳐야 한다는 겁니다. 교장이 섬겨야 할 대상은 다름 아닌 학교이기 때문입니다. 우리는 교장으로서 학교의 가능성을 최대한 실현하는 일에 헌신하고 봉사해야 한다고 생각합니다."

얼마나 긴장했던지 다리가 다 후들거릴 정도였어요. 내 말이 끝나자 회의실엔 무거운 침묵이 흘렀죠. 교육감은 아무런 대꾸도 하지 않았지만, 그 뒤 몇 달 동안 다른 교장들은 조용히 날 찾아와 내 말에 전적으로 공감한다며 용기를 내줘서 고맙다는 인사를 했어요.

크리스 학교를 지키기 위해 싸워준 다른 사람들은 없었나요?
밥 다 같이 싸웠죠. 학부모, 교사, 학교를 지지하는 사람들 모두 다요. 우리가 살아남을 수 있었던 가장 큰 이유는 상대방의 공격에도 절대 마음을 다치지 않았기 때문이에요. 그러니까 아무리 인신공격을 해대도 우린 그걸 개인에 대한 공격으로 받아들이지 않았죠. 집중력이 흐트러지는 일도 절대 없었고요.

교육국에서 우리 학교를 폐쇄하려고 내놓은 또 다른 구실은 학교 규모가 너무 작아 들이는 비용에 비해 효율성이 떨어진다는 거였어요. 그 당시 우리 학생이 120명 정도였던 걸로 기억하는데, 갑자기 5백 명으로 늘리라는 거예요. 우린 150명 정도를 목표로 잡고 있었는데 말이죠. 다행히 당시 막 출간된 『학교라는 공간A Place Called School』이 우릴 구했어요. 그 책에 보면 초등학교의 최적 규모는 3백 명이라는 주장이 나오거든요. 그래서 우린 3백 명으로 타협을 봤어요. 그때부터 지금까지 3백 명 수준을 유지하고 있어요.

아무튼 그 모든 험난한 과정을 다 겪으면서도 결국 우린 살아남았어요. 이젠 우리를 괴롭히던 사람들도 다 물러났고, 우리 학교가 더 이상 모난 돌이 아니니까 특별히 공격받을 일도 없죠.

크리스 교육 당국에 시달린 것 말고 학교에 대한 사람들 반응은 어땠나요?

밥 당국이 우릴 폐쇄하려고 난리를 치는 바람에 우린 악명 높은 학교가 되어버렸죠. 그런데 웃긴 건 학교를 폐쇄해야 한다며 열렸던 그 많은 회의에서 우리 학교의 실제 교육 내용을 비난한 사람은 한 명도 없었다는 거예요.

크리스 그동안 학생들의 구성은 바뀌었나요?

밥 정말 많이 바뀌었어요. 전에는 흑인과 백인 비율이 4대 6 이었는데 지금은 95퍼센트가 흑인이에요. 우리 학교만 그런 게 아니라 도시에서 백인들이 다 빠져나가면서 공립학교 학군 전체가 흑인이 95퍼센트를 차지하게 됐어요. 아직 남아 있는 백인들은 비싼 사립학교나 고급 마그넷 스쿨에 아이들을 보내죠. 통합 교육이 이뤄지지 않는 건 슬픈 현실이에요. 다양한 배경의 아이들이 함께 어울리며 성장하는 것이 중요하다고 생각하거든요.

크리스 좋은 교사들을 구하는 데 어려움은 없었나요?

밥 별로 어려움은 없었어요.

크리스 교사 채용 방법은?

밥 완벽한 방법은 없어요. 면접 때는 아주 괜찮아 보이던 사람이 교실에서는 형편없어서 낭패를 보는 경우가 반이나 돼요. 나머지는 반대로 면접 때는 별 볼일 없었는데 알고보니 훌륭한 교사인 경우죠.

얼마 전에 채용한 한 교사는 전에 있던 학교에서 문제가 있었대요. 그래서 진상을 알아보려고 그 학교 교장한테 전화를 걸었어요. 사실 나는 그 교장을 별로 좋아하진 않았는데, 그래도 나한테 솔직하게 얘기해주던데요. 그 교사가 읽기를 참 잘 가르치기는 하는데 수업계획서를 제때 제출한 적이 한 번도 없고, 아이들한테 제때 시험을 보게 한 적도 없어서 해고했대요. 우리 학교에서는 전혀 문제가 되지 않는 이유들이었죠. 마침 좋은 읽기 교사를 구하고 있던 참이어서 그 사람을 채용했어요. 그리고 다른 건 다 필요 없으니 수업계획서만 내라고 했어요. 그랬더니 "전 수업계획서대로 안 가르친단 말이에요"라고 대꾸하더군요. 그래서 다시 설명해줬죠. "수업계획서를 따르라는 얘기가 아니에요. 선생님이 수업하는 걸 제가 들여다봤을 때 학생들이 뭐라도 배우고 있으면 전 그걸로 만족해요. 전 수업계획서 내용엔 관심 없어요. 아주 간단하게 적어서 제때 내기만 하면 돼요. 감사 나올 때 보여줄 것만 있으면 돼요."

크리스 늘 그런 식으로 감사를 넘기나 보죠?

밥 규정을 따르려고 얼마나 노력하는데요. 진짜로요. 하지만 교육감이 우리한테 성적을 매기라는 명령을 내렸을 때는 결사 반대했어요. 그리고 교육위원회에서 성적 매기는 걸 면제받았다는 답변을 보냈어요. 그랬더니 교육감이 호출을 하더군요. 만나자마자 한 질문이 이거였어요. "어떻게 된 게 자네랑 나는 만났다 하면 논란이 생기는가?"

그래서 이렇게 대답했죠.

"교육감께서 절 찾으실 때마다 논란을 일으키는 말씀만 하시니까요."

"그럼 나가서 자기 학교를 세우지 왜 남아 있나?"

"애초에 그렇게 했잖습니까? 그런데 교육위원회에서 성적 매기는 걸 면제해주겠다고 해서 공립학교가 된 겁니다. 그러니까 교육위원회에서 그 약속을 번복하지 않는 이상 우린 성적 안 매길 겁니다."

크리스 그래서 어떻게 됐어요?

밥 교육감이 다음 교육위원회 회의 때 그 문제를 안건으로 상정했죠. 하지만 교육위원회가 우리 손을 들어줬어요. 그리고 학교를 설립한 뒤로 성적에 관한 정책에 학부모가 불만을 표시한 적이 한 번도 없었어요. 한 번도.

크리스 돌이켜보면 공립학교가 되기로 결정하길 잘한 것 같아요?

밥 공립학교로 전환하지 않았다면 지금쯤 우리는 존재하지도 않았을 거예요. 그건 확실해요. 우리 학교가 공립학교라는 걸 자랑스럽게 생각해요. 공교육도 달라질 수 있다는 것을 우리가 확실하게 보여주고 있으니까.

아직도 안타를 치지 못한 변화구가 있다면 지금 미국 전체가 목매달고 있는 학력평가시험제도예요. 수험생마다 자기 장래를 걸고 도박을 하는 거잖아요. 그런데 이걸 도무지 법적으로 피해갈 수 없어요. 상상을 초월하는 반교육적인 제도예요. 정부에서는 이 시험의 취지가 학생들의 사고력을 향상시키는 데 있다고 하는데, 새빨간 거짓말이죠. 취지는 오로지 합격이에요. 그런데도 이런 시험이 무슨 대단한 발명인 것처럼 떠들어대고 있죠.

크리스 학력평가시험제도에는 어떻게 대응하고 있나요?

밥 정신분열증 환자가 된 기분으로요. 출발할 때부터 가졌던 신념이나 우리 아이들이 받는 교육의 질을 지키기 위해 싸우는데도, 어쩔 수 없이 시험을 치게 해야 되잖아요. 가스실로 아이들을 끌고 가는 나치가 된 기분이에요. 시험 때문에 교사나 학생이나 스트레스가 이만저만이 아니에요. 교사들은 어쩔 수 없이 시험에 대비해서 가르쳐야 되고요. 전혀 건강하지 못한 제도인데도 어쩔 수 없이 그 제도에 지배당하고 있어요. 시험 성적이 떨어지면 또 우리 학교를 괴롭힐 게 불보듯 뻔하니까.

3 — 뉴올리언스 프리스쿨

그렇다고 아이들이 시험을 잘 보는 것이 싫다는 건 아니에
요. 시험 때문에 생기는 압박과 강박관념이 싫다는 거죠. 시
험 한번 잘못 봤다고 아이를 낙제시키는 게 말이 돼요? 학교
를 시험 성적으로만 평가하는 건 또 어떻고요? 그리고 수많
은 연구 결과를 통해서도 분명히 밝혀졌지만, 학생의 시험
성적을 좌우하는 가장 큰 요인은 학생의 실력이 아니라 부모
의 학력과 경제력이에요.

나로서는 정말 답답할 노릇이죠. 그 많은 역경을 딛고 이
제껏 살아남았는데 시험제도 때문에 일거에 무너지는 걸 어
떻게 봐요. 저소득층 가정의 아이들에게 질 높은 공교육을
제공하지 못하게 하는 음모가 있다고 해도 믿겠다니까요. 그
아이들까지 수준 높은 교육을 받으면 청소부는 누가 하고 가
정부는 누가 하냐는 음모 같은 거죠. 이런 음모가 어떻게 성
공할 수 있는지 도무지 이해가 안 되지만 지금 전국 곳곳에
서 성공을 거두고 있어요. 제도 자체가 미쳤어요.

교육국에서는 2년에 한 번씩 철저한 연구에 근거한 학교
개선 계획을 제출하라고 하거든요. 그러면서도 학교 개선과
는 정반대로 가는 시험제도를 끝까지 강요하고 있어요. 시험
제도가 뇌의 학습 구조와 전혀 무관하다는 게 모든 연구에서
드러났는데도 말이죠. 그런데 아무도 여기에 문제를 제기하
지 않아요.

크리스 지금 학교가 진정한 대안학교라고 생각하세요?

밥 어느 정도는요. 여전히 학교 안에서는 성적을 매기지 않아요. 학생이든 교사든 대부분 서로 이름을 부르고요. 학습도 대부분 활동 중심이에요. 그리고 견학 여행을 자주 가요. 하지만 이놈의 시험제도 때문에 어쩔 수 없이 다른 학교들과 비슷한 주입식 교육을 어느 정도 하고 있어요.

흥미로운 건 요즘 나오는 교육 연구 결과가 그동안 프리스쿨운동이 주장해온 것들을 뒷받침하고 있다는 거예요. 많은 공립학교들이 더 진보적인 운영 방식을 모색하고 있는 것 같아요. 5년 전만 해도 학교의 자율성조차 없어서 싸웠었는데 말이죠.

이렇게 많은 걸 성취했고 목표에 가까이 다가갔는데, 학력평가시험제도가 이 모든 긍정적인 변화들을 되돌리는 걸 어떻게 가만 놔둘 수 있겠어요.

또 하나 우려되는 추세는 뉴올리언스 학교들의 기업화예요. 새로 부임한 교육감이 교육 경력이 전혀 없는 해병대 대령 출신이거든요. 자기를 CEO라고 부르고 다녀요. 교육자가 아니니까 교육감이라는 직함이 맘에 안 든대요. 고위급 교육 관료 중에 무슨 '최고 학술이사'라는 직책도 생겼대요. 지금 흘러가고 있는 추세를 보면 정말 무서워요.

크리스 그 와중에도 학교를 지켜낸 거네요?

밥 정말 힘들었어요. 작년에는 교사들이 나한테 그러대요.

"밥, 그만 좀 진정하고 쉬엄쉬엄 하세요. 서류 업무는 우리가 도와주면 되잖아요."

그런데 교육감이 내라고 하는 서류는 쌓여만 가요. 내가 정말 죽도록 싫어하는 게 행정 업무예요. 내가 관료제의 일부라는 게 너무 싫어요. 교육감이 주최하는 교육행정회의에 수백 번도 더 갔지만 도움이 됐던 적은 정말이지 단 한 번도 없었어요. 지금도 회의에 가야할 때마다 긴장이 돼서 배가 아파요. 그러면서 속으로 되뇌죠. "입도 뻥끗하지 말자. 아무 소용없다."

아이러니한 것은 다른 교장들도 다 그 회의를 싫어한다는 거예요. 세상에 이런 시간 낭비가 또 어디 있을까 싶어요.

크리스 선생님이 떠나도 학교가 지금처럼 운영될 수 있을까요?

밥 아뇨. 각 학교의 고유성은 그 구성원에 달려 있으니까요. 그래서 후임자가 오면 학교가 또 다른 개성을 갖게 되길 바라죠. 지금 우리 학교에서 몇 년째 가르치는 교사가 있는데, 나를 볼 때마다 은퇴하라고 성화예요. 자기가 교장하고 싶다고. 하지만 먹고살 만큼의 연금을 받으려면 3년은 더 버텨야 돼요. 그때까지도 그 교사가 교장하고 싶다고 하면 물러나야죠. 그 친구는 정말 훌륭한 교장이 될 거예요.

그런데 사실 학교 장래에 대해서는 그다지 걱정 안 해요.

내일보다는 오늘을 더 소중하게 여기는 성격이라서. 게다가 지금은 프리스쿨운동을 존속시키는 것보다 더 중요한 과제가 있잖아요. 수많은 우리 어린 영혼들을 집어삼키고 있는 시험제도라는 괴물을 처단해야죠.

제퍼슨 카운티 열린학교

제퍼슨 카운티 열린학교Jefferson County Open School('열린학교'라 함)는 현재 콜로라도 주 덴버 외곽의 조금 외진 동네에 자리잡고 있다. 열린학교는 서쪽으로 50킬로미터 정도 떨어진 에버그린이라는 작은 산간 마을에 있던 두 학교를 통합시키면서 탄생했다.

한 학교는 그 마을에 살고 있던 학부모들이 1969년에 설립한 에버그린 열린 생활학교Evergreen Open Living School('생활학교'라 함)였고, 다른 학교는 생활학교를 졸업한 자신의 자녀들이 마땅히 진학할 곳이 없다는 것을 걱정한 학부모들이 1975년에 설립한 마운틴 열린고등학교Mountain Open High School('열린고등학교'라 함)였다. 두 학교 모두 성공적인 대안교육기관으로 정착하여 공적 지원을 받았다.

생활학교는 유치원생부터 9학년 학생까지 대략 175명 정도의 학생이 다니는 K-9 학교로 민주적으로 운영되었고, 학습은 자율과 실험에 기반을 두었으며, 성적은 매기지 않았다. 열린고등학교는 10학년 학생부터 12학년 학생까지 150여 명이 다녔다. 생활학교와 비슷한 방식으로 운영되었는데, 청소년 고유의 욕구를 충족시키기 위한 몇 가지 제도가 추가되었다. 예를 들어 고학년 학생들에게는 저마다 멘토가 있었다. 학생은 자기 멘토와 정기적으로 만나 학업이나 개인적인 문제를 의논했다. 또한 모든 학생들은 교사, 멘토와 함께 개별 학습계획을 세웠다. '워커바우트^{walkabout}(선주민들이 광야를 혼자 여행하는 동안 자아를 성찰하고 난관을 극복해가며 성숙해지는 일종의 성인식_옮긴이) 의례'라는 과정을 성공적으로 해냈느냐에 따라 졸업을 할 수 있었다.

현재 열린학교에는 유아원생부터 12학년까지 625명이 다니고 있다. 학생들이 회의하는 데 적합하도록 예쁘게 개조한 건물은 예전에 규모가 큰 공립 중학교가 쓰던 것이었는데, 그곳에서 저학년과 고학년 학생들이 함께 생활하고 있다.

열린학교 이야기는 공동 설립자 아니 랭버그가 해주었다.

크리스 오랫동안 공립학교 체제 안에서 형식과 틀을 깨는 시도를 해왔는데, 어떻게 이 길로 들어서게 됐나요?

아니 MIT를 다닐 때 학사 경고를 받았던 1952년에 그 모든 것이 시작된 것 같아요. 그때까지만 해도 나는 학교에 잘 적응하는 학생이었거든요. 그런데 갑자기 중대한 선택의 기로에 선 기분이었어요. 자퇴할까? 인문대로 편입할까? 엄청난 갈등을 겪었어요. 그러다 MIT에 계속 다니면서도 내 자신에게 충실할 수 있는지 시험해보기로 했어요. 운이 좋았는지 지도 교수가 공학과 학과장이었거든요. 공학과는 자기한테 맞는 전공을 찾지 못한 이른바 부적응아들이 모인 곳이었죠. 교수님은 학교가 허용하는 범위 안에서 공학 관련 강의를 최소한도로 듣고 인문학 관련 강의는 최대한 많이 들을 수 있게 도와주셨어요. 가장 큰 성과는 4년만에 졸업했다는 것보다는 체제 안에서도 자신에게 충실할 수 있는 능력을 발견했다는 데 있어요. 지금도 나는 MIT를 나만을 위한 대안학교로 만들었다고 자랑하죠.

크리스 졸업 뒤에는 뭘 하셨나요?

아니 당연히 엔지니어가 되진 않았죠. 제가 다녔던 고등학교에서 수학을 가르쳤어요. 그 학교는 중하층 가정이 많이 사는 뉴욕 교외의 린브룩이라는 곳에 있었어요. 당시에는 뉴욕시에서 롱아일랜드로 이사 오는 가정이 너무 많아 학교 시설이 부족했어요. 그래서 우리 학교도 오전엔 고등학생, 오후엔 중학생이 수업하는 방식으로 운영되고 있었죠.

5년 선배인 딕 파월이라는 동료 교사가 있었는데, 우린 금방 친해졌어요. 나는 2학년 기하학, 딕은 1학년 일반 과학 담당이었어요. 부유한 가정이 우리 학군으로 대거 이사 온 덕분에 교실은 똑똑하고 의욕적인 학생들로 가득했죠. 그런데 우린 그 아이들과 하루에 4시간밖에 함께하지 못했어요. 우리도 아쉬웠고, 학생들도 성이 안 찼죠. 그해 봄 처음으로 날씨가 따뜻해진 날 밤에 딕과 산책을 하면서 교사로서 느끼는 만족감이 얼마나 형편없는지 서로에게 털어놓기 시작했어요. 우리 둘 다 부모님과 살고 있었는데, 그날 밤 두 집 부모님들이 경찰에 실종 신고를 했대요. 새벽 2시가 넘어서야 집에 들어갔거든요. 우린 그렇게 시간 가는 줄 모르고 산책하면서 첫 번째 대안학교를 설계했어요. 나중에는 얼마나 마음이 잘 맞았는지 딕은 보스턴에 있었고 나는 뉴욕에 있었는데 동시에 똑같은 학교 이름을 떠올렸다니까요.

크리스 이름이 뭐였는데요?

아니 IOTA모임이라고 부르기로 했어요. 'I'는 상상력imagination, 혁신innovation, 지성intelligence의 약자였죠. 우린 잘 아는 학생들 중에서 무작위로 21명을 뽑았어요. 그리고 4월부디 6월까지 그 아이들과 함께 우리 계획을 완성시켰는데, 9월에 새 학기를 시작하면서 교내 방송으로 '방과후 학교'를 시작할 거라고 알렸어요. 전체 학생이 5백 명이었는데, 첫 모임에 120명

가까이 몰려왔어요. 안타깝게도 교사가 덕이랑 나밖에 없었기 때문에 인원을 50명으로 제한할 수밖에 없었어요.

크리스 프로그램은 어떻게 진행됐나요?

아니 학교 수업이 끝난 오후와 저녁 시간, 그리고 주말에 학생들 집에서 모였어요. 나는 문학 강의를 했고, 덕은 철학 강의를 했죠. 그리고 음악 수업은 같이 했어요. 카네기홀에서 데뷔하는 음악가들을 초청해 작은 음악회를 열고 그 사람들이 음악에 대해 어떤 생각을 하고 있는지 이야기하는 시간을 가졌어요. 대신 우리는 도시 곳곳에 홍보 전단을 뿌려 그 음악가가 많은 관객들과 만날 수 있게 해줬죠. 우린 정말 신바람이 났어요. 아이들은 도전하고 싶어했고, 자기만의 속도로 스스로 배워나갔죠. 정식 학교는 아니었지만 학교가 갖춰야 할 덕목은 모두 갖추고 있었죠.

한 해는 이런 일도 있었어요. 같은 학교에 붙어 교사로 있던 아내를 열심히 쫓아다니던 때라 개인적으로도 기억에 남지만. 아무튼 아이들이 IOTA에서 너무 재미있게 지내니까 샘이 난다는 학부모들이 있었어요. 그래서 우린 학부모들을 위한 IOTA를 만들었죠. 격주로 일요일에 모여 독서 모임을 갖거나 연극을 평하는 시간을 가졌어요. 아니면 연극이나 음악 공연을 보러 다녔죠.

4년 뒤엔 오전 오후반 제도가 없어져서 종일 수업이 가능해졌는데, 아이들은 그래도 IOTA를 계속하고 싶어했어요. 모임 일정을 짜기가 훨씬 까다로워졌지만요. IOTA는 1967년에 내가 린브룩을 떠나 롱아일랜드 주 그레이트넥에 있는 고등학교에 미적분학 교사로 전근 갈 때까지 계속됐어요. 그레이트넥은 집안이 다 중산층 이상인 의욕 넘치는 아이들로 가득했어요. 린브룩보다 더 했죠. 학생들과 나는 서로 첫눈에 반했어요. 민망할 정도였죠. 부임한 지 한 달도 안 된 어느 날, 고등학교 3학년 학생 하나가 학생들이 준비한 11월 평화의 날 행사에 날 초대했어요. 학생들의 반전운동이 절정에 달했을 때였거든요. 반전운동 전국 조직 중에서 그레이트넥 지부의 회원 숫자가 가장 많았죠.

한편 우리 학교 교장은 학생들이 평화의 날 행사를 준비하고 있다는 소문을 듣고는 바로 다음 날 교직원 회의를 소집했어요. 그리고 교사들한테 우리 임무는 학교에서 가르치는 것이지 학교 밖에서 학생들과 데모하는 게 아니라고 훈계했죠. 어떻게든 학생들을 지지하고 싶었지만 들어온 지 얼마 되지 않은 직장에서 분란을 일으키긴 싫었어요. 다행히 한 경험 많은 교사가 그 딜레마를 해결해줬어요. 점심시간은 학교가 통제할 수 없는 온전한 우리 시간이니까 그때 행사에 끼면 된다고 한 거예요. 그래서 우린 점심시간에 학생들을 찾아갔어요. 그레이트넥에 있는 두 고등학교에서 온 학생들이 무려 천 백 명이나 됐어요. 그 집회에 나왔던 아이들이 나중에 반전운동 지도자로 성장했죠.

그리고 그해 가을, 학생 몇 명이 게릴라처럼 학교를 점거했어요. 교육위원회에서는 학생들에게 요구가 뭐냐고 물었죠. 당연히 별다른 요구안이 없었던 학생들은 교육위원장에게 금요일까지 답변을 주겠다고 하고는 집으로 돌아가 부랴부랴 요구안을 만들어냈어요.

크리스 요구안이 뭐였는데요?

아니 학교 안에 자치학교를 만들게 해달라는 거였어요. 자치학교 운영을 위해 외부 자원봉사자와 학교 교사를 비롯해 사용 가능한 모든 자원을 제공해달라고 했죠. 그리고 학교에서 사용하지 않는 교실들을 쓰겠다고 했고, 또 교실 활용표를 작성해 언제 어느 공간이 비는지 알 수 있게 해달라고 했어요. 또 공지 사항을 전달할 수 있도록 교내 방송을 비롯한 교내 모든 매체를 쓰겠다고 했어요. 교육위원장은 학생들의 요구를 다 들어주겠다고 했어요. 조건은 단 하나, 지도 교사를 둬야 한다는 거였죠.

크리스 지도 교사로 누가 뽑혔는지는 안 물어봐도 알겠네요.

아니 그렇게 해서 그레이트넥 프리스쿨에 관여하게 되었어요. 물론 아이들은 처음부터 내 역할은 이름만 빌려주는 것이지 자기들을 지도하는 게 아니라고 못 박았죠.

아무튼 프리스쿨은 잘 굴러갔어요. 그러다 프리스쿨을 이 끌던 학생들이 참여하고 있던 학생회에서 교장에게 압력을 가하기 시작했어요. 당시에 학교 상담소가 학생들을 상대로 군 입대 지원자를 모집하고 있었거든요. 학생들은 상담소에서 군 입대 지원을 말리는 일도 해야 한다고 주장했죠. 교장은 학생들의 요구를 거부했고, 이 문제로 학생들과 학교 당국은 한 치의 양보도 없는 대결에 들어갔어요. 그런데 그때 프리스쿨 학생들이 자체적으로 프리스쿨 요람을 만들어 인쇄하고 있었거든요. 그 지역의 정신과 의사가 군 입대를 만류하는 내용도 실려 있는 것이었어요. 그 요람에도 학교 로고가 찍혀 있었는데, 교장이 그걸 보고는 노발대발했죠. 닥치는 대로 요람을 압수하더니 프리스쿨 학생들과 나를 불러들여 비상회의를 열었어요.

비상회의 참석자는 교장, 학생 대표 네 명, 나, 그리고 나중에 뉴욕 주 교육국장이 된 탐 소볼이었어요. 탐은 당시 교육위원회 고등학교 교육 담당 위원이었고, 우리 프리스쿨과 교육위원회 사이에서 연락책 역할을 하고 있었어요. 교장은 학생들이 자기를 실망시켰다는 말로 회의를 시작하더니 탐과 학생들이 얘기를 하는 두 시간 내내 부루퉁한 얼굴로 앉아 있었어요. 니는 탐이 군 입대 관련 상남을 공식 교과과정에 포함시키도록 교육위원회를 설득할 시간을 주고 그때까지만 요람 발간을 보류하자고 제안했어요. 학생들은 2주의 시간을 주겠다고 했고, 결국 교육위원회는 우리의 애초 요구대로 공식 상담 과목을 개설하기로 결정했어요. 그 회의에 들어갔던 네 학생과 다른 두 학생이 나중에 마을학교[Village School]의 핵심 멤버가 되었어요. 마을학교는 내가 관여한 진짜 첫 대안학교가 되었죠.

크리스 마을학교요?

아니 그때가 1970년이었거든요. 그 여섯 학생이 회의를 소집하더니 탐과 나한테 사립 프리스쿨을 세우겠다고 했어요. 그러면서 우리 둘에게 지원해달라고 부탁했죠. 탐은 학생들에게 말했어요. "그거 정말 좋은 생각이다. 지역사회에도 정말 필요한 것 같고. 하지만 내 체질에는 안 맞는데." 나는 속으로 동의하고 있었죠.

학생들이 왜냐고 묻자 탐은 이렇게 대답했어요. "프리스쿨 잠정 고객이 다 공립학교 체제 안에 있잖아. 학교를 세우려면 제도 안에서 세워야지."

학생들이 "하지만 우리가 하고 싶은 걸 공립학교 안에서 어떻게 해요?"라고 대꾸하자 탐은 바로 되받아쳤어요. "내가 교육위원회 부위원장 아니냐. 이래 뵈도 영향력이 없진 않아." 그래서 우린 탐의 영향력을 믿고 6월에 마을학교를 시작했어요. 물론 교육위원회에서 우리가 원하는 대로 다 해준 건 아니었어요. 우린 K-12 학교를 세우고 싶었는데 교육위원회에서는 교육 예산이 이미 다 책정되었기 때문에 11학년과 12학년만 지원해줄 수 있다고 했어요. 그리고 교사 세 명의 월급을 지원하겠다면서 교사 한 명당 학생 비율은 알아서 정하라고 했어요. 우린 1대 16으로 결정했죠. 그래서 48명으로 출발했어요.

크리스 학생 모집은 어떻게 했나요?

아니 봄에 우리 계획을 지역 주민들에게 알리기 위해 공청회를 열었어요. 고등학교 강당에서 했는데 7백 명이 넘게 왔죠. 그 뒤에 두 고등학교에 모집 공고를 보냈는데, 무려 2백 명이나 지원을 했어요. 설립 회원이었던 여섯 학생에게는 그동안의 수고를 인정해 자동으로 입학 자격이 주어졌고, 나머지 42명은 무작위 추첨을 통해 선발했어요.

크리스 교사 세 명은요?

아니 그게 좀 힘들었죠. 그때는 아이들이 믿을 만한 교사, 아니 믿을 만한 어른이 주위에는 나밖에 없었거든요. 그래서 도시 반대편에 있는 중학교에 좋은 교사가 한 사람 있다고 아이들한테 얘기했어요. 교원노조 회의 때 만난 친구였는데 아주 깊은 인상을 남긴 사람이었어요. 우리 학교에 와달라고 했더니 관심을 보였어요. 다니던 학교의 영문학 전임 교사 자리를 포기해야 했는데도 말이죠. 그리고 아이들도 그 친구를 만나보더니 마음에 들어했어요. 나머지 한 명은 아무리 생각해도 옛날 평화의 날 집회에 같이 나갔던 교사 데이브 말고는 떠오르는 사람이 없었어요. 하지만 데이브는 안식년이라 영국에 있었거든요. 어떻게 연락을 해서 함께하지 않겠느냐고 했더니 거절하더라고요. 그래서 데이브를 납치했죠.

크리스 납치했다구요?

아니 데이브와 내가 잘 알고 있는 학생 하나가 오토바이 사고로 죽었는데 데이브가 장례식에 참석하려고 귀국한다는 소식을 들었어요. 그래서 우린 차에 시동을 걸어놓고 장례식이 끝나길 기다리다가 데이브를 붙잡아 억지로 차에 태워 우리 집으로 데리고 갔어요. 영화의 한 장면이었죠. 아이들이 끈질기게 설득한 끝에 데이브의 승낙을 받아냈어요. 그렇게 해서 교직원 구성이 끝났죠. 다행히 우리 세 사람 다 경험이 많고 노련했기 때문에 사람들의 신뢰를 한 몸에 받으며 학교를 시작할 수 있었어요. 그렇지 않았다면 우리 계획은 성공하지 못했을 거예요.

크리스 학교 위치는 어디로 정했나요?

아니 아이들과 나는 자율성이 보장되는 독립적인 공간을 고집했어요. 그래서 도시 곳곳을 돌아다니며 장소를 물색하다가 교육위원회 소유 건물 중에 청소년들을 위한 방과후 프로그램을 운영하는 곳이 있다는 걸 알아냈어요. 낮에는 사용하지 않는 건물이라서 교육위원회에서는 우리가 써도 괜찮다고 했죠. 그레이트넥 마을 한가운데 있는 건물이었어요. 그래서 우린 학교 이름을 그레이트넥 마을학교로 정했어요.

그렇게 해서 우린 관리자까지 딸린 건물에 교사 셋, 학생 48명으로 출발했어요. 그리고 나머지 사안들은 학교를 운영하면서 그때그때 해결했죠. 교육위원회는 학교 문을 열 준비를 할 수 있도록 학기 시작 2주 전부터 교사 월급을 지급하겠다고 했어요. 우린 학생들을 위한 학교를 만드는 게 아니라 학생들과 함께하는 학교를 만들어야 한다는 생각을 하고 있었기 때문에 학생 모두에게 편지를 보냈어요. 그래서 학교 시작 일주일 전에 42명의 학생들이 모여 어떻게 학교를 꾸려 갈 것인지 고민했죠. 그때 고안한 것 중에 하나가 자문교사 제도였어요.

크리스 어떤 제도였나요?

아니 우린 학생마다 언제든지 믿고 의논할 어른이 한 사람씩 있는 게 굉장히 중요하다고 생각했기든요. 그래서 교사 한 사람이 16명씩 학생들을 맡아서 최소한 일주일에 한 번이나 필요에 따라 더 자주 상담을 해주는 제도를 만들었죠. 처음엔 아이들이 자문 교사를 선택할 수 있게 했어요. 선정 과정도 공개적으로 했고요. 한동안 별다른 문제가 없었는데 3년째 되던 해에 젊은 여교사를 채용하면서 문제가 생겼어요. 기존 11-12학년 과정에 10학년 과정을 추가하기 위해 채용한 과학 교사였거든요. 다른 교사들이 다 중년 남성이라 젊은 여교사가 있으면 분위기도 좋아질 것 같았어요. 그런데 학생들이 그 교사를 자문 교사로 선택하지 않은 거예요. 그 교사는 사기가 떨어져서 결국 일 년도 못 버티고 떠나버렸어요. 그 뒤로는 자문 교사 배정을 절대 학생들한테 맡기지 않기로 했죠.

내가 처음으로 맡은 16명의 학생 중에 스코트라는 고등학생이 있었어요. 스코트는 처음 2년 동안 영화 찍는 것 말고는 아무것도 하지 않겠다고 했어요. 수업도 안 들어오겠다는 거예요. 나는 스코트에게 영화를 찍더라도 거기에만 몰두해 자신을 고립시키지만 않는다면 지지해주겠다고 했죠. 스코트는 자기 계획대로 밀고 나갔죠. 정말 2년 동안 수업은 한 번도 안 들어오고 영화만 찍었어요. 정말 훌륭한 작품을 만들어내더니 남은 한 해 동안 열심히 공부해 햄프셔대학에 들어갔죠. 그리고 대학 4학년 때는 공영 방송국 사장이 되었어요. 그 다음엔 쇼타임 케이블 방송 부사장을 하더니 지금은 자기 프로덕션을 운영하고 있어요.

크리스 누가 학교를 지도하고 있었나요?

아니 재미있는 질문이네요. 첫해 중반쯤에 아이들한테 혼난 적이 있어요. 아이들이 총회를 소집해 나를 불러 세우더니 이러는 거예요. "선생님은 우리가 고용한 직원이 아니에요. 그냥 뒤로 물러서서 우리가 시키는 대로 하라고 모셔온 게 아니잖아요." 나는 아이들 말이 옳다는 걸 깨달았어요. 제도권에서 아이들과 똑같이 억압받고 있다는 느낌이 들었기 때문에 거기서 벗어났다는 해방감에 의욕이 앞서 아이들한테 이래라저래라 할까봐 두려웠던 거예요. 그래서 너무 조심스러웠던 나머지 지나치게 뒤로 물러나 있었던 거죠.

학생들은 이렇게 말을 이었어요. "우리가 선생님 말에 늘 동의하진 않겠지만, 선생님도 자기 의견을 제시했으면 좋겠어요." 그날 아주 중요한 교훈을 얻었어요. 개방적인 학교라고 해서 어른들이 수동적일 필요는 없다는 걸 배웠죠.

크리스 학교 운영은 어땠나요?

아니 얼마나 성공적이었던지 그레이트넥에 비슷한 프로그램을 여럿 파생시킨 걸요. 당시 누군가 냈던 통계에 따르면 그레이트넥 지역 고등학생의 15퍼센트가 어떤 형태로든 대안교육 프로그램에 참여하고 있었어요.

그런데 1974년에 보수파가 교육위원회의 주도권을 잡았어요. 당시 뉴욕 시 근처 학교들의 정원이 초과되는 바람에 흑인 학생들만 골라 그레이트넥으로 보낸 사건이 있었는데 아마 그 일 때문에 보수파가 자극을 받았던 모양이에요. 아무튼 그 사람들은 주도권을 잡자마자 제일 먼저 교육위원장을 해임했어요. 교육위원장은 우리 학교의 든든한 친구이자 지지자였거든요. 그 사람은 해임무효소송을 제기했고, 우리 학교 교사와 학생들은 변호사 선임 비용을 마련하기 위해 모금 행사를 기획했죠.

그러다 교육위원회 선거 때까지 해임 결정이 보류되었고, 차기 교육위원회가 들어서면서 위원장을 복직시키기로 결의했어요. 그 즈음에 콜로라도에 있는 생활학교 학부모들한테서 편지를 받았어요. 생활학교는 1970년부터 운영되던 K-9 학교였는데, 그곳 학부모들은 고등학교 설립에 대해 조언을 구하고 싶다고 했어요. 그리고 그 지역 교육위원회의 승인을 받고 나면 새 학교의 초대 교장을 맡아달라고 했어요. 당시는 그레이트넥 교육위원장의 운명이 불투명한 시점이었거든요. 우리가 승리할 확률이 컸지만, 그 일과 상관없이 떠날 때가 되었다고 판단했어요.

크리스 롱아일랜드에서는 어떤 교훈을 얻었나요?

아니 내가 얻은 교훈 가운데서 가장 중요한 교훈 중 하나는 가르치는 일의 상호성이에요. 아이들에게서 정말 많이 배웠거든요. 그러니까 아이들과 함께하면서 늘 내 안에 존재해왔지만 겉으로 표출되지 못했던 아이디어와 영감을 발견하게 되었어요. 아이들도 마찬가지였고요.

크리스 에버그린에서 왜 그 먼 뉴욕에 있던 선생님을 고용했을까요?

아니 '마운틴 열린고등학교'라고 불릴 예정이던 그 학교는 히피족 양성소라는 생활학교의 부정적 이미지에서 탈피하고 싶어했대요. 학부모들은 내가 그 방면으로 도움이 될 것 같았나 봐요. 아무튼 여름 중반쯤에 채용이 되었는데, 곧 학교준비위원회가 결성되었어요. 위원회는 학생과 학부모 대표 각 9명씩, 중학교 교사 한 명, 그리고 나, 이렇게 20명으로 구성되었어요. 그 다음 할 일은 교사 모집이었죠.

크리스 교사 모집은 어떻게 했나요?

아니 6명을 뽑아야 했는데, 무려 3백 명이 지원했어요. 서류심사를 해서 24명을 추려내 면접을 보기로 했죠. 하루에 6명씩, 나흘간 면접했어요. 매일 면접이 끝나면 위원회에 어떤 지원자가 우리 학교와 어울리지 않을 것 같은지, 또 어떤 지원자가 특별히 눈에 띄었는지 물었어요. 그렇게 해서 24명 중에서 또 18명을 추려냈어요.

  그 다음에는 위원회 전원이 산장으로 수련회를 떠났어요. 음식을 싸들고 가서 교사 선정이 끝날 때까지 산장에서 나오지 않기로 했죠. 또한 만장일치로 결정하기로 했어요. 우선 각 위원에게 자기 마음에 들었던 지원자 6명을 쪽지에 써내라고 했어요. 그렇게 해서 20명 중 18명이 낸 쪽지에 공통으로 등장하는 이름 5개가 나왔어요. 그때부턴 나머지 2명에게 18명이 추천한 교사 5명을 받아들이도록 설득하고, 위원 전원이 여섯 번째 교사를 만장일치로 선정하느라고 밤을 새웠죠. 정말 흥미진진한 과정이었어요. 그래서 훌륭하고 다양한 교직원을 구성할 수 있었죠. 최종 선정된 교사가 영어 교사와 과학 교사 각각 두 명, 사회 교사와 미술 교사 각각 한 명이었는데, 그중 과학 교사 한 사람과 미술 교사는 30년이 지난 오늘도 학교에 남아 있어요. 나중에 우린 파트타임 교사 두 사람과 보조 교사를 몇 명 더 채용했어요.

크리스 열린고등학교도 공립학교였던 거죠?

아니 나는 지금껏 공립학교 설립에만 관여했어요.

크리스 그레이트넥처럼 열린고등학교에서도 원하는 대로 할 수 있는 재량이 주어졌나요?

아니 학부모들이 교육위원회를 상대로 학교를 세우기 위한 교섭을 하고 있을 때, 교육위원회에는 교섭의 여지가 없는 조건을 세 가지 걸었어요. 첫 번째 조건은 학군의 다른 교사들과 똑같은 임용 계약에 따르는 자격증 있는 교사를 채용하는 거였어요. 그래야 학교가 문을 닫더라도 다른 곳에서 쉽게 일자리를 구할 수 있다고 했죠. 두 번째 조건은 학군의 학생 한 사람당 교육 비용을 초과하지 않는 거였고, 세 번째 조건은 학군의 고등학교 졸업 요건을 따르는 거였어요. 그게 다였죠.

첫 번째와 두 번째 조건은 문제될 게 없었어요. 그리고 세 번째 조건은 흥미진진한 배움의 계기가 되었죠. 우선 학군 졸업 요건이 뭔지 알아봤어요. 다른 곳과 별반 다를 게 없더라고요. 과학 과목 일 년, 수학 과목 일 년을 포함해 필수과목을 몇 개 이수하면 졸업 자격이 주어지는 식이었어요. 정말 민망하던데요. 내 자신에게 물어봤죠. "정말 이 요건만 갖추면 교육받은 사람이라고 할 수 있단 말인가?"

그래서 교사, 학부모, 학생 할 것 없이 원하는 사람 누구나 참석할 수 있는 특별회의를 소집했어요. 그리고 두 가지 질문을 던졌어요. 첫 번째는 "만약 교육위원회에서 졸업 요건을 두지 않아도 된다고 해도 우리 나름의 졸업 요건을 두겠는가?" 하는 거였고, 두 번째는 "이상적인 학교의 이상적인 졸업 요건은 과연 무엇인가?" 하는 거였어요. 첫 번째 질문에 대한 답은 만장일치로 '예스'였어요. 그리고 두 번째 질문에 답하려는 시도는 곧 토론으로 이어졌어요. 그날 하루를 다 잡아먹은 마라톤 회의의 19쪽짜리 회의록을 아직도 보관하고 있죠. 그날 나온 세 가지 키워드가 '실력, 숙련, 경험'이었어요. 우린 어떤 과목을 들었는가 하는 것보다는 무엇을 얼마나 잘하느냐에 따라 학생의 실력을 측정해야 한다고 생각했어요. 그 실력에는 당연히 기본 학력도 포함되었죠. 숙련이란 인생을 살아가며 육체적, 정서적 건강을 유지하는 데 필요한 모든 기술에 대한 숙련을 뜻해요. 그리고 경험은 다른 모든 영역과 연관된 개념이죠. 정말 모든 영역이요. 우린 학생들이 음악, 미술, 고등수학 같은 모든 영역을 접해보지 않고 졸업하는 걸 원치 않았어요. 결국 학군의 그 어느 학교보다 더 엄격한 졸업 요건을 내놓게 되었죠.

크리스 학교의 교육철학은 이미 합의된 상태였나요?

아니 그런 면도 있고 그렇지 않은 면도 있었어요. 내가 관여한 모든 학교에서 그랬듯이 처음엔 학생들의 욕구를 모두 충족시키려고 안간힘을 썼어요. 그래서 150명의 학생을 위한 150가지 교과과정을 만들어냈죠. 이상적인 모델이긴 했지만 교사들이 죽어났어요. 그러다 아이들을 더 잘 알게 되면서 아이들의 공통점을 파악해 기본 교과과정을 만들었어요. 기본 틀을 유지하면서도 학생 개개인의 개성을 살릴 여지를 둘 수 있었죠. 그렇게 하면서 학생 하나하나를 위해 매번 교과과정을 새로 짤 필요가 없어졌어요.

열린고등학교는 안정된 모습을 갖추는 데 3-5년 정도 걸렸던 것 같아요. 그 뒤로는 그 모습을 지금까지 대체로 유지해왔죠. 해마다 조금씩 기술이 늘면서 더 정확하게 아이들의 욕구를 충족시킬 수 있었어요.

크리스 학교 구조는 어땠나요?

아니 그레이트넥 마을학교에서 활용하던 자문교사제도를 그대로 도입했어요. 모든 학생이 자기 존재의 중요성을 느끼고 자신이 이름 없는 존재라고 느끼는 학생이 없도록 하기 위해서였죠. 만약 내게 고등학교를 개혁할 권한이 주어진다면, 자문교사제도를 제일 먼저 도입하겠어요. 이 제도를 통해 형성된 관계는 학교의 혼이 되거든요. 나는 교사들에게 근무 시간 중 최소한 3분의 1은 학생들에게 조언하는 데 투자하라고 해요. 실제로는 절반 가까운 시간을 조언하는 데 쓰게 돼요. 학생들에게는 그게 더 필요하니까요. 그래서 교사 채용 공고를 낼 때도 직책을 '교사·자문'이 아니라 '자문·교사'로 했어요.

마을학교에서와 마찬가지로 열린고등학교에서도 자문 교사 한 사람이 16명의 학생을 맡았어요. 하지만 여러 재정적인 이유로 비율은 계속 바뀌었죠. 그리고 교사가 아닌 교직원들에게도 본인과 학생이 원할 경우 자문 역할을 맡겼어요. 조언을 하라고 강요할 순 없지만 다른 가능성을 배제하고 싶지 않았거든요. 나를 비롯해서 교직원 모두가 어떤 방식으로든 자문제도에 참여하는 게 바람직하다고 생각했죠. 자문 담당자는 학생과 적어도 2주에 한 번 일대일로 만났고, 매주 한 번 그룹으로 만났어요.

그리고 수업은 아이들을 그룹으로 나눠서 교사 한 사람이 한 그룹을 가르치게 했고, 가능하면 팀 티칭도 했어요. 교사들한테는 대체로 근무 시간의 3분의 1은 자기 전공 과목을 가르치고 3분의 1은 학생들이 관심 분야를 탐구하는 데 도움을 주는 식으로 시간을 배분하라고 했어요.

아이들은 또한 탐험, 래프팅, 하이킹, 등산 같은 야외 활동도 많이 했어요. 나는 다른 학교와 우리 학교 예산을 비교해보다가 우리가 조금 덜 받는다는 걸 알아냈어요. 그래서 교육위원회에 승합차 두 대를 지원해달라고 요구했죠, 덕분에 여행을 많이 다닐 수 있었고, 먼 곳으로 여행을 다녀오면 아이들 성격이 많이 달라진다는 사실을 금방 알게 되었죠. 이런 여행은 과외 활동이 아니라 우리 교과과정의 핵심이었어요. 여행은 수업을 세 개씩 듣는 거나 마찬가지거든요. 첫 번째 수업은 준비 단계, 즉 언제 어디로 갈지 정하고 예산을 책정해서 자금을 조달하고 여행지에 대해 공부하는 단계죠. 두 번째 수업은 여행을 실제로 다녀오는 거고요. 그리고 가장 중요한 마지막 수업은 돌아와서 평가하고 경험에 대해 토론하고 후기를 쓰고 발표를 하는 거죠. 우리 아이들은 예루살렘에 가서 이스라엘 사람들과 팔레스타인 사람들을 화해시키는 일에 동참하기도 했고, 쿠바에 가서 마을학교 짓는 일도 도왔고, 나바호 보존 지역에 가서 복숭아나무도 심고, 유럽과 멕시코에도 다녀왔어요.

우리는 초기부터 경제적 사정 때문에 여행을 못 가는 학생이 있어서는 안 된다는 원칙을 세웠어요. 그래서 그런 경우에 대비해 교장의 재량에 따라 집행할 수 있는 기금을 조성하려고 기부 요청 편지를 여러 곳에 보냈어요. 그렇게 해서 받은 기부금으로 일단 기금을 설립했는데, 몇 년 뒤 크리스마스 즈음에 지금까지도 누군지 밝혀지지 않은 익명의 독지가가 10만 달러에 상당하는 증권을 기부했어요. 그래서 여행경비와 장학금을 충당할 수 있었죠.

크리스 공립학교라는 게 걸림돌이 되진 않았나요?

아니 첫해 중반쯤에 교육위원회 전속 변호사를 우리 교직원 회의에 초청했어요. 우리가 하는 활동 중에 법에 저촉되는 건 없는지 물어보려고요. 그 변호사는 한 시간 동안 우리 활동 설명을 듣더니 이러던데요. "문제는 학교에서 무엇을 하느냐가 아니라 어떻게 하느냐입니다. 모든 활동을 합리성과 분별력을 가지고 진행한다면 저는 문제삼지 않을 겁니다."

크리스 그게 무슨 뜻이죠?

아니 그러니까 고등학생들을 데리고 에베레스트산을 오른다고 해도 합리적이고 분별력 있게 준비했다면 누군가 사망하더라도 법정에서 우릴 변호해줄 수 있다는 거죠. 그 변호사가 우리를 지지하고 있다는 확신이 들었어요. 훗날 알게 됐지만 그 변호사도 한때는 아웃워드 바운드Outward Bound(주로 청소년들을 대상으로 야외 서바이벌 훈련에서 해외 자원봉사까지, 모험심, 지도력, 협동심, 봉사 정신을 길러주는 다양한 프로그램을 제공하는 국제기구_옮긴이) 활동가였대요.

크리스 열린고등학교는 민주적인 학교였나요?

아니 그럼요. 학교 정책은 매주 열리는 자치회의에서 결정되었는데, 누구나 회의에 참석할 수 있었고 항상 학생들이 주재했어요. 모든 사람들에게 동등한 투표권이 주어졌는데, 표결하는 경우는 드물었어요. 주로 토론을 통해 합의했죠. 그리고 표결에 부칠 사안이 있으면 사전에 생각하고 논의할 시간을 주기 위해 그 앞 주 회의 때 알리고 다음 회의 안건으로 상정했어요. 회의 분위기는 교사가 주도하는 경향이 있었어요. 항상 할 말을 준비해 가니까. 하지만 회의를 주재하는 학생은 교사와 학생이 동시에 손을 들면 주로 학생들에게 발언권을 먼저 줬어요. 회의는 원하는 사람만 참석하게 했는데 학생들은 대개 35명 정도 참석했어요. 괜찮은 참석률이죠.

크리스 시간이 흐르면서 학교가 진화하거나 바뀌진 않았나요?

아니 1977년이었던가 딕 야마구치라는 교사가 '파이베타카파Phi Beta Kappa'(우수한 성적으로 대학을 졸업한 학생들로 구성된 모임_옮긴이) 클럽 회보에서 모리스 기븐스의 워커바우트 프로그램에 대한 기사를 읽고 나를 찾아왔어요. 모리스 기븐스는 밴쿠버대학 교수였거든요. 그는 호주 선주민들의 성인식에 관한 영화 〈워커바우트Walkabout〉를 보고 나서 현대사회에 이런 질문을 던지기 시작했어요. "북미사회에서 성인 자격은 무엇으로 증명되는가? 운전 면허증? 고등학교 졸업장?" 이 질문에 답하기 위해 기븐스 교수는 학생들이 아무것도 하지 않는 고등학교 마지막 학기에 진짜 어른이 되기 위한 준비를 할 수 있도록 모험심을 기르고 지적인 탐구 능력을 길러줄 프로그램을 실시했어요. 그 프로그램을 워커바우트라고 불렀고요.

딕은 자기가 조언을 해주고 있는 아이들에게 이 워커바우트 프로그램을 시키고 싶다고 했어요. 고등학교 마지막 학기만이 아니라 입학해서부터 졸업 때까지 모든 과정에 적용하겠다고 했죠. 나도 1974년에 기븐스 교수의 글이 처음 나왔을 때 읽어보고 깊은 인상을 받았었거든요. 그래서 딕에게 전폭적으로 지원해주겠다고 약속했어요. 딕의 실험이 얼마나 성공적이었던지 우린 1980년부터 워커바우드 프로그램을 근거로 교과과정 자체를 새로 짰어요. 졸업 요건도 거기에 맞게 바꿨죠.

크리스 어떻게 바꿨는데요?

아니 기존의 '실력, 숙련, 경험'처럼 세 단계로 나눴어요. 첫 단계에서는 학생들이 두 번의 '탈오리엔테이션disorientation(사전적 의미는 '방향감각 상실'이지만 여기서는 '탈학교'처럼 오리엔테이션과 대조되는 개념으로 스스로 길을 찾는다는 뜻으로 쓰였다_옮긴이) 경험을 거쳐요. 한 번은 황야에서, 한 번은 도심에서. 배움의 방식을 알면 그 어떤 곳에서도 배울 수 있다는 사실을 아이들에게 깨닫게 하는 게 취지였죠. 그리고 두 번째 단계는 우리가 세상 살아가는 데 필요하다고 여기는 기술들을 습득하는 과정인데, '사전事前 워커바우트 기술'이라고 불렀죠. 그리고 '통과의례'라고 불렀던 최종 단계는 학생들이 앞의 두 단계에서 배웠던 기술을 현실세계에 적용할 수 있다는 것을 입증하는 단계였어요. 이 단계에는 논리 탐구, 실용 기술, 직업 탐구, 창의력, 모험, 자원봉사, 이렇게 여섯 가지 통과의례가 있었죠. 학생은 자문 교사와 의논하여 자신이 성인이 될 준비가 되었다고 판단하면, 자신의 숙련도를 보여줄 수 있는 도전 과제를 스스로 개발했어요. 그리고 그 과제를 얼마나 잘 수행했는지 평가하기 위해 구성된 심사단의 승인을 받아야만 졸업할 수 있는 거죠. 워커바우트 수행 기간은 학생들 나름대로 스스로 설정했어요. 짧은 기간에 끝내는 학생도 있고, 아주 오래 걸리는 학생도 있죠. 평균적으로는 일반 고등학교 과정과 똑같이 3년이 걸렸어요. 처음에

는 빨리빨리 해치우려 하다가 과정이 너무 재미있고 중요한
것이어서 속도를 늦추겠다는 학생들도 있었죠.

크리스 열린고등학교에 대한 사람들의 인식은 어땠나요?

아니 에버그린 지역사회 구성원은 산사람, 카우보이, 다른 도
시로 통근하는 화이트칼라 중산층, 정부를 못마땅해하는 히
피족, 예술가, 성질 괴팍한 사람, 참 다양하거든요. 그 사람들
모두가 처음에는 우리 학교에 대해 회의적인 반응을 보였어
요. 우리는 '해피 히피 하이Happy Hippy High'라고 놀림받은 적도
있었어요. 그러다 우리도 모르는 사이에 학교의 정통성을 인
정받는 계기가 있었어요. 내 비서로 일하던 사람이 그만두고
나서 에버그린 고등학교 교장 비서였던 사람을 고용했거든
요. 에버그린의 오랜 주민이고 지역사회의 존경을 받던 사람
이었죠. 그 사람을 고용한 날부터 우린 정통성을 인정받은
거예요. 지역 주민들 눈엔 그 사람이 일할 정도면 우리 학교
가 괜찮은 곳으로 보였나봐요.

한편 우리 학교는 학군의 명성을 빛내는 학군의 얼굴이 되
었어요. 끝까지 우릴 무시하는 사람도 있었지만, 우리 학교가
공교육의 유일한 희망이라는 칭찬도 자자했어요. 내가 교장
으로 있는 동안 감사를 두 번 받았거든요. 처음 왔던 감사단
장은 "이건 대안학교가 아니라 우리 교육의 미래입니다"라고
칭찬을 했고, 다음 감사단장은 "이 학교는 고등학교 교육개

혁의 모델입니다"라고 했어요. 덕분에 우리 입학 대기자 명단에는 천 명이 넘는 이름이 올랐죠.

크리스 열린고등학교의 외부 파급 효과를 평가한다면?

아니 이른바 주류 교육에는 별 영향을 못 미쳤어요. 제도가 그것을 허락하지 않았으니까요. 교육위원회는 나를 교장으로 임명하면서 경고를 했거든요. 요지는 이거였죠. "당신 학교 안에서는 마음대로 해도 되지만 다른 학교들은 오염시키지 마시오." 하지만 우리는 전국에 있는 다른 대안학교들의 모델이 되었죠.

크리스 왜 학교를 떠나기로 결심했나요?

아니 기본적으로 세 가지 이유 때문에 떠나기로 했어요. 첫째, 처음만큼 도전적인 과제가 없다는 생각이 들었어요. 예전에는 한 시간 걸리던 일을 이젠 십 분 안에 해치울 수 있게 되면서 자만에 빠져 더 이상 성장하지 못할까봐 두려웠어요. 둘째, 교육위원회에서 나를 학교와 동일시하면서 학교는 안 보고 나만 상대하려는 거예요. 교육위원회 눈에는 내가 곧 학교였던 거죠. 별로 건강하지 못한 관점이라는 생각이 들었어요. 그리고 세 가지 이유 중에서 가장 중요한 마지막 이유는 학교조차도 교육위원회와 비슷한 관점을 갖게 되었다는

거죠. 학교 관계자들은 나를 무슨 수호자 내지는 구세주로
대했어요. 그래서 마운틴에서 11년을 보냈으니 이젠 이 모범
사례를 다른 곳에서 재생산해야겠다는 생각이 들더라고요.
덴버도 괜찮고, 아니면 볼더도 괜찮을 것 같았어요.

크리스 선생님이 떠나고 나서 학교는 어떻게 됐나요?

아니 2년 뒤에 교육위원회에서 열린고등학교와 생활학교를
통합시켰어요. 생활학교는 K-9 과정이었거든요. 그런데 두
학교가 40킬로미터나 떨어져 있었기 때문에 교육위원회는
통합 학교를 덴버 외곽 레이크우드에 있는 낡은 중학교 건물
로 이사시켰죠. 학교 정원을 6백 명으로 늘렸다는데, 너무 많
다고 봐요. 더 이상 공동체가 아닌 거죠. 그래도 들리는 소문
에 따르면 여전히 정이 넘치는 곳이래요.

메트로폴리탄 학습센터

                1969년 오리건 주 포틀랜드의 공교육제도에 따라 실험 학교로 설립된 이 학교는 다양한 인종이 살고 있는 포틀랜드 도심에 자리잡고 있다. 메트로폴리탄 학습센터는 유치원생부터 12학년 학생까지 150명의 학생으로 출발했는데, 지금은 학생 수가 550명이나 된다. 입학은 신청제로 하고 있는데, 신청자는 상당히 긴 대기자 명단에 선착순으로 오르게 된다. 학생들의 나이, 인종, 성별 균형을 유지하기 위해 선착순 원칙에 예외를 두기도 한다.

    처음 7년 동안은 다양한 연령의 학생들을 '기지base station'라는 이름으로 묶어 학교를 운영했다. '기지'는 일종의 학급 개념인데, 학생들은 교사와 함께 그날의 시간표를 짜는 것으로 하루를 시작했다. 교사는 '학습 코디네이터'라고 불렸다. 학생들은 학습계획에 따라 학교 안이나 시내를 자유롭게 돌아다녔다. 나이 어린 학생들은 부모의 허락을 받아 교사의 지도 아래 움직였다. 수업은 모두 자발적으로 이루어졌다. 그러나 읽기와 수학에서 정해진 수준에 이르지 못한 학생들은 매일 30분씩 의무적으로 수업을 듣게 했다.

메트로폴리탄 학습센터에 대한 이야기는 설립자 아매사 길먼이 주로 해주었고, 학교 역사의 분기점이었던 1975년과 1976년에 교사를 지낸 루 프레드릭도 인터뷰에 참여했다. 루는 현재 포틀랜드 교육국에서 대외 협력부장으로 일하고 있다. 아매사의 아내 에바도 이야기를 거들었다.

크리스 어떻게 이런 획기적인 공립학교를 설립하게 되셨나요?

아매사 포틀랜드 교육위원장이 나한테 우리 지역의 전통적 학교 모델에 대한 대안을 만들어보라고 했어요.

크리스 왜 선생님을 지목했나요?

아매사 우선 내가 교장으로 있던 전통적인 K-8 학교 건물에 공간이 있었으니까요. 두 번째 이유는 도심 지역에 집시, 인디언, 흑인, 백인, 아주 다양한 인종의 아이들이 살고 있는데

245

기존 학교들이 아이들 모두의 욕구를 충족시키지 못하고 있었어요. 그리고 개인적으로도 제도권에서만 대여섯 학교의 교장을 지냈고 그 전엔 미술과 과학을 가르치며 11년을 보낸 터라 변화에 목말라 있었죠.

게다가 처음부터 교육위원회에 영향을 미칠 수 있는 사람들이 나를 밀어줬어요. 교육위원장의 지지를 받았을 뿐만 아니라 미술 과목 교육감, 과학 과목 교육감과도 친구처럼 지내는 사이였거든요. 위원장은 정말 자유분방한 교육관을 가진 사람이었어요. 어떤 방식으로 가르치든 아이들이 배우고 있다는 것만 입증할 수 있다면 상관하지 않겠다고 했죠.

크리스 그래서 어떻게 시작했나요?

아매사 여름방학 때 다른 학교 교장 다섯 명과 머리를 맞대고 어떤 색다른 시도를 해볼지 토론하는 것으로 출발했어요. 아까 말한 과학 과목 교육감 돈 스토틀러가 감독을 했고요. 그런데 마침 우리 교장 모임과는 별도로 교사 모임이 생겼어요. 제도교육에 환멸을 느끼고 혁신적인 교육 프로그램을 고안하여 중앙정부의 지원 약속을 받은 교사들이었어요. 그런데 불행히도 정치적인 혼선이 빚어졌는지 약속된 지원금을 받지 못했어요. 그러던 중에 우리 교장 모임 소식을 듣고 그 교사들이 우리한테 지원 요청을 해왔어요. 그래서 다 같이 힘을 모아 새로운 학교를 설계하기로 했죠.

246

교사들은 커다란 교실에 나이 구분 없이 모든 아이들을 모아놓고 아이들이 서로에게서 배우는 방식을 제안했어요. 우리 교장들이 개발하고 있던 방식과 잘 맞아떨어졌죠. 우린 학자들이 고안한 정해진 교과과정을 통해 배우는 것이 아니라 함께하는 사람에게서 직접 배우는 게 가장 효과적이라고 믿었거든요.

여름방학이 끝날 무렵 우리는 다섯 살부터 열여덟 살까지 다양한 연령의 학생들을 위한 학급 구분 없는 학교를 만들기로 합의했어요. 인종이나 사회, 경제적 배경 구분 없이 학생들을 받기로 했고요. 또 자동차 정비소, 슈퍼마켓, 다양한 직종의 기업체 같이 학교를 둘러싼 도시 전체를 교육 자원으로 활용하기로 했죠. 그리고 9월에 문을 여는 대로 학부모, 교사, 인턴, 자원봉사자, 학생 모두가 참여하여 학교를 만들어나가기로 했어요.

크리스 교육위원장이 선생님에게 새로운 학교를 만들 전권을 위임하도록 영향을 미친 사람이 있었나요?

아메사 돈 스토틀러의 영향이 컸을 거예요. 창의력과 상상력이 넘치는 사람이었죠. 돈은 특화된 주제를 다루는 여러 학교를 한곳에 모아놓고 학생들이 자신이 선택한 지식 영역에 따라 그 학교들을 오가는 일종의 학습 단지를 구상했어요. 그걸 '배움의 창문들'이라고 불렀죠.

루 잠깐 끼어들어도 될까요? 우리 학교를 둘러싼 정치적 요인들도 작용했어요. 아매사가 학교 문을 열자마자 포틀랜드의 내로라하는 사람들, 지역 운동가, 지역 유지, 심지어 시장까지 모두 자기 자녀를 우리 학교에 보냈어요. 그러니까 예전부터 교육 당국은 이런 사람의 자녀들을 사립학교에 빼앗기지 않으려면 특단의 조치를 취해야 한다는 절박함을 느꼈던 거죠. 그러던 차에 급진적 실험으로 우리 학교를 세우기로 한 거예요.

아매사 우린 포틀랜드 권력층의 강력한 반대에 부딪히기도 했죠. 처음엔 우릴 무슨 서커스단처럼 취급했어요. 우리가 무슨 일을 벌이는지 와서 볼 생각도 안 했죠. 우리도 그 사람들에게 말할 생각이 없었고요. 말했다가는 바로 제지당했을 테니까. 그러다가 일이 척척 진행돼서 전속력으로 달리기 시작하니까 그제야 우리 소문을 듣고 난리가 났어요. 교육위원회 부위원장은 이런 말까지 했대요. "세상에, 어떻게 이런 사태가 발생했는데 여태 몰랐지?" 하지만 그땐 이미 바람막이가 돼줄 만한 영향력 있는 사람들이 많이 생긴 뒤였죠.

루 "어떻게 저것들을 자멸하게 만들까?" 하고 궁리하는 분위기였어요.

크리스 특별히 더 괴롭히는 사람들이 있었나요?

아매사 경찰청, 소방국, 보건소 같은 포틀랜드 시 행정 당국 전부 다요. 시내 상가 업주들도 반대했어요. 그 사람들은 하나같이 그랬어요. 비체계적인 환경에 감독하는 사람도 없이 아이들을 풀어놓으면 사고만 나지 않겠느냐고.

　소방국의 권한이 막강했기 때문에 특히 소방국장한테 많이 시달렸어요. 나를 몇 번씩 소환한 건 물론이고, 교사들의 활동을 중단시키지 않으면 벌금을 부과하겠다고 협박까지 했죠.

크리스 어떤 활동을 중단하라고 그랬나요?

아매사 조각을 한다고 스티로폼을 들여와 학교에 산더미처럼 쌓아놓는 교사도 있었고, 또 한번은 아이들이 학교 옆 공원에 어린이 박물관을 만들겠다고 해서 문제가 생겼죠. 아이들은 트럭 운송업체에서 기증한 트럭과 폐기 처분된 기관차랑 비행기, 심지어 옛날 가옥도 한 채 들여놓기로 했어요. 경찰청과 소방국 모두 반대했죠. 경찰은 박물관이 강간범이나 부랑자들의 소굴이 될까봐 반대했대요.

크리스 결국 어떻게 됐나요?

아매사 박물관이 될 트레일러를 견인해가려고 시 당국에서 레커차를 보낼 때마다 아이들이 트레일러를 둘러싸고 건드리지 못하게 했어요. 신문에 보도되고 난리가 났죠. 그런데 공원이 공공재산이라서 결국 아이들이 포기할 수밖에 없었어요.

크리스 경찰청이나 소방국의 반응은 단순히 맡은 임무를 수행한 것이었나요, 아니면 학교가 기존 질서를 위협한다는 생각에서 나온 것이었나요?

아매사 당연히 후자죠. 물론 아무도 드러내놓고 그런 말을 하진 않았지만. 그저 형식적인 절차에 따라 소환장만 열심히 발부했어요. 소환장이 날아올 때마다 거의 다 무시하고 교육위원장한테 맡겼죠.

크리스 초창기에는 어땠나요?

아매사 1969년 가을에 내가 교장으로 있던 K-8 학교 건물에 교실 다섯 개를 확보해 학교를 시작했어요. 그때부터 이름을 메트로폴리탄 학습센터Metropolitan Learning Center, 줄여서 MLC라고 했죠. 교실은 아무것도 없는 빈 공간이었는데, 교사와 아이들이 합리적인 범위 안에서 마음대로 교실을 꾸몄어요. 모든 사람들이 하루하루 무슨 일을 했는지 활동 일지에 기록하게 했어요. 리드, 안티오크 같은 대학에서 자원봉사를 나온 사람들이 있었는데, 우린 그 사람들한테도 관찰기를 써달라고 했어요. 그렇게 모은 기록을 활동 일지와 묶어 우리 학교가 한 일의 증빙 자료로 남겼죠. 우린 필요에 따라 방법을 바꿔가면서 최대한 융통성 있게 학교를 운영했어요.

제일 먼저 세운 목표 중에 하나는 우리 교실이 있던 건물 전체를 MLC 전용 건물로 만드는 거였어요. 처음에는 그 건물을 기존 K-8 학교 학생들뿐만 아니라 지역 학부모·교사 협의회와 교육위원회도 쓰고 있었거든요. 그래서 맨 처음 내보낸 게 학부모·교사협의회였어요. 제도교육의 틀에서 한 발짝도 벗어나지 않겠다는 사람들이었거든요. 우리 학교에 대해 굉장히 비판적이었는데, 애들이 복도에서 뛰어다니게 놔두는 학교가 무슨 학교냐며 수군거렸죠.

루 게다가 우리 아이들이 교사들을 부를 때 이름을 불렀거든요. '선생님'이라고 부르지 않고. 교육계의 금기를 깬 거죠.

아매사 맞아요. 아이들은 나를 아매사라고 불렀고, 나는 아이들처럼 청바지를 입고 다녔어요. 방문객들이 찾아와서 나한테 "교장 선생님은 어디 계세요?" 하며 묻곤 했죠.

그 와중에 내 직속상관인 학군 교육감이 도저히 못 견디고 사퇴해버렸어요. 교육위원회 비서 책상이 우리 사무실에 있었는데 그 여자가 하루에도 대여섯 번씩 교육감한테 쪼르르 달려가 MLC가 이래서 안 되고 저래서 못마땅하다며 불평을 늘어놨거든요. 사무실에 클립이 몇 개 있는지 셀 정도로 깐

깐한 여자였어요. 교육감이 떠나자마자 그 비서부터 쫓아냈어요. 그리고 기존 K-8 학교를 다른 건물로 옮기고, 나를 MLC 교장으로 남게 해달라고 교육위원회에 부탁했어요. 그 때부터 그 건물이 MLC 전용으로 되었는데, 상황이 훨씬 더 좋아졌죠.

크리스 출발할 때부터 학생이 150명이나 됐다고 했는데, 어떻게 그 많은 학생들을 모집했어요?

아매사 학교를 구상할 때부터 함께한 교사들이 예전에 가르치던 학생들을 데리고 왔어요. 또 그 교사들에게는 학교라면 지긋지긋해하는 자녀를 둔 친구들이 많았거든요. 그 아이들도 우리 학교에 몰려들었죠.

　우리 학교에 대한 소문이 금세 포틀랜드에 퍼졌기 때문에 학생을 유치하는 데 어려운 점은 없었어요. 오히려 일 년이 지나자 입학 대기자 명단이 아주 길어졌죠. 입학 대기자만 있었던 게 아니라 우리 학교에 와서 일하겠다는 교사들도 줄을 섰어요. 교실 다섯 개로 출발했지만 공간을 조금씩 확보할 때마다 금방 학생 수를 늘릴 수 있었어요. 그렇게 해서 늘어난 학생이 지금은 550명이 된 거죠.

크리스 교사를 채용할 때 어떤 기준을 뒀나요?

아매사 우리 학교에 잘 적응할 것 같은 사람, 마음이 따뜻하고 열려 있는 사람, 융통성과 책임감이 있는 사람, 타인에 대한 진정한 애정이 있는 사람을 뽑으려고 노력했어요.

크리스 공식적인 채용 절차가 없었어요?

아매사 없었다고 봐야죠. 이력서 같은 걸 가져오면 한쪽으로 치워놓고 그냥 마주앉아 얘기를 나눴어요. 내가 보려는 건 이력서가 아니라 사람이었으니까요. 한번은 가르쳐본 경험이 전혀 없는 가정주부를 채용한 일도 있어요. 마음 씀씀이가 너무 예쁘다는 게 채용 이유였어요. 아이들을 사랑하고 유머 감각이 뛰어난 사람이었죠. 1995년에 은퇴할 때 특별히 표창장을 만들어서 드렸어요. 그리고 교사들과 맥주를 마시며 당구 치고 싶을 때 들르던 동네 당구장에서 만난 사람을 채용한 적도 있어요. 이름이 '지기'였는데, 식당에서 감자 껍질 깎는 일을 하고 있었지만 예술가인데다 삶에 대한 의욕이나 풍기는 분위기가 얼마나 강렬했는지 옆에 있으면 덩달아 기분이 좋아질 정도였어요.

　내 비서로 일하던 젊은 친구 이야기도 해드리죠. 정말 마음에 드는 친구여서 우리 학교 교사로 채용할 수 있게 교사 자격증을 취득하라고 도움을 많이 줬어요. 오전에는 아이들과 함께 있다가 오후에는 교육위원회 몰래 교사 자격증을 취득하는 데 필요한 과목을 들으려고 대학을 다녔어요. 결국 자격증을 취득해 우리 학교에 참 잘 어울리는 정식 교사가 되었죠. 나중에는 꽤 유명한 배우가 되었는데, 요즘도 시간이 날 때마다 학교에 찾아와 자원봉사를 해요.

에바 지금도 당신한테 얼마나 고마워하는데요. 자기한테 그런 기회를 주지 않았다면 절대 교사가 되지 못했을 거라고.

아매사 무엇보다도 교직원들의 다양성을 추구했어요. 모든 아이들의 욕구를 충족시킬 수 있는 가장 좋은 방법은 다양한 배경이나 성격, 정치적 견해를 지닌 교사들과 만나게 해주는 것이라고 생각했죠.

에바 전형적인 제도권 교사들도 있었어요.

아매사 그런 사람들 없이는 좋은 학교라고 할 수 없겠죠. 학생들이 사회로 나가면 그런 사람들과 관계를 맺을 수 있어야 하잖아요. 학교에서는 아이들이 교사를 선택할 자유가 있었기 때문에 인기 없는 교사들은 첫해에 한두 명의 아이들만 데리고 수업하기도 했어요. 하지만 그런 교사들을 내보내지는 않았죠. 시간이 지나면 그 교사한테 배우려는 아이들이 생길 거라는 걸 알고 있었으니까.

크리스 교장으로서 어느 정도 권한이 있었나요?

아매사 나는 일종의 선한 독재자 역할을 했어요. 학교 정책에 대한 최종 결정권이 나한테 있었죠.

크리스 일상적인 의사 결정은요?

아매사 학생, 교사, 인턴, 학부모가 직접 해결하지 못하는 문제가 생겼을 때만 결정권을 행사했어요. 그런 경우를 제외하고는 당사자들에게 모두 맡겼죠. 사람들이 잘못된 판단을 했으면 그에 따른 결과를 감수하고 실수를 통해 교훈을 얻기를 바랐거든요. 전혀 바람직하지 못한 판단을 하고 있다는 생각이 들더라도 간섭하지 않았어요. 알고 보면 나도 구식이니까.

에바 좋은 예로, 매일 아침 발행하는 학보가 있었거든요. 학생들이 처음엔 아무나 기사를 쓸 수 있게 하고 아무 내용이나 싣자고 했어요. 아매사는 그렇게 하면 오래 가지 못한다는 걸 알면서도 아이들이 하자는 대로 놔뒀어요. 그랬더니 정말 엉터리 기사만 잔뜩 실렸어요. 결국 한두 달이 지나자 학생들이 회의를 하더니 그러더군요. "안 되겠다. 다 뜯어고쳐야겠다. 학보에 어떤 기사를 실을 것인지 규칙을 정하자."

아매사 나는 누군가 정말 심각한 위험에 처할지도 모르는 상황에만 개입했어요. 한번은 한 교사가 학교 승합차에 아이들 대여섯을 태우고 아무런 절차도 없이 사라졌어요. 우리 학교

255

가 아무리 자유로운 곳이지만, 따라야 하는 절차가 엄연히 있었거든요. 아무튼 그 교사가 보이지 않아 사람들한테 물었더니 글쎄 아이들을 데리고 멕시코로 갔대요. 그래서 곧바로 복귀 명령을 내렸죠. 결국은 문제가 커져서 그 교사를 해임할 수밖에 없었어요.

크리스 학교에서 의사 결정은 어떻게 이뤄졌나요?

아매사 원하는 사람은 누구나 참석할 수 있는 회의를 매주 학교 도서관에서 열었어요. 지난주에 있었던 문제들을 토론하고 해결책을 함께 모색했죠. 다음 주의 계획도 세웠고요. 학교 정책은 대부분 그 회의를 통해 만들어졌어요. 그리고 교사, 학생, 학부모가 실질적 권한이 자신한테 있다는 사실을 깨달은 것도 그 회의를 통해서였죠.

크리스 학교가 잘 운영되고 있다고 생각하나요?

아매사 MLC를 통해 우리가 바랐던 모든 것을 이뤘어요. 우리 교육철학이 정말 너무 잘 들어맞았죠. 아이들은 매일같이 흥미진진한 체험을 하면서 배웠어요. 지역 주민들도 우리를 받아들이기 시작했죠. 지역 유지들도 우리를 존중해요. 또 MLC 교육 방식을 알려달라는 강연 요청을 많이 받아요. 다른 학교 사람들도 우리 방식을 배워보겠다고 많이 찾아오죠.

크리스 그런데도 외부 압력이 계속 있었다는 건가요?

아매사 끊인 적이 없어요. 그러다 진짜 위기가 닥쳤죠. 우리 학교가 출발할 수 있게 도와주고 계속 뒤를 봐주던 교육위원 장이 그만 쫓겨난 거예요.

크리스 MLC에 어떤 영향을 미쳤죠?

아매사 처음에는 별 영향을 못 느꼈어요. 신임 교육위원장을 만났는데, 전임자가 우리한테 재량권을 위임했으니 자기도 그렇게 하겠다고 약속했죠. 그런데 그 사람도 떠나고, 그 뒤를 이은 교육위원장이 문제였어요. 아주 엄격한 사람이었거든요. MLC 학생들이 실제로 무언가 배우고 있다는 것을 증명하라고 하더군요. 그 사람이 교육위원회를 맡으면서 이른바 '성과 중심 교육'이 도입되었어요. 우리 학교와는 동떨어진 제도였죠. 우리 목표는 무슨 측정 가능한 성과를 내놓는 게 아니었으니까요. 우리 목표는 아이들이 배움의 방식을 배우게 하는 것이지, 있지도 않고 앞으로도 생기지 않을 먼 훗날의 상황에 대비해 정보를 떠안기는 것이 아니었어요.

하지만 교육위원장은 학력평가시험을 통해 우리 아이들 수학 능력이 입증되면 학교를 계속 운영할 수 있게 해주겠다고 하더군요. 다행히 우리 학교에 정말 똑똑한 아이들이 있어서 눈 하나 깜짝 안 하고 시험을 통과했죠.

크리스 시험을 보라는 말에 어떻게 반응하셨나요?

아매사 어휴, 나야 안 된다고 난리를 쳤죠. 하지만 교육위원회가 그런 양식을 너무나 중시하는 걸 어떡해요. 그쪽이 돈줄을 쥐고 있는데.

크리스 그리고 결국 선생님까지 내쫓았죠?

아매사 네. 교육위원회에서 MLC를 바꾸려면 나를 내쫓고 보수적인 교장을 앉히는 방법밖에 없다는 결정을 내렸어요. 교육위원장부터 내 편이 아닌데 나라고 별 수 있었겠어요? 사실 교장을 9년이나 맡았으니 떠날 때도 되었죠. 공립학교에서 그렇게 오래 교장으로 있는 건 드문 일이잖아요.

   아무튼 쫓겨나게 된 결정적인 요인은 앞으로의 MLC 전망을 제시한 보고서 때문이었던 것 같아요. 40쪽 가까이 되는 보고서를 작성해서 신임 교육위원장한테 제출했는데, 보고서 제목이 아마 '교육 슈퍼마켓'이었을 거예요. 교육위원장이 그 보고서를 보고는 내가 갈 데까지 갔다고 그랬어요.

크리스 보고서에 뭐라고 썼는데요?

아매사 보고서에 대한 반응이 너무 부정적인 데 질려버려 그냥 내다버렸어요. 그 뒤론 생각도 안 하고 살았는데.

에바 나는 아직도 기억하고 있어요. MLC의 교육 방식을 확대하자는 게 요지였어요. 학교를 지역사회에 더 밀착시켜 아이들이 삶의 현장에서 직접 배우게 하자는 내용이었죠.

아매사 교실이 아닌 실험실과 작업장만으로 된 제2캠퍼스를 만들고 싶었어요. 그리고 학생들과 교사들이 현장 실습을 다닐 수 있도록 더 많은 차량을 요청했고요.

크리스 당시 존 홀트가 주장했던 것처럼 말이죠?

아매사 그렇죠. 홀트가 쓴 글은 다 찾아 읽었는데, 영향을 많이 받았죠.

크리스 그게 언제 일어난 일이죠?

아매사 내가 쫓겨난 1975년요!

크리스 쫓겨나게 된 경위를 말씀해주세요.

아매사 우선 교육위원회에서 분쟁을 막아보려고 나를 다른 곳으로 보내야 하는 그럴싸한 이유를 댔어요. 내 후임이 될 사람이 MLC 같은 대안적 환경에서 경험을 쌓아야 박사 학위 논문을 쓸 수 있다고. 아무도 그걸 믿지 않았죠. 나를 다른 곳으로 보낸다는 발표가 나가자 학부모들이 절대 용납할 수 없다고 반발했어요. 한바탕 소동이 벌어졌고, 그게 신문에 보도됐죠. 그래서 교육위원회는 공청회를 열어 내가 유임되길 바라는 사람들의 얘기를 들어보기 전까지는 결정을 보류하겠다고 한 발 물러났어요.

그런데 교육위원회 이사장이 공청회 하루 전날 날 부르더니 이미 비공식 회의를 통해 공청회 결과와 상관없이 날 해임하기로 결정했다는 거예요. 그러면서 아무한테도 그 사실을 누설하지 말라고 당부하더군요. 분쟁이 일어나면 학교에 좋을 거 없다고. 그래서 교육위원회가 요식 행위를 치르게 가만히 내버려뒀어요. 교육위원회는 그런 식으로 공청회를 열어 MLC 학부모와 지역 주민들의 의견을 검토하는 시늉을 하더니 며칠 뒤에 나를 해임하겠다고 공식적으로 발표했죠.

크리스 눈 가리고 아웅한 거네요?

루 아주 적절한 비유네요.

크리스 아매사가 떠난 MLC는 어땠나요?

루 나는 아매사가 떠나기 일 년 전부터 후임자가 오고 나서 일 년이 지날 때까지 학교에 있었어요. 새로 부임한 교장은 업무를 시작하기 전에 교사 대표를 한두 명 만나겠다는 통보서를 보내왔어요. 교직원들은 우리 다 만나든지 한 명도 만나지 않든지 하나를 선택하라고 대꾸했죠. 우리 반응에 신임 교장이 많이 당황해한 눈치였어요.

새 교장이 그 다음에 한 일은 교장실에 문을 다시 단 거였어요. 아매사가 있을 때는 교장실에 문이 없었거든요. 아이들이 어디가 아프면 언제든지 들어와서 아매사 책상 옆에 있는 간이침대에 누워 아매사와 얘기를 나누거나 아매사가 만든 경주용 자동차 모형을 가지고 놀았죠. 그런데 새 교장은 간이침대를 복도 끝에 있는 방으로 옮기고 교장실 문을 닫아버렸어요. 바로 학생과 교직원들에게서 자신을 분리시킨 거죠. 그렇게 해야 된다고 배웠을 테니까.

역설적이게도 아매사가 쫓겨난 사건은 처음엔 공동체에 활력을 불어넣는 계기가 되었어요. 사람들은 학교에 헌신하겠다는 다짐을 하면서 아주 결연한 태도로 선언했죠. "아무도 우리 학교를 바꿀 수 없다. 지금 이대로가 좋다."

게다가 아매사만 제거하면 속 편해질 거라고 생각했던 교육위원회 계획이 무너지기 시작했어요. 이번엔 우리 아이들이 교육위원회를 당혹스럽게 만들었죠. 아이들이 정말 배우고 있다는 걸 입증해 보였거든요. 대학에서 우리 학생들이 자신감과 의욕이 넘친다면서 MLC 졸업생을 선호하기 시작했어요. 엎친 데 덮친 격으로 MLC를 확 바꾸든지 문을 닫으라고 보낸 신임 교장이 우리 학교를 좋아하게 된 거예요. 연말에는 교장이 직접 나서서 학교가 나갈 방향에 대해 사람들의 의견을 수렴하는 자리를 마련했다니까요.

아매사 하지만 내가 떠나고 4년째 되는 해부터 상당히 많이 변했어요. 다양한 교사 구성을 위해 일부러 채용했던 보수적인 교사들은 내가 있을 때부터 학교에 체계적인 틀이 있어야 한다고 주장했었어요. 내가 있을 때는 그 사람들을 자제시킬 수 있었는데, 떠난 뒤로는 학교의 틀을 잡자는 쪽이 계속 압력을 행사하더니 결국 보수파가 승리했어요.

크리스 구체적으로 어떤 변화가 있었나요?

루 전통적인 학년제를 도입해서 다양한 연령의 학생이 어울려 수업하는 일이 없어졌어요. 또 각 학년마다 규격화된 교과과정이 채택되었어요. 그래도 전형적인 공립학교보다는 훨씬 더 융통성이 있었지만. 수업 출석도 의무화했고, 교실 문을 닫고 수업을 하는 교사들이 늘어나기 시작했어요.

결과적으로 교육의 질이 떨어졌죠. 그 사실을 분명하게 보여주는 예를 들어볼게요. 내가 교사로 있을 때는 인문학 수업을 듣는 아이들에게 책을 일주일에 한 권씩 읽게 했거든요. 이를테면 월요일에 스터즈 터켈의 『일Working』을 읽고 오라고 하면 아이들은 목요일쯤 되면 벌써 다 읽고 토론을 시작하자고 해요. 그때까지 다 읽지 못한 학생이 있다 해도 성적이 나쁘게 나오지 않을까 걱정하진 않아요. 아예 성적을 매기지 않으니까. 대신 다른 친구들한테 혼날까봐 걱정하죠. 우린 책 다 읽고 토론하고 싶은데 너 때문에 이게 뭐냐고 핀잔할까봐. 그런데 몇 년 뒤 내 아들이 MLC에 입학해서 경험한 상황은 전혀 달랐어요. 예전처럼 속도감 있는 수업을 기대했는데, 학생들 분위기나 학부모들 기대치가 너무 많이 바뀌었더라고요. 수업마다 아이들 성적을 매기고, 책도 한 학기에 많아야 두 권 정도 읽게 한대요.

아매사 내가 생각하기에 가장 큰 변화는 학생들이 더 이상 서로에게서 배우지 못한다는 거예요. 그게 학교를 탄생시킨 우리 교육철학의 근간이었잖아요. 서로 다른 아이들이 함께하면서 서로를 이해하는 법을 배우게 하는 것. 그리고 학생과 교사와 학부모 사이의 괴리가 커졌어요. 교사와 행정 당국은 따로 회의를 하기 시작했고, 학부모·교사협의회도 마찬가지였어요. 학생들의 참여도는 현저히 떨어졌고.

크리스 다시 말해 예전에는 진정한 공동체였는데 지금은 아니라는 거죠?

이미사 우린 늘 공동체를 지향했었는데, 지금은 훨씬 제노화되었어요. 들리는 소문으로 지금 교장은 교직원들의 존경을 받지 못하고 고군분투하고 있대요. 여전히 학교 체계를 잡으려고 애를 쓰고 있는데, 내년까지 못 버틸 것 같아요. 나처럼 제도권에 맞설 의지와 능력이 있는 사람을 구해야 돼요.

크리스 그런 사람 찾기가 점점 더 어려워지고 있는데요.

에바 참고로 아매사는 교장으로 있는 동안 받은 스트레스 때문에 입 안이 다 헐어서 피가 나고 그랬어요.

아매사 그래도 내 임무였으니 최선을 다할 수밖에 없었어요. 그리고 노력한 보람이 있었죠. 지금도 MLC는 좋은 학교예요. 여전히 포틀랜드 교육체제의 진정한 대안으로 남아 있고, 오리건 주에 있는 다른 학교의 모범이 되고 있어요.

루 SAT 성적은 주에서 10위권이죠. 지난 30년간 그랬어요.

에바 따뜻하고 친근한 분위기도 여전해요. 건물 안에 들어서는 순간 느낄 수 있죠.

크리스 아직도 입학 대기자 명단이 상당히 길다고 들었어요.

아매사 MLC는 여전히 지역 사람들이 선호하는 학교로 꼽히고 있어요. 요즘도 가끔씩 사람들이 날 찾아와서 자기 아이가 입학할 수 있게 도와달라고 부탁해요. 물론 내 능력 밖의 일이지요.

크리스 처음부터 다시 시작할 기회가 주어진다면 해보고 싶은 일이 있으세요? 공립학교가 아니라 사립학교로 출발할 생각은 없나요?

아매사 사립학교는 언제 끊길지 모를 외부 지원에 지나치게 의존하게 되요. 한번은 한 학부모가 사무실로 찾아와 따졌어요. "도대체 이 학교가 뭐가 그리 잘난 거요? 애가 집에 붙어 있질 않아요. 날마다 학교 타령만 하고. 그래서 한번 와봤는데 내가 보기엔 시장 바닥이 따로 없구만." 최선을 다해 우리 방식을 설명했지만 끝내 이해시키지 못 했어요. 그래도 그 학부모는 자기 아이를 계속 우리 학교에 다니게 했어요. 사립학교였다면 우린 분명히 그 아이를 다시는 볼 수 없었을 거예요. 게다가 사립학교는 책임보험도 큰 골칫거리죠. 한번은 스쿨버스가 빙판에 미끄러져서 전복됐어요. 다행히 인명피해는 없었지만 부상당한 아이들이 많았는데, 교육위원회에서 다 처리해줬죠.

그러니까 사립학교를 택하진 않았을 거예요. 한 가지 바꾸고 싶은 게 있다면, 교육위원회가 주민들 의견을 무시하고 나를 MLC에서 내쫓으려고 몰래 회의를 했다는 것을 알게 되었을 때로 돌아가서 이번에는 그 사실을 온 동네에 떠들고 다니고 싶어요. 사기극이었잖아요. 가짜 공청회를 열어 사람들의 의견을 경청하는 척하고 말이죠. 그것 말고는 다시 하라고 해도 똑같이 했을 거예요.

얼터너티브 커뮤니티 스쿨

얼터너티브 커뮤니티 스쿨Alternative Community School은 6학년부터 12학년 학생을 위한 공립 대안학교로, 현재 약 260명의 학생들이 다니고 있다. 머리글자를 딴 'ACS'로 더 잘 알려진 이 학교는 코넬대학으로 유명한 뉴욕주 서부의 작은 도시 이타카에 자리잡고 있다.

얼터너티브 커뮤니티 스쿨은 '진정한 학교의 연합Coalition of Essential Schools' 회원 학교다. '진정한 학교의 연합'은 학교개혁을 위한 전국 조직으로, 설립 목적은 "지적 생동감이 모든 아이들의 표정을 밝혀주고, 교사들이 전문 실력을 향상시키기 위해 서로 협력하고, 모든 아이들이 성, 인종, 계층과 상관없이 건강하게 자라는 학교를 만드는 것"이다. 회원 학교들은 몇 가지 공통 원칙에 따라 운영된다. 예를 들면 작은 규모의 학교와 학급, 개별 맞춤형 학습과 프로젝트 중심의 학습, 대안적인 평가와 졸업 기준, 민주적 운영, 지역사회에서의 봉사 활동 같은 것이 있다.

따라서 얼터너티브 커뮤니티 스쿨은 성적을 매기지 않고, 교육평의회에서 실시하는 시험제도를 거부해왔다. 학생평가는 각 과목 담당 교사가 학생과 의논하여 작성한 서술형 보고서로 대신하고 있고, 졸업시험은 일종의 졸업 작품 전시회로 대체한다. 그러니까 모든 학생들은 서면으로나 구두로나 아니면 다른 형식으로 포트폴리오를 전시함으로써 이른바 필수과목에 대한 자신의 숙달 정도를 보여주어야 한다.

얼터너티브 커뮤니티 스쿨 학생들은 '가족 모임$^{\text{family group}}$'에 속하게 되는데, 가족 모임은 학급, 자조自助, 생활 지도, 모금운동 같은 여러 가지 기능을 한다. 가족 모임은 여덟 명에서 열네 명의 학생과 교사 한 명으로 구성되며, 매주 두 번씩 만나 서로의 친목을 도모하고 학습 시간표나 학업과 관련된 여러 사안들을 다룬다. 가족 모임은 또한 매년 봄에 있는 수학여행을 위해 기금 마련 행사를 기획하고 진행한다.

얼터너티브 커뮤니티 스쿨 학생들은 학교 운영에서 빼놓을 수 없는 요소다. 사람들은 실내 체육관에서 매주 열리는 전체 회의를 통해 학생과 교직원들이 건의한 시안을 놓고 토론을 벌인다. 학생이 회의를 주재하며, 모든 사람이 동등한 투표권을 갖는다. 학생들은 또한 여러 위원회의 위원으로 활동하는데, 학교의 모든 회의를 조직하는 의제 설정위원회, 분

쟁을 해소하고 학교 규율을 집행하는 학교 법정, 그리고 온
실을 관리하고 건물 주변에 있는 화초에 물을 주는 원예위원
회가 있다.

얼터너티브 커뮤니티 스쿨에 대한 이야기는 공동 설립자
데이브 레만이 해주었다.

크리스 교육개혁을 위해 오랫동안 노력해오셨는데, 이 길로
들어서게 된 계기는 무엇인가요?

데이브 대학에 입학했을 때는 수의사가 되고 싶었어요. 동물
을 좋아했고, 수의사라는 직업이 멋있어 보였거든요. 그런데
대학 2학년 때 청소년들과 일하는 게 내 사명이라는 생각이
문득 들었어요. 동물에 대한 열정으로 생물학을 전공했는데,
처음 생각에서 방향을 조금 틀어 생물학 교사 자격증을 땄
죠. 또 여름방학 때 오하이오 주 콜럼버스의 큰 교회에서 운
영하는 정말 멋있는 여름캠프에서 교사로 일하게 되었어요.
그 캠프를 통해 내 자신을 더 잘 알게 되었고, 아이들을 이해
하는 방법에 대해서도 많이 배웠어요.

크리스 그게 몇 년도죠?

데이브 1959년 여름이요. 1961년에 졸업하자마자 곧바로 시

카고 동남부 근교에 있는 고등학교에 생물학 교사로 취직했어요. 농구부랑 야구부 부감독도 했고, 교회 청년회 일도 했었죠. 이상적인 생활이었는데, 수업 시간만 되면 엄청난 편두통에 시달리는 거예요. 무엇이 잘못된 건지 알 수 없었지만, 연말까지 아무런 차도가 없으면 다른 일에 도전하기로 결심했어요. 몸에서 무슨 신호를 보내고 있는 게 틀림없었거든요.

그러던 중에 다행히 국립 과학재단의 생물 과학 교과과정 연구 사업에 대해 듣게 되었어요. 꽤 많은 돈을 들여 고등학교 생물 교육 방법을 새로 개발하는 사업이었는데, 그 내용을 접하고서 흥분을 감출 수 없었죠. 질문에 대한 정답을 정해놓는 게 아니라 실험을 더 강조하는 접근법이었거든요. 교사가 모든 답을 알고 있어야 할 필요가 없었어요. 교사는 모든 것을 다 알고 있어야 한다는 바로 그 점이 풋내기 교사인 나에게 가장 큰 스트레스였는데, 아마 편두통도 그 때문에 생겼던 것 같아요.

아무튼 생물학 과목 교육감에게 이 연구 사업의 결과에 따라 시범 교수법을 개발하는 일에 나를 투입시켜달라고 부탁했어요. 그 결과 훨씬 더 편안하게 가르칠 수 있게 되었죠. 그러면서 교사로서 첫 번째 깨달음을 얻었어요. 교수법이든 아이들과의 관계 형성이든 교사는 이래야 된다고 훈련받은 내로 할 필요가 없다는 것이었죠.

그때 일을 계기로 국립과학재단의 지원으로 버지니아대학에서 과학 교육 석사 학위를 받았어요. 그런데 그때가 바야

흐로 1960년대 중반, 니일, 존 홀트, 조나단 코졸의 혁명적 교육론이 조명을 받기 시작한 시기였죠. 대학원 공부의 일환으로 그 사람들의 글을 읽으면서 새로이 배운 과학 과목 교수법을 교육 전반에 적용하기 시작했어요. 그러면서 교과과정을 넘어 학교 운영 자체를 새롭게 고민하게 되었죠.

흥미진진한 시기였어요. 계속되는 질문은 이거였어요. "어떻게 해야 이 새로운 관점으로 영향을 미칠 수 있을까?" 내 답은 교사 훈련이었어요. 예비 교사들에게 새로운 생각을 심어주면, 그들이 그 생각을 확산시키고 전혀 새로운 방식으로 가르칠 수 있으니까요.

이런 전망을 실현하기 위해서는 박사 학위가 필요했고, 그래서 내 인생의 다음 거점은 오스틴의 텍사스대학 대학원이 되었죠. 그 대학의 과학 교육 과정이 미국에서 가장 수준이 높았거든요. 게다가 오스틴은 그 당시 미국에서 가장 활발하게 진보운동이 펼쳐지던 곳이었어요. 오스틴 지하신문에 교육 칼럼을 쓰기 시작했죠.

그동안 결혼을 해서 두 아이의 아버지가 되었어요. 아들은 벌써 유아원에 다니고 있었고요. 이젠 아이들을 교육시켜야 하는 학부모의 입장에서 교육에 대한 또 다른 관점이 생긴 거죠.

하루는 아들 대니를 집에 데리고 오려고 유아원 앞에서 기다리고 있는데, 대니가 울먹이면서 차에 타는 거예요. 무슨 일이냐고 물었더니, "나 시험 봐야 된대!"라고 하더군요. 유치원에 갈 준비가 되었는지 알아보기 위해 무슨 시험을 쳐야 했는데 그게 너무 싫었나 봐요. 속으로 이런 생각을 했어요. '참 황당하군. 정말 너무한 거 아냐? 도대체 다섯 살짜리 아이한테 시험을 보게 하는 미친 짓을 왜 한다는 거야?' 하지만 공교육체제에서는 유치원에 가는 것도 다 시험을 봐야 한다고 하더군요.

결론적으로 내 교육관은 학부모의 관점으로 접근하면서부터 급진적인 변화를 겪게 되었어요.

크리스 아들 문제는 어떻게 하기로 했나요?

데이브 우리 부부는 고민에 빠졌죠. "이런 게 유치원의 전조라면, 과연 유치원은 어떻단 말인가?" 하면서. 그러다 아주 절묘한 시점에 구원의 길이 열렸어요. 대학에서 계절 학기 교사 훈련 프로그램을 진행하던 중에 유네스코의 전화를 받았어요. 아프리카 가나에서 생물학 교과서 개발에 도움을 줄 자문단을 모집한다는 소식이었죠. 아내한테 의견을 물었더니 단번에 대답하던데요. "당장 짐 쌀게!" 그래서 우리 네 식구는 가나로 떠났죠.

말 그대로 하루아침에 환경이 바뀌었는데, 정신을 차려보니 아프리카의 한 강의실에 앉아 있더군요. 백인과 흑인이 섞인 자문단이 앉아 있고, 미국인 교수 두 명이 앞에 나와 뭐라고 말했어요. 요지는 자기들이 교과서 초안을 작성할 테니 우리더러 검토하고 의견을 제시하라는 거였죠. 그곳 사람들은 "저 백인들이 우리 교과서를 만들겠다는 거야?" 하는 표정으로 서로 쳐다보고 있고.

이상하게도 그 교수 둘 다 2주만에 돌아갔어요. 그런데 떠나기 전에 나한테 교과서 사업을 맡으라고 하더군요. 그래서 이렇게 대답했죠. "원점으로 돌아가서 제 방식대로 할 수 있게 해주면 맡겠습니다."

교수들은 그렇게 하라고 했고, 우리는 다음 날 강의실 문을 잠그고 다들 마주 보고 앉을 수 있는 회의실로 자리를 옮겼어요. 나는 아프리카 자문위원들한테 이렇게 말했어요. "이 교과서는 여러분의 교과서입니다. 우리는 여러분을 지원하는 역할만 할 겁니다. 앞으로 어떻게 진행했으면 좋겠습니까?"

그 사람들의 첫 번째 요구는 불평등한 숙소 배정을 바꾸자는 거였어요. 백인들은 교수 전용 단독주택에서 지내고 흑인들은 학생 기숙사에서 지내고 있었거든요. 자문단이 지적한 불평등한 점들을 다 고치는 데 일주일이나 걸렸어요. 그 뒤에 교과서 사업을 다시 원점으로 돌려 시작했죠. 정말 급진적인 경험이었어요.

박사 과정을 마치려고 오스틴으로 돌아왔을 때는 완전히 딴 사람이 되어 있었죠. '민주사회를 위한 학생회Students for a Democratic Society'의 후원으로 진행되던 학습 모임에 가입했어요. 대학의 변혁에만 국한되지 않고 더 넓은 맥락에서 사회의 변혁을 모색하는 모임이었죠. 그러면서 예비 교사를 가르치겠다는 원래 계획을 다시 생각하게 되었어요. 기존의 제도교육을 지속시키는 일에 에너지를 쏟고 싶지 않았거든요.

크리스 그래서 어떻게 하기로 했나요?

데이브 마침 학습 모임 회원 중에 교육에 관심이 많은 친구가 몇 명 있었어요. 그래서 함께 학교를 만들기로 했죠. 교육의 새로운 패러다임을 원하면 우리가 직접 나서서 그 패러다임을 개발해야 한다고 생각했거든요.

그래서 우리는 갖고 있던 돈을 모아 오스틴에서 40킬로미터 정도 떨어진 곳에 20만 평 가량 되는 땅을 샀어요. 낡은 오두막집 한 채 말고는 아무것도 없는 허허벌판이었어요. 우리는 그곳에 배움에 모든 초점을 맞춘 의식 공동체를 만들 계획이었어요. 여러 가지 워크숍이나 대회를 열고, 공동체의 중심축으로 아이들을 위한 무료 학교를 운영하기로 했죠.

첫해 교과과정은 학교를 짓는 거였어요. 우선 폴리우레탄을 입힌 삼베와 콘크리트로 건물을 지었어요. 이 공동 건물에서는 최소한 이틀에 한 번씩 식사를 같이 하기로 했고요. 그리고 공동체 핵심 구성원들은 사생활을 충분히 보장받을 수 있게 주변 숲에 사택을 지었어요.

크리스 핵심 회원이 몇 명이었나요?

데이브 어른 여덟 명에 그 아이들이었죠. 건물을 짓는 동안 원래 있던 오두막집을 아이들의 놀이터로 사용했는데, 이것이 금세 정원 50명의 K-12 프리스쿨로 발전했어요. 대부분의 아이들이 우리가 장만한 중고 스쿨버스를 타고 오스틴에서 통학했는데, 등록금은 아이들 집안 형편에 따라 신축적으로 책정했어요. 우리에게는 아이들의 다양성이 굉장히 중요한 요소였어요. 인종차별과 계급차별을 비롯한 사회적 불의를 중점적으로 해결하고 싶었으니까요. 교육은 절대 중립적인 게 아니라 항상 정치적이라는 게 우리의 신념이었죠.

그러다 3년이 지난 뒤에 '그린브라이어Greenbrier'라고 불리게 된 그 공동체를 떠나기로 했어요.

크리스 왜요?

데이브 이유는 두 가지예요. 첫 번째는 결혼 생활이 파탄 지경에 이르렀다는 것이죠. 아내는 우리 공동체의 정치의식을 처음부터 부담스러워했거든요. 그리고 두 번째로는 프리스쿨에서 배운 것으로 더 큰 틀에서 더 많은 영향을 미치고 싶은 욕심이 생겼어요. 내 자신에게 이렇게 묻기 시작했죠. "이 생각을 공립학교에 접목시켜 실천할 순 없는 걸까?"

그래서 찾아간 인생의 다음 거점은 오하이오 주 콜럼버스의 퍼스트 커뮤니티 교회였어요. 교파를 초월한 아주 큰 교회였는데, 대학 다닐 때 그 교회에서 운영하던 여름캠프에서 교사로 일한 적이 있었죠. 그 교회는 진보적 종교 교육 프로그램을 운영하고 싶어했는데, 내게 그 일을 맡겼어요.

나는 열린 교실 교육법을 적용해 종교 교육을 했어요. 우린 건물의 벽을 허물어 커다란 교실을 만들고, 거기에 학습 센터를 여러 개 만들었어요. 그리고 일요일마다 아이들이랑 기타를 치며 노래를 불렀어요. 당시 종교 교육 프로그램 대부분이 아이들에게 교리를 주입시키려고만 했는데, 아이들의 발달 단계를 고려해보면 그런 프로그램을 받아들일 때가 아니라고 생각했어요. 아이들이 그 단계에서 배워야 하는 가장 중요한 것은 사랑, 자기 자신에 대한 좋은 느낌, 인생에 대한 의욕 같은 것이죠.

크리스 그래서 어떻게 되었나요?

데이브 얼마나 히트를 쳤는지 아이들이 3부까지 있는 주일 예배가 다 끝나도 집에 갈 생각을 안 하는 거예요. 교회에 있는 게 너무 재미있어서. 교회를 설득해 주중에도 학교를 운영할 생각까지 했지만, 위협을 느낀 부모들의 반발로 결국 그 꿈은 접어야 했죠.

그 즈음에 '뉴 스쿨 익스체인지New Scool Excgane'가 내가 사는 곳 근처로 옮겨왔어요. '뉴 스쿨 익스체인지'는 피터 마린을 비롯한 몇 사람이 캘리포니아 주에서 시작한 대안교육 네트워크였는데, 오하이오 주 세인트패리스로 옮겨 그레이스 달리와 빌 하우드에게 맡기기로 한 거예요. 그레이스는 플레이마운틴 플레이스에서 필리스 플리쉬만과 함께 일했던 사람이고, 빌은 안티오크대학 강사 채용 담당자였죠. '뉴 스쿨 익스체인지'는 1960년대 중반 6쪽짜리 등사판 인쇄물로 출발해 정기적으로 회보를 발간하고 있었어요. 전국에 새로 시작한 프리스쿨의 명단을 싣고 프리스쿨들이 서로 소식과 정보를 주고받을 수 있게 해주는 매체였죠.

빌, 그레이스, 그리고 나는 '현실적 대안교육을 위한 오하이오 연합Ohio Coalition for Educational Alternatives Now'을 통해 서로 알게 되었어요. '현실적 대안교육을 위한 오하이오 연합'은 교회에서 종교 교육을 하면서 루 보리스와 함께 창설한 조직이죠. 루 보리스는 내 두 아이가 다니고 있던 콜럼버스의 메트로폴리탄 스쿨Metropolitan School이라는 프리스쿨 설립자였어요. 우리 둘은 오하이오 주에 있는 프리스쿨들을 연계시키기 위해 '현실적 대안교육을 위한 오하이오 연합'을 설립했죠. 나는 루의 학교에서 교사 훈련 담당자이자 학부모 상담원으로 일하고 있었어요.

설명이 길어졌는데, 결론을 얘기하자면 빌과 그레이스가 세인트패리스의 '뉴 스쿨 익스체인지' 관리와 작은 유기농 농장 운영을 위해 조합을 만들고, 나를 부른 거죠. 우린 낡은 농장 주택에서 같이 살면서 더 나은 회보를 발간하는 데 모든 노력을 쏟았어요. 잡지 형식으로 확대하고, 대안교육에 관한 실속 있는 기사들을 싣기로 했죠. 대안학교 주소록도 발간했고요.

그 일을 하면서 둘째 처 쥬디를 만났어요. 우리 조합에서는 회보 출판과 농장 일 말고도 홈스쿨링을 하고 있었는데, 쥬디는 우리가 가르치던 세 아이의 엄마였죠.

뉴 스쿨 익스체인지는 당시 주목받고 있던 공립 대안학교들과 인연이 닿았어요. 뉴욕 주 로체스터의 벽 없는 학교School Without Walls, 오리건 주 포틀랜드의 대도시 지역 직업기술센터Metropolitan Regional Career and Technical Center, 코네티컷 주 하트퍼드의 샨티 고등학교Shanti High School, 미네소타 주의 세인트폴 열린학교Saint Paul Open School 같은 학교가 그때 생겨났는데, 우리는 회보에 그 학교들의 성장기를 실었어요.

그러던 어느 날, 우린 뉴욕 주 이타카 시에서 공립 대안학교를 만들기 위한 모임을 이끌고 있던 존 다이치라는 사람이 보낸 편지를 읽고는 바로 솔깃해졌죠. 그래서 쥬디와 함께 '뉴 스쿨 익스체인지' 일로 미국 동북부의 학교를 돌아보다가 이타카 시에 들러 다이치를 만났어요. 마침 다이치가 이끌던 학교 준비위원회는 새 학교를 맡을 교사 겸 운영자를 찾고 있었어요. 나는 바로 그 자리에서 관심이 있다고 확실하게 말했어요. 내가 '뉴 스쿨 익스체인지'에서 왔다는 것과 준비위원 중에 급진적인 생각을 하는 사람들이 있있나는 것이 유리하게 작용해서인지 결국 내가 채용됐어요.

사실 내 자신을 교장으로 생각해본 적이 없거든요. 나는 어디까지나 교사예요. 아무튼 처음부터 전형적인 교장이 되지 않기로 굳게 다짐했어요. 모두 동등한 지위를 가진 집단 체제에서 교사들과 함께 일하고 싶었어요. 그래서 교사들과 함께 계획을 세우고 의사를 결정하는 수평 구조를 만들었죠. 그렇게 하지 않을 바엔 아예 하지 않겠다는 심정으로. 그리고 학교가 문을 연 첫날부터 학생들에게도 학교 운영에 관여할 수 있는 강력한 권한을 줬어요. 그것이 내가 생각하는 민주적 교육이었거든요.

크리스 학교 이름이 뭐였나요?

데이브 처음에는 그냥 '뉴 주니어하이 프로그램'이라고 불렀어요.

크리스 공립학교라는 점이 걸림돌로 작용하지는 않았나요?

데이브 그런 면도 있었죠. 아이들이 의무적으로 해야 되는 것, 반드시 이수해야 하는 필수과목들이 있었죠. 하지만 하루하루 시간표를 짜는 일, 필수과목에 접근하는 방법, 함께 일하는 방식 같은 것은 모두 공동체 안에서 민주적으로 함께 결정했어요.

크리스 여기서 잠시 선생님이 등장하기 전으로 돌아가서 학교가 생기게 된 과정을 좀 설명해주시죠.

데이브 배경을 설명하자면 좀 복잡해요. 우선 존 다이치가 시내에서 운영하던 대안 중학교가 있었어요. '마클스 플래츠 Markles Flats'라는 학교였는데, 한 3년 반 동안 문을 열었다 닫았다 했던 학교였죠. '플래츠'라는 시내 한 지역의 지명과 괴짜로 소문났던 이타카 시 초기 정착민 마클 가족의 성을 따서 이름을 지었대요. 마클스 플래츠가 없어지면서 그 학교가 쓰던 건물을 우리가 물려받았죠.

마클스 플래츠는 사실 코넬대학의 벤 니콜스 교수와 학생들이 진행했던 프로젝트에서 파생된 것이에요. 사회주의자였던 니콜스 교수는 나중에 이타카 시장까지 지냈죠. 아무튼 그 프로젝트를 진행했던 때가 1969년, 그러니까 대학들이 지역사회에 더 많이 기여하려는 움직임이 전국적으로 일고 있던 시기였어요. 그런 움직임의 일환으로 코넬대학이 중학교를 세우고 운영하게 된 거죠. 명목상으로는 공립학교 체제에 편입되어 있었는데, 빈곤이나 인종차별 같은 사회적 이슈를 다루는 중학교였어요.

그런데 그 프로젝트에 참여했던 대학생들은 자기들이 받은 교육 말고는 교육에 관한 경험이 전혀 없었어요. 순진하고 힘만 넘치는 젊은이들이었죠. 조금 지나치다 싶은 일들도 자주 시도했었어요. 그 결과 그 지역 존 버치 소사이어티 John Birch Society(미국 헌법에 보장된 자유를 수호하기 위해 1950년대에 만들어진 전국적인 민간 조직_옮긴이) 회원들이 라디오 정오 프로그램을 이용해 학교를 헐뜯기 시작했어요. 학교가 평화

279

로운 도시를 점령할 공산주의자들의 온상이라고 비방했죠. 사태가 심각해지자 니콜스 교수가 학생들을 데리고 철수했어요. 그 뒤에 다이치가 그 지역 교사들과 함께 학교를 인수해 공립학교 체제 안으로 끌어들였던 거죠.

그런데 새롭게 변신한 학교도 평탄치 못했어요. 좋은 일도 많이 했지만, 물의를 일으킨 경우도 여러 차례 있었거든요. 결국 평판이 너무 안 좋아져서 교육위원장이 학교 운영을 몇 번씩 정지시켰다 풀었다 했어요. 마지막으로 정지시켰을 때는 학부모, 교사, 학생들의 항의가 하도 빗발치니까 교육위원장이 조사단을 꾸렸어요. 교사, 학부모, 사회복지사, 보호 감찰 경찰관, 지역 지도자, 학생으로 구성된 조사단을 꾸려서 이타카 시에 공립 대안학교가 필요한지 조사하게 한 거죠.

조사단은 거의 일 년 가까이 조사를 했어요. 여러 학교를 돌아다녀보고, 관련 서적을 찾아 읽고 나서 교육위원회에 열 가지 제안을 했어요. 그중 하나가 새로운 대안 중학교 프로그램을 만드는 거였어요. 그 제안이 교육위원회 승인을 받아 새 학교를 만들 준비위원회가 학교자문위원회라는 이름으로 출범한 거예요. 조사단과 비슷한 구성에 교육위원회 부위원장이 참여하는 위원회였어요. 그러니까 그 위원회에서 학교를 구상하고, 그 구상을 실행하는 일을 나한테 맡긴 거죠.

우리 학교가 생기게 된 또 다른 배경은 이스트힐 초등학교예요. 1966년인가 1967년에 설립된 대안 초등학교인데, 그 당시엔 학부모들이 자신이 선택한 학교에 자녀를 보낼 수 있었거든요. 학부모들이 가장 선호한 초등학교가 이스트힐이 었죠. 학부모들은 아이들이 이스트힐을 졸업하고 나서 진학 할 수 있는 비슷한 학교가 생기기를 간절히 바라고 있었어 요. 지금 우리 학교의 한 교사가 그 당시 이스트힐에서 가르 치고 있었죠.

크리스 그럼 학교 이야기로 돌아가서, 학생과 교사 몇 명으로 출발했나요?

데이브 7-9학년 학생 60명으로 시작했어요. 교사는 파트타 임 영어 교사 두 명, 풀타임 미술 및 음악 교사 한 명, 파트타 임 사회 교사 한 명, 파트타임 수학 교사 한 명, 스페인어 및 학생 상담을 맡아준 흑인 여성 한 명, 자원봉사로 불어를 가 르쳐주겠다고 한 퇴직 교사 한 명, 파트타임으로 체육을 맡 아준 푸에르토리코 출신 흑인 남성 한 명, 그리고 내가 교장 으로 있으면서 과학 과목을 가르쳤죠.

크리스 초기에는 학생들을 어떻게 모집했나요?

데이브 사실 1974년 4월부터 일을 맡았기 때문에 학교 문을 열기 전까지 조금 시간 여유가 있었어요. 그래서 두 가지 일 을 추진했죠. 우선 교육위원회가 있는 건물에 수시로 드나들 며 각 학교를 담당하는 교육위원의 비서들과 친해졌어요. 그 사람들과는 지금도 좋은 관계를 유지하고 있어요. 정치적으로 좋은 전략이죠. 실제 업무는 대부분 비서들이 하잖아요.

그리고 이 학군에 있는 초등학교 6학년 학생들과 중학생들을 찾아가 학교를 홍보했어요. 홍보 책자를 만들어 6-8학년 학부모에게 우편으로 발송했고요. 그러고 나서 학교 맞은편에 있는 청소년센터에서 저녁 시간에 두 차례 공청회를 열었어요. 특별히 그 장소를 택했던 건 청소년센터를 주로 이용하는 사람들이 도심에 사는 흑인들이었기 때문이죠.

그 밖에도 될 수 있는 대로 지역 모임에 참가해서 전단을 돌렸어요.

크리스 학교가 다른 중학교와는 많이 달랐나요?

데이브 엄청 달랐죠. 학생들은 교사들을 부를 때 선생님이라고 부르지 않고 이름을 불렀고, 학교 정책에 대한 결정권도 학생들이 제일 컸어요. 매주 열리는 전체 회의도 아이들이 진행했고요. 이 밖에도 학교 운영을 담당하는 학생위원회를 만들고, 학생들이 자체적으로 분쟁을 해결하는 사법위원회도 만들었죠.

교과과정은 학생들의 관심사를 최대한 반영했어요. 예를 들어 영문학 수업을 할 때는 학생들이 자기가 선택한 소설을 읽었고, 창작 주제도 자기가 정했어요. 학습 주기를 7주로 잡고, 7주에 한 번씩 설문 조사를 해서 다음 7주 동안 무엇을 배우고 싶은지 파악했어요. 한 해는 9학년 아이들이 고등학교 진학에 대비해 일 년 동안 과학 수업을 집중적으로 하고 싶다고 해서 지구과학 수업 시간을 따로 두기도 했어요.

또 한번은 아이들이 시민 대역 라디오Citizens Band Radio(일반 시민들이 시민 대역으로 지정된 주파수 대역을 사용하여 자체 제작한 프로그램을 송신하는 라디오 방송_옮긴이)에 대해 배우고 싶다는 거예요. 나는 CB가 무엇의 약자인가 하는 것에서부터 시민 대역 라디오에 대해 알고 있는 것이 전혀 없었어요. 그래도 아이들과 머리를 맞대고 수업 계획을 세웠어요.

나도 아이디어를 내곤 했죠. 아이들이 맘에 든다고 하면 그것을 실행에 옮겼고. 진정한 쌍방 관계였어요. 때로는 생각대로 안 돼서 수업을 망치기도 했죠. 그럼 그냥 방향을 틀어 다른 걸 시도해보는 거예요.

교실 구조도 다른 학교와 달랐어요. 큰 테이블에 교사와 학생이 다 같이 둘러앉아 수업을 진행했죠.

크리스 첫해는 어땠나요?

데이브 3년 동안 학교를 시범 운영하고 나서 한 달에 한 번씩 만나고 있던 학교자문위원회의 재평가를 받기로 했거든요. 그런데 첫해 중반에 접어들면서 교육위원회에 다음 해 학교 운영 자금이 없다는 소문이 돌기 시작했어요.

크리스 그래서 어떻게 했죠?

데이브 처음부터 대중에게 긍정적인 이미지를 보여주려고 조심했어요. 제도교육과 우리 교육 방식을 양극으로 놓고 제도교육을 비난하지 않았어요. 대신 우리 교육 방식의 긍정적인 측면을 강조하고 아이들의 반응이 얼마나 좋은지 얘기했죠. 기존 교육제도의 나쁜 점에만 초점을 맞추고 비판을 하면 반감만 사고 그 화살이 반드시 우리에게 돌아오리라는 것을 잘 알고 있었거든요.

그리고 학교자문위원회와도 좋은 관계를 유지했어요. 예산을 책정할 때 자문위원들이 우리를 변호해준 덕분에 학교가 살아남을 수 있었죠. 결국 교육위원회에서 2차 년도에도 지원금을 주기로 했는데, 3년차가 될 때까지 입학률이 계속 증가했어요.

우리가 생존할 수 있도록 해준 또 다른 중요한 요소는 모든 성과를 기록으로 남긴 거였어요. 우린 첫해에 코넬대학 인간생태학과 연구팀을 초청해 우리 학교에 대해 연구하게 했는데, 연구 결과가 매우 긍정적으로 나왔어요. 이 밖에도 우리가 하는 다양한 사업들을 자체적으로 기록해 우리 방식의 효과를 입증하는 자료를 축적했어요. 그리고 3년차 말에는 스탠포드 시험출제기관의 자문위원을 불러 우리 학교 시험 성적을 분석하게 했어요. 그 결과 우리 학생들 실력이 평균보다 훨씬 높게 나왔어요.

학교자문위원회에서 본격적인 재평가에 착수했을 때는 이미 제도교육의 기준으로도 우리 아이들의 성공이 입증된 상태였죠. 무형의 성과도 많았어요. 아이들은 학교를 좋아했고, 학부모들은 아이들이 학교를 좋아한다는 사실에 고마워했어요. 출석률은 높아진 반면에 자퇴율은 낮아졌고. 학생 징계 건수도 감소했죠.

마침내 심판의 날이 왔어요. 교육위원회에서 우리 학교의 존속 여부를 표결에 붙였어요. 그런데 그동안 교육위원장과 교육위원 몇 명이 바뀌었거든요. 공립 대안학교는 그게 참 불안해요. 우리 운명을 좌우하는 사람들이 계속 바뀌는 게.

교육위원장과 위원 몇 명은 우리가 같은 학군에 있는 공립 중학교 건물로 들어가는 게 좋겠다고 했어요. 그런데 그 학교의 한 동도 아니고 교실 몇 개만 쓰라는 거예요. 우리더러 죽으라는 얘기로 들렸죠. 다른 교육위원들은 우리가 이타카 고등학교로 들어가야 된다고 주장했어요. 그 학교는 대학 캠퍼스처럼 건물이 여러 개였고 우리가 들어가게 될 동도 어느 정도 독립 건물처럼 쓸 수 있었거든요. 우리한테는 안성맞춤이었죠. 규모가 커지면서 건물이 비좁아진 상태였거든요. 애초에 낡은 사무실 건물을 개조한 곳이었으니까.

드디어 운명의 순간이 왔어요. 우린 지지지 수백 명을 동원했죠. 교육위원회 회의실이 입추의 여지도 없이 꽉 찼어요. 학생들이 발언하고, 학부모들이 발언하고, 보호감찰 경찰관들까지 한마디씩 거들었죠. 우리가 짠 시나리오대로 착착 움

285

직였어요. 그리고 마지막에 내가 발언을 했어요. 상당히 정치적인 연설이었죠. 그동안 나왔던 모든 얘기들을 묶어 우리 학교가 존속되어야 하는 근거를 쭉 열거하자 그 많은 사람들이 모두 일어서서 박수를 치고 난리가 났어요.

교육위원회는 8대 1로 우리 학교를 이타카 공립학교 체제에 영구적으로 편입시키기로 결정했어요. 사실 공립학교 체제에서 영구적이라는 말 자체가 모순이지만. 그리고 이타카 고등학교로 자리를 옮기는 것도 그때 결정이 났어요.

우린 뛸 듯이 기뻐했죠. 준비위원회가 처음에 제안했던 대로 고등학교 과정까지 확대할 수 있는 물리적 공간이 확보된 거니까.

크리스 전환기는 어땠나요?

데이브 교육위원회에서 꽤 큰돈을 들여 우리가 쓸 교실 몇 개를 미리 보수해주기까지 했어요. 수위실을 개조해서 나랑 비서가 쓸 수 있는 작은 교장실도 장만해줬고요. 교장실 창문 밖에 지붕으로 올라가는 사다리가 있어서 아이들이 무척 애용했죠. 한번은 과학 교사가 사다리를 사용해 지붕에 사슴 시체를 올려다놓고 아이들과 관절을 다시 붙이는 실험을 했어요. 그런데 얼마 지나지 않아 시체 썩는 냄새가 진동하는 바람에 우리가 세 들어 살던 고등학교 측의 미움을 사기도 했어요.

그리고 이사 간 지 2년째 되던 해에 시 행정부와 교육위원회의 허락을 받아 고등학교 과정으로 확장하는 사업을 추진할 기획단을 구성했어요. 기획단이 제출한 기획안이 통과되어 고등학교 과정을 개설하려는 참에 교육위원회에서 또 다른 결정을 내렸어요. 학군 전체의 초등학교 입학률이 떨어지자 초등학교를 통폐합시키는 계획을 세운 거예요. 그 계획의 일환으로 6학년을 중학교로 올려 보내고 중학교 마지막 학년인 9학년은 고등학교로 올려 보냈어요. 결과적으로 우리 학교는 고등학교 과정을 개설하면서 하루아침에 7-9학년 과정의 학교에서 6-12학년 과정의 학교로 커졌죠.

이젠 학교 이름이 '뉴 주니어하이 프로그램 및 얼터너티브 커뮤니티 고등학교'로 길어졌어요. 이름이 너무 길어서 이듬해에 '얼터너티브 커뮤니티 스쿨'로 바꾸고 머리글자를 따서 'ACS'라고 부르기로 했죠.

그런데 정원이 150명으로 늘어나 우리가 있던 동이 비좁아지기 시작했어요. 그 즈음에 교육위원회에서는 초등학교 입학률이 계속해서 하락했기 때문에 다시 한번 초등학교를 통폐합시켰어요. 그렇게 해서 비게 된 웨스트힐 초등학교 건물을 우리가 써도 된다는 허락이 났죠. 1949년에 지은 2층짜리 벽돌 건물인데 꽤 쓸 만했어요. 우리 아이들은 내환엉이었죠. 처음에는 유아원과 건물을 나눠 썼는데, 교육위원회에서는 건물 일부를 사립 초등학교에도 임대했어요. 그런데 몇 년 뒤에는 규모가 계속 커져서 건물 전체를 써야 했어요.

크리스 고등학교 과정까지 확대되고 나서 큰 변화는 없었나요?

데이브 별로 없었어요. 고등학생들이 저학년 아이들과 가끔 프로젝트를 같이 해줘서 참 좋았어요. 그리고 아이들이 캠퍼스 밖에서 활동하는 일이 더 많아졌어요. 사회 연구와 봉사 과정을 대폭 늘려 고등학생들에게는 취업 견학을 최소한 두 번 이상 하게 했고, 또 사회봉사를 60시간씩 하게 했죠. 이건 학생들이 전체 회의에서 스스로 결정한 사항들이에요.

크리스 그동안 데이브 선생님의 역할에는 변화가 없었나요?

데이브 규모가 커져서 행정 업무가 많이 늘었어요. 그래서 가족 모임은 안 맡기로 하고, 가르치는 것도 한 학기에 한 과목으로 줄였어요. 하지만 그 이하로는 절대 안 내려가요. 교장이든 이사장이든 학교를 이끄는 사람이면 반드시 가르치는 일을 해야 된다고 생각해요. 나는 내가 가르치는 일을 그만두는 것을 상상할 수 없어요. 학교에서 보내는 시간 중에서 가르치는 시간이 가장 즐겁거든요. 학교를 제대로 운영하기 위해서는 다른 일들도 처리해야 되지만, 학교의 핵심은 어디까지나 가르치고 배우는 것이죠.

크리스 3년간 시범 운영 뒤에는 별다른 어려움이 없었나요?

데이브 공립 대안학교는 교육위원회와 행정부의 작은 변화에도 민감할 수밖에 없어요. 내가 교장으로 있는 동안 교육위원장이 임시직을 빼고도 열두 번이나 바뀐 것 같아요. 교육위원회나 행정부가 엄청 잘 대해줄 때도 있어요. 그러면 "야호! 이제 됐다!"라고 생각하기 쉽죠. 하지만 긴장을 늦추고 교만이 지나치면 우리랑 생각이 다른 사람이 교육위원장이 되거나 교육위원 한두 명만 바뀌어도 바로 바닥에 내동댕이쳐지는 경우가 많아요.

1985년부터 3년 동안 정말 괴로웠던 적이 있었어요. 교과과정 담당 교육감이 우리를 힘들게 하려고 작정이나 한 것처럼 덤볐거든요. 우리 학교 문을 닫아버리는 게 그 사람의 목표였던 것 같아요. 처음에는 교육위원장의 지지를 등에 업고 상당한 위세를 부렸죠.

크리스 어떻게 시험을 이겨냈나요?

데이브 우선 '진정한 학교의 연합'에 가입했어요. 전국적으로 인정받은 연합의 일원이 되면 우리 입지가 더 강해질 것 같아서였죠. 확실히 도움이 됐어요. 그런데 그 교육감은 같은 학군에 있는 일반학교도 대여섯 군데 괴롭혔는데, 결국 그 사람은 적을 너무 많이 만들어서 재임에 실패했죠.

하지만 그게 불행의 끝이 아니었어요. 지금도 교육위원회에 보수적인 위원이 세 명이나 있어요. 납세자를 굉장히 의식하는 사람들인데, 우리 학교의 교사 한 명당 학생 비율이 너무 낮고 돈이 너무 많이 든다며 신문이나 방송에서 여러 번 떠들어댔죠.

크리스 어떻게 대응했나요?

데이브 기본적인 입장은 그 사람들과 진흙탕에서 같이 뒹굴지 않는다는 거예요. 그 사람들이 언론에 제공하는 정보는 대부분 틀렸거나 왜곡된 것이었거든요. 우린 그 사람들과 언론 전쟁에 휘말리는 것을 거부했어요. 그건 그쪽이 원하는 바니까.

반대하는 사람들과 직접 맞서야 할 필요가 있으면 주로 학부모나 학생들이 나서게 해요. 하지만 도저히 이길 수 없는 싸움이에요. 이번 판은 이기더라도 다음 판엔 또 다른 걸로 생트집을 잡고 싸움을 걸 테니까요. 매번 이겨야 한다는 강박관념에 사로잡히면 정말 기운 다 빠져요. 게다가 정작 중요한 아이들에게 관심을 기울일 수 없게 되죠.

그래서 맞대응을 하기보다는 기자들을 초청해 아이들이 학교에서 얼마나 재미있는 일을 많이 하고 있는지 꾸준히 보여주고 있어요.

크리스 전례 없는 성과를 무려 28년 동안 거뒀는데도 공격을 당한단 말씀이세요?

데이브 믿기 어렵겠지만 그래요. 그래도 지금 교육위원장은 우리 학교에 좋은 인상을 갖고 있고, 위원들도 그나마 중도 파가 많아서 심각한 위기는 면하고 있어요. 얼마나 갈진 모르겠지만.

크리스 얼터너티브 커뮤니티 스쿨이 미국의 다른 학교에 어느 정도 모범이 되고 있나요?

데이브 방문객이 하도 많이 찾아와서 방문 시간을 10월 1일에서 이듬해 4월 1일까지 매주 수요일로 제한하고 있을 정도예요. 안 그러면 아이들이 무슨 동물원 원숭이가 된 느낌이 들 것 같아서요. 사실 지난주에도 뉴욕에서 학교를 세울 계획을 하고 있는 사람이 우리 학교에 한번 와보겠다고 메일을 보냈어요.

1980년대 중반에는 뉴욕 주의 공립 대안학교 네트워크인 '뉴욕 대안학교연합'을 결성하는 일을 도왔어요. 성공 사례들을 더 널리 알리려는 시도였는데, 일 년에 몇 차례 회보를 발간해서 성공 사례들을 알렸죠.

불행하게도 공립 대안학교들이 행동이나 학습에 문제가 있는 특정 학생들만 대상으로 하는 현상이 점점 더 늘어나고 있어요. 우린 처음부터 누구나 다 들어올 수 있는 학교가 되려고 노력했거든요. 우리 모델이 다양한 아이들에게 잘 맞는다는 사실도 충분히 입증됐고요. 우리 학교의 소수 인종 학

생 비율은 지역 평균보다 훨씬 높아요. 이타카 시가 애팔래
치아(미국 동부 애팔래치아산맥 남부 지방으로, 이농 현상이 심
하고 사회 기반이 낙후된 농촌이 많은 지역_옮긴이) 북단에 있
기 때문에 가난한 농부의 아이들이 많아요. 이 밖에도 다운
증후군, 주의력결핍 과다행동장애, 아스퍼거증후군(자폐 아
동이 보이는 증세의 일종_옮긴이) 같이 특수교육이 필요한 아
이들도 여러 명 있고, 법적으로 시각장애인 판정을 받은 아
이들도 두 명 있어요.

우리가 거의 모든 아이들을 성공적으로 교육시키고 있다
는 틀림없는 증거 중의 하나가 입학 대기자 명단이죠. 대기
자가 2백 명이 넘어 추첨을 통해 입학생을 받고 있거든요. 그
리고 무엇보다도 다양성을 중요시하기 때문에 성비性比, 특
수교육 학생, 저소득층 자녀, 영어가 제2언어인 학생, 소수
인종 같은 소수자의 비중을 유지할 수 있는 비례 입학제를
실시하고 있죠.

전국 차원의 활동을 말씀드리자면, 1978년 시카고에서 열
린 사상 최초의 대안교육 전국 회의에 참가했어요. 이반 일
리히, 존 홀트, 조나단 코졸 같은 사람이 참석한 회의였죠. 그
때 만난 사람 몇 명과 함께 '전국대안공동체학교연대'를 설
립했어요. 공립 및 사립 대안학교와 홈스쿨링센터를 포괄하
는 조직인데, 지금도 꽤 활발한 활동을 벌이고 있죠. 빌 하우
드와 내가 그 조직의 사명과 목적을 설명하는 문구를 작성했
어요.

크리스 선생님이 은퇴하면 얼터너티브 커뮤니티 스쿨은 어떻게 될까요?

데이브 나 없이도 잘 하리라고 믿어요. 처음부터 함께 학교를 운영하려고 신경을 많이 쓴 이유도 학교가 지도자 한 사람을 중심으로 운영되는 것을 막기 위해서였죠. 일주일에 한 번 일과를 마친 뒤에 두 시간씩 하는 교직원 회의도 내가 주재하거나 소집하지 않아요. 교직원들이 모두 모여 학교의 모습과 분위기를 함께 만들어가는 자리이기 때문이죠. 전체 회의나 가족 모임도 마찬가지예요. 이런 방식으로 권력이 한곳에 집중되는 것을 방지하고 있죠.

　사실 새로운 교장을 맞게 되면 오히려 더 좋을 것 같아요. 28년이 지나는 동안 얼터너티브 커뮤니티 스쿨은 여러 가지 면에서 내 스타일과 사고방식을 닮아버렸거든요. 새 사람이 오면 새 바람이 불겠죠. 하지만 내 업무 중에 신임 교장이 꼭 물려받아야 되는 중요한 일이 있어요. 바로 학교를 대표해서 교육위원회, 연방 정부, 주 정부를 상대하는 정치 활동이에요. 그래서 물러날 때가 되면 후임자에게 중요한 사람들을 소개시켜주고 정치 협상의 노하우를 전수해줄 기회가 있었으면 좋겠어요.

　학교라는 공동체는 4-5년에 한 번씩 특별한 이벤트로 재충전을 해야 한다고 생각해요. 우리 경우를 예로 들자면, 처음에는 공립학교를 전혀 새로운 방식으로 운영하는 데서 오는 흥분만으로도 충분했어요. 4-5년에 한 번꼴로 학교를 옮겼는데, 공동체가 집단적으로 창의력을 발휘해야 하는 계기가 되었죠. 그 다음엔 한곳에 오래 머물게 되면서 다른 방법으로 재충전할 계기를 찾아야 했어요. 몇 년 전에 학교 전체 프로젝트로 한 교사가 소유하고 있던 시골 땅에 커다란 천막집을 지어놓고 우리 학교 수련회 장소로 쓴 것도 그런 예죠.

내가 떠나면 학교가 다시 한번 뭉칠 수 있는 좋은 계기가 될 거예요. 물론 내 욕심 같아서는 사람들이 아쉬워했으면 좋겠지만, 새로운 지도부와 합심해서 어떻게 학교를 발전시킬지 머리를 맞대겠죠. 다시 말해 변화란 항상 긍정적인 것이죠.

메트스쿨

'메트스쿨'이라고 불리기도 하는 대도시 지역 직업기술센터Metropolitan Regional Career and Technical Center 는 1996년에 데니스 릿키와 엘리엇 워셔가 설립하여 정부 지원금으로 운영하는 매우 독특한 공립 대안 고등학교다. 현재 로드아일랜드 주 프로비던스 시내의 두 곳에 자리잡고 있다. 한 곳은 주립대학 소유의 부속 건물(예전에 백화점으로 쓰던 건물)에 있고, 또 한 곳은 릿키와 워셔가 직접 설계한 독창적인 건물에 있다. 학생들은 각 건물에 약 120명씩 있는데, 비슷한 규모의 건물을 네 개 더 짓고 있다. 규정에 따라 정원의 75퍼센트는 프로비던스 시에서 모집하고, 나머지 25퍼센트는 주州의 다른 도시, 교외나 농촌 지역에서 모집한다.

메트스쿨에는 필수과목이나 학점이 없고 정해진 교과과정

도 없다. 학생들은 4개월에 한 번씩 돌아오는 학기 초에 지도교사인 어드바이저, 학생의 부모, 현장 멘토로 이루어진 학습계획팀과 함께 자신을 위한 개별 맞춤형 학습계획을 세우고 이를 고쳐나간다. 대부분의 학습은 교실 수업보다는 프로젝트 중심으로 이루어진다. 학생들은 일주일에 이틀씩 기업이나 지역단체에서 인턴으로 일하면서 현실세계에서의 실습을 통해 학문적 재능을 계발한다.

어드바이저는 교원 중에서 배정되는데, 어드바이저 한 명이 14명 정도의 학생을 지도한다. 이렇게 묶인 그룹은 '어드바이저리'라고 불리는데, 전체 공동체 안에서 가족 같은 기능을 하고 있다. 각 그룹은 거의 매일 만나서 학습계획의 세부사항을 의논하기도 하고 학습에 방해가 되는 개인적인 고민을 함께 나누기도 한다.

평가는 프리젠테이션을 통해 이루어진다. 프리젠테이션은 학생들이 자신의 지난 분기 성과를 학교 공동체와 일반 대중에게 보여주고 친구, 가족, 멘토, 어드바이저의 평가를 받는 장이다. 어드바이저는 분기별로 학생에 대한 서술형 보고서를 작성하여 학생의 학습계획 변경 사항을 가정에 알려준다.(메트스쿨에 대해 더 자세한 것은 민들레에서 펴낸『학교를 넘어선 학교』,『넘나들며 배우기』참조)

메트스쿨에 대한 이야기는 공동 설립자 엘리엇 워셔가 해주었다.

크리스 메트스쿨을 설립하게 된 아이디어들은 어디서 나온 건가요?

엘리엇 다양한 사람들과 현장에서 나왔어요. 나는 메트스쿨을 시작하기 전에 이미 25년 동안, 그러니까 거의 한평생을 교육계에 몸담아왔어요. 그러는 동안 현장에서 수없이 경험했고, 또 듀이, 크레민, 사이저, 루소 같은 사람들의 글을 읽으면서 깨달은 것이 하나 있었어요. 사람들이 실제로 배우는 방식과 학교의 교육 방식에 커다란 괴리가 존재한다는 것이었죠.

내가 다닌 고등학교는 규모로는 뉴욕에서 가장 큰 학교 가운데 하나였거든요. 학생 수가 7천 명이 넘었어요. 그런데 나랑 같이 1969년에 졸업한 학생 1천 7백 명 중에서 졸업장을 받은 사람은 1천 2백 명이었어요. 졸업장을 받지 못한 학생이 5백 명이나 된다는 거죠. 그리고 졸업장을 받은 학생이라 해도 제대로 교육을 받았다고 할 수 있는 학생은 상위 2백 명 정도밖에 안 될 걸요. 뉴욕에서 명문으로 꼽히는 에라스무스 고등학교였는데도 말이죠.

그래서 어렸을 때부터 우리 교육이 무언가 잘못되었다는 고민을 했어요. 교육체계의 불평등이 너무 기 보였어요. 그리고 개인적으로도 내 인생에 도움이 되는 사람들은 대부분 학교 밖에 있다는 사실을 깨달았어요. 학교 안에서는 거의 지원을 못 받았었죠.

그러다 나이가 들면서 이런 상황을 개선하는 데 점점 더 관심을 갖게 되었어요. 스토니브룩 뉴욕 주립대학을 다니면서 대안교육 프로그램에 참여하게 되었는데, 거기서 데니스 릿키를 만나 스승으로 삼게 되었죠. 데니스는 내가 교육자로서 어떤 긍정적인 변화를 추구할 수 있는지 고민하게 해줬어요. 그래서 대학원에 진학해 정보 활용 능력에 대해 석사 학위 논문을 쓰게 되었죠. 학생들의 정보 활용 능력을 길러주려면 학생들의 인격과 관심사가 중요한 맥락이 되어야 한다고 믿었거든요. 대학원을 마친 뒤에는 학교에 대한 기대를 버린 아이들을 위해 대안교육 프로그램을 운영했어요.

크리스 표현이 참 멋있네요.

엘리엇 그런데 그것으로는 성이 안 차더라고요. 그래서 공학을 전공한 경험을 살려 교육 분야에 컴퓨터 기술과 영상 기술을 확산시키는 데 기여하기로 했어요. 그것이 교육이라는 큰 틀에 본격적으로 발을 들여놓게 된 계기였죠. 테드 사이저의 '진정한 학교의 연합'에 참여하면서 다시 스승 데니스와 일하게 되었어요. 그땐 이미 사제지간을 넘어 절친한 친구 사이가 되었죠. 데니스는 뉴햄프셔 주의 한 공립 고등학교를 완전히 변화시켰어요. 테이어라는 고등학교였는데, '진정한 학교의 연합' 회원 1호였죠. 데니스가 테이어 고등학교에서 했던 일이 텔레비전 영화로 제작되어 방영되면서 데니스와 테이어 고등학교는 전국적으로 유명해졌어요. 나는 테이어 고등학교로 가서 데니스와 합류했는데, 우린 '테이어의 학교 기행'이라는 텔레비전 프로그램을 제작하게 되었어요. 전국을 돌아다니며 최고의 교사와 그들의 교육 방식을 취재해서 영상에 담았죠. 그리고 그 영상 자료를 가지고 세 시간짜리 쌍방향 워크숍 시리즈를 생방송으로 진행했어요. 수백 개의 학교가 참여하여 서로에게 배우는 워크숍이었죠.

그 프로젝트로 포드재단에서 상까지 받았는데, 프로젝트를 후원했던 스탠리 골드스타인이 데니스와 내게 로드아일랜드 주의 교육제도를 개선해달라고 제안을 해왔어요. 참고로 밝히자면 골드스타인은 CVS 편의점 체인 설립자로 로드아일랜드 주 태생이에요. 로드아일랜드 주에서 일자리를 가장 많이 제공하는 고용주인데, 미국 교육제도의 불평등을 누구보다 잘 아는 사람이죠. 아무튼 데니스와 나는 주州 차원에서 교육제도를 바꿀 수 있는 절호의 기회라고 생각했어요.

우리가 로드아일랜드 주에서 가장 먼저 한 일은 주 정부의 교육국장, 주지사, 프로비던스 시장, 재계 지도자들과 여러 차례 회의를 하면서 진정한 교육개혁 지지층을 파악하는 거였어요. 그리고 프로비던스 브라운대학 부속기관인 애넌버그 연구소에 들어가기로 했죠. 그 연구소의 지원을 받아 로드아일랜드 주의 고등학교를 변화시키는 '로드아일랜드 프로젝트'를 출범시켰어요.

크리스 그게 몇 년도죠?

엘리엇 1994년이요. 그런데 얼마 지나지 않아 브라운대학에서 우리 생각이 프로비던스 상황에는 너무 급진적이라며 프로젝트 지원을 중단하겠다고 했어요. 우리 프로젝트가 교원 노조, 입법 문제 같은 것을 건드리기 때문에 브라운대학으로서는 정치적 부담이 너무 컸나 봐요. 그러면서 우리가 단독으로 비영리 법인을 만드는 게 좋겠다고 하더군요. 그래서 우린 그렇게 하기로 하고 '빅픽처 컴퍼니'를 차렸죠. 우리는 또 '헤쳐 모여 네트워크'를 창단해서 학교개혁을 목표로 로드아일랜드 주에 있는 모든 고등학교를 결집시켰어요.

그러던 차에 프로비던스 시의회에서 2천 9백만 달러를 들여 새로운 실업 고등학교를 설립하려는 안건을 통과시켰어요. 어느 날 교육국장이 내게 전화를 해서 새 고등학교의 시설이나 교과과정을 설계하겠다고 나서는 사람이 없다고 했어요. 교육국장은 대안교육 프로그램 운영 경험이 많은 데니스와 내가 그 일의 적임자라고 했죠.

우린 고민 끝에 교육국장에게 두 가지 조건을 제시했어요. 규모가 큰 고등학교 하나만 만들 게 아니라 독립적이지만 서로 연계된 작은 학교 여러 개를 만들 것, 그리고 학교에서 성적이나 등급을 매기는 제도를 완전히 없앨 것. 이 두 원칙만 지킬 수 있게 해준다면 그 프로젝트를 맡겠다고 했는데, 다행히 교육국장이 허락해주었죠. 그래서 우린 애넌버그 연구소에서 받은 지원금에서 쓰고 남은 30만 달러를 거기에 투자하기로 했는데, 주 정부에서 30만 달러, 시 정부의 졸업생 취업 정보실에서도 30만 달러를 보태줬어요. 우리는 그 돈으로 2년 동안 새로운 고등학교 설계에 들어갔죠.

크리스 어디서부터 시작했나요?

엘리엇 기본적인 명제와 철학을 명확하게 정리하는 일부터 했어요. 우선 로드아일랜드 주의 고등학교를 완전하게 통합하는 시스템을 주요 목표로 했기 때문에 새 학교가 로드아일랜드 주 각계각층의 학생들을 받을 수 있도록 주 전체를 포괄하는 학군으로 규정될 필요가 있었어요. 그래서 주 입법부에 우리 학교를 특수 학군으로 인정해달라고 했죠. 그 다음에는 서로를 진정한 가족처럼 대하는 민주적 공동체에서 모든 학생을 일대일로 교육한다는 원칙을 세웠어요. 그리고 공식 수업을 없애기로 했고, 졸업 기준을 카네기 학점(대학 입학을 위해 고등학교에서 이수해야 하는 필수과목이나 수업 단위_옮긴이)에 따르지 않기로 했어요.

크리스 그러니까 메트스쿨은 정해진 교과과정이 없다는 거네요?

엘리엇 테드와 데니스는 늘 교과과정을 놓고 의견이 충돌했어요. 테드는 모든 학생들이 반드시 배워야 하는 기본적인 정보가 있다고 굳게 믿고 있었어요. 반면 데니스는 아이들에게 배우고 싶어하는 것을 가르쳐주면 자연히 더 많이 배우고 싶어한다고 주장했죠.

크리스 존 홀트도 그 문제에는 완강했어요. 꼭대기에 있는 한 사람이 나머지 사람들이 알아야 할 정보를 결정한다는 게 말이 안 된다고 했었죠.

엘리엇 우린 교과과정 대신 여러 형태의 보고서에 많이 의존하고 있어요. 우리 학교의 교육적 요소들을 각각의 자리에 고정시켜주는 접착제 역할을 하는 거죠. 대표적인 예가 학생들이 매일매일 쓰는 일지예요. 그 밖에도 학생들은 졸업을 하려면 졸업논문과 50쪽짜리 자서전을 써야 해요. 그리고 졸업생들은 모두 졸업생 대표가 되어 졸업식 연설문을 준비해야 돼요.

우리 아이들의 자아 인식과 표현력 수준을 알고 나서 사람들이 얼마나 놀라는지 몰라요. 대학에서 가르치는 과목을 열댓 개씩 수강하고 졸업하는 아이들도 있어요. 다들 한 개씩은 의무적으로 들어야 하거든요. 평균적으로 학생마다 서너 개씩은 들어요. 동기 부여만 되면 목표의 반은 이룬 셈인데, 우리 아이들은 동기 부여 하나는 끝내주게 해요.

우리가 메트스쿨을 기획하면서 정했던 가장 중요한 목표

는 제도교육의 절차와 과정을 180도 바꾸는 거였어요. 학생들에게 동기를 부여하기 위해 과제를 내고 점수를 매기는 당근과 채찍에서 출발하는 게 아니라 학생 개개인의 관심사에서 출발하는 거죠. 그러면 더 많이 배우려는 동기가 자연히 생기거든요. 학생들은 일단 자기 관심 분야가 무엇인지 발견하고 나면, 일반적인 과제나 기초 과목도 더 잘 받아들여요. 자기가 무엇을 위해 공부하는지 알고 있고, 더 많이 배우고 싶은 자기 고유의 원동력이 있으니까요.

1990년대만 해도 그건 공립학교가 받아들이기에는 너무 급진적인 사고방식이었죠.

크리스 사실은 상식 아닌가요?

엘리엇 이렇게 해야 잘 배울 수 있다는 게 우리한테는 상식일지 몰라도 미국 학교체계에서는 금기잖아요. 특정 과목 전문가는 많은데 인간관계 전문가는 별로 없는 고등학교는 특히 더 그래요. 그래서 우리 방식은 프로비던스 교육계의 많은 사람들의 심기를 불편하게 했죠.

크리스 어떻게 주 정부가 학교 계획을 받아들이게 만들었나요?

엘리엇 데니스나 나나 사람들을 어떻게 요리해야 우리가 원

303

하는 대로 따라오는지 잘 알고 있었죠. 이것도 일종의 정치인데, 우린 오래전에 선수가 다 됐거든요. 예를 들어 입법부에서 우리 프로그램 지원금이 너무 많다며 못 주겠다고 버티면, 우리 편인 스탠리 골드스타인 같은 사람을 들먹이며 이렇게 말하면 되죠. "아니, 수십 억 달러 가치가 있는 기업을 경영하는 사람한테 겨우 몇 백만 달러도 못 맡기겠습니까?"

그리고 사실 교육국장들은 모두 '지금 뭔가 잘못되고 있다, 변화가 필요하다'라는 생각을 속으로 하고 있어요. 그 생각을 실천으로 옮겨줄 사람, 그러면서도 자기 지위를 위태롭지 않게 할 사람을 찾지 못했을 뿐이죠. 우린 교육국장이 우리 계획을 확고하게 믿게 될 때까지 정말 공을 많이 들였어요. 지금 교육국장한테 물어보면 메트스쿨은 자기가 키운 학교라고 할 걸요. 물론 로드아일랜드 주의 모든 고등학교를 책임지고 있지요. 여하튼 교육국장은 사람들이 적대감을 갖지 않고 우리에게서 뭔가를 배울 수 있게끔 우리 방식을 참 잘 설명해요.

사실 공공 부문에서 변화를 일으키려면 늘 관료주의에 부딪히기 마련이에요. 성공의 열쇠는 최대한 많은 사람을 내 편으로 만드는 거예요. 우리 경우엔 주립 교육평의회에서 사소한 것까지 다 승인해줘야만 계획을 추진할 수 있었거든요. 그래서 우린 교육평의회를 최대한 우리 편으로 만들었죠.

크리스 어떻게요?

엘리엇 메트스쿨에 관심 있는 아이들을 모으기 시작하면서 우린 교육평의회 회의에 아이들을 데리고 갔어요. 아이들에게 평의원들 앞에서 직접 자신이 원하는 학교의 상을 설명하게 했죠. 평의원들은 아이들한테 홀딱 반했어요. 그리고 학부모와 지역 주민들도 교육위원회에 가서 '우리가 원하는 것은 이겁니다'라고 직접 설명하게 했어요. 주 의회 청사 앞에서나 방송에 나가서도 똑같이 말하게 했고요.

크리스 심각한 반대에 부딪힌 적은 없나요?

엘리엇 교사들이 제일 격렬하게 메트스쿨을 반대했어요. 우리 방식이 절대로 성공할 수 없다면서.

크리스 왜 그렇게 위협을 느꼈을까요?

엘리엇 우리가 교사의 역할을 바꾸고 있었으니까요. 메트스쿨 교사들에게 요구되는 노력은 차원이 달라요. 일주일에 30-40시간 일하는 것은 기본이죠. 우린 교직원들한테 솔직하게 얘기해요. 우리 방식이 성공하려면 교사들이 훨씬 더 헌신적으로 일해야 한다고. 결국 교사들은 교원노조에 가입하지 않기로 결정했어요. 데니스와 나는 가입을 권유했지만.
　학생평가 기준을 중시하는 사람들의 반대도 만만치 않았어요. 기준이 뭐냐고 다그치는 사람들한테 우린 이렇게 대답했죠. "기준은 다 개별적이다. 학생 개개인의 내면에 있다."

하지만 결국 우리가 승리했어요. 주 교육평의회와 입법부 모두 우리 계획을 승인했고, 1996년 드디어 메트스쿨 첫 학교가 로드아일랜드대학 시내 캠퍼스의 낡은 건물에서 문을 열었죠.

크리스 왜 주 의회가 관여해야 했죠?

엘리엇 우리 학교는 프로비던스 시 학교체계에 속하게 되는 것이 아니라 로드아일랜드 주립학교가 되는 것이기 때문에 주 정부 예산 심의를 통과해야 했거든요. 교육국장과 데니스와 나, 세 사람 모두 메트스쿨이 주 입법부의 지원금을 받아야만 교원노조나 관료들이 공교육을 옥죄며 휘두르는 온갖 규제에서 자유로울 수 있다고 판단했어요. 그리고 청각장애인학교와 같은 보통 주립학교와는 달리 우리 학교는 예산집행 결정권을 가진 이사회를 따로 둘 수 있었어요. 사실 교육국장이 우리한테 이렇게 많은 자율권을 주는 것도 굉장히 급진적인 거죠.

크리스 교육국장이 보수적인 사람으로 바뀌면 어떻게 될까요?

엘리엇 지금은 우리가 추진력이 많이 붙은 상태라 되돌리긴 힘들 거예요. 입법부와 재계가 든든하게 우리를 지원하고 있고요. 주 의원들은 우리 방식에 얼마나 감명을 받았는지 이젠 규모가 작은 학교가 아니면 아예 지원하지 않겠다고 말할 정도예요. 물론 의원들 기준으로는 7백 명도 작은 규모겠지만, 그래도 지금 전국에 유행처럼 번진 대규모 중앙집중식 학교보다는 훨씬 작은 거죠. 우린 또한 주 의회를 설득해 비영리단체에서 차터스쿨을 설립하는 걸 허용하는 법안을 통과시켰어요. 사실 우리도 오는 9월 프로비던스에 '하이랜더'라는 K-8 차터스쿨을 세울 예정이에요. 그렇게 되면 우리 교육 방식을 유치원에서 12학년까지 다 적용하게 되는 거죠.

한편 스탠리 골드스타인은 우리 도움을 받아 로드아일랜드에서 '경영 학습 원탁회의'라는 프로젝트를 출범시켰어요. 이 원탁회의는 메트스쿨의 기본 철학을 그대로 따르고 있어요. 이 모든 일들이 우리가 정말 주 전체에 커다란 반향을 불러일으켰다는 것을 의미하죠.

크리스 단순히 학교 하나만 설립해 운영하는 것을 넘어서는 게 애초 목표 아니었나요?

엘리엇 그럼요. 대부분 사람들이 비영리 교육단체를 만들면 한 부분에만 초점을 맞춰요. 우리는 정보 활용 교육만 한다, 또는 직업 훈련만 한다, 이런 식이죠. 하지만 우리는 전반적인 교육개혁을 목표로 삼았고, 가능하면 공교육과 병행할 수 있는 새로운 시스템을 만들려고 노력하고 있어요. 우리 목표는 새로운 모델을 만들어 사람들이 그 모델을 가져다가 다른 곳에서도 시도해볼 수 있게 하는 거예요. 복제판이 아니라 본질이 비슷한 학교들을 많이 생기게 하는 거죠. 인턴제도나 멘토링을 통해 현실세계와 일맥상통하는 교육을 실시하는 규모가 작은 학교. 우린 사람들이 매번 속된 말로 '맨땅에 헤딩'하지 않아도 되길 바랐어요. 그게 얼마나 힘든지 아니까.

그래서 우리 비영리단체 이름도 ('큰 그림'이라는 뜻의) '빅픽처 컴퍼니'라고 지은 거예요. 우리가 하는 모든 일을 뒷받침하는 연구 개발 역할을 맡고 있죠. 데니스와 나는 메트스쿨 공동 이사장인 동시에 빅픽처 컴퍼니 공동 이사장이기도 해요. 우린 메트스쿨 교직원들과 빅픽처 컴퍼니 직원들이 정기적으로 자리를 맞바꾸는 윤번제를 도입했어요. 이론과 실제의 연결 고리를 강화하고 사람들이 타성에 젖는 것도 방지할 수 있죠.

가족 참여 프로그램, 학교 시설 설계, 인턴제도를 통한 학습모델 같은 메트스쿨의 기본 운영 전략은 모두 빅픽처 컴퍼니에서 나왔어요. 그 밖에 예비 교장 훈련 과정, 작은 학교 네트워크, 대중 참여 프로그램 같은 부설 프로젝트도 모두 빅픽처 컴퍼니의 작품들이죠. 예비 교장 훈련 과정은 조금 뒤에 더 설명해드릴게요. 그리고 지금은 메트스쿨 졸업생들을 대상으로 한 장기 연구나 대학에서 더 쉽게 이해할 수 있는 성적 증명서 개발을 구상하고 있어요.

크리스 빌게이츠재단에서 상당한 후원금을 내놓기로 했다면서요?

엘리엇 네. 얼마 전에 빌게이츠재단 관계자들이 찾아와서 앞으로 4년 안에 메트스쿨 같은 학교를 전국에 열 개 정도 설립했으면 좋겠다고 했어요. 이를 위해 천만 달러를 지원하겠대요. 이렇게 되기까지 메트스쿨은 세상 사람들의 잣대로도 성공했다는 인정을 받기 위해 노력해야 했어요.

크리스 메트스쿨의 성과는 어땠나요?

엘리엇 올해 첫 졸업생을 배출했는데, 대학 진학률이 100퍼센트였어요. 대학 진학률은 누구나 수긍할 수 있는 성공 기준이기 때문에 중요하다고 봐요. 우린 성적표나 학력평가시험 같은 다른 기준이 별로 없잖아요. 그런데 학생 모두가 대학에 합격했다면 그건 우리가 뭔가 제대로 하고 있다는 증거가 되는 셈이죠. 우리 학생들 75퍼센트가 무료로 급식을 먹거나 할인된 가격으로 급식을 먹을 만큼 형편이 어려워요. 자기 집안에서 고등학교 이상의 교육을 받는 건 자기가 처음인 아이들두 75퍼센트 정도 되고요. 그리고 측정하기 어렵지만 더 중요한 성과는 우리 졸업생들의 표현력이 풍부하고 활력이 넘치며 인생의 방향감각이 뛰어나다는 거죠.

크리스 잊어버릴 뻔했는데, 초기에는 학생들을 어떻게 모집했나요?

엘리엇 원래 계획은 50명 정도로 출발해서 해마다 50명씩 늘리는 거였어요. 우선 메트스쿨의 설립을 알리는 신문 광고를 내고, 지역 주민들을 위한 공청회를 열었죠. 데니스랑 나는 아이들이 스스로를 교육할 수 있도록 선택의 폭을 넓혀주기 위해 그동안 어떤 일을 해왔는지 설명했어요. 그리고 학부모의 의견을 들어봤는데, 기존 교육제도가 학부모나 학생의 욕구를 충족시키지 못하고 있다는 게 분명히 드러났죠. 학부모들은 자녀가 다니고 있는 학교에 불만이 많거나 이미 자퇴한 상태라고 말했어요.

우리는 학부모와 학생들 모두의 욕구를 충족시키는 방안으로 작은 학교를 제안했어요. 작은 학교에서는 모든 사람들이 서로 알고 지내며 모든 학생들이 개별 맞춤형 학습계획을 세우게 된다고 설명했어요. 그런데 교과서가 없다는 설명은 이해하지 못했나 봐요. 9월에 학기가 시작되었는데, 정말 교과서가 없으니까 그때서야 학부모들이 불안해하기 시작했어요. "우리 아이가 정말 대학에 갈 수 있을까요?" 우린 자신 있게 대답했죠. "네, 갈 수 있어요. 우리가 보장합니다."

크리스 교사들은요? 공장에서 찍어낸 듯 훈련받은 교사들을 찾지는 않았을 텐데.

엘리엇 우리가 찾던 교사들과 실제로 채용한 교사들은 완전히 달랐어요. 사실 처음에는 데니스와 내 의견이 갈렸어요. 그런데 둘 다 옳았다는 것이 금방 밝혀졌죠. 경험이 많은 교사들은 젊은 교사들에 비해 틀을 깨지 못하는 단점이 있었어요. 그런데 창의적 사고를 하는 사람들이 너무 많으면 다들 자기 주장을 굽히지 않으려 해서 싸움이 나더라고요.

우린 무엇보다도 100퍼센트 헌신할 수 있는 사람들, 모든 게 불투명한 상황에서도 함께 고민하고 함께 방향을 잡을 수 있는 사람들이 필요했어요. 지금은 노하우가 생겼지만 처음엔 모르는 게 너무 많았어요. 이미 시도해본 방법들도 있었지만 모든 방법을 학교 차원에서 적용해본 것은 아니었거든요. 예를 들어 이젠 학교에서는 수학 과목을 가르치지 않기로 했는데, 그럼 아이들의 수학적 사고력은 어떻게 길러야 하나 고민하는 거죠.

크리스 학교에 대한 고정관념을 깰 수 있는 교사를 찾기가 어려웠나요?

엘리엇 아뇨. 그런 교사들은 많아요. 우리 학교에 맞는 교사를 발굴하는 실력도 많이 늘었고요. 어려운 건 교직원들의 다양성을 유지하는 거죠.

크리스 어떤 면에서요?

엘리엇 제도권에 한 맺힌 소수 인종이 처음엔 메트스쿨에 거부반응을 보였거든요. 자기들이 무슨 실험용 쥐냐면서요. 그래도 우리 학교에서 일하겠다는 몇 명을 찾아냈어요. 그러다 3년째 되면서 우린 로드아일랜드대학 졸업생 중에서 프로비던스 출신 소수 인종을 집중적으로 채용하기로 결정했어요. 메트스쿨을 이끌 사람들은 이 고장 사람들이어야 한다고 생각하니까요. 데니스랑 나는 어디까지나 외부인이죠.

크리스 메트스쿨의 교사 채용 절차에 독특한 점이 있다면?

엘리엇 절차가 조금 복잡해요. 우선 모든 지원서를 학부모, 교사, 학생으로 구성된 심사위원회에서 검토해요. 누구나 자원해서 심사위원이 될 수 있어요. 그 다음에는 서류 심사를 통과한 지원자들을 다 불러서 집단 면접을 봐요. 학교에서 일하게도 하고, 우리 학생들이 인턴으로 있는 현장에서 멘토와 일하게도 해요. 그 다음에는 지원자들을 모아서 설정된 상황을 제시하고 대응책을 마련해보라고 해요. 마지막으로 심사위원회가 모여 지원자들에 대해 논의해요. 어느 분교에 어느 팀이 어떤 교사를 필요로 하는지 파악하고, 그 요구 조건을 채워줄 만한 교사를 찾아 연결시켜주는 거죠. 이런 절차를 밟는 데 약 5-6주 걸려요.

크리스 교사들이 피로에 시달리다 포기하는 경우도 있나요?

엘리엇 첫해에 한 젊은 교사가 다른 직업에도 종사하다가 지쳐서 그만뒀고, 또 한 명은 남편도 교사였는데 서로 직업이 같아서 결혼 생활에 스트레스를 너무 많이 받는다며 그만뒀어요. 메트스쿨을 아주 좋아했는데, 결국 다른 직종을 찾아가더라고요. 나머지 교사들은 계속 붙어 있어요.

피로가 누적되는 것을 방지하기 위해 우리 교사들은 4년 주기로 업무를 바꿔요. 빅픽처 컴퍼니로 옮기기도 하고, 메트스쿨 안에서 교과과정 자문단 같은 역할을 맡기도 하고요. 아니면 일 년 휴직하고 완전히 다른 일을 하는 경우도 있어요. 여행을 다니기도 하고.

크리스 그동안 메트스쿨은 점점 더 규모가 커졌죠?

엘리엇 원래는 학생이 백 명이 되면 웨스트엔드에 데니스랑 내가 설계한 건물로 이사할 계획이었어요. 그런데 공사가 일 년이나 늦춰지는 바람에 로드아일랜드대학 부속 건물에 150명이나 다니게 됐어요. 새 건물이 완공된 이듬해에는 학생이 2백 명이나 됐고. 그래서 학생들을 반으로 나눠 기존 건물과 새 건물을 다 쓰기로 했죠.

지금 프로비던스 남쪽에 있는 부지에 제2캠퍼스를 조성하고 있어요. 설립 기금 2천 9만 달러에서 남은 돈으로 작은 학교 네 개를 더 세우고 메트스쿨센터를 건립할 예정이죠. 그동안 관료적 형식주의에서부터 환경 규제, 정치 비리까지 계획이 수포로 돌아갈 위기를 여러 차례 겪었지만, 지금 개간 작업을 하고 있고, 곧 공사를 시작할 거예요.

크리스 메트스쿨에 대한 언론의 반응은 어땠나요?

엘리엇 처음부터 조명을 많이 받았어요. 아마 로드아일랜드 주에 있는 다른 학교들보다 뉴스거리를 많이 만들어냈을 거예요. 지역 일간지 《프로비던스 저널》 1면에 여러 번 나왔어요. 언론을 많이 타는 건 중요해요. 그래야 사람들이 우리에 관한 기사를 볼 때마다 왜 작은 학교가 이렇게 없는지, 왜 다양한 아이들을 위한 다양한 학교가 없는지 의문을 갖게 되잖아요.

크리스 메트스쿨의 앞으로의 지속가능성을 평가하자면?

엘리엇 학교의 여러 측면을 살펴봐야 답이 나오겠죠. 이미 언급한 측면도 있고요. 강력한 정치적 기반과 자율적 운영 구조는 이미 확립되었어요. 학교 자체가 학군이고, 연방 정부의 지원금을 받고 있고요. 메트스쿨의 철학을 지속시킬 가장 효율적인 방법은 그 철학에 기반을 둔 학교를 더 많이 세우는 거죠. 이미 그렇게 하고 있고요. 이번에 새로 만들 차터스쿨과 빌게이츠재단 후원금으로 지을 학교들이 그런 계획의 일환이죠.

　학교의 지속가능성을 보장하는 또 다른 요소는 리더십이죠. 예를 들어 데니스와 내가 메트스쿨 운영에서 손을 떼면 어떻게 될까요? 그렇지 않아도 내년에는 우리 둘 다 그럴 생각이에요. 더 큰 틀에서 교육개혁을 추진하려고요. 아까 언급했던 예비 교장 훈련 과정이 중요한 역할을 담당할 거예요. 지난 3년간 우리가 전국 차원에서 추진해온 사업인데, 우리 바통을 이어받아 전국에 있는 메트스쿨 같은 학교를 이끌 지도자들을 발굴하고 양성하는 게 목적이에요.

　이 밖에도 우린 보스턴, 존슨, 웨일스에 있는 노스웨스턴대학, 로드아일랜드대학, 클라크대학 같은 학교와도 연계하고 있어요. 클라크대학의 경우 데니스와 내가 협력 교수로 재직하면서 예비 교장들에게 멘토 역할을 하고 있어요. 이 사업의 기본 전제는 강의실에 앉아서 학교 행정을 배운다고 좋은 교장이 되는 게 아니라는 거죠. 좋은 교장이 되려면 좋은 교장한테서 직접 배워야 돼요. 현장에서 벌어지는 일상적인 일들을 훌륭하게 처리하고 남들이 놓치는 사소한 것들도 다 잡아내는 그런 사람한테서 배워야죠.

　지금까지 데니스와 나를 대신할 사람을 세 명 준비시켰는데, 내년에는 두 명 더 훈련시킬 예정이에요. 그러면 메트스쿨의 작은 학교마다 교장이 한 명씩 확보되는 거죠. 보스턴에 있는 펜웨이 미들칼리지Fenway Middle College의 교장 래리 마이어트도 우리가 양성한 사람이에요. 펜웨이는 전국 최초로 주니어칼리지에서 10학년부터 14학년까지의 교과과정을 실시하는 공립학교죠.(보통 12학년 다음에는 대학 1학년이 됨. 주니어칼리지는 2년제 전문대학_옮긴이) 또 오하이오 주의 페더랄 호킹Federal Hocking(오하이오 주에 있는 초등학교, 중학교, 고등학교 몇 곳을 연계한 지역 교육 네트워크_옮긴이)을 총괄하고 있는 조지 우즈, 보스턴의 K-8 차터스쿨 교장 데비 마이어도 우리 훈련 과정을 거쳤죠.

지금까지 받은 지원금도 상당해요. 월리스재단에서 받은 130만 달러로 보스턴에 지역센터를 건립할 예정이고, 폴재단에서 받은 후원금으로는 버몬트에, 도지재단에서 받은 후원금으로는 뉴저지에 센터를 세울 예정이에요. 프로그램을 중앙집중식으로 통제할 생각은 없어요. 우리 아이디어를 최대한 널리 퍼뜨려서 다양한 단체들이 자기 지역에서 프로그램을 현지화하길 바라죠. 빅픽처 컴퍼니는 세련된 전략을 제공하고 전국 차원에서 품질을 관리하는 기능을 맡을 거예요.

크리스 메트스쿨의 가장 큰 성과가 무엇이라고 생각하세요?

엘리엇 우린 전통적인 학교에서 동기 부여를 받지 못한 아이들을 다시 배움의 길로 이끌고 있어요. 또 어디서나 잘 적응하는 아이들도 우리 학교에 와서 "내가 왜 이 학교를 다녀야 하는지 이제 알겠어요"라고 하죠. 한마디로 우린 아이들에게 자기 학습을 스스로 주도하고 관심 분야를 찾게 함으로써 모든 아이들이 교육의 진정한 의미를 깨닫게 하고 있어요.

아서 모건 스쿨

노스캐롤라이나 주 서부의
블랙산맥에 자리잡은 아서 모건 스쿨Arthur Morgan School은 학생
대부분이 기숙 생활을 하는 공동체 학교로 7-9학년 학생들
이 다니고 있는데, 1962년 엘리자베스와 어네스트 모건 부부
가 어네스트의 아버지 아서 모건의 이름을 따 설립한 학교
다. 아서 모건은 오하이오 주 옐로 스프링스에 있는 안티오
크대학 총장으로 있었고, 농촌 공동체를 지향하는 셀로 공동
체Celo Community의 설립자였다. 아서 모건 스쿨은 셀로 공동체
가 기증한 수십 만 평의 숲과 밭을 학습 공간으로 쓰고 있다.

학교 소개 책자를 인용하여 학교의 사명을 설명하자면,
"학교는 학생들이 자신감과 책임감을 지닌 젊은이로 성장하
도록 돕는다. 학생들은 경쟁이 아닌 협력을 배우고, 자신과

세상과 서로를 돌보는 법을 배운다." 아서 모건 스쿨 재학생 24명은 매주 열리는 전체 회의를 통해 학교의 정책 입안이나 분쟁 해결에 참여한다. 전체 회의에서는 모든 사안을 토론에 붙여 학생과 교사 모두의 의견을 반영하고 합의를 이끌어낸 다. 모건 부부가 떠난 지금은 이사장이나 교장 없이 교직원 들이 학교를 공동으로 운영한다. 전반적인 정책이나 재정 계 획도 교직원들이 모여 결정하며, 셀로 공동체 회원과 학교의 전임 교직원, 동창회로 구성된 이사회의 감독을 받는다.

아서 모건 스쿨의 교육 방식에서 가장 중요한 요소는 노동 이다. 식사 준비, 정원 가꾸기와 가축 돌보기, 학교 건물 관 리, 일 년 동안 쓸 땔감 준비를 위해 통나무를 자르고 쌓아두 는 일 같은 학교 공동체의 모든 살림은 학생들이 돌아가면서 한다. 학생들은 또한 지역사회에서 여러 가지 봉사 활동도 하고 해마다 적어도 한 번씩 봉사 여행을 다닌다. 또 다른 중 요한 요소는 자연 탐험이다. 학생들은 몇 주씩 도보 여행, 등 산, 야외 캠프, 래프팅 같은 행사에 참여하고, 로프 코스를 통 해 도전 정신을 기른다.

학문 탐구는 주로 프로젝트 중심으로 이루어진다. 학생들 은 오전에는 소규모 조별 수업을 통해 기초 과목을 익히고, 오후에는 공예, 시각 미술, 공연 예술 같은 선택 과목을 듣는 다. 성적을 매기지는 않는데, 교사들이 6개월에 한 번씩 작성 하는 학생평가서로 성적표를 대신한다.

아서 모건 스쿨의 밑그림을 그리고 초대 교장을 지냈던 엘리자베스 모건은 학교를 세운 지 9년밖에 안 된 1971년에 세상을 떠났다. 이 책에 실린 학교 이야기는 95세의 어네스트 모건에게서 들은 것이다. 어네스트는 인터뷰를 하고 나서 두달 뒤에 세상을 떠났다.

크리스 엘리자베스와 함께 아서 모건 스쿨을 시작하게 된 동기는 무엇이었나요?

어네스트 학교 이야기를 하자면 아버지의 어린 시절로 거슬러 올라가야 돼요. 아버지는 미국 사회의 전형적 패러다임인 탐욕과 착취와는 전혀 다른 환경에서 성장하셨어요. 애정과 나눔을 중시하고 진정으로 남을 돕는 그런 환경에서 성장하셨죠. 덕분에 나도 그런 아버지 밑에서 행복한 유년을 보냈어요. 어머니가 나를 낳고 세 달만에 돌아가셨는데도 말이죠. 아버지는 내가 여섯 살 때 재혼하셨는데, 그때까지 고모가 나를 친자식처럼 키워주셨어요. 나는 정말 평탄한 어린 시절을 보냈죠. 혼이 나거나 벌을 받는 일도 없었고, 아버지와 새어머니를 무척 사랑했어요.

아버지는 늘 학교를 세우고 싶어하셨어요. 아이들의 개성이 존중되고, 아이들이 지성과 신체를 함께 단련하면서 교사들과 공동으로 학교 운영을 책임지는 그런 학교를 꿈꾸셨죠. 그런데 아버지는 교육자로서의 실전 경험이 전혀 없었어요.

319

철학만 있었던 거죠. 그래서 아버지는 이상을 실현하기에 앞서 교육 경험이 풍부한 협력자를 찾는 것이 좋겠다고 판단하셨어요.

아버지는 루시 그리스콤이라는 젊은 여성을 추천받았어요. 퀘이커 교도였는데, 교육학 석사 학위가 있었고, 아버지의 생각에 깊은 관심을 보였어요. 결국 두 분은 결혼을 하셨죠. 내 여섯 번째 생일날에 말이에요.

아버지와 새어머니는 1915년에 매사추세츠 주 버크셔산맥에 버려진 농장을 발견하고 그곳에 학교를 세우기로 결심했어요. 그때까지 아버지는 토목 사업을 하고 있었는데, 1913년에 오하이오 주 데이턴 시를 물바다로 만든 대홍수가 일어난 거예요. 미시시피강이 범람하면서 발생한 홍수였는데, 미국 역사상 가장 큰 피해를 기록한 홍수 중 하나였죠. 아무튼 데이턴 시에서 재발 방지 대책을 세우는 것을 아버지에게 맡겼는데, 아버지는 획기적인 아이디어를 고안해내셨어요. 강 상류에 큰 저수지를 몇 군데 만들어 봄철에 불어나는 강물을 저장해두었다가 넘치는 강물을 조금씩 방류하는 것이었죠. 비용 때문에 엄두도 못 낼 공사가 될 뻔했지만, 아버지는 자금 조달 방법까지 생각해냈어요. 공사비 조성을 위해 채권을 발행하고 세금을 거둬 채권자에게 원금과 이자를 갚는 일을 전담할 '홍수통제위원회'를 만들자고 제안했죠.

공사 기간 동안 어머니는 인부들을 위한 편의 시설을 갖춘 마을을 조성했어요. 그 당시만 해도 그런 마을은 처음이었죠.

덕분에 그 방대한 개발 사업은 사고율 85퍼센트 감소라는 전
례 없는 기록을 세웠어요.

부모님은 그 공사가 끝나면 바로 버크셔에 학교를 세울 계
획이셨어요. 그런데 공사가 거의 끝날 무렵, 아버지가 안티오
크대학 이사로 임명되셨어요. 학교 측은 파산 직전인 학교를
살려보려고 아버지를 영입한 거죠. 학생이 15명밖에 남지 않
은데다 교사들도 거의 다 떠난 상태였거든요.

아버지는 어머니에게 어차피 겨우 목숨만 붙어 있는 학교
니 우리가 하고 싶은 대로 해도 될 거라고 말하셨어요. 그리
고 학교 측에는 이사장을 맡는 조건으로 아버지의 방식으로
학교를 재구성할 수 있는 재량권을 달라고 하셨죠. 학교 측
은 자금 조달만 알아서 한다면 아버지가 무슨 일을 하든 상
관하지 않겠다고 했어요.

아버지는 흔쾌히 동의하셨고, 이사장이 되면서 그동안 생
각해온 교육철학을 펼치기 시작하셨죠. 학교생활은 학습과
노작을 번갈아 하는 방식으로 바꾸고, 교과과정도 생활에 더
밀접한 과목으로 채우고, 학생들과 함께 학교 운영을 책임지
는 방침을 정했어요.

아버지는 안티오크대학 총장을 물색하느라 무던히 애를
쓰셨지만, 총장직을 맡겠다고 나서는 사람이 한 명도 없었어
요. 그래서 결국 아버지가 총장으로 임명되셨죠. 미국에서 대
학 졸업장 없는 대학 총장은 아버지밖에 없을 걸요.

크리스 아버지의 교육철학에 영향을 미친 사람이 있었나요?

어네스트 몇 분 계셨죠. 단연 어머니의 영향이 제일 컸어요. 교육에 대한 아버지의 생각에 상당한 영향을 미치셨죠. 어머니는 유년 교육을 페스탈로치의 방식을 따른 학교에서 받으셨어요. 그 학교는 협동과 공동체를 학습의 본질적 요소로 규정하고 정신노동과 육체노동에 똑같은 비중을 두었대요. 그리고 어머니의 사촌 캐롤라인도 빼놓을 수 없죠. 이탈리아에서 마리아 몬테소리의 제자로 활동하다가 무솔리니한테 쫓겨나 옐로 스프링스로 오셨는데, 아버지는 그분과 이야기를 나누다가 몬테소리 철학에 깊은 인상을 받으셨어요.

아버지는 존 듀이John Dewey(『학교와 사회』, 『민주주의와 교육』 같은 책을 펴낸 미국의 철학자이자 교육학자로 경험을 교육의 핵심 요소로 규정했다_옮긴이)와도 절친한 사이셨어요. 그분은 아버지가 안티오크대학 총장으로 계실 때 자기 아들을 안티오크대학에 보냈어요. 실천과 민주주의를 통한 학습이라는 두 분의 생각이 일맥상통했죠. 그리고 아버지는 기초 교육에 대한 간디의 사상에도 심취하셨어요.

크리스 부모님은 버크셔에 학교를 세우려던 꿈을 이루셨나요?

어네스트 아뇨. 끝내 버크셔로는 못 갔어요. 대학 일로 너무

바빠서 결국 버크셔에 있던 땅을 파셨죠. 나는 쭉 옐로 스프링스에서 자라 안티오크대학에 입학했어요. 거기서 엘리자베스를 만나게 되었죠. 엘리자베스는 열세 살이 될 때까지 홈스쿨링을 하다가 중고등학교 과정을 3년만에 해치우고 안티오크대학에 들어온 수재였어요.

엘리자베스의 졸업을 앞두고 만난 우린 곧 결혼을 하고 새 가정을 꾸렸어요. 아이들이 어느 정도 자라자 엘리자베스는 교사가 되고 싶다고 했어요. 악기를 일곱 가지나 다룰 줄 알고 합창단에서 갈고 닦은 노래 실력도 있어서 금방 공립학교 음악 교사 자리를 구했죠.

초등학교를 다닌 적이 없던 엘리자베스에게 학교는 충격 그 자체였어요. 며칠 출근하더니 내게 그러더군요. "학교에서 애들에게 그런 짓을 하는 줄 몰랐어요. 상상력과 창의력과 책임감을 말살하려고 작정을 해도 저렇게는 못할 거예요." 그래도 엘리자베스는 그 학교가 더 큰 학교에 통합될 때까지 버텼어요. 그 뒤론 다시는 공립학교에서 가르치지 않겠다고 맹세했죠.

크리스 그 다음엔 어떻게 됐는데요?

어네스트 아버지는 늘 공동체를 강조하셨거든요. 총장직을 은퇴한 뒤에는 테네시 주 계곡관리청에서 일하셨고, 그 일을 그만두고 나서는 지역의 공동체의식을 고양하기 위해 '사회봉사법인'이라는 단체를 만드셨어요. 그 뒤 윌리엄 레그네리라는 재력가가 아버지를 찾아왔어요. 시카고에서 섬유업체를 경영하는 사람이었는데, 재산 일부를 사회에 환원하고 싶다며 아버지에게 조언을 구했죠.

아버지는 특정 가치를 지향하는 공동체의 터가 될 만한 땅을 사자고 레그네리를 설득했어요. 그리고 내 동생 그리스콤에게 적당한 부지를 찾는 일을 맡기셨죠. 그리스콤은 여섯 달 동안 물색한 끝에 노스캐롤라이나 주 블루리지산맥에 150만 평 가까이 되는 땅을 찾아냈어요. 온화한 기후와 사회적 분위기에 비옥한 농지도 있고, 도심에서도 별로 멀지 않은 곳이었죠.

그곳이 셸로 공동체가 되었어요. 당시에는 대학을 졸업하고 나서 시작한 장서표藏書票(서적의 소장자를 식별하기 위한 목적으로 도서의 표지 뒷면이나 면지에 부착하는 표식_옮긴이) 제작 사업에 신경을 쓰느라 셸로 공동체에 깊이 관여하진 못했어요. 그러다가 1950년대 초반에 셸로 공동체에서 운영하는 여름캠프에 막내아들을 보냈는데, 아이가 셸로 캠프에 푹 빠졌어요. 아이한텐 정말 소중한 경험이었죠.

그러다 3년째 되던 해에 캠프가 문을 닫을 위기에 처하게 되었어요. 캠프를 운영하던 부부가 이사를 가기로 했거든요. 엘리자베스랑 나는 캠프가 없어지게 놔둘 수 없다는 생각을 했어요. 그래서 밥과 도트 바루스 부부와 공동으로 캠프를 인수하기로 했죠.

캠프가 큰 성공을 거두면서 우리 부부는 부모님이 접으셨던 학교 설립의 꿈을 다시 펼쳐보고 싶다는 생각을 하게 됐어요.

크리스 학교는 어떻게 시작했나요?

어네스트 우리 부부는 셀로 캠프를 밥과 도트에게 넘기고, 7-9학년 학생들을 위한 셀로 노작캠프를 기획했어요. 엘리자베스가 특히 그 연령에 초점을 맞춘 건 그때가 인생에서 아주 중요한 시기이기 때문이죠. 아이의 생활 방식에 영향을 미칠 수 있는 마지막 기회이자 오랜 기간 부모의 품을 떠나 있어도 되는 첫 기회니까요.

셀로 공동체에서 일 년에 1달러를 받고 12만 평 가량 되는 땅을 우리에게 내줬는데, 우리는 노작캠프를 운영하는 4년 동안 그 땅에 십대 청소년들을 위한 노작학교를 지었어요. 니일의 책에 강제로 시키지 않는데도 일을 하는 아이를 보지 못했다는 말이 나오죠. 우리 생각은 달랐어요. 그래서 노작캠프를 우리 생각을 직접 실험해볼 수 있는 기회로 삼았어요. 노작캠프가 제대로 접근만 하면 아이들도 기꺼이 일을 한다는 사실을 증명할 수 있는 실험장이 된 거죠.

크리스 실험 결과는 어땠나요?

어네스트 아이들이 얼마나 좋아했는지 몰라요. 아주 신이 났어요. 오히려 캠프가 끝날 때쯤 되면 떠나기 싫어서 안절부절못하고 문제를 일으킬 정도였다니까요. 말썽 피울 힘도 없게 만드느라고 애들 데리고 야밤에 하이킹까지 하고, 얼마나 애를 먹었는데요.

그러다가 1962년에 엘리자베스의 탁월한 지도 아래 드디어 학교 문을 열었죠. 하지만 바로 수업을 하진 않았어요. 맨 처음 한 일은 모닥불을 피워놓고 교직원들과 학생들이 둘러앉아 이야기를 나누는 것이었어요. 공동체의 의미가 무엇인지, 경쟁이 아닌 협력을 위해 무엇을 해야 하는지에 대해 토론했죠. 초기에는 추수하랴, 조경 공사하랴, 건물 손보랴, 정말 할 일이 태산이었어요. 급기야 한 학생이 묻더군요. 학교는 언제 시작하냐고. 그러자 엘리자베스는 "벌써 시작했어!"라고 대꾸했어요. 그렇게 우리 학교는 시작부터 큰 교육 성과를 거뒀죠.

크리스 학생 구성은 어떻게 했나요?

어네스트 엘리자베스는 노작캠프에 오던 아이들과 같은 연령의 학생들을 받고 싶어했어요. 9학년 이상은 아무래도 대학입학 준비에 초점이 맞춰지고 더 전문적이고 특화된 학습 지도가 필요하니까요. 그리고 미국 교육계에서 중학교 과정이 가장 홀대받고 있다는 게 엘리자베스의 생각이었거든요.

크리스 학생들은 어떻게 모집했나요?

어네스트 학생 모집은 내가 맡았는데, 전혀 어려움이 없었어요. 안티오크대학 동창들, 셀로 공동체와 여름캠프에서 알게 된 사람들이 많았거든요.

크리스 학교 재정은요?

어네스트 그건 정말 문제가 많았죠. 1970년이 되면서 학교는 파산 직전까지 갔어요. 건물을 담보로 받은 대출만 해도 3만 4천 달러나 됐어요. 건물은 더 지어야겠는데, 후원금은 없고…. 그해 예순 다섯이었던 나는 회사에서 은퇴하고 엘리자베스처럼 모든 시간을 학교에 투자하기 시작했고, 재정난을 해결하는 데 주력했죠.

그런데 내 재정 상태도 학교보다 나을 게 없었어요. 옐로스프링스에 있는 우리 집을 담보로 대출을 받아 셀로에 집을 지었거든요. 게다가 은퇴했으니 수입도 없고. 연금으로 근근이 버티고 있었죠.

생각 끝에 학교를 장서표 회사의 판매 대리인으로 등록시켰죠. 미시시피강 동쪽과 버지니아 남쪽의 모든 주가 판매 지역이었어요. 그리고 그 지역을 돌아다니며 장서표를 팔아 수익금을 모두 학교에 기증했죠. 비용을 줄이기 위해 승합차 내부를 이동식 숙소 겸 사무실로 개조해 그 안에서 먹고 자고 일했어요. 그렇게 해서 비용을 매달 천 달러 정도 줄였죠.

난 애정과 나눔이라는 우리 학교의 철학을 외판원 일에도 적용했어요. 덕분에 몇 년 안에 장서표, 책갈피, 달력 같은 것을 팔아 모은 돈으로 빚을 다 갚았어요. 학교 건물도 몇 개 더 세웠고, 기금까지 조성했죠. 그 뒤로는 한 번도 학교가 재정 때문에 힘들었던 적이 없어요.

크리스 엘리자베스는 학교를 어떻게 운영했나요?

어네스트 항상 민주적으로 했어요. 매주 열리는 전체 회의를 통해 학생과 교사가 함께 토론하고 합의해 모든 의사 결정을 내렸어요.

한번은 한 여학생이 "수업을 하지 않으면 무슨 큰일이 나나요?"라고 물었대요. 엘리자베스는 "흥미로운 아이디어네요. 함께 토론해봅시다"라고 대답했어요. 늘 그런 식으로 아이들을 토론하게 만들었죠. 그날 토론은 모든 학생들이 수업은 중요하다는 결론에 동의하면서 끝났어요.

또 한번은 학생들이 합심해서 학교 식당 지정 좌석제에 이의를 제기했어요. 식사 시간에 너무 시끄럽다고 언제부턴가 교직원들이 지정 좌석제를 도입했거든요. 그런데 한 학생이 지정 좌석제를 폐지하자고 제안했어요. 표결 결과, 학생들은 모두 폐지에 찬성했고 교직원들은 그 반대였죠. 학생들이 교직원보다 훨씬 많았기 때문에 그 건은 쉽게 통과되었어요.

크리스 두 분의 교육철학은 누구의 영향을 받았나요?

어네스트 당연히 우리 부모님의 영향이 컸죠. 그리고 그리스콤이 덴마크의 그룬트비^{Grundvig}가 이끌었던 민중교육운동을 심도 있게 연구했고, 미국에서도 학교를 만드는 일에 적극적으로 관여했어요. 그리스콤이 소개해준 그룬트비 사상도 우리 부부에게 깊은 인상을 남겼죠.

크리스 학교에 중대한 변화는 없었나요?

어네스트 엘리자베스가 7년 동안 교장을 맡았고, 1970년에 허브 스미스가 후임이 되었어요. 엘리자베스는 허브가 자기 눈치를 볼까봐 일부러 거리를 뒀는데, 얼마 지나지 않아 허브가 엘리자베스를 다시 불러들였어요. 엘리자베스는 학교에 있을 때가 가장 행복한 사람이었죠.

　그러다 엘리자베스가 암 진단을 받고 일 년 뒤에 세상을 떠났어요. 다행히 아내의 생각과 방법론은 이미 확고하게 자리를 잡았기 때문에 그 뒤로 지금까지 교직원이나 학생들이 바뀌어도 학교의 핵심적 원동력에는 변함이 없어요.

329

플레이 마운틴 플레이스

플레이 마운틴 플레이스^{Play} Mountain Place는 본래 모던 플레이 스쿨^{Mountain Play School}이라는 이름으로 필리스 플리쉬만이 1949년에 설립한 학교다. 따라서 이 학교는 사실상 미국에서 가장 오래된 프리스쿨이라고 할 수 있다. 로스앤젤레스 외곽 주택가에 나란히 세워진 두 건물을 학교로 쓰고 있다. 한때는 다양한 인종과 사회적, 경제적 배경의 학생들이 무려 130명이나 다녔다. 지금은 로스앤젤레스 전역에서 모여든 약 70명의 학생들이 다니고 있다.

플레이 마운틴 플레이스는 비영리 사립학교로, 미취학 아동부터 초등학생에 이르는 연령의 학생들을 학급 구분 없이 교육하고 있다. 학생들은 교사나 또래 학생들이 운영하는 학습 활동을 선택하여 참여한다. 그레이스 하우드가 1978년

'뉴 스쿨 익스체인지'의 회보에 썼듯이, "교과과정은 주로 아이들의 내면에서 우러나온 관심과 필요에 따라 유기적으로 진화한다."

플레이 마운틴 플레이스 소개 책자에 따르면, 학교 프로그램은 '방종이 아닌 자유'에 대한 믿음에 뿌리를 두고 있다. 이에 따라 조성된 환경에서 "학생들은 자신의 선택에 따른 결과를 받아들이고, 선택을 제약하는 조건들에 도전하고 토론하여 조건을 설정, 변화, 이해하는 데 참여하는 연습을 거듭함으로써 자유에 따른 책임을 깊이 이해하게 된다."

플레이 마운틴 플레이스의 독특한 성격을 형성하는 데는 필리스가 '특별 시간'이라고 이름 붙인 요소가 큰 몫을 한다. '특별 시간'은 교사와 학생의 화합을 강화하고 에너지가 넘쳐나는 환경에서도 아이들이 방향감각을 잃지 않도록 돕기 위해 필리스가 창안한 것이다. 필리스는 이 기법을 '아이들의 행복 조리법'이라고 불렀다. 조리법에 대해 설명하자면, 아이들은 언제든지 필요에 따라 '특별 시간'을 요청할 수 있다. '특별 시간'을 요청한 아이는 정해진 시간 동안 어른들의 관심과 시간을 독차지할 수 있다.

플레이 마운틴 플레이스의 영향력이 확산되어 로스앤젤레스 주변의 많은 공립학교들에 상당한 파급 효과를 미치기 시작한 1977년, 필리스는 불행히도 암으로 세상을 떠났다. 여기에 나온 플레이 마운틴 플레이스 이야기는 필리스의 남편 매니가 해주었다. 90세의 고령에도 정정한 매니는 학교를 설립하는 데 결정적인 기여를 했다. 매니의 아들 그레그도 이야기를 거들었는데, 그레그는 플레이 마운틴 플레이스의 첫 학생 중 한 명으로 거의 평생을 학교에서 살았다.

크리스 마운틴 플레이스의 설립 배경을 말씀해주세요.

매니 필리스는 늘 교사를 꿈꿨어요. 휘티어대학에서 교육학을 전공할 때 도로시 바루크라는 교수한테 배웠는데, 그 교수가 영국의 서머힐 학교에 관심이 많았었죠. 모든 학생들에게 니일의 책을 읽히고 토론하게 할 정도였어요. 필리스는 니일 책을 읽고 큰 감명을 받았는데, 그때부터 서머힐 같은 학교를 만드는 꿈을 키우게 되었죠. 필리스가 졸업한 게 1943년이었는데, 그땐 전쟁이 한창이었죠. 졸업 직후엔 조선소에서 용접공으로 일하다가 나중에 산타모니카 협동 유아원 원장으로 취직했어요.

나는 결혼한데다 아이까지 있었기 때문에 징집 대상이 아니었어요. 전쟁 때문에 전공인 세라믹 타일 제조 기술을 살려 일자리를 구하는 게 마땅치 않아서 더글러스 항공사에 엔지니어로 들어갔어요. 그러고 전처와 이혼했어요. 처음부터 별로 사이가 안 좋았거든요. 아무튼 필리스가 일하는 유아원에 아이를 보내던 직장 동료의 소개로 필리스와 맞선을 보게 되었어요.

맞선은 대성공이었죠. 둘이 공통점이 많았거든요. 필리스도 이혼한 경험이 있었는데, 아들이 하나 있었어요. 언젠가는 학교를 세우겠다는 필리스의 꿈이 마음에 들어서 어떻게든 돕고 싶다고 했죠.

일 년 뒤 우린 결혼을 했고, 또 일 년 뒤에는 필리스가 쌍둥이를 낳았어요. 우린 컬버 시 근처에 있는 부지를 샀어요. 학교 설립용 부지였는데, 나중에 학교를 증축할 것을 감안해 집과 정원을 설계했어요. 그리고 온 가족이 이사를 온 다음에 본격적으로 학교 증축 계획을 세웠죠. 집과 정원은 전부 내가 지었어요. 콘크리트 업체를 운영하던 친구들의 도움을 받아서요.

1949년에 여섯 명의 학생으로 처음 학교 문을 열었어요. 여섯 명 중 둘은 우리 쌍둥이였고. 처음엔 학비를 낸 학생들이 없었으니까 학교의 유일한 자금원은 나였죠. 필리스는 돈 버는 덴 별로 관심이 없었어요. 그저 아이들이 자유롭게 자신을 표현할 수 있는 학교를 시작하고 싶어했죠. 나도 학교가 돈을 벌지 못하는 것에는 개의치 않았어요. 타일 도매업으로 충분히 식구들을 먹여 살리고 있었으니까. 필리스랑 나는 정말 마음이 잘 맞았어요. 학교 초기부터 필리스를 적극 도와주었죠. 그전엔 일주일 내내 일만 했는데, 하교가 문을 연 뒤로는 닷새만 일하고 이틀은 학교에서 보냈어요. 사업을 해본 경험이 있었기 때문에 학교 재무관리는 처음부터 내가 맡았죠.

크리스 학생을 더 많이 유치하기 위해 필리스는 어떤 일을 했나요?

매니 사실 아무것도 안 했어요. 광고도 내지 않았죠. 입 소문으로 다 해결되었어요. 그러니까 아이들이 때가 되었는데도 학교를 졸업하기 싫다고 해서 그 아이들한테 맞춰 자연스럽게 한 학년씩 늘어난 거죠.

    장인어른도 처음부터 필리스를 도와주셨어요. 우리 집 옆에 있는 부지를 사들이고, 6개월 동안 휴가를 내 노모와 함께 살 집을 손수 지으셨어요. 나도 도와드렸고. 그렇게 해서 지은 집 마당을 학교에서 쓸 수 있게 해주셨어요. 모친이 돌아가신 뒤엔 그 집을 우리한테 파셨어요. 학생들을 위한 실내 공간이 더 필요했거든요. 해가 갈수록 학교 규모가 커지고 있었으니까.

크리스 재정적으로는 어땠어요?

매니 비영리 재단으로 등록하지는 않았지만, 아무튼 수입이 없었어요. 항상 돈이 부족했죠. 필리스는 내가 부양했는데, 학교를 운영하면서 자신한테 월급을 주진 않았어요. 휴가는 말할 것도 없고. 초반에는 학생들이 낸 학비로 두 교사의 월급을 충당했어요. 그 다음에는 학생이 늘면서 필요에 따라 교사를 더 채용했죠. 신입생이 항상 많았기 때문에 그 지역에 있는 다른 사립학교보다 학비를 훨씬 더 적게 받을 수 있었어요.

크리스 학교에 대한 필리스의 이상에 영향을 미친 다른 요소도 있었나요?

매니 칼 로저스요. 필리스가 대학원에서 심리학을 공부할 때 칼 로저스 강의를 여러 번 들었거든요. 로저스의 인본주의 심리학에 따라 우리 학교를 인본주의 학교라고 규정했죠. 나중에 필리스는 전문적으로 가족 상담도 했었는데, 그게 학교를 운영하는 방식에 상당한 영향을 미쳤다고 봐요.

크리스 어떻게요?

매니 필리스는 학부모가 학교에 찾아오면 상담부터 했어요. 학교의 운영 원칙에 부합하는 방식으로 자녀를 키울 의지가 있는지 파악하기 위해서였죠. 그럴 의지가 없으면 다른 학교를 알아보라고 강력하게 권유했어요. 그런 사람들한테는 우리 학교가 적합하지 않다고 믿었으니까요.

크리스 학교의 운영 원칙이 무엇이었는데요?

매니 가장 기본적인 원칙은 아이들과 의논한다는 것이었어요. 뭐든지 아이에게 지시하는 게 아니라. 그리고 그보다 중요한 건 우선 아이의 말을 듣고 나서 아이가 무엇을 원하는지 파악하는 거죠. 그런 다음엔 아이와 합의를 하는 거예요. 다시 말해 부모나 선생은 무엇을 설명하고 관리하는 사람이 아니라 아이의 말을 듣는 사람인 거죠.

크리스 필리스가 학교 이름을 바꾼 이유가 궁금한데요.

매니 학교 이름을 바꾼 건 필리스가 아니라 큰아들 노먼의 생각이었어요. 친엄마가 키우다가 열여섯 살 때부터 나랑 살게 되었거든요. 그 당시 학교 마당을 개조하고 있었는데, 인부한테 아이들이 산처럼 탈 수 있는 커다란 흙더미를 만들어 달라고 했어요. 기슭에다 시냇물까지 만들었어요. 노먼이 그걸 보더니 학교 이름을 플레이 마운틴이라고 하면 더 어울리겠다고 했어요. 필리스도 동의해서 학교 이름을 플레이 마운틴 플레이스로 바꿨죠.

크리스 필리스가 운영할 때는 누가 학교 정책을 세웠나요?

매니 필리스랑 이사회가요. 그런데 이사회엔 세 명밖에 없었어요. 필리스가 이사장, 서던캘리포니아대학 교수가 부이사장, 내가 서기 겸 회계. 그래서 의사 결정은 모두 필리스가 한거나 다름없었죠.

크리스 그럼 학교생활에 관한 일상적인 결정은요?

매니 그건 모두 같이 했어요. 필리스랑 교사들이랑 아이들이 다 같이요. 매일 조회를 통해 문제가 있으면 해결책을 의논하고 그날은 무엇을 할지 결정했어요. 아이들은 조회에 참석하지 않아도 됐고, 수업을 하기 싫으면 안 해도 됐어요. 유일한 규칙은 학교 안에 있어야 한다는 거였죠. 그래서 서머힐처럼 학교 운영에 대한 아이들의 발언권이 컸어요.

크리스 그러니까 서머힐과 성격이 비슷했다는 말씀이네요?

매니 그럼요. 사실 학교를 시작하고 몇 년 뒤 필리스가 학부모 몇 명을 이끌고 서머힐 견학을 다녀왔어요. 서머힐이 어떻게 운영되는지 일주일 동안 직접 관찰한 거죠. 니일 부부와 그 딸과 이야기를 많이 나눴대요. 돌아와서는 서머힐 소사이어티 지부를 만들었어요. 몇 년 동안 아주 적극적으로 로스앤젤레스 전역에 서머힐 철학을 확산시켰죠.

크리스 학교가 처음 문을 열었을 때 지역사회 반응은 어땠나요? 당시는 1960년대도 아니고 1940년대 후반이었잖아요. 색다른 시도가 급진적으로 여겨졌을 것 같은데.

매니 색다르긴 했죠. 하지만 겨우 여섯 명이 다니던 조그마한 학교였는데요, 뭐. 동네를 장악하겠다고 나선 것도 아니고. 내 기억으로는 사람들 반응이 긍정적이었거나 아무런 반응이 없거나 둘 중 하나였어요.

어느 정도 시간이 흐른 뒤에 필리스가 연수회나 세미나를 하기 시작했어요. 우리 학교 학부모를 비롯해서 일반 대중 상대로도 하고, 공립학교와 사립학교 교사들 상대로도 했어요. 교육대학에서 교사 훈련 과정 강의도 했고, 인적자원 개발원이나 인본주의 심리학회 모임 같은 데서도 강연을 했어요. 그러면서 우리 학교가 크게 부각되었죠. 많은 사람들이 필리스 영향을 받아 플레이 마운틴 플레이스와 비슷한 학교를 여러 곳에 설립했어요.

크리스 필리스의 방식에 동조하는 교사를 찾는 데 어려움은 없었나요?

매니 별로 없었어요. 필리스가 교사들을 직접 훈련시키기로 했거든요. 한 번에 인턴을 여섯 명씩 모집했죠. 학교 2층에서 숙식하면서 우리 학교 방식을 익히게 한 뒤에 훈련 과정이 끝나면 그중 몇 명을 채용했어요.

크리스 그렇게 1970년대 중반까지 학교가 번창하게 된 거네요? 8학년까지 확대되고?

매니 그렇죠. 모든 게 잘 풀렸어요. 장인어른이 우리한테 파신 집 바로 옆집이 비어 그 집을 사들인 다음에 학교를 위한 공간으로 개조했어요. 그 다음엔 그 옆에 있는 공터도 매입해 2층짜리 건물을 지었어요. 그렇게 해서 학생 130명에 교사가 18명이나 되는 굉장한 규모로 발전했죠. 학교 규모는 그때가 최고로 컸어요. 그런데 그 얼마 뒤에 필리스가 암 진단을 받았죠.

크리스 그 뒤로는 어떻게 되었나요?

매니 필리스가 세상을 떠나고 나선 더 많은 일을 맡아서 해야 했어요. 그때 처음으로 한 일이 학교를 비영리 재단으로 등록한 거였어요. 그러고 나선 필리스의 설립 정신에 어긋나지 않게 학교를 운영하도록 학교 정책을 세우려고 노력했죠. 하지만 나는 타일 장수였지 교사도 행정가도 아니었어요. 필리스가 하던 일을 대신할 자격도 전혀 없었고. 그런데 운영을 맡았으니 학교가 잘될 리 없었죠. 2년만에 학생 수가 30명으로 줄어들었어요. 내가 물러나는 게 학교를 위해 좋겠다는 판단이 섰죠. 그래서 새로 이사회를 구성해서 학교 운영권을 넘겨주고 떠났어요.

크리스 이사장은 누가 맡았나요?

매니 알린 구드만이요. 우리 학교 학부모였는데, 필리스가 암 선고를 받은 뒤부터 부이사장으로 옆에 두었던 사람이었죠. 나중에는 역시 학부모였던 패트 풀이 바통을 이어받았고, 조금 더 지나고 나서는 쥬디 아카디가 공동 이사장이 되었어요. 쥬디는 우리 학교 교사 출신이었는데, 나중에는 학부모도 되었죠. 지금은 쥬디 혼자 이사장을 맡고 있어요.

크리스 과도기가 쉽지 않았겠어요.

매니 학생 수가 갑자기 줄어드는 바람에 엄청난 재정난에 허덕이게 되었어요. 문을 닫아야 할 지경까지 갔죠. 자금난 대문에 중학교 학생들을 위해 지었던 기숙사 건물을 팔 수밖에 없었어요. 하지만 그 뒤로는 알린, 패트, 쥬디가 워낙 일을 잘해서 다시 학교를 일으켜 새로 초석을 다졌죠.

크리스 카리스마 넘치는 설립자이자 지도자를 떠나보낸 학교가 힘든 시기를 겪는 건 당연했겠죠. 지금의 학교 모습과 필리스가 운영하던 시절의 학교 모습에는 규모 말고 어떤 차이가 있을까요?

그레그 제가 느끼는 가장 큰 차이는 어머니의 실험 정신이에요. 어머니는 더 좋은 방법을 찾아 해마다 새로운 시도를 하셨거든요. 지금은 어머니가 돌아가셨을 당시 모습을 그대로 보존하는 데 초점을 맞추고 있어요. 예전의 역동성이 사라지고, 일종의 보수주의가 그 자리에 들어선 것 같아요.

크리스 만약 필리스에게 학교를 다시 만들 기회가 주어졌다면 다른 방식을 택했을까요?

매니 필리스는 자신이 거둔 성과에 만족스러워했어요. 학교 일이 바라던 대로 풀려가고 있었으니까요. 그래서 다시 기회가 오더라도 똑같은 방식을 택했을 것 같아요. 그런데 속상한 것은 필리스가 새로운 계획을 정말 많이 세웠다는 거예요. 플레이 마운틴 플레이스 상담소 같은 거요. 투병 생활 하느라 결국 실현되진 않았지만. 정말 하고 싶어했던 일이 많았는데….

크리스 그레그는 학교와 어떤 인연이 있는 거죠?

그레그 지난 30년 동안 학교 일을 도왔어요. 주로 학교 건물과 운동장을 관리하는 일을 해요. 낡은 놀이 기구가 있으면 수리도 하고요. 어머니가 살아 계셨을 때 심었던 나무도 돌보고 있는데, 나무들이 해를 거듭할수록 자라면서 더 아름다워지고 있어요.

크로스로즈 스쿨

　　　　　　　　　　크로스로즈 스쿨Crossroads School은
1998년 캐시와 브라이언 키어시 부부가 설립한 학교로 뉴욕
에서 110킬로미터 가량 떨어진 소도시 브루스터 외곽의 메
인가에 있다. 학교 건물은 번화가에서 약간 비켜난 곳에 있
는 단독주택을 개조한 것으로, 의료기관과 개인주택 사이에
자리잡고 있다. 천 평 남짓 되는 뒤뜰은 그 지역에 있는 여러
저수지 중 하나와 맞닿아 있다.

　　크로스로즈 스쿨은 비영리 사립학교로, 세 살부터 열일곱
살까지의 학생들이 다니고 있는데, 정원 45명이 거의 다 찬
상태다. 등록금은 일 년에 5천 5백 달러`에서 1만 달러 정도
이고, 필요한 학생들에게는 어느 정도의 재정 지원도 하고
있다. 학교는 학업과 주간 활동을 적절하게 섞어놓은 여름캠

프 프로그램을 운영하고 있다. 캐시와 브라이언 부부는 학교에서 상근 교사로 일하는 동시에 공동 이사장을 맡고 있는데, 캐시는 사무실 운영과 회계 업무를, 브라이언은 학교를 대표해서 주州 교육 당국을 상대하는 일을 한다.

크로스로즈 스쿨은 사실 브라이언이 세운 두 번째 학교다. 첫 번째 학교는 1987년 캘리포니아에 세운 교실이 한 개밖에 없는 작은 학교였다. 한 제조업체 경영자와 함께 그 회사 직원 자녀들이 다닐 수 있는 학교를 세운 것이었는데, 브라이언 혼자서 운영했다고 한다.

브라이언은 두 학교의 이야기를 다 해주었다.

크리스 아내와 함께 학교를 세울 생각을 어떻게 하게 되었나요?

브라이언 이야기하자면 길어요. 의미심장한 우연과 뜻밖의 행운이 함께한 긴 역사라고나 할까요. 나는 보수적인 집안에서 자랐어요. 가톨릭 학교를 다녔고, 경영학 학위를 받겠다는 일념으로 가톨릭대학에 입학했었죠. 그런데 대학에 들어가서 인생의 전환점을 맞게 되었어요. 어느 날부턴가 마케팅 강의 점수는 모조리 바닥을 기기 시작했는데, 철학이나 영문학 강의는 A학점을 받기 시작한 거예요. 그것도 모자라 경제학 과제물 가장자리에 시를 적어 놓았다가 교수님한테 혼나고. 3학년 학점도 엉망으로 받고 나서 모든 걸 털어버릴 심정으로 1979년 여름부터 일 년 동안 휴학을 했어요.

복학과 함께 나는 "에라 모르겠다, 나 하고 싶은 대로 하자"고 결심했어요. 그게 내 인생에서 영적으로 가장 결정적인 순간이었을 거예요. 그 뒤로는 늘 마음이 가는 대로 따르면서 살았거든요. 아무튼 전공을 경영학에서 철학으로 바꿨어요. 그리고 졸업 학기 내내 머릿속으로 온갖 직업을 떠올리며 어떤 일을 하는 게 좋을지 고민했어요. 그런데 나한테 맞는 게 없더라고요. 그러다 나도 모르는 사이에 졸업을 했어요. 갈 곳은 없는데 말이죠.

결국 뉴욕 주 뉴로첼에 있는 몬테소리 학교 스쿨버스 기사로 취직했어요. 8월 중순쯤 교장이 나를 사무실로 불렀어요. 해고당하는 줄 알았어요. 그 며칠 전에 고등학생 하나를 끌고 그 아이가 사는 건물 옥상에 올라갔거든요. 16년 동안 한 집에서 계속 살았다는데 옥상에 올라가 아래를 내려다본 적이 한 번도 없다는 게 믿어지지 않아서 그랬었죠.

그런데 교장은 책상 너머로 손을 내밀어 내게 악수를 청하더니 대뜸 이렇게 묻는 거예요. "브라이언 군은 어떤 인생을 살 생각인가?"

난 우선 안도의 한숨을 내쉬었죠. 그런데 아무런 대답이 떠오르지 않아 멍하니 앉아 있었어요. 그랬더니 교장이 내 눈을 똑바로 쳐다보면서 말했죠. "자네를 여름 내내 지켜봤네. 놀이터에서 아이들이 얼마나 자네를 잘 따르는지도 봤고.

아이들을 가르쳐보고 싶다는 생각을 해본 적 없나?" 그러더니 3-4학년 보조 교사로 일해보지 않겠냐는 거예요.

바로 그 자리에서 그 제안을 받아들였죠. 그러고는 몬테소리, 피아제, 듀이, 러셀 같은 교육철학자들의 책을 닥치는 대로 읽기 시작했어요. 그러면서 가르치는 일에 홀딱 반해버렸죠.

하지만 동시에 캘리포니아로 돌아가고 싶은 마음도 남아 있었어요. 그래서 일단 대학 시절부터 만나던 캐시와 결혼부터 했죠. 캐시는 내가 처음으로 캘리포니아에 갔을 때 함께 갔었어요. 그리고 이번엔 부부가 되어 다시 갔죠. 둘 다 캘리포니아 남부에 있는 조그마한 몬테소리 학교에 교사 자리를 구했는데, 나는 독학으로 몬테소리 교사 자격증을 땄어요. 학교는 참 좋았어요. 그런데 교육의 영적인 면을 강조하는 몬테소리 철학이 맘에 들기는 했지만, 뭔가 빠졌다는 생각이 계속해서 들었어요. 그러다 허전함이 좌절감으로 변하면서 급기야 교사 일을 완전히 그만둘까 하는 생각까지 하게 되었죠. 이러면 안 되겠다 싶어 또 일 년 동안 휴식을 갖기로 했어요. 왜 몬테소리 학교에서 가르치는데도 이렇게 불행한지 원인을 찾기 위해서요.

크리스 원인을 찾았나요?

브라이언 의미 있고 정겨운 환경을 만들어주고 아이가 주도하는 대로 따르면 교육이 얼마나 즉흥적이고 즐거운지는 많은 글을 통해 알고 있었거든요. 그런데 캐시와 내가 있던 학교는 너무 경직되고 형식을 꽤 따지는 분위기였어요. 우리가 상상했던 유기적인 학습환경은 찾아볼 수 없었던 거죠.

크리스 그래서 어떻게 했어요?

브라이언 그해에 우리 부부는 인생의 중대한 기로에 서 있었던 것 같아요. 캐시는 몬테소리 학교에 계속 나갔고, 나는 집 칠하는 페인트공으로 일하면서 다시 시를 쓰기 시작했어요. 그러던 어느 날 몬테소리 학교 학부모한테서 전화가 왔어요. 학교의 틀에서 벗어나려고 하던 우리 부부를 좋아하는 학부모였는데, 조지 태스라는 자기 사촌이 작지만 독창적인 학교를 세우려는데 적당한 교사를 찾지 못했다는 거예요. 이미 서른다섯 명과 면접을 봤는데 하나같이 똑같은 틀로 찍어낸 과자 같았대요.

　그러더니 나한테 이러는 거예요. "조지가 찾는 사람이 바로 선생님인 것 같아요."

　그래서 조지를 만나봤는데, 조지는 자신이 운영하는 중소기업 직원들의 자녀를 위해 회사 안에 학교를 만들고 싶다고 했어요. 조지는 고등학교 졸업밖에 못했지만 발명가 기질을 발휘해 스무 개가 넘는 특허를 출원한 사업가였어요. 고등학교 졸업 뒤 십 년 동안 학교가 망쳐놓은 자기 머리를 제자리로 돌려놓느라 엄청 고생을 했대요. 그래서 더더욱 자기 아이들과 직원 아이들을 위해 더 나은 대안을 만들어주고 싶어 했고요.

조지는 매우 영적인 사람이었는데, 아이들이 하루 종일 재미있게 놀면서 하나님의 신비를 탐구하는 그런 학교를 꿈꾸고 있었어요. 우리 둘은 너무 궁합이 잘 맞았어요. 조지는 돈과 시설을, 나는 조지의 꿈을 실현하는 데 필요한 기술과 가르치는 일에 대한 열정을 가지고 있었죠.

그때부터 훈련이 본격적으로 시작된 거죠. 조지는 정말 자유로운 영혼의 소유자여서 자녀교육 방법 또한 요즘 말하는 '탈학교deschooling'에 가까웠어요. 그런데 우리 학교에 아이를 보낸 직원들은 전형적인 주류 사회 구성원들이어서 조지와 내 생각에 항상 동의하진 않았거든요. 사실 아이들을 우리 학교에 보내게 된 이유도 편리하다는 게 제일 컸었죠.

조지나 내 생각대로 서머힐 같은 프리스쿨로 밀고 나가면 대부분의 학부모들이 아이들을 다른 학교에 보낼 판국이었어요. 이러한 곤경이 있었기 때문에 중도를 찾는 방법을 배우게 됐죠. 크로스로즈 스쿨에서도 항상 해야 되는 일이 바로 중도를 찾는 거예요. 우리 원칙을 꺾고 타협하자는 게 아니라 부모마다 자녀와 함께 풀어야 하는 숙제가 있다는 것을 존중해야 한다는 거죠. 이제는 관습에 매달려 아이들 스스로 배우도록 믿고 맡길 준비가 안 된 부모들을 만나도 자신 있어요. 부모가 자식 걱정하는 건 당연하기 때문에 그런 정당한 욕구를 충족시켜주면서 부모를 안심시키면 돼요. 나야 이일을 벌써 20년 넘게 해왔으니까 아이들이 별로 힘들이지 않고도 제도교육을 받을 때보다 앞서나갈 수 있다는 걸 잘 알죠. 하지만 부모들은 그걸 모를 수도 있잖아요.

나는 캘리포니아에서 부모들의 우려를 해소하는 한편 아이들과 있을 때는 인격을 존중하고 함께 웃고 즉흥적으로 행동하는 방법을 배웠어요. 중요한 교훈을 얻은 거죠. 그리고 정말 두 마리 토끼 다 잡을 수 있어요. 한번은 학교가 시작되던 해에 누군가 비디오 카메라를 가져왔어요. 그러더니 아이들끼리 영화를 만들기 시작한 거예요. 날이 갈수록 촬영 계획은 거창해졌죠. 한 아이가 각본을 썼고, 다른 아이들은 소품과 의상 디자인을 맡아 제법 촬영에 몰두하더라고요. 차마 아이들한테 이제 그만하고 수학 공부하자는 말을 할 수가 없었어요. 그러고 싶지도 않았고요. 그런데 일주일째 되니까 학부모 몇 명이 불안해하기 시작했어요. 애들이 제대로 된 공부는 언제 하나 걱정된 거죠.

그러다 하루는 점심시간에 교실에서 학부모들과 내가 열띤 논쟁을 벌이게 되면서 상황이 절정에 달했어요. 소리를 지르면서 싸운 건 아니고 철학적인 논쟁이었다고 할까. 아이들은 자기 엄마 아빠와 선생이 언쟁하느라 여념이 없는 광경을 숨죽이며 지켜봤죠. 나는 어떻게든 학부모들에게 아이들이 영화를 함께 만들면서 얼마나 많은 것을 배우고 있는지 보여주고 싶었어요. 아이들은 읽기와 쓰기는 물론 모임을 만

들어 일하면서 협동심도 배우고 누가 무엇을 맡을지를 놓고
싸웠다 화해했다 하면서 갈등 해결법도 터득하고 있었거든
요. 그것도 다 자기들끼리 알아서. 내가 할 일은 아이들 일에
참견하지 않는 것밖에 없었어요.

연말까지는 아이들이 전통적인 학교에서 배운 것 이상으
로 읽기, 쓰기, 수학 실력을 갖출 거라고 학부모들에게 굳게
약속했어요. 학부모들은 결국 내 신념을 존중해 나와 함께
도박을 걸기로 했죠. 그리고 2-3일 뒤에 영화 촬영 프로젝트
는 막을 내렸어요. 아이들한테 이렇게 말했죠. "이젠 너희가
날 살려줄 차례다. 내가 너희들을 끝까지 변호해줬으니 이젠
너희가 공부 열심히 해서 내 체면을 세워줘야지." 아이들은
그러겠다고 했고, 연말에 치른 학력평가시험을 한 아이도 빠
짐없이 무사히 통과했어요. 학부모들은 안도의 한숨을 내쉬
었죠. 그 다음부터는 학부모들도 훨씬 느긋해졌어요.

반면 조지는 시험 성적 따위엔 아무 관심도 없었어요. 조
지는 내게 가장 많은 영향을 끼친 사람이자 지금도 세상에
둘도 없는 절친한 친구죠. 우리 학교 학부모일 때는 자기 아
이들한테 절대 아무것도 강요하지 말라고 늘 강조했어요. 나
는 학교를 운영하던 8년 내내 조지를 못살게 굴었어요. 매일
같이 이런 잔소리를 늘어놨죠. "조지, 아들녀석이 글씨 쓰는
거 봤어요? 벌써 열두 살인데 글씨는 엉망진창이고 이제 겨
우 두 자릿수 곱셈을 한다니까요." 그래도 조지는 자기 아이
들을 내버려두라고 대꾸하곤 했죠. 그 아이들이 올해 스물네

살, 스물두 살인데, 정말 못하는 게 없어요. 세상을 다 가진 젊은이들이죠.

크리스 학교 규모는 커졌나요?

브라이언 아뇨. 하지만 우린 여러 홈스쿨 단체들과 연계하기 시작했어요. 다양한 프로젝트를 함께 진행하고, 아이들을 모아서 게임이나 운동도 같이 했고요. 홈스쿨 지원센터에서 하는 전형적인 활동들 있잖아요. 덕분에 우리 학교는 학습환경이 훨씬 더 풍부해졌고, 홈스쿨 아이들은 선택의 폭이 넓어졌죠.

그리고 우린 아주 작은 학교였지만 언론의 조명을 많이 받았어요. CNN에만 세 번 나왔고, ABC 홈쇼 프로그램에도 출연했고, 전국 규모의 잡지사 여러 곳에서도 취재를 하러 왔었죠. 결정판은 1995년에 유엔의 초청을 받은 거였어요. 세계 어린이의 해를 기념해 솔트레이크시티에서 열린 유엔 교육총회에서 내가 연설까지 했다니까요.

크리스 첫 번째 학교는 왜 떠났나요?

브라이언 정착하겠다는 생각은 없었지만 캘리포니아로 가서 14년을 보내고 나니까 떠나고 싶어도 떠날 수 없을 것 같았어요. 그런데 하루는 딸아이 크리스타가 저녁을 먹다가 우리 부부한테 이러는 거예요. "할머니 보고 싶어. 뉴욕에 살면 할머니 매일 볼 수 있는데 그러면 안 돼?"

우리 부부는 뭐든지 충동적으로 하는 경향이 있거든요. 그래서 그때도 별로 의논도 하지 않고 다시 동부로 돌아가자고 결정했어요. 그냥 그게 맞는 길이라는 생각밖에 없었어요.

크리스 그게 몇 년도죠?

브라이언 1995년 여름이요. 문제는 집이 팔려야 떠날 수 있는데 그때 부동산 시장이 침체기였거든요. 그런데 크리스타가 뉴욕으로 이사 가자는 얘기를 꺼낸 지 3일도 안 돼서 그냥 지나가던 사람한테 집을 팔게 된 거예요. 우리 생각이 옳다는 계시였죠.

어떻게 된 거냐 하면, 차 한 대가 집 앞을 천천히 지나가길래 그냥 농담으로 운전하는 사람한테 그랬거든요. "혹시 집 살 생각 없어요?" 그랬더니 그 사람이 차를 세우고 내리더니 이렇게 대꾸하는 거예요. "네! 우린 이 동네로 이사 오고 싶어서 2년 전부터 집을 찾고 있었어요!" 우린 그 자리에서 계약을 맺고 바로 다음 날부터 이삿짐을 싸기 시작했죠. 그리고 조지와 나는 부랴부랴 신임 교사 물색에 나선 끝에 내 자리를 대신할 성격 좋아 보이는 사람을 찾았어요.

크리스 선생님이 떠난 뒤로 학교는 어떻게 됐나요?

351

브라이언 결국 없어졌어요. 새 교사가 우리 교육철학을 이해한 줄 알았는데 알고 보니 말만 번지르르한 사람이었던 거예요. 나는 그 사람이 적응할 수 있게 몇 주 동안 아이들을 같이 가르치겠다는 제안까지 했는데, 그 사람은 학교에 나오지도 않았어요. 내가 떠난 다음에야 나타나더니 바로 분위기를 전통적인 학교로 바꿔버렸대요. 아이들도 불행해졌고, 학부모들도 불행해졌죠. 결국 학교는 그해를 넘기지 못하고 문을 닫았어요.

크리스 크로스로즈 스쿨은 또 어떻게 만들게 된 거죠?

브라이언 캐시와 내가 그렇게 빨리 캘리포니아를 떠나기로 결심한 또 다른 이유는 더 큰 학교를 운영하고 싶다는 생각 때문이었거든요. 학생들이 더 폭넓은 선택을 할 수 있는 학교를 세워야겠다는 생각을 오래 전부터 하고 있었죠. 우린 가족들이 살고 있는 뉴욕 근처로 돌아가 거기에 학교를 세우기로 했어요. 그래서 캘리포니아 집이 팔리자마자 부동산 업자들한테 전화를 걸어 생각하고 있는 가격을 말하고 적당한 집을 찾아달라고 했어요. 조건은 학교를 운영해도 될 만큼 큰 단독주택에, 아이들이 뛰어놀 수 있을 만큼 마당이 넓고, 학교 설립 허가가 나오는 지역이어야 된다는 거였죠.

그러는 한편 캘리포니아를 떠나기 전부터 뉴욕과 코네티컷의 홈스쿨 네트워크들과 연락을 주고받았어요. 그래서 9월

352

말 뉴욕에 도착했을 때는 가족들한테 임시로 얹혀 살면서도 회의 약속은 이미 다 잡아놓은 상태였죠. 그리고 홈스쿨 단체들을 만나 우리 부부가 시작하려는 학교가 그 지역에 필요한지 살펴보기 시작했어요.

우리는 그해 가을 대부분 시간을 뉴욕 구석구석을 누비며 보냈어요. 홈스쿨 모임에 나가서 관심을 보이는 학부모들과 교육에 대한 생각을 함께 나누면서요. 한편 부동산 중개사들은 계속 학교 건물을 물색했는데, 그중 한 사람이 브루스터에 있는 미들브랜치 저수지 근처의 커다란 주택을 찾아냈어요. 지역 인구도 웬만큼 돼서 학교를 운영해볼 만한 곳이었는데, 집도 우리 세 식구가 살고 낮에는 학교를 운영해도 될 만큼 넓었어요. 위치도 완벽했죠. 경제개발지구에 있어서 서서히 주택가에서 상업 지역으로 바뀌어가고 있었거든요. 그러니까 훨씬 낮은 이자로 대출을 받을 수 있고 동시에 학교 설립 허가도 받을 수 있는 지역이었던 거죠. 게다가 우린 예전부터 학교 이름을 크로스로즈^{crossroads}('교차로', '기로'라는 뜻_옮긴이)로 지어놨는데, 우연하게도 그 건물에서 조금 떨어진 곳에 고속도로 몇 개가 교차하는 지점이 있었어요.

크리스 왜 크로스로즈라고 지었는데요?

브라이언 우리가 인생의 기로에 서 있을 때마다 하나님이 큰 복을 내려주셨으니까요.

크리스 그 다음엔 어떻게 했나요?

브라이언 그 부분은 아직도 회상하기가 고통스러워요. 학교를 세우려면 건축 법규가 가장 큰 문제라는 걸 알고 있었기 때문에 집 계약을 하기도 전에 건축 검사관에게 전화를 걸었어요. 그런데 검사관은 우리가 실제로 건물을 소유하기 전까지는 무슨 요건을 갖춰야 하는지 말해줄 수 없다고 대답했어요. 전화를 끊자마자 든 생각은 학교를 세우는 데 적합하다는 판정을 받을지조차 불투명한 집에 평생 저축한 돈을 쏟아붓기가 꺼림칙하다는 거였어요. 그래서 다시 검사관한테 전화를 걸어 내가 참고할 만한 자료라도 소개해달라고 했죠. 검사관은 국립 화재예방협회에서 펴낸 생명안전법규를 읽어보라고 했어요. 그 책을 구해 읽어보니 우리 건물이 크게 문제될 게 없을 것 같았어요. 그래서 1996년 6월에 계약을 했어요.

건물은 손볼 데가 너무 많았어요. 그래서 그해 9월에 학교문을 열겠다는 바람으로 캐시와 나는 바로 건물과 마당 수리에 돌입했죠. 그리고 학교 건물로 적합하다는 판정을 받으려면 어떤 절차를 밟아야 하는지 건축가한테 자문을 구했어요. 건축가는 그 지역이 학교를 지어도 되는 곳이긴 하지만 주택을 학교로 용도 변경하려면 도시계획위원회의 허가를 받아야 한다고 말해줬어요. 별로 어려울 게 없으니까 자기가 도와주겠다고 했고요. 그래서 도시계획위원회에 허가 신청서를 제출했는데, 9월 7일로 심의 날짜가 잡혔어요.

　그 시점에서 지난번에 통화한 건축검사관에게 다시 연락하는 게 좋겠다 싶었어요. 그래서 전화를 걸어 이젠 계약을 했으니 건물 적합 판정을 받으려면 어떻게 구조를 변경해야 되는지 직접 방문해서 알려달라고 요청했어요. 그랬더니 이번엔 도시계획위원회의 허가를 받아야 자기가 건축 법규에 관한 자문을 해줄 수 있다고 하더군요. 그래서 캐시와 나는 계속 건물 수리에만 신경을 썼어요. 그러면서 학교에 아이들을 보낼 사람들과 더 구체적인 얘기를 나누기 시작했고요.

크리스 학생을 유치하기 위해 어떤 일을 했죠?

브라이언 우선 그 지역 홈스쿨 가정들을 집중적으로 만나 그들의 요구를 파악하고 우리 학교가 그들에게 도움이 될 수 있을지 타진해보았어요. 또 온 동네를 전단지로 도배하다시피 했고, 지역 정보지에 광고를 냈어요. 그리고 지역신문사에 연락해 우리 계획을 알렸어요. 기사가 나가면서 훌륭한 홍보 효과를 거뒀죠. 한여름이 될 무렵에는 벌써 열다섯 가정에서 입학 원서를 받았어요. 하루 종일 운영되는 유치원을 찾고 있는 가정이 반, 초등학생 나이의 아이에게 일주일에 두세 번 정도 수업을 해줄 학교를 찾는 홈스쿨 가정이 반이었죠. 우리는 학부모를 만날 때마다 도시계획위원회에 건물 허가를 신청해놓은 상태라는 점을 꼭 강조했어요.

크리스 무엇이 걱정돼서 그랬는데요?

브라이언 시청 직원이 우리 광고를 보거나 소문을 듣고 학부모인 척하면서 전화를 걸어 우리를 염탐할까봐서요. 그래서 적법한 절차를 따를 거라고 모든 사람들한테 알린 거예요. 지역신문에 나간 기사에도 '건물 허가를 신청해놓은 상태'라는 말을 꼭 넣으라고 기자한테 당부했어요.

아니나 다를까 여름이 끝날 무렵 사회복지국에서 전화가 왔어요. 캐시가 받았는데, 우리가 무허가로 탁아소를 운영하고 있다는 민원이 들어왔다면서 조사를 하러 오겠대요. 캐시는 그 사람한테 우린 아직 문을 열지도 않았고, 9월 7일에 도시계획위원회에서 심의할 거라고 답했죠. 그랬더니 그 사람은 아주 무례한 말투로 지금 당장 방문하겠다는 거예요.

그래서 집 앞 도로에서 기다리고 있다가 그 사람을 만났어요. 우선 내 아내한테 무례하게 굴어서 대단히 기분 나빴다는 말부터 했죠. 그리고 우린 문제를 일으킬 생각은 추호도 없고, 심의 날짜가 얼마 남지 않았다는 말도 다시 했어요. 신문 기사까지 보여주면서요. 그 다음엔 건물을 둘러보게 하고 그 사람 기분을 풀어주려고 엄청 애를 썼죠.

그 사람도 신고를 한 사람한테 속았다는 것을 알아차리고는 금방 사과했어요. 그리고 친절하게도 다음 날 우리한테 건물을 검사했다는 확인 공문까지 보내줬어요. 그래서 우린 더 이상 문제가 없을 줄 알았어요.

크리스 허위 신고를 한 사람이 누군지 밝혀졌나요?

브라이언 우리가 있는 곳에서 1.5킬로미터 정도 떨어진 곳에 작은 탁아소가 있거든요. 그 탁아소 원장이었어요. 내 친구 하나도 거기에 아이들을 보내고 있었는데, 그 친구 말에 따르면 그 사람이 우리가 오기 전에 우리 건물을 사려고 했었나봐요. 그래서 우리가 절대 학교 문을 못 열게 막을 거라고 그랬대요. 그런데 농담으로 한 말이 아니었어요. 바로 다음날 도시계획 담당관이라는 사람이 우리 집 문을 두드리더니 이번에는 우리가 무허가로 학교를 운영한다는 고발이 들어왔다는 거예요. 그 사람 태도는 그 전날 캐시한테 전화했던 사람만큼이나 불손했어요. 하지만 나도 베테랑이 다 됐죠. 그래서 집을 둘러보게 하고 9월 7일에 도시계획위원회 심의를 받을 예정이라는 기사를 또 꺼내서 보여줬어요. 그런데 들은 척도 안 해요. 그러다 네 살짜리 우리 딸아이가 동네 친구들과 뒤뜰에서 그네를 다며 노는 걸 보너니 갑자기 고래고래 악을 쓰는 거예요. 경범죄 위반 혐의가 있네 감옥에 가야 되네 하면서요. 정신이 이상한 사람인 줄 알았어요.

그러다 집 뒤편에 있는 양쪽으로 여는 문을 보더니 이번엔 이렇게 소리를 지르는 거예요. "저 문 에전엔 없었잖아! 저 문 달아도 된다는 건축물 개조 허가 어디 있어요?"

나는 최대한 차분하게 대답했어요. 아직은 우리 집이고 구조 변경을 하는 게 아니기 때문에 개조 허가를 받을 필요는 없다고 우리 건축가가 그랬다고. 그 사람은 내 말은 한마디도 듣지 않고 밖으로 나가더니 계속 소리를 지르면서 차를 타고 가버렸어요.

나는 화를 가라앉힌 다음 그 담당관의 상관한테 전화를 걸었죠. 내 자문 요청을 두 번이나 거절했던 그 건축 검사관이요. 그리고 무슨 오해가 생긴 것 같다고 했어요. 방금 부하 직원이 다녀갔는데 우리 딸아이가 친구들이랑 마당에서 노는 걸 보더니 우리가 무허가로 학교를 운영한다며 호통을 치다 갔다고 설명했죠. 그랬더니 검사관은 아무 말도 않고 그 사람과 직접 통화하게 했어요. 그 사람은 또 나한테 이렇게 말했고요. "학교처럼 생겼으면 학교인 거죠. 딸아이가 친구들과 놀고 싶다면 도시계획위원회에서 허가 나올 때까지 당분간 딴 데서 놀게 하시죠. 법정에 서고 싶지 않으면."

그 와중에 9월 7일이 되어 캐시와 나, 우리 건축가, 그리고 학교가 빨리 문을 열길 바라는 학부모 몇 명이 다 같이 도시계획위원회로 갔어요. 그런데 위원장이 두꺼운 서류 파일을 뒤적이면서 우리한테는 눈길 한번 안 주는 거예요. 그리고는 한참 뒤에야 이러대요. "어디 봅시다. 민원, 건축 법규 위반, 무허가 광고 게재, 무허가 학교 운영…. 미안하지만 이 문제들 다 해결할 때까지 신청서 검토를 보류하겠습니다." 우린 항변 한마디 못하고 쫓겨났어요.

주차장에서 건축가와 상의를 했는데 걱정하지 말라대요. 다음 심의가 2주 뒤쯤 잡힐 테니까 그때까지 모든 문제를 다 정리하겠다고. 하지만 그 친구 얘기는 온통 엉터리였어요. 도시계획위원회에서 심의 일정을 잡으려면 대개 6주는 걸리거든요. 게다가 이미 끝낸 건물 수리 때문에 과연 건축물 개조 허가를 받아야 하는 건지도 불확실했고요.

크리스 그 험난한 법 규정의 미로에서 어떻게 벗어났어요?

브라이언 우선 일을 더 빨리 추진하기 위해 건축물 개조 허가를 신청했어요. 혹시 필요할까봐서요. 그래서 드디어 건축 검사관을 불러다 건물을 보여줄 수 있게 됐죠. 그런데 이 사람은 이른바 불법으로 달았다는 우리 문을 한번 훑어보고 "이것 때문에 사람들이 그렇게 난리를 쳤단 말입니까?"라고 한마디 던지고는 허가서에 서명을 해주더니 휭 하니 나가버렸어요. 아마 30초도 안 걸렸을 걸요.

그런데 다음 도시계획위원회 심의에서 또 거절당했어요. 건축가의 심각한 오판 때문이었죠. 우린 처음부터 계획을 소박하게 잡았거든요. 아래층에서 학교를 운영하고 세 식구는 위층에서 사는 걸로요. 그래야 하루라도 빨리 학교를 시작해 대출한 돈을 갚아나갈 수 있으니까요. 캐시랑 내가 교사로 일을 해서 우리 식구 생계를 유지하고 등록금으로는 빚을 갚으면 될 거라고 생각했어요. 그리고 학교가 잘 운영되면 1-2년 뒤에 규모를 키워 건물 전체를 사용할 계획이었죠.

그런데 건축가는 도시계획위원회에 장기 계획까지 밝히자

는 거예요. 계획을 단계별로 나누고 첫 단계만 허가해달라는 전략이었죠. 그래서 그렇게 했거든요. 그런데 위원회에서 계획은 좋은데 계획을 다 말해놓고 일부만 떼어서 허가해달라고 할 순 없다는 거예요. 건물 전체를 학교로 사용하려면 구역 설정 변경 허가를 받아야 하고, 그 허가를 받으려면 주차 시설이 있어야 한다고 했어요. 이쯤 되니까 건축가는 당황해서 말을 더듬고 방금 한 말을 뒤집고 난리가 났어요. 그래서 내가 다짜고짜 위원회에 물었죠. 주차 시설을 만들면 허가를 내줄 거냐고. 위원장은 새로 신청서를 내고 처음부터 다시 절차를 밟아야 한다고 대답했어요.

그래서 그렇게 했죠. 그리고 다시 1월에 심의를 받았어요. 이번엔 모든 것이 제대로 구비돼 있어서 허가를 받아냈어요. 사실 허가를 못 받을 이유가 전혀 없었죠. 건물 용도가 물리적 환경에 큰 영향을 미칠 것도 아니었고, 지역 주민들의 실질적인 욕구를 충족시켜주려는 것이었으니까. 게다가 캘리포니아에서 운영했던 첫 번째 학교가 언론에 긍정적으로 비쳐졌기 때문에 우리 부부의 신용도도 좋았고요.

이젠 시청 건축과에서 입주 허가서를 받는 일만 남았어요. 우린 입학 원서를 낸 가정에 일일이 전화를 해서 조금만 더 기다리면 된다고 했죠. 그리고 정말 목이 빠지게 기다렸어요. 드디어 공문이 도착했죠. 그런데 기다리던 내용이 아니었어요. 뉴욕 주 건축 법규가 교육 시설과 주거 시설이 한곳에 있는 것을 금지하기 때문에 우리한테 입주 허가서를 못 주겠다는 거예요. 정말 미치고 환장하는 줄 알았어요. 이런 사태를 방지하려고 15개월 전부터 건축 검사관과 통화를 했는데 그쪽에서 자문에 응해주지 못하겠다고 거부했잖아요.

크리스 그래서 어떻게 했어요?

브라이언 교육 시설과 주거 시설이 한곳에 있는 것을 금지한다니까 일단 우리 세 식구는 건물에서 나왔죠. 그리고 학교 계획을 단계별로 나누지 않고 하나로 묶어 처음부터 건물 전체를 다 쓰는 걸로 새로 짰어요. 그리고 새 계획을 도시계획위원회에 다시 제출하고 심의를 기다렸죠.

그동안 상황은 점점 절박해졌어요. 아까 말을 못했는데 도시계획위원회가 허가를 못 내주겠다고 처음 그랬던 게 9월이었잖아요. 그 뒤에 학부모 몇 명이 임시 대책을 강구했어요. 돌아가면서 자기 집을 교실로 사용하는 계획이었죠. 일정 맞추는 것만으로도 골치가 아팠지만 그땐 다들 잠깐만 그러면 될 줄 알았거든요. 몇 번은 아무도 집을 내줄 수가 없어서 우리 건물로 아이들을 몰래 데리고 들어와 수업한 적도 있어요. 아이들을 승합차에 숨겨 건물 앞에 차를 대고 뒷문으로 재빨리 들여보내는 거죠. 그러고는 커튼을 치고 수업하고. 누군가 들이닥칠 것에 대비해 신속하게 각자 정한 위치에 몸을 숨기는 비상 훈련까지 했다니까요. 또 엄마들은 대기하다가 전화하면 바로 뛰어와서 검사 나온 사람한테 그냥 아이들 학교 건물 구경시켜주러 왔다고 둘러대는 걸로 입을 맞췄고요.

재정도 비상 사태였어요. 건물 개조하는 데 쓰려고 모아두었던 돈을 생활비로 쓰고 있었거든요. 어떻게든 수입을 늘려야 한다는 생각을 하던 차에 《뉴아메리칸New American》 잡지에서 전화가 왔어요. 미국 헌법과 정부의 권력 남용에 대해 전국 순회 강연을 할 사람을 찾는다는 전화였어요. 그래서 하루아침에 사람들 모아놓고 강연을 하고 돈을 받는 유랑 강사가 되었어요. 우리 세 식구 먹여 살릴 돈은 벌었지만 일주일에 4-5일은 가족과 떨어져서 모텔에서 자야 했는데, 우리가 설계하던 꿈과는 동떨어진 생활을 하는 게 무척 힘들었어요.

드디어 1997년 7월 초, 새로운 학교 계획을 들고 도시계획위원회에 네 번째 심의를 받으러 갔죠. 이번에는 무리 없이 통과되는 것 같았어요. 문제는 건물 개조 공사를 할 돈이 모자란다는 거였죠. 그래서 순회 강연 일을 그만두고 여름 내내 공사 현장에서 관리자로 살았어요. 그렇게 최대한 돈을 아껴 공사를 추진하고 있었는데, 또 문제가 터지고 말았어요. 2층짜리 건물에서는 학교를 운영할 수 없다는 통지서가 날아왔어요.

크리스 2층이 아니라 난평면亂平面(1층과 2층 사이에 중간 2층이 있는 주택 구조_옮긴이) 건물이었잖아요.

브라이언 우리도 그렇게 말했죠. 그래도 건축물 관리국은 2층

362

과 다를 게 없다는 거예요.

크리스 그래서 이번엔 어떻게 했나요?

브라이언 관할 공무원과 싸우지 않고 상부 기관에 직접 연락하기로 했어요. 그래서 알바니에 있는 뉴욕 주 건축법 관리국으로 전화를 걸었죠. 아주 친절한 여성이 전화를 받았어요. 절박한 심정으로 자초지종을 설명하고 이번 학기에도 학교 못 열면 우린 파산이라고 얘기했어요. 그랬더니 이 천사 같은 분이 상세하게 절차를 설명해주고 용도 변경 허가를 받을 때까지 도와줬어요. 하지만 새로 용도 변경 허가를 받는 데 필요한 서류 구비하랴 공사 마무리하랴 일정이 너무 빠듯해서 결국 9월 학기를 또 놓치고 말았어요. 다행히 캐시가 놀이방 운영 허가를 받고 나는 초등학생 과외를 해서 입에 풀칠은 할 수 있었어요. 그러다가 1999년 1월, 드디어 기다리고 기다리던 입주 허가서를 받았어요.

크리스 할렐루야! 왜 그렇게 고생을 많이 했던 것 같아요? 지역 공무원들한테 그렇게 시달린 게 오로지 그 탁아소 원장 민원 때문이었나요?

브라이언 아뇨. 상황이 복잡했어요. 일부 책임은 관료주의에 있다고 봐요. 부처나 기관들끼리 의사소통도 없고 제출할 서류도 너무 많고. 게다가 우리가 제시한 건물 용도가 워낙 독특해서 문제가 생길 만도 했어요. 우리가 오기 전에는 아무도 그런 시도를 한 적이 없었거든요. 그래서 학교 문을 열기까지 과정은 모두 독특함의 대가로 당한 고난의 연속이었던 거죠. 설상가상으로 우리 일을 맡은 건축가마저 무능한 친구여서 일이 더 꼬였고요.

크리스 사람들이 관습에서 벗어난 교육 방식에 위협을 느끼진 않았나요?

브라이언 그것도 어느 정도 작용했던 것 같아요. 하지만 그 요인은 그때보다는 지금 더 문제가 되고 있어요. 지금 우리 아이들 중에 이른바 특수교육이 필요한 아이들을 위해 주 교육국에 재정 지원을 신청해놓은 상태거든요. 전체 학생 중에 초등 고학년과 중학생이 열두 명인데, 여덟 명이 예전에 다니던 공립학교에서 문제아로 낙인이 찍혀 시들어가고 있던 아이들이에요. 우린 재정난에 허덕이면서도 그 아이들을 치유해냈고, 지금은 다들 몰라보게 건강해졌어요. 얼마나 예쁘고 재능 있고 창의적이고 똑똑한 아이들인데요. 범죄자나 마약중독자가 절대 아니에요. 그런데 우리가 제도교육의 철학과 근본적으로 대립하고 있고, 주 평균 학생 한 명당 교육비의 5분의 1만으로도 뛰어난 성과를 내고 있잖아요. 그게 다 정부 지원금을 받아내는 데 부정적으로 작용하는 것 같아요.

크리스 합법적으로 학기를 시작한 첫날 몇 명이나 등교했나요?

브라이언 유치원생 열네 명, 초등학교 저학년 열 명, 초등학교 고학년 여섯 명이요. 그렇게 세 반으로 나눴어요.

크리스 교사가 캐시와 선생님 두 사람뿐인데요?

브라이언 교사를 한 명 더 구했거든요. 그 사람 없이 어떻게 살까 싶을 정도로 정말 좋은 사람이에요. 그리고 앞으로 한 명 더 채용할 생각이에요. 지금 캐시 사무실 겸 창고로 쓰고 있는 방이 하나 더 있는데, 확장 공사가 끝나면 그 방을 고등학생 교실로 사용하려고요.

크리스 지금은 학생이 몇 명이죠?

브라이언 정원은 45명이에요. 고등학생까지 받을 계획은 없었는데 고등학생 몇 명이 이런저런 이유로 꼭 우리 학교에 다녀야겠다고 해서 어쩔 수 없이 받은 상태거든요. 아직 정원을 다 채우진 않았지만 잘하면 오는 9월에는 다 찬 것 같아요. 우리처럼 규모가 작은 학교는 마지막에 등록하는 몇몇 학생의 등록금이 재정 문제를 해결해주기도 하잖아요.

크리스 신입생은 어떻게 모집하나요?

브라이언 지역 정보지에 계속 광고를 내고 있고, 지역 전화번호부에도 광고를 내죠. 가끔씩 자녀교육 잡지에 무료 광고를 내기도 하고요. 그 잡지에 가끔씩 교육에 관한 글을 기고하거든요. 그러면 우리 학교가 조금이라도 더 조명을 받게 되죠. 지금은 입 소문에 속도가 붙어서 우리 아이들 성공 사례가 많이 알려졌어요. 그래서 오히려 공립학교에서 특별한 도움이 필요한 아이들을 우리한테 보내기도 해요.

크리스 지금쯤은 학교의 교육철학이나 교육 방식이 정해졌겠네요?

브라이언 전혀 안 그래요. 하루하루 실험정신으로 살아요. 아직도 답을 찾지 못한 의문들이 잔뜩 쌓여 있는 걸요. 어떤 아이는 학교에서 배운 게 전혀 없어서 글도 못 쓰고 덧셈 뺄셈도 못하고, 어떤 아이는 부모가 전통적인 교육 방식을 선호하고, 어떤 아이는 한시도 가만히 있질 못해 교실을 돌아다니고, 또 어떤 아이는 정신불안 증세를 보이는데, 어떻게 이모든 아이들을 가르치는 최상의 방법이 하루아침에 나오겠어요?

그래서 우린 아직도 열심히 고민하고 있어요. 어디까지 전통적인 방식으로 하고 어디서부터 새로운 시도를 할지, 학습의 틀은 어떻게 잡을지, 수업을 그룹으로 할지 일대일로 할지 같은 문제를 고민하는 거죠. 나는 틀에 박힌 걸 싫어하긴 하지만 수학은 도무지 어떻게 할 수가 없었어요. 한 해는 드디어 뭐가 되는구나 싶었던 적이 있었어요. 아이들 여섯 명이 다 똑같이 진도를 나갈 수 있었거든요. 수학을 정말 잘하는 4-5학년 세 명이랑 수학이 무섭다는 7-8학년 세 명이었는데, 여섯 명 모두 분수, 소수, 백분율을 배워야 했어요. 나로서는 횡재한 거죠. 다 모아놓고 그룹으로 가르칠 수 있으니까. 그런데 6주 정도 지나니까 안 되는 거예요. 한 학생은 저만치 앞서가고 있고, 한 학생은 뒤쳐져 있고, 나머지 네 학생은 다 서로 다른 방향으로 가서 혼자 헤매고 있고. 결국 다시 일대일 지도로 돌아왔어요. 물론 창작 수업은 자기가 쓴 글을 다 모인 자리에서 발표하게 하고, 역사나 과학 수업도 학생들을 모아놓고 토론을 시켜요.

고학년 학생들을 받고 나서 한 학기 동안 거의 수업을 못했어요. 학습장애는 있었지만 창의력이 풍부한 아이들이었는데, 모두 제도교육에서 버림받은 상태였어요. 우리 학교에 처음 왔을 땐 하나같이 세상을 다 산 것 같은 표정이었고, 사소한 일에도 시비부터 걸었어요. 정서적으로 많은 상처를 받은 아이들이었죠. 아무도 이 아이들에게 다른 사람과 사이좋게 지내는 법이나 문제를 해결하는 법을 가르쳐주지 않았어요. 그래서 우린 분쟁을 해결하는 걸 가르치기 전에 분쟁을 예방하는 것부터 가르쳤어요. 하루에도 몇 시간씩 복잡하게 엉킨 상처들의 실타래를 풀고, 주로 역할극role play(교육이나 인성 개발, 치료를 목적으로 대상에게 즉흥 연기를 시키는 요법_옮긴이)을 통해 겹겹이 쌓인 감정을 벗겨냈어요. 로프코스 ropes course(참여자의 신체, 사회, 정서, 지적 단련과 도전 정신 함양을 목표로 나무나 전봇대 같은 것을 연결한 밧줄을 타는 모험 활동_옮긴이) 모험도 같이 다녀왔고요. 2학기가 되니까 드디어 서로에게 마음을 열고 정말 한 팀이 됐어요. 그때부턴 공부든 뭐든 순풍에 돛단 배였죠. 전반적으로 볼 때 우린 느슨하게나마 체계가 잡혀 있는 것 같아요. 그래야 웬만큼 공부도 하고 동시에 실제로 삶의 중요한 순간들을 포착할 여지를 남겨둘 수 있으니까요. 아이들도 언제든지 수업 대신 더 재미있는 것을 하자고 제안할 여지가 있다는 걸 알아요. 물론 최종 판단은 교사들이 하죠. 하지만 교사가 안 된다고 하는 것에 아이들이 동의할 수 없다 해도, 아이들은 교사의 결정을 존중해요. 교사가 자기들을 존중한다는 걸 잘 아니까요.

크리스 학생들은 일상적인 학교 운영에 의결권이 있나요?

브라이언 우린 서머힐이나 서드베리 밸리 스쿨 같은 민주적 학교와는 달라요. 이 부분에 대해서는 지금도 생각이 조금 복잡해요. 한편으로는 아이들이 아직 어리기 때문에 어른들의 지도가 필요하다는 생각도 들고, 게다가 나는 학부모들도 만족시켜야 하는 입장이잖아요. 하지만 또 한편으로는 항상

아이들을 솔직하고 열린 자세로 대하고, 아이들이 자유롭게
의사를 표시하게 해요.

크리스 학교는 잘 되어가고 있나요?

브라이언 더 이상 바랄 게 없을 만큼요. 재정은 손익분기점을
넘었고, 아이들은 건강하게 자라고, 부모들은 다 만족해하죠.
물론 아직은 일이 너무 많아요. 하루에 12-15시간씩 일하거
든요. 또 건물 개조도 계획보다 많이 늦춰졌고, 교육 방식도
여전히 육감에 의존하고 있죠. 하지만 느낌은 아주 좋아요.

몇 달 전 새로 산 승합차에 아이들을 태우고 어딜 가다가
승합차 문에 학교 표어를 새기자는 말이 나와 표어 문구를
정하는 토론이 벌어졌어요. 나는 "크로스로즈 스쿨-살아가며
배우기"가 좋겠다고 했죠. 그때 얼마 전 우리 학교로 전학 온
아이가 다른 얘기를 꺼냈어요. 예전에 다니던 학교에서 얼마
나 불행했는지 한참 얘기하더니 옆에 있는 친구한테 귓속말
로 '그땐 정말 살고 싶지 않았다'고 하는 거예요. 그 친구는
이렇게 대답했죠. "날 치료한 정신과 의사가 그러는데 너나
나처럼 자살을 생각해본 애들이 꽤 많대." 그러더니 다시 표
어 얘기로 돌아가서는 이런 표어를 만들어냈어요. "크로스로
즈 스쿨-자살보다 낫다!"

커뮤니티 스쿨

커뮤니티 스쿨Community School은
메인 주 캠던 도심에서 조금 비켜난 조용한 거리에 있는 오
래된 저택에 자리잡고 있다. 건물은 캠던의 전 우체국장이
기증한 것이라고 한다. 해안 가까이 있는 마을 인구는 3천 명
정도지만 교육 수준, 경제 수준은 꽤 높은 편이다.

커뮤니티 스쿨은 1973년 도라 리보우와 에마뉴엘 패리저
가 설립했다. 고등학교 중퇴 방지 및 복학 지원 프로그램으
로 출발한 커뮤니티 스쿨은 지금도 그 프로그램을 유지하며
성장기의 혼란을 겪고 있는 여덟 명의 십대 학생이 과거의
실패와 자해 행동에서 벗어날 수 있게 도와주고 있다.

커뮤니트 스쿨은 매우 독특한 방식으로 운영된다. 여덟 명
의 학생, 교사와 상담사, 인턴들은 기숙학교에서 공동 생활을

한다. 학생들은 고등학교 졸업장을 받기 위해 일주일에 나흘 씩 야간 수업을 받는다. 수업은 필수과목과 선택과목으로 이루어진다. 학생들은 수업을 받으면서 캠던에 있는 직장에 나가 일을 하는데, 일주일에 90달러를 공동 생활비로 내야 한다. 등록금은 가정 형편에 따라 신축적으로 책정된다.

입학 뒤 2주의 시범 기간이 지나면 학생들은 교직원 한 사람을 일대일 멘토로 배정받는다. 학생들은 멘토와 매주 만나 개인적인 고민이나 생활과 학업에 관한 문제에 대해 상담을 한다. 학생과 교직원은 매주 전체 모임을 통해 학교를 공동 운영하고, 학생들은 식단 짜기, 밥 짓기, 청소 같은 학교의 모든 살림을 책임진다. 또한 자기가 번 돈은 자기가 관리하고, 빨래도 자기가 한다. 공동체의 규범과 질서는 '결과위원회'라는 기구를 통해 유지하고 있다. 결과위원회는 교칙을 어긴 사람이 그 결과로 어떤 징계를 받을지 정한다. 위원은 학생과 교직원이 돌아가면서 맡고, 위원장은 학교 동문이 맡는다.

입학하려면 조건이 하나 있다. 모든 학생들은 고등학교 졸업 자격을 갖췄든 그렇지 못했든 간에 6개월 안에 나가야 한다. 대신에 커뮤니티 스쿨은 6개월 안에 고등학교 졸업 자격을 얻지 못한 학생들을 위해 '원격 지원' 프로그램을 새로 만들었다.

이와 함께 임신과 출산 때문에 학교에서 퇴학당한 십대들을 위해 '통과의례'라는 별도의 프로그램도 만들었다. 도라와 에마뉴엘이 기획하고 린 위트햄이 운영하는 통과의례 프로그램은 커뮤니티 스쿨과 마찬가지로 학생들의 고등학교 졸업을 목적으로 일대일 과외와 자율학습 지도를 해주고 있다.

커뮤니티 스쿨에 대한 이야기는 공동 설립자 에마뉴엘 패리저가 해주었다.

크리스 어떤 동기로 학교를 시작하게 되었나요?

에마뉴엘 우리 집안이 대대로 교육자가 많았어요. 아버지는 생물화학 교수였는데, MIT에서 진행한 실험 프로그램에도 참여하셨어요. 도시 빈민층 아이들에게 그 아이들의 생활과 밀접한 과학 개념을 가르치는 프로그램이었죠. 그리고 어머니는 MIT 외국인 교수 부인들에게 영어를 가르치셨어요. 케임브리지에 있는 우리 집 거실은 사람들이 모여 온갖 토론을 벌이는 모임 장소였죠.

나는 시카고대학에서 이성 심리학을 전공했는데, 그땐 교육자가 되겠다는 생각을 전혀 해본 적이 없어요. 그러다 내 존재 이유를 다시 생각하게 된 중요한 계기가 두 차례 있었죠. 첫 번째는 시카고 거리에서 친구가 칼에 찔린 사건이었어요. 응급차가 한 시간이 넘도록 안 오는 바람에 그 친구는 그 자리에서 과다 출혈로 숨졌죠. 나는 슬픔과 분노를 극복하려고 응급실 의사를 초빙해 지역 주민들을 대상으로 응급치료 강좌를 하게 했어요. 응급차 배차 상황이 그렇게 열악하다면 자신을 돌보는 방법을 우리 스스로 배우는 수밖에 없다고 생각한 거죠. 강좌는 성황리에 운영되었어요.

그 다음 계기는 메인 주에 있는 대안학교에 대한 소식을 접한 것이었어요. 대도시 생활의 끊임없는 스트레스에 질려 생활 방식을 바꾸고 싶어하던 참이었죠. 대안학교 이름은 레딩턴폰드. 예일대학 출신의 제프 스미스라는 사람이 문제 많은 십대를 위해 아웃워드 바운드 모델을 기반으로 만든 학교였죠. 아주 오래전부터 이른바 문제아한테 끌렸었거든요. 그래서 이 학교야말로 내가 갈 곳이다 싶었죠.

한편 도라는 뉴욕 시에 뱅크스트리트라는 독특한 대안학교에서 교사로 있던 중에 나오는 전혀 다른 계기로 레딩턴폰드에 대한 소식을 들었대요. 도라와 나는 레딩턴폰드에서 처음 만났어요. 여러 가지 문제로 힘들어하는 젊은이들에 대한 도라의 관심은 정치적인 측면이 강했어요. 도라는 뉴욕 정치계 명문가 출신이거든요. 부모님이 공산당원이셨는데, 도라도 1960년대에 열린 집회에는 거의 다 참가했대요. 도라에게는 노동계급 아이들이 중산층 아이들과 똑같은 기회를 가져야 한다는 굳은 신념이 있었죠.

크리스 당시 선생님 나이는?

에마뉴엘 대학을 갓 졸업한 21살이었어요. 하지만 6개월간 메트로폴리탄 주립 병원 소아과 정신 병동에서 일했던 경험은 있었죠. 정말 미친 곳이었어요. 입원한 아이들 얘기가 아니라 병원을 운영하던 행정 당국 말이에요. 당시 R. D. 랭의 글을 읽으면서 정신병원제도에 대한 그의 비판적 시각에 영향을 많이 받았어요.

크리스 정확히 언제였죠?

에마뉘엘 1972년이요. 당시 23살이었던 도라나 21살이었던 나나 그다지 성공적인 히피가 못 됐어요. 환각제에 제대로 빠지지도 못했고, 현실에 대한 문제의식에서 자유롭지도 못했죠. 우린 둘 다 쓸모 있는 사람이 되고 싶었고, 우리가 속할 수 있는 공동체를 찾고 있었어요.

우린 레딩턴폰드의 아이들과 함께하는 게 너무 즐거웠어요. 중산층 가정의 자녀도 있었고 서민층 가정의 자녀도 있었죠. 정신적 충격으로 꼬일 대로 꼬인 아이들이었지만, 하나같이 잡힐 듯 말 듯한 잠재력이 엿보였죠. 우리가 했던 활동 중 하나가 머스콩거스 만灣에 있는 섬에서 한 달을 보내는 거였어요. 거기서 내 첫 멘토였던 피터 헬번을 만났죠. 뉴잉글랜드 출신의 개성파 사나이였던 피터는 1960년대 보스턴에서 창고학교라는 대안학교에서 가르쳤던 경험을 살려 집 없는 아이들을 위한 섬 학교를 세우고 싶어했어요. 그때가 내 인생에서 제일 행복한 시기였어요. 우린 정해진 교과과정 없이 살아 숨쉬는 일에만 열중하며 주변의 아름다운 자연세계를 탐구했죠. 섬은 참 좋은 곳이에요. 끊임없이 탐색하며 돌아다녀도 절대 길을 잃을 법이 없는 축소된 세계 같죠.

그러던 중 제프가 도라와 내게 '바다 학교'라는 레딩턴폰드 지부를 설립하라고 했어요. 제프의 꿈은 여섯 개 정도의 지부를 여러 곳에 만들어놓고 아이들이 4년 동안 그 지부들을 한곳씩 돌아다니게 하는 거였어요. 도라와 나의 임무는 적당한 장소를 물색해서 하루빨리 지부를 설립하는 거였죠.

캠던에서 딱 좋은 건물을 찾긴 했는데, 그때 제프와 교육철학을 놓고 갈등이 생겼어요. 도라와 나는 십대 아이들에게 바다 생태계에 대해 가르치는 것은 본질에서 벗어난 것이라고 생각했어요. 우린 아이들에게 공동체를 꾸리고 일을 해서 돈을 버는 법을 가르치고 싶었어요. 자연 생태계를 탐구하는 것보다는 덜 매력적이겠지만 아이들에게 현실세계를 살아가는 데 필요한 기술을 가르쳐야 한다고 생각했죠. 결국 아이들은 평소 생활하던 곳으로 돌아가야 하고, 거기서 생존하려면 실용적인 기술이 필요하니까요. 그런데 제프는 카리스마넘치는 지도자가 되고 싶어해서, 다른 사람이 자기 말에 토를 다는 걸 못 참았어요. 하지만 따르는 사람이 없는데 카리스마 넘치는 지도자가 될 수 있나요.

크리스 그래서 어떻게 됐어요?

에마뉘엘 도라와 나는 빌 팬턴이라는 사람에게 도움을 청했어요. 빌은 독단적인 설립자에 맞서려면 계약을 분명하게 맺어둬야 한다고 했어요. 그래서 제프한테 계약서를 쓰자고 했죠. 제프는 우리가 내민 계약서를 받아들더니 반나절 정도 생각해보고는 우리한테 전화를 걸어 우릴 해고한다고 했어요. 그리고 닷새 동안 여유를 줄 테니 캠던 건물에서 나가라고 했어요.

우린 해고해도 상관없다고 대답했죠. 어차피 제프한테 월급 한 푼 받지 않았으니까. 하지만 우리 돈으로 월세를 내고 있던 건물에서는 절대 나갈 수 없다고 했죠. 건물 주인도 우리 손을 들어줬어요. 결국 우린 우리가 원하는 학교를 세우는 데 딱 알맞은 건물을 갖게 되었죠. 우리에겐 저축해둔 돈이 조금 남아 있었거든요. 그 돈으로 우리에게 그토록 중요했던 공동체를 기반으로 한 학교를 세우기로 했죠. 당시에는 학교 졸업장에 관심이 없었어요. 어떤 이유에서건 형편이 어려워진 십대 아이들과 함께 생활하면서 그 아이들이 청소년에서 어른으로 성장하는 과정을 도울 수 있는 공간을 만들고 싶었어요.

크리스 초기에는 학생들을 어떻게 모집했나요?

에마뉴엘 캠던에 살고 있던 아이들 몇 명이 찾아왔고, 또 우리랑 살겠다고 레딩턴폰드에서 뛰쳐나온 아이들도 몇 명 있었어요.

크리스 어떻게 학교를 운영됐나요?

에마뉴엘 공동체 생활을 하면서 저녁 시간에는 읽기, 수학, 심리학, 기타 연주 같은 다양한 수업을 했어요. 그러던 어느 날 우리 학교 첫 학생이었던 아이가 문제를 제기했어요. 헤로인 중독 때문에 여러 수용소에 갇혀 악몽 같은 세월을 보내다가 우리한테 온 아이였죠. 그 아이가 우리한테 이러는 거예요. "이렇게 사는 게 저한테 무슨 도움이 되죠? 두 분은 졸업장이 있으니까 별로 걱정 없겠지만, 저는 어떻게 되는 거냐고요?"

도라나 나나 배움 그 자체의 본질적 가치를 중요시하는 이상주의에 대한 미련을 버리기 힘들었어요. 하지만 아이들이 학력 증명서를 원하고 또 필요로 한다면 어떻게든 그것을 얻을 수 있도록 도와줘야 한다는 데 동의하게 되었죠. 그래서 우린 운영 자금을 마련하기 위해 여러 재단에 후원금을 신청했고, 동시에 고등학교 졸업 증명서를 받을 수 있는 교과과정을 개설하기 위해 교육국과 교섭을 시작했어요.

우린 운 좋게도 교육국 교과과정 부서에 있던 블레어 맥크래큰이라는 사람을 알게 되었죠. 블레어 남편이 융학파 심리학자였는데 어쩌다가 교육국에서 일하게 됐는지 모르셌어요. 아무튼 블레어는 우리의 직업 및 생활 기술 훈련 과정을 검정고시 준비 과정과 결합시켜 정식 사립 고등학교 졸업장을 받을 수 있는 교과과정을 설계해줬어요. 뿐만 아니라 검정고시 응시 자격에 시간이나 연령 제한을 두지 않겠다는 우리 계획도 승인해줬죠. 9학년 학생에게 6개월 동안 준비시켜서 고등학교 졸업 증명서를 취득하게 해준다는 건 교육 당국 입장에서는 정말 급진적인 거죠. 그만큼 블레어는 시대를 앞서간 사람이었어요. 교육국의 다른 관료들은 어차피 버림받은 아이들을 상대로 하는 건데 뭘 허용해도 상관없다고 생각한 것 같아요.

크리스 학교 인증을 받기 위해 밟아야 하는 다른 절차는 없었나요?

에마뉴엘 지역 변호사의 도움을 받아 비영리법인으로 등록을 하고 이사회를 구성했어요. 그리고 기숙학교였기 때문에 州 사회복지국에서 보육 시설 인증을 받아야 했어요.

크리스 인증을 받기가 어려웠나요?

에마뉴엘 워낙 전대미문의 시도를 하려다보니 우리 프로그램은 어떤 기준에도 맞질 않았어요. 하지만 우린 메인 주 같이 인구가 적은 곳에서는 관료들과 좋은 관계를 유지하는 게 중요하다는 걸 일찌감치 알아챘죠. 그래서 어딜 가나 인간관계에 신경 쓴 덕분에 학교 인증에 관련 있는 부처에서 좋은 대접을 받았어요. 우리가 하려는 게 뭔지, 우리가 도우려는 대상이 누군지 이해하고 나서는 아주 협조적으로 나오던데요. 게다가 메인 주에 사는 아이들을 주요 대상으로 한다는 것도 유리하게 작용했어요. 그리고 도라와 나의 팀워크가 아주 중요했어요. 어떤 관료는 도라와 더 친했고, 어떤 관료는 나랑 더 친했으니까요. 필요한 승인을 다 받고 나서 도라와 나, 그리고 학생 네 명으로 아주 소박하게 출발했어요. 세부 프로그램은 일단 시작부터 하고 만들어가기로 했죠. 그런데 얼마 지나지 않아 우린 그 일이 여간 힘든 일이 아니라는 걸 깨닫게 되었어요. 하루아침에 일어나는 기적은 절대 없어요. 좌절도 수없이 맛보았죠. 가출을 밥 먹듯 하는 아이가 있질 않나, 밤에 술에 취해 돌아 다니는 아이가 있질 않나….

크리스 운영 자금은 어떻게 마련했나요?

에마뉘엘 도라랑 나랑 아이들 모두 낮에는 직장에 다녔거든요. 그래서 돈을 모아 월세나 식비 같은 생활비를 마련했죠. 그리고 얼마 뒤부터는 몇몇 가정이 등록금을 냈고, 또 교정국이나 사회복지국과 연계되어 있는 아이들에게는 거기서 지원금이 조금 나왔어요.

크리스 등록금을 내지 못하는 아이들을 돌려보내진 않았나요?

379

에마뉴엘 자기 몫의 공동 생활비만 낼 수 있다면 누구든지 환영했어요.

크리스 지역사회의 반응은 어땠나요?

에마뉴엘 캠던은 메인 주에서도 좀 독특한 도시예요. '골드코스트'로 불리던 해안에 인접해 있고, 가문 대대로 부자인 사람들이 많은 동네죠. 우리가 왔을 때가 마침 도시를 세웠던 초기 정착민들이 다른 주에서 이주해온 사람들 때문에 서서히 밀려나기 시작하던 때였거든요. 어떻게 보면 우린 캠던의 지배층에게는 매우 위협적인 존재였죠. 어딜 가도 말썽만 피울 게 뻔한 아이들을 위한 학교를 누구의 허락도 받지 않고 세우려 했으니까요.

그러던 중에 한 지역 유지가 우리 학교가 기특하다며 더 많은 아이들을 받을 수 있도록 큰 집을 사줬어요. 그런데 이게 주민들의 역학관계를 표면으로 드러나게 한 계기가 되었어요. 우린 기증받은 집을 학교로 사용하기 위해 용도 변경 신청서를 제출했거든요. 그런데 마침 시청에서 새로운 지역 개발계획을 시행하면서 구성한 지역개발위원회가 용도 변경 승인을 거부한 거예요. 지역개발위원회 위원 대다수가 초기 정착민들이었거든요.

그때부터 전투가 벌어졌는데, 우리에겐 소도시 사회학을 배우는 학습 기회였죠. 첫 번째 교훈은, 적을 제대로 고르면 저절로 친구가 많이 생기게 된다는 거였어요. 우리가 어떤 곤경에 처했는지 소문이 나자 지역 주민들이 우리를 지지하고 나섰죠. 우리가 지역개발위원회를 상대로 소송을 하는 동안 이 지역 조합 교회에서는 다른 건물을 무료로 내줬고, 평소 지역개발위원회 위원들을 못마땅해하던 다른 유지들은 변호사 선임 비용을 대줬어요.

그 밖에도 곳곳에서 도움의 손길을 내밀었죠. 이주민들도 우릴 많이 지원했고요. 그리고 캠던 지역신문 편집국장 제인 데이도 우리 편이 되어줘서 언론의 덕을 많이 봤죠. 제인은 훗날 우리 학교에 대한 근사한 책까지 써냈어요. 우린 결국 승소해서 기증받은 건물에 입주했는데, 지금도 그 건물을 쓰고 있죠.

크리스 학교는 잘 운영되고 있었나요?

에마뉴엘 아주 잘되고 있었죠. 초기 학생들은 강한 주인의식을 갖고 프로그램 개발에 적극 참여했어요. 그리고 졸업한 아이들한테서 피드백이 들어오기 시작했어요. 그 아이들은 우리 프로그램이 자기 인생을 바꾼 중요한 계기였다고 했죠. 아까 얘기한 로드아일랜드 주에서 온 아이가 대표적인 예지요. 그 친구는 집으로 돌아가 부모님과 관계를 회복하면서 망나니라는 낙인에서 벗어났고, 그 뒤 어엿한 청년으로 성장했죠. 그래서 우린 제대로 가고 있다는 확신이 생겼어요. 하지만 우리가 아무리 이 일을 좋아한다 해도 하루 온종일 쉬지 않고 여기에만 매달릴 수 없다는 것도 깨달았죠.

크리스 그래서 어떻게 했어요?

에마뉴엘 1975-1976년에 일어난 지역개발 관련 소송과 비슷한 시기에 닉슨 대통령이 '법 집행 보조금'이라는 정책을 통과시켜 시행하면서 형사법제도에 어마어마한 액수의 보조금이 투입됐거든요. 보조금의 용도는 형사범이 된 청소년들을 위한 공동체 프로그램 설립 지원이었어요. 바로 그런 청소년들을 성공적으로 변화시킨 우리 학교를 눈여겨보던 보호 감찰관들이 우리에게 지원금을 신청해보라고 권했어요. 그래서 장발을 늘어뜨린 내가 지역 보안관과 경찰관들에게 돈을 달라고 조르는 진풍경이 연출됐죠. 그 사람들이 보조금 지급과 관련해 최종 결정권을 쥐고 있었거든요.

우리는 첫 지원금 5만 달러를 교직원 채용하는 데 썼어요. 그때부터 우리 학교는 중요한 전환기를 맞게 되었죠. 이제 우린 사심 없이 남을 돕겠다고 나선 이상주의자 커플이 아니라 직원을 거느린 진짜 기관이 된 거죠. 하지만 돌이켜보면 공동체 구성원이 되어 헌신적으로 함께 일할 사람을 더 찾지 못한 게 아쉬워요. 우린 그런 사람을 원했지만 아무도 나타나지 않았거든요. 물론 그동안 열심히 일한 우리 교직원들에게 불만이 있는 건 아니지만, 진정한 공동체를 만들겠다던 우리 꿈을 접었다는 게 아쉬울 뿐이죠.

크리스 도라와 커플이 되었나 보죠?

에마뉴엘 네. 레딩턴폰드에서 나오기 몇 달 전부터 사랑하는 사이가 되었어요. 그러다 아이가 있었으면 좋겠다 싶어 1987 년에 결혼을 했고요. 그리고 2년 뒤에 엘리가 태어났죠.

크리스 처음에는 어떻게 교사를 구했나요?

에마뉴엘 우리랑 비슷한 프로그램을 운영하는 학교들과 연계되어 있는 게 아니어서 그냥 지역신문에 채용 광고를 냈어요. 그리고 아웃워드 바운드 본부가 근처에 있어서 그동안 거기서 보내준 교사들을 많이 기용했죠. 아이들에게 상담을 잘 해주는 교사를 찾는 게 제일 어려워요. 우리 학교에 처음 온 교사들은 우리 업무나 시간 관리 방식을 답답해하죠.

크리스 왜요?

에마뉴엘 내가 강조하는 '관계 중심의 교육'이라는 개념을 이해하지 못해서죠. 우린 학교 공동체의 구성원들과 좋은 관계를 형성하는 데 많은 시간과 노력을 투자하거든요. 관계 중심의 교육에서는 사람들이 서로를 어떻게 대하는지가 무엇보다 중요해요. 디킨슨의 시를 제대로 이해하거나 수학 과목에서 낙제를 면하는 것보다 훨씬 중요하다는 거죠. 그런데 일반 교사들은 그렇게 훈련받지 않잖아요. 전형적인 제도교육 학습환경에서는 교사가 학생에게 전달하는 지식이 제일 중요하죠. 모든 신경이 수업 내용에만 쏠려 있는 고등학교는 더 심해요. 반면 우리 학교는 아이들이 일상생활에서도 배움을 얻게 하는 데 더 신경을 썼어요. 특히 다른 사람들과 맺는 관계 속에서 배우는 것을 중요시하죠. 우린 교직원 회의를 하면 아이들의 외형적 성과보다 심리 상태를 파악하는 데 세 배는 더 많은 시간을 투자해요.

우리 아이들은 기존 교육제도 때문에 너무나 큰 정신적 충격을 받았기 때문에 학업보다 그동안 쌓인 스트레스를 해소하는 게 일이에요. 그러면서 자신감과 방향감각을 회복하고 스스로를 교육시킬 방법을 찾는 거죠. 저녁 때 하는 수업도 일주일에 네 번, 한 번에 한 시간에서 한 시간 반 정도만 해요. 그래서 몇몇 교사들은 자기가 과연 제대로 된 교사 경력을 쌓고 있는지 의문이 든다고 불평하기도 하죠. 하지만 우리 학교에 들어와서 여태껏 함께하고 있는 교사들도 있어요. 우리 학교에 들어온 지 벌써 20년이 넘은 밥 디킨스가 좋은 예죠. 밥은 대학교수였기 때문에 지식을 전달하는 데는 전문가예요. 하지만 가르치는 과정에서 수용해야 하는 측면, 그러니까 학생의 말을 경청하고 관계를 맺는 측면의 중요성도 잘 이해해요.

크리스 학교가 중대한 변화를 겪은 적은 없었나요?

에마뉘엘 처음 일 년 반 정도는 학생들이 우리와 생활하는 기간에 아무런 제한을 두지 않았어요. 그러다가 6개월 제한을 두기로 결정했죠. 그게 입학 동기들간의 정체성과 결집력에 도움이 되더라고요. 뿐만 아니라 우리 학교에서 경험하는 것들에 한계를 분명하게 정해두었기 때문에 아이들은 과거의 혼돈스러운 생활과 지금의 생활을 더 쉽게 분리시킬 수 있었어요.

시간이 지나면서 다른 방식으로도 형태와 체계를 갖춰나갔어요. 예를 들어 처음에는 서머힐에 깊은 인상을 받아 모든 구성원이 다 모인 자리에서 학교 규칙을 같이 정하려고 했어요. 그런데 실제로 해보니 너무 어렵더라고요. 우리 교사들은 물론이고 스스로 해낼 수 있다는 것을 믿지 못하는 아이들을 데리고 규칙을 만든다는 건 불가능했어요. 아이들이 자치가 가능하다고 믿기까지는 시간이 많이 걸리는데 우린 아이들을 6개월밖에 못 데리고 있잖아요. 아이들이 책임의식이 쌍방적이라는 사실을 받아들이는 데만 3-4년은 걸린다고 보거든요. 게다가 우린 학생들이 금방금방 들고나잖아요. 학교 전통을 신입생에게 전수해줄 경험 많은 선배가 없다는 얘기죠. 규칙을 세우더라도 6개월에 한 번씩 처음부터 다시 시작해야 돼요.

그런데 아이들과 상관없이 철저하게 세운 규칙도 있어요.

우리 아이들 중엔 심각할 정도로 약물을 남용하던 아이들이 꽤 있거든요. 그래서 우린 그 문제만큼은 엄격한 규칙을 세울 필요가 있겠다고 생각했어요. 또 학생들이 서로 성관계를 갖게 되면 분위기가 얼마나 불안정해지는지도 알게 되었어요. 그래서 그 부분에 대해서도 엄격한 규칙을 세웠죠. 사실 성관계 금지 규칙은 당시 성관계 때문에 생긴 분열과 대립을 견디다 못해 학생들이 먼저 만들어달라고 부탁한 거예요.

우린 꽤 오랫동안 매주 목요일마다 전체 회의를 했어요. 규칙을 어긴 사람들에 대한 징계도 전체 회의에서 결정했죠. 모든 사람들이 동등한 투표권을 가지고 있었지만, 교직원들도 다 참석하는 회의인데다 교직원들이 얘기를 더 많이 하니까 대부분의 아이들이 자기들에게는 실제 권한이 없다고 생각했던 것 같아요. 그래서 회의에 들어오지 않을 때가 많았죠. 게다가 한번 회의가 시작되면 도무지 끝이 안 나는 거예요. 회의가 정말 잘 진행되는 때도 있고, 사람들이 감정에 휘말려 난장판이 되는 때도 있었죠.

그래서 한 9년 전에 새로운 시도를 해보기로 했어요. 사람들이 한자리에 모여 대화하는 건 여전히 중요했지만, 규칙을 집단적으로 만들 필요는 없다고 생각했거든요. 그리고 아이들이 자기들 사이에서 생기는 갈등을 스스로 해결하는 방법을 배우게 하고 싶었어요. 그래서 중재 전문가를 초빙해 갈등을 푸는 새로운 기술을 배웠어요.

또 다른 큰 변화는 1987년에 생겼어요. 학교를 떠난 뒤에

도 아이들을 도울 수 있는 '원격 지원'이라는 프로그램을 신
설했죠.

크리스 학교에 다니는 6개월 동안에 고등학교 졸업장을 못
받은 아이들을 위해선가요?

에마뉴엘 처음부터 6개월 안에 졸업하지 못한 아이들을 포기
하지 않고 어떻게든 졸업장을 받게끔 도와주겠다는 불문율
이 있었거든요. 그런 의지를 원격 지원 프로그램으로 제도화
한 거죠. 1985년부터 주 교육국에서 검정고시를 우리 학교
자체 졸업시험으로 대체할 수 있도록 승인해줬어요. 졸업시
험 응시 자격을 얻으려면 필수과목도 이수해야 하고 직장을
다니면서 어느 정도 근로 시간도 채워야 하거든요. 그런데
필수과목을 이수하는 데 1-2년이 걸리는 아이들도 있고, 돈
관리를 제대로 못하거나 한 직장에 진득하니 붙어 있지 못해
6개월 안에 근로 시간을 다 못 채우는 아이들도 있어요. 원격
지원은 이런 아이들을 돕는 프로그램이죠. 아이들은 밖에서
자취하면서 나와 일대일 멘토의 도움을 받아 편한 시간에 맞
춰 시험 준비를 해요.
　그리고 졸업하고 5년에서 10년이 지난 뒤에 돌아오는 학
생들도 있어요. 대학에 가고 싶은데 도와달라고 찾아오는 거
죠. 이 아이들은 이미 확실한 동기부여가 되어 있기 때문에
도와주기 참 편해요.

또 하나 입학 요건도 만들었어요. 입학원서를 낸 학생들에게 도전 과제를 주고 이를 성공적으로 해낸 아이들에 한해 입학 자격을 주는 제도죠. 과제는 지원자들과 면접을 해서 내게 되는데, 재미있는 과제들이 많아요. 학생이 이미 가지고 있는 장점을 더 강화하는 과제도 있고, 우리와 생활하는 6개월 동안 문제를 일으킬 수도 있는 단점을 보완하기 위한 과제도 있죠.

크리스 예를 들면요?

에마뉴엘 얼마 전에 여학생 하나가 면접을 보러 왔는데, 잠시도 가만히 앉아 있지 못하는 거예요. 리탈린^Ritalin(집중력결핍 과잉행동 신경치료제_옮긴이)을 하루에 네 번이나 복용하는데도 교실에 가만히 앉아 있질 못한대요. 그 아이 말로는 별 탈 없이 지내다가도 나쁜 친구들과 어울리는 바람에 약물 남용의 함정에 또 빠진다는 거예요. 그래서 그 아이에게 낸 도전 과제는 우리 학교나 동네에서 나쁜 친구들을 만났을 때 같은 문제가 반복되는 것을 막을 수 있는 계획을 세우는 거였어요.

또 한 아이는 그때까지 한 번도 통제를 받지 않고 살아왔대요. 우리 학교에서는 절대 제대로 생활할 수 없는 아이라는 생각이 들었어요. 우린 통금 시간도 있고, 담배를 피우려면 학교에서 최소한 두 블록은 떨어진 곳에 가서 피워야 되는 따위 그 아이가 도저히 지키기 힘든 규칙들이 있거든요. 그래서 그 아이에게 일주일 동안 집에서 생활하면서 우리 학교의 모든 규칙을 지켜보고 어떤 느낌이 들었는지 일기에 적어보라는 과제를 냈어요. 규칙을 어겨도 괜찮으니 통제를 받는 느낌이 어떤지만 솔직히 말해보라고 했어요. 그런데 의외로 과제를 잘 해내더라고요.

그런데 아이러니하게도 다른 입학 조건을 갖추던 중에 대마초를 밀매하다가 경찰한테 붙잡혔어요. 그 아이한테서 다시 연락이 온 건 포틀랜드의 교도소에서였어요. 아이는 2년 형을 살고 나와서도 우리 학교에 입학하고 싶다고 했죠. 그래서 아이가 가택 연금 상태로 우리 학교에서 생활할 수 있게 해달라고 보호 감찰관들을 설득했어요. 그러니까 우리와 있는 동안 보호 감찰관의 허락 없이는 학교 건물에서 단 한 발짝도 못 나가는 거예요. 학교를 벗어나면 추적 장치가 바로 작동해서 아이는 다시 철창 신세가 되는 거죠. 아이는 추적 장치가 진짜로 작동하는지 몇 번인가 시험해보더라고요. 우린 너 때문에 경찰한테 거짓말하는 일은 절대 없을 거라고 못 박았죠. 그런 우여곡절 끝에 프로그램을 다 마친 그 아이는 졸업시험에 합격하고 바로 메인대학에 입학했어요. 대학에서도 평균 평점 3.6을 유지했대요.

크리스 처음에 내준 도전 과제를 아주 진지하게 받아들였나 봐요.

에마뉴엘 도전 과제를 해내면 아이들은 자기가 노력해서 입학 자격을 얻었다는 느낌을 갖게 되죠.

크리스 끝내 졸업하지 못하는 아이들도 있나요?

에마뉴엘 그럼요. 가출해서 다시는 돌아오지 않는 아이들도 있었어요. 돌이켜보면 성공 사례만큼 실패 사례도 많았던 것 같아요. 하지만 실패라는 단어는 좀 심한 것 같아요. 그동안 깨달은 게 있다면 우리와 생활할 당시엔 도저히 극복하지 못할 한계가 있는 아이들도 있다는 거죠. 아이들 스스로도 그걸 인정하고요. 졸업하지 못하고 떠난 아이들도 대부분 좋은 감정으로 헤어졌어요.

크리스 또 다른 변화는 없었나요?

에마뉴엘 1994년부터 우린 교육제도의 빈틈으로 빠져나가버린 또 다른 그룹의 아이들을 도와주기로 했어요. 바로 십대 미혼모죠. 메인 주에서는 고등학생이 임신해서 아기를 낳으려고 자퇴하면 고등학교 과정을 마치는 게 거의 불가능해요. 가난한 학생일수록 졸업하기가 더 어렵죠. 그런데 공립 대안학교 전국 회의에서 아니 랭버그를 만나 그 학생들을 도울 수 있는 아이디어를 얻었어요. 아니가 소개해준 워커바우트 모델에 매료되었는데, 십대 미혼모에게 아주 좋은 프로그램이 될 수 있을 거란 생각이 들었어요.

크리스 무슨 내용의 프로그램인가요?

에마뉴엘 '통과의례'라고 부르는데요. 일종의 홈스쿨 프로그램이라고 볼 수 있어요. 그 프로그램으로 전보다 더 많은 젊은이들을 도와줄 수 있게 됐어요. 지금 프로그램에 참가하고 있는 미혼모가 28명이나 돼요. 그 집을 일일이 다 방문하는 게 만만치 않아요. 어떤 미혼모들은 정말 외진 곳에서 살거든요. 그래도 이 친구들은 자기 집으로 사람들이 찾아와주는 걸 무척 반가워해요. 그리고 학교를 마칠 기회가 주어진 것도 너무 좋아하고요. 그게 얼마나 중요한지 잘 아니까요. 프로그램을 진행하고 있는 세 교사도 일을 너무 좋아해요. 그 중 한 교사는 일반학교에서 무려 25년 동안 학생들을 가르쳐왔는데, 학생들에 대해 잘 알지 못했던 게 아쉬웠대요. 지금은 학생들에 대해 알고 싶지 않은 것조차 다 알 정도로 가깝게 지내죠.

크리스 요즘 지역 주민들과의 관계는 어떤가요?

에마뉴엘 뭘 알고 물어보는 것 같은데요? 바로 작년에 학교 건물을 증축하려고 도시계획위원회의 승인을 받으러 갔거든요. 그런데 예전에 지역개발위원회랑 싸움이 붙었을 때 우리를 그렇게 반대하던 위원이 이번엔 도시계획위원회에 떡 하니 앉아 있는 거예요. 게다가 그 사람 집이 우리 학교 가까이 있었거든요. 또 큰 싸움을 치러야 되는 줄 알고 걱정을 했는데, 글쎄 기적 같은 일이 벌어졌어요. 그 사람이 날 조용히 불러내더니 이러는 거예요. "예전에 선생님이 학교를 시작한다고 했을 때 제가 그렇게 반대했던 것이 두고두고 마음에 걸렸습니다. 그동안 학교를 지켜보면서 제가 아는 아이들도 그 학교 덕분에 많이 좋아지는 걸 봤습니다. 우려했던 바와 달리 학교가 물의를 일으킨 적도 없었고. 제 자식들이 십대가 되니까 이제야 선생님이 하는 일이 이해가 됩디다." 그 사람의 지지 덕분에 증축 승인은 아무 문제없이 받아냈어요.

그 다음에 겪은 어려움은 지역 주민들이 아니라 교육국 때문이었어요. 졸업생 하나가 예전에 다니던 고등학교에 가서 교장한테 자기가 받은 졸업장을 보여준 거예요. 같은 학년 친구들보다 2년이나 먼저 졸업했다는 걸 과시하고 싶었던 거죠. 그 교장이 바로 교육국에 전화해서 열여섯 살짜리 애한테 고등학교 졸업장을 주는 경우가 어디 있냐고 한바탕 항의를 했나 봐요. 그 사람이 관료들을 들쑤셔놓는 바람에 교육국에서는 학교 인가 자체를 재평가하겠다고 나섰어요.

크리스 그래서 어떻게 됐어요?

에마뉘엘 우선 주^州에서 가장 비싼 교육 전문 변호사를 선임

했어요. 그 변호사는 우리가 운영해온 방식대로 계속 운영할
수 있게 입법부의 승인을 받으라고 했어요. 다행히 우린 주
의회 실세 몇 사람의 지지를 예전부터 받고 있었거든요. 게
다가 관료들은 의원들과 맞서는 걸 꺼려하죠. 자기네 부처의
존폐가 달린 돈줄을 쥐고 있는 사람들이니까요.

크리스 학교 편을 드는 의원들이 어떻게 생기게 됐나요?

에마뉴엘 우리 학교 이사 한 명이 민주당 지도부에 있었거든
요. 그 이사가 처음부터 지역 정치인들한테 우리 학교를 꾸
준히 홍보하라고 충고했어요. 그래서 매년 선거가 끝나면 당
선자들을 초청해서 우리 아이들과 대화를 나누는 특별 행사
를 마련했어요. 사람들은 십대 아이들을 좀 무서워하죠. 특히
문제아로 낙인찍힌 십대들은 대하기가 더 껄끄럽다고들 생
각하잖아요. 그런데 그 아이들이 보람 있는 인생을 살아보겠
다고 안간힘을 쓰는 모습을 보여주면 사람들은 정말 깊은 인
상을 받아요.

  우리 변호사는 또 교육법을 관장하는 주(州) 법무부장관을
만났어요. 장관은 재평가 절차를 지연시켜줬어요. 법적 분쟁
에서는 질질 끄는 게 상책일 때가 있잖아요. 시간이 많이 경
과하면 관료들이 문제를 잊어버리고 그냥 넘어가기도 하니
까요.

크리스 의도한 대로 됐나요?

에마뉴엘 그런 셈이죠. 주 교육국에서 우리 학교를 조사해 재승인 여부를 결정할 특별 전담반을 파견했어요. 그런데 그 전담반에 내가 아는 사람이 있었던 거예요. 예전에 중퇴나 등교 거부 학생을 다룰 부처를 만들기 위해 주 정부가 구성한 자문위원회에서 같이 일했던 사람이었죠. 그러니까 적군 속에 아군이 있었던 거죠. 결국 특별 전담반은 몇 가지 권고 사항만 제시하고는 조사를 마무리지었어요.

크리스 그동안 다른 걸림돌은 없었나요?

에마뉴엘 1987년에 도라와 이혼했어요. 연중무휴로 둘 다 학교 일에만 매달리는 바람에 부부관계가 희생된 것 같아요. 불행한 십대를 돕는 행복한 가정이라는 보기 좋던 그림이 보기 좋게 깨진 거죠. 한동안 학교의 운명도, 도라와 내가 계속 같이 일을 할 수 있을지도 다 불투명했어요. 우리 부부를 대리 부모로 여겼던 아이들도 많이 힘들어했어요. 우리 이혼이 학교에 큰 타격을 입혔죠.

하지만 엄밀히 말하자면 도라와 나는 서로에게 끌리기 이전에 이 일에 끌렸던 거잖아요. 서로에 대한 사랑은 식었지만 이 일에 대한 열정은 여전했고요. 그래서 우린 서서히 학교 안에서 공존하는 법을 터득해나갔어요. 처음엔 내가 도라보다 일을 더 많이 맡다가, 점차 학교를 이끄는 역할을 효과 적으로 분담하는 방법을 찾아냈죠. 결국 그 역경을 이겨내면서 학교가 오히려 더 강해진 것 같아요.

크리스 학교가 재정 문제로 어려웠던 적은 없었나요?

에마뉴엘 늘 어려웠죠. 하지만 그나마 버틸 수 있었던 건 도라가 돈 관리를 잘했기 때문이에요. 사실 재정 문제에 관해서는 도라나 나나 신중한 편이에요. 승합차가 필요하다고 어느 날 갑자기 사버리는 스타일은 아니죠. 지금 가지고 있는 것에 만족하며 살려고 노력하죠.

그리고 그동안 운 좋게 약물남용 예방기관에서 나오는 보조금을 계속 탈 수 있었어요. 우리한텐 후원금이나 마찬가지죠. 전체 예산이 45만 달러인데, 3분의 1을 그 보조금으로 충당하고 있어요. 그리고 그 기관에서 우리 학교를 전적으로 신뢰하기 때문에 별 조건을 달지 않고 지원을 해줘서 편해요. 최근엔 마약 방지 캠페인의 모범 사례라고 공로상까지 받았어요.

또 자체 모금운동으로 예산의 3분의 1을 충당하고 있어요. 사실 나는 모금운동을 별로 좋아하지 않아요. 아이들과 보낼 시간을 뺏기는 것도 싫고, 모금운동을 하려면 신경 쓸 게 너무 많아서 버겁기도 하고요. 다행히 지역 주민들이 계속 우리를 지원해주고 있어요. 얼마 전 학교 증축 공사 기금 마련

행사를 했는데 72만 달러나 모았어요. 그 행사에 도움을 준 재정 전문가가 우리한테 충고해준 게 있어요. 우리가 모은 돈의 일부로 자금 조달을 전담할 직원을 고용하래요. 그래야 증축 공사가 끝난 뒤에도 상시적인 자금조달체계를 유지할 수 있다고. 충고대로 하긴 했는데 어떻게 될지는 지켜봐야겠죠.

크리스 모금운동을 위해서 어떤 일들을 하나요?

에마뉘엘 정기적으로 회보를 발송해 기부자들과 관계를 유지하고, 일 년에 한 번 제대로 형식을 갖춘 연례 보고서를 발간해요. 그리고 고액을 기부하는 사람들과는 개인적으로 만나거나 해서 더 신경을 쓰죠. 그리고 학교에서 일 년에 두 번씩 큰 행사를 해요. 돈도 돈이지만 우리 학교를 효과적으로 홍보하는 덴 그만이죠. 각종 재단 후원금을 받아내는 데도 행운이 따랐어요. 그런데 대부분의 재단이 특정 사업을 후원하려고 하지 일반 운영비를 대려고 하진 않아요. 수혜자가 재단 후원금에 의존하는 걸 원치 않는 거죠. 지금은 모금운동을 전담할 사람들을 학교 이사회로 끌어오려고 노력하고 있어요. 성공한다면 학교의 앞날이 더 밝아지겠죠.

크리스 선생님이나 도라가 떠나도 학교가 살아남을 수 있을까요?

에마뉴엘 그러길 바라고 있어요. 이 문제는 도라와 내가 통과의례 프로그램을 맡은 린과 같이 고민할 문제인 것 같아요. 새로운 지도자가 우리 내부에서 나와야 한다고 생각하는데, 문제는 학교 구조가 이젠 너무 복잡해져서 이를 다 총괄하는 이사장을 맡겠다고 선뜻 나설 교사가 없을 것 같아요.

크리스 앞으로 학교를 세우려는 사람들에게 해주고 싶은 충고가 있다면?

에마뉴엘 좋은 충고를 해줄 사람을 최대한 빨리 찾으세요. 제3자의 관점이 때로는 굉장히 중요하거든요. 또 하나 중요한 것은 지역사회에서 좋은 평판을 받는 거예요. 외부인들에게 우리가 하는 일을 이해시키는 것이 우리한테는 결정적인 생존 전략이었거든요. 이 부분은 굉장히 중요해요. 우리처럼 대안교육을 지향하는 단체들은 자칫하면 자기 사안에만 매몰돼서 폐쇄적으로 변하는 경향이 있잖아요. 우리 학교는 이 지역에 벌써 29년째 뿌리를 내리면서 각계각층 인사들에게 좋은 인상을 심는 데 성공했어요. 주지사와도 좋은 관계를 맺고 있을 정도죠. 그래서 누구도 우리 학교의 정당성을 깎아내리긴 어려울 거예요.

이스트힐 농장학교

이스트힐 농장학교^{East Hill Farm}

setup는 버몬트 주 남부 그린산맥의 앤도버 마을이 내려다보이는 커다란 언덕 위에 자리잡고 있다. 농장학교에는 사실 두 개의 모체가 있다.

첫 번째는 1956년 딕 블리스가 설립한 '이스트힐 농장과 학교East Hill Farm and School'로 여섯 살부터 열여덟 살까지의 학생 25명이 기숙 생활을 하던 곳이었다. 학생과 교직원은 학문을 다루는 학교와 작은 농장을 함께 운영하며 공동체 생활을 했다. 여름방학에는 학교를 여름캠프의 형태로 운영했는데, 그때는 공동체 구성원이 두 배로 늘어났다.

이스트힐 농장과 학교는 딕 블리스의 건강이 악화되면서 1989년에 문을 닫았고, 딕은 이듬해 7월에 세상을 떠났다.

두 번째 모체는 1994년 딕의 아들 존과 존의 아내 로라의 손길 아래 같은 곳에서 유치원 및 초등학교로 탄생했다. 학생은 20명 남짓. 예전 학교 건물을 그대로 사용했는데, 이스트힐 동문과 지지자들의 재정 지원으로 유지되었다.

이스트힐 농장학교를 제대로 이해하기 위해서는 두 학교 이야기를 다 들어야 한다. 두 이야기 다 존과 로라가 해주었다. 존은 아버지가 세운 학교에서 학생으로 자라 나중에는 교사가 되었고, 로라도 그 학교의 마지막 몇 년간 교사로 있었다.

크리스 학교 이야기를 하자면 딕 블리스의 이스트힐 농장과 학교로 거슬러 올라가야 되겠죠?

로라 두 학교를 연결시키는 고리들이 너무 많아요. 예를 들어 시아버지는 늘 자식들을 위해 학교를 시작했다고 말씀하셨는데, 딕과 나도 마찬가지였어요. 또 시아버지는 학교라기보다는 하나의 작은 사회를 건설하려 하셨고, 우리도 똑같은 생각을 갖고 출발했어요. 나는 우리가 학교가 되는 것은 원치 않았어요. 학교라는 개념은 매우 협소하잖아요. 그런데 존은 학교라는 개념은 모두들 이해하고 있으니까 처음에는 학교로 출발하는 게 낫겠다고 했죠. 일단 학교로 자리를 잡고 나중에 우리가 정말 원하는 모습으로 발전할 수 있다면서요.

존 내가 느끼는 연결 고리는 훨씬 감정적이죠. 평생을 이스트힐과 함께했으니까요. 나는 아버지와 아버지보다 정도가 조금은 덜하지만 어머니가 어떻게 이스트힐을 꾸려왔는지 옆에서 지켜봤잖아요. 부모님은 이스트힐의 정신적 지주이자 조직자, 지도자, 주방장, 여러 사람 몫의 일을 하셨죠. 그리고 아들의 입장에서 아버지는 내게 중요한 모델이셨어요.

로라 나도 그랬어요.

존 그래서 나는 학교를 세워야만 했어요. 최소한 실험은 해봐야 했죠. 어떻게든 아버지의 업적을 잣대로 나를 평가해보고 그것이 내게 맞는 존재 방식인지 시험해보고 싶었어요. 돌이켜보면 우리 학교의 철학적, 교육적 기원을 아버지와 분리시키는 건 불가능한 일이죠.

로라 우리가 학교를 세우게 된 또 다른 이유는 우리가 선택한 삶의 방식과도 연관이 있어요. 존과 나는 함께 일하고 싶었거든요. 우리 땅을 가지고 그 땅에서 생활하고 노동하고 싶었어요. 이 땅이 그런 땅이에요. 우리 아이들도 이 땅에서 자라게 하고 싶었고 하루에 몇 시간씩 남의 손에 맡기고 싶지 않았어요. 또한 아름다운 이 땅을 다른 사람들과 나누고 싶었고요. 36만 평이나 되는 땅을 우리가 독차지한다는 게 왠지 비윤리적이라는 느낌마저 들었죠. 많은 사람들이 이곳에서 치유의 기운, 마음을 열게 하는 기운을 느낀대요. 아이들한테는 더더욱 깊은 영향을 미치죠.

크리스 이스트힐 농장학교의 이상은 무엇이었나요?

로라 시아버지 밑에서 교사로 있었을 때의 경험을 되살려 켄터키 주의 코이노니아 공동체에서 얻은 경험과 결합시키고 싶었어요. 이스트힐에서는 온갖 일을 다 할 수 있었어요. 교사로 지내면서 정원도 가꾸고, 음식도 만들고, 말도 돌보고, 도자기도 만들고, 소젖도 짰어요. 단순한 직업 생활이 아니라 풍성하고 멋있는 삶이었어요. 그리고 코이노니아 공동체에서는 사회적 교류를 넘어 함께 노동하며 생기는 강한 유대가 있어야만 진정한 관계가 형성된다는 것을 배웠죠.

크리스 그러니까 아이들한테 읽기와 쓰기를 가르치는 것 이상의 무언가를 시작하고 싶었다는 거죠?

로라 아이들뿐만 아니라 모든 세대를 포용하는 공동체를 만드는 게 내 이상이었어요. 아이들이 자신의 취향을 자유롭게 따를 수 있는 환경을 만들고 싶었어요. 물리적, 심리적 자원 모두에서요. 어떤 아이들은 과거의 경험 때문에 고립감과 마음의 상처를 가득 안고 우리 학교에 들어왔어요. 그런 아이들에게는 먼저 친구와 교사들을 신뢰하게 될 때까지 여유를

줘야 했어요. 학업에서 오는 압박감에서 당분간 벗어나게 해 줬죠.

한번은 읽기에 문제가 있는 아이가 들어왔어요. 처음 며칠 은 자전거 타는 것만 배우고 싶어했어요. 정말 하루 종일 자 전거만 탔어요. 그 아이의 부모는 아이가 학교에서 자전거 타는 것 말고는 하는 게 없다는 사실을 받아들이기 힘들어했 죠. 하지만 아이가 꼭 해야 된다고 생각하는 것을 할 권리는 보장되어야 해요. 아이는 얼마 지나지 않아 예전엔 거들떠보 지도 않던 읽기에 관심을 갖기 시작했어요. 그건 누구도 예 측할 수 없고 인위적으로 만들어낼 수 있는 게 아니죠. 치유 의 과정은 사람의 일정에 맞춰 일어나지 않아요. 얼마나 걸 릴지 알 수 없는 거죠. 그런데 이것을 아는 것과 부모가 안심 할 수 있게 설명하는 것은 별개의 문제예요. 우리가 끊임없 이 부딪혔던 난관도 그거였어요. 부모들은 대개 당장 성과를 보고 싶어했지만 우린 결실을 맺는 과정이 몇 주나 몇 달이 아닌 몇 년이 걸린다고 주장했거든요.

존 또 하나 중요한 점은 우리 둘 다 접근 방향은 달랐지만 근 본적으로 같은 믿음을 가지고 있었다는 거예요. 세상에는 다 양한 앎과 다양한 기술이 있다는 믿음이죠. 우린 주변에 있 는 학교나 학원이나 치료센터나 요양기관들을 보면서 가장 진보적인 곳마저도 같은 함정에 빠져 있다는 것을 발견했어 요. 그러니까 하나의 기술, 그것이 정서적이든 지적이든 상업

적이든 단 하나의 기술을 발달시키면 개인의 인생을 바꿀 수
있다는 자만에 빠져 있다는 거죠. 반면 로라나 나는 인간이
복합적인 차원의 기능을 갖고 있다고 믿어요. 우리는 육신을
지닌 존재지만 그 육신은 우리의 지성과 늘 교신을 하죠. 우
리는 바로 이러한 현실을 반영하는 집단 학습 방법이 있는지
확인하고 싶었던 거예요.

　대학에 들어가서 학생들이 따분해하는 걸 보고 충격을 받
았던 기억이 나요. 그때까지 내 의식세계에는 따분함이라는
개념 자체가 없었거든요. 그래서 많은 생각 끝에 이런 결론
을 내렸어요. 사람들이 자기 인생의 여러 영역들을 다 분리
시켜버려 영역들 사이에 교류가 일어나지 않는 게 따분함의
원인이라는 거죠. 19세기 시인들에 대한 강의를 듣는데 어떤
이유에서건 내가 그 주제에 관심이 없다면 나한테는 아무런
의미가 없는 거죠. 반면 내가 19세기 시에서 많은 것을 느끼
고 내 자신과 내 인생의 어떤 영역에서 참조할 만한 사항들
을 발견하면, 강의는 살아 숨쉬는 것이 되고 내게 피가 되고
살이 되는 거죠. 그렇게 대학 다니면서 한 번, 그리고 대학원
시절 또 한 번, 내 어린 시절을 돌아보면서 깨닫게 되었어요.
나는 대학 입시 때문에 대수학을 배우진 않았어요. 글을 쓰
고 교정하는 것도 대학에 가기 위해서가 아니라 학보를 편집
하기 위해 배웠어요. 학보를 편집한 것은 학교에 대한 내 깊
은 관심의 반영이자 세상에서의 내 존재감을 확인시켜주는
일이었죠.

크리스 아버지는 이스트힐 농장과 학교를 어떻게 시작하셨나요?

존 처음 10년 동안은 여름에만 캠프를 운영했어요. 부모님은 아버지가 받은 유산으로 농장을 매입하셨죠. 여름 별장으로 쓰시려고요. 당시 아버지는 뉴욕, 코넬, 베네트, 바라르 같은 여러 대학에서 사학과 사회학을 가르치셨거든요. 우리 농장은 여름마다 그 대학들이 주최하는 여름캠프를 운영했어요. 진행은 아버지 제자들이 맡았고요. 캠프는 늘 존폐의 갈림길에서 아슬아슬한 줄타기를 했는데, 아버지는 캠프를 살리기 위해 수단과 방법을 가리지 않으셨죠. 한번은 기부 희망자가 방문을 했는데, 당시 캠프에 참가한 아이들이 다 합해서 일곱 명인가 여덟 명밖에 안 됐거든요. 그래서 아버지는 기부자가 한 건물을 둘러보고 다음 건물로 들어가기 전에 아이들한테 잽싸게 옷을 갈아입고 다음 건물에 들어가 있으라고 했어요. 참가 인원이 실제보다 훨씬 많아 보이게 하려고요. 또 한번은 다른 기부자가 캠프에 물놀이 시설이 없다고 하자 아버지는 캠프 진행자와 아이들 두세 명을 어느 농부가 파놓은 흙탕물 구덩이로 보냈어요. 캠프 진행자에게는 호루라기를 들고 있으라고 했죠. 그러더니 그게 수중발레 교습이라는 거예요!

1960년대 중반에 접어들면서는 캠프 규모가 제법 커졌고, 아버지는 여름캠프를 일 년 내내 운영하는 프로그램으로 확대하고 '이스트힐 농장과 학교'라는 이름을 붙였어요. 처음에는 전국에서 온 25명의 고등학생이 생활하는 기숙학교였죠.

크리스 아버지의 교육철학은?

존 아버지는 성격이 복잡한 분이셨기 때문에 철학을 몇 마디로 정리하긴 어려워요. 하지만 정치나 교육에 대한 아버지의 문제의식을 하나씩 벗겨내면 그 핵심에는 내 남동생 앤디가 지체아로 태어났다는 사실이 남을 것 같아요. 아버지는 어디서도 환영받지 못하는 앤디의 처지와 근대 산업사회의 변화 속도 사이에서 어떤 연관성을 보셨죠. 문화는 그 어떤 사람이든 수용할 수 있어야 한다는 게 아버지의 기조였어요. 사회가 계속해서 지속될 수 있으려면 모든 사람을 포용해야 된다고 생각하신 거죠. 아버지는 이른바 정상인과 장애인 사이에 중요한 상호 작용이 일어난다고 믿었어요. 그리고 불우한 사람들을 위해 봉사하는 우리들도 그들이 받는 것만큼 받는다는 사실을 인정함으로써 당시 선교사들의 자선慈善철학을 무너뜨렸죠.

크리스 수업은 어떻게 했나요?

존 농장의 하루 일과가 바로 수업이었어요. 아버지는 우리에게 먹을 것을 사거나 건물을 지을 목수를 고용할 돈이 없으니까 자급자족해야 한다고 말씀하셨어요. 그래서 우린 알아서 농사도 짓고, 건물도 수리하고, 전기 공사도 하고, 놀이문화를 창조하는 법을 배우기도 했죠. 수업은 그런 현실세계의 연장이었어요.

크리스 의무적으로 수업에 참가해야 했나요?

존 그렇진 않았어요. 학교에 어린아이들이 들어오기 시작하면서 우리는 초등부를 '작은 학교'라고 불렀거든요. 내가 그 학교를 다닐 때는 의무 수업 대신 여러 가지 활동을 제안하고 해보라고 권유했어요. 다들 서로 존중해주고 너무 재미있게 지내는 분위기여서 우린 무슨 활동이든 다 하고 싶어했죠. 좋아하는 선생님이 학보를 만들겠다고 했을 때는 당연히 도와드리고 싶었고, 기타 레슨을 시작했을 때는 누가 시키지 않았는데도 레슨을 받았죠. 그러다가 나이가 더 들어서는 농장이 배움의 현장이 되었어요. 우린 수업이 있어도 농장 일을 핑계로 안 들어가려고 했어요. 대학 입시를 준비해야 할 때는 빼고요. 그래서 의욕적이고 재능 있는 학생들과 가르치는 의무를 다하려는 교사들 사이에 늘 창조적인 긴장감이 존재했죠.

로라 학교의 수업 방식은 시대에 따라 달라졌어요. 내가 교사로 있었던 때가 학교가 폐쇄되기 직전이었거든요. 그때는 학생들을 나이별로 나누고 기초 학력을 다지기 위해 체계적으로 수업을 했어요. 그리고 매주 월요일은 시아버지가 '핵심 강의'라는 수업을 진행하셨어요. 아이들이 배우고 있는 모든 것을 현실세계와 연관시키는 수업이었죠. 사실 체계적인 시간표도 있었어요. 프리스쿨은 아니었던 거죠. 우린 일정한 시간에 일어나서 아침 먹기 전에 한 시간 정도 농장에서 일을 했어요. 그 다음엔 시아버지가 '민속 요가'라고 부르던 민속 무용을 배웠어요. 무용 시간이 끝나면 노래를 불렀고요. 노래 곡목이 120가지는 족히 됐을 거예요. 그 다음엔 조례를 하면서 하루 일정을 짰어요. 그러고는 점심을 먹을 때까지 수업을 했고, 점심을 먹고 나면 여러 가지 활동을 했죠. 목공예, 도예, 미술, 음악 같은 창작 활동이요.

존 1980년대에는 더 학교답게 운영하라는 학부모의 요구가 있었어요. 아이들도 그것을 더 잘 받아들였고요.

크리스 아버지는 그런 요구에 대해 어떻게 생각하셨나요?

존 애매한 태도를 취하셨죠. 화를 내시기도 했고요. 노년에 느끼는 개인적인 분노나 답답함 같은 것도 어느 정도 작용했다고 봐요.

로라 시아버지는 앤디가 소외되고 있다고 느끼셨고, 학교에 대한 당신의 기본 인식이 전복되었다고 생각하셨어요.

존 아버지는 겉멋만 잔뜩 든 히피족을 길러내는 학교가 되는 게 싫으셨어요. 학교를 혁명적 공동체로 유지하고 싶어하셨어요. 하지만 돈을 벌어 학교를 살려야 하는 입장도 있었죠.

크리스 학교가 민주적으로 운영됐다고 볼 수 있을까요?

존 많은 사람들이 아버지를 '계몽 군주'라고 불렀어요. 한편으로는 제퍼슨이 주창한 민주주의를 굳게 신봉하셨지만, 다른 한편으로는 모든 정책을 혼자서 결정하셨어요.

로라 하지만 대부분의 경우에 교사들과 상의해서 결정을 내리셨고, 아이들과 상의하신 적도 많았어요. 그리고 '총책임자'로 임명된 사람이 일을 잘하면 상당한 권한을 부여하셨어요. 나이 많은 학생들과 교직원들이 돌아가면서 총책임자가 되었는데, 그날 일과를 총괄하는 일을 했어요. 능력 있는 총책임자가 되려면 날씨가 어떻게 변할지 잘 알아야 했어요. 그래야 건초 자르기 같은 농장 일을 언제 할지 결정할 수 있었거든요. 사람들의 기분을 파악해 사기를 북돋울 줄도 알아야 했고요. 그리고 총책임자는 학교 기록부에 그날 있었던 일을 기록하는 일도 맡았어요. 시아버지는 그 기록부를 참고

자료로 활용하셨죠. 모든 일을 아주 세세하게 기록하도록 시키셨어요. 예를 들어 그날 싸움을 한 아이가 있으면, 싸움의 전모를 소상히 기록하라고 하셨죠.

크리스 학교 방향을 정하는 데 교사들은 어느 정도 참여할 수 있었나요?

존 교사가 발언권을 행사하는 공식 절차는 없었어요. 교사가 아버지와 어떤 관계냐에 따라 발언권이 주어졌어요. 아버지와 사이가 좋으면 어느 정도 발언권이 보장되는 거죠. 아버지와 서로 존경하는 사이였던 교사들은 학교에 상당한 영향력을 행사했죠.

로라 그래도 스스로 납득할 수 있는 방식으로 학습계획을 세울 자유는 보장되었어요. 승마 쇼를 기획하고 싶다거나 공연을 하고 싶으면 시아버지 허락을 받지 않고 그냥 해도 됐어요. 하루 일과에서는 교사가 상당한 권한을 행사했죠. 그러다 문제가 생기면 시아버지는 회의를 소집하셨어요. 그럴 때는 아주 살벌한 분위기에서 오랫동안 회의를 했죠. 시아버지는 회의 때 자기 생각을 말하라고 사람들을 계속 몰아세웠지만 아주 용감한 사람 아니면 쥐 죽은 듯이 조용히 있었어요.

존 아이들이 대마초를 피웠든 외양간에서 섹스를 하다 들켰든 간에 아버지는 모든 것을 공개해서 투명하게 문제를 해결하셨어요. 그리고 그 문제가 공동체 전체에 미칠 영향에 초점을 두고 상황을 분석하셨어요. 아버지는 개인의 행동 때문에 사람들이 서로 멀어지거나 끼리끼리 뭉치게 되는 것을 제일 걱정하셨거든요. 그렇게 행동하는 사람이 있으면 아버지는 정말 무섭게 돌변하셨죠.

크리스 왜 학교가 폐쇄됐나요?

존 1976년에 아버지가 백혈병 진단을 받은 뒤로 식이요법도 하고 여러 가지 요법을 써서 13년인가 14년은 별 탈 없이 생활하셨어요. 그런데 아까도 얘기했지만 학교 방향에 대해 점점 더 불만스러워하셨어요.

로라 게다가 존이랑 나는 결혼해서 떠나고 없었죠.

존 이스트힐에서 계속 살았다면 결혼 생활이 3개월도 못 가리란 걸 알았거든요.

로라 경험이 많은 교사들도 비슷한 시기에 다른 이유로 떠났어요. 그 때문에 시아버지는 타격을 많이 받으셨을 거예요.

존 1988년에서 1989년으로 넘어가는 겨울에 아버지는 굉장

히 많이 아프셨어요. 봄에는 돌아가실 뻔했어요. 뇌졸중으로
쓰러지셔서 병원에 실려갔거든요. 그 때문에 아무것도 모르
는 초짜 교사 세 사람이 학교를 운영했는데, 하필이면 그때
아주 다루기 힘든 아이들이 몇 명 들어왔어요.

크리스 그때는 학생들이 몇 명이나 됐죠?

존 기숙생 스무 명 정도에 낮에만 학교에 나오는 아이들도
여럿 있었어요. 분위기가 정말 산만했어요. 어머니와 나는 이
러다 완전 통제 불능 상태가 되는 건 아닌지 걱정을 많이 했
어요. 당시에는 예일대학 신학과를 다니고 있었는데, 휴학하
고 싶지 않았고요.

로라 일부 학부모들은 우리 부부가 돌아와서 학교를 맡아주
길 바랐지만, 그건 가망 없는 일이었어요.

크리스 그럼 아버지는 후계자를 준비하지 않으셨던 거예요?

로라 고려는 해보셨어요. 하지만 그보다는 우리 부부가 돌아
오길 기다리신 것 같아요. 우리가 돌아오고 나서 2주 뒤에 돌
아가셨거든요.

크리스 아버지가 학교를 물려받아 운영해달라고 하신 적은

없었나요?

로라 이따금씩 에둘러 말씀하셨죠.

존 돌아가시기 직전에 아버지한테서 직접 들은 건데, 상당히 영향력 있는 교사였고 내 멘토이기도 했던 린다라는 분이 아버지한테 엄청 압력을 넣었던 모양이에요. 아들한테 학교 운영을 강요하지 마시라고. 대학 다닐 때 한번은 아버지 병문안하러 집에 들렀는데, 아버지가 그 얘기를 하면서 그러셨어요. "그 여자가 나더러 아들 일에 시시콜콜 간섭하는 그놈의 버릇 좀 고치라더라." 내 인생은 내가 알아서 결정하게 내버려두겠다는 말씀을 우회적으로 표현하신 것 같아요.

크리스 그걸로 학교가 막을 내린 건가요?

존 네. 아버지는 이듬해 여름에 돌아가셨어요.

크리스 그 다음엔 어떻게 됐어요?

존 로라와 같이 이스트힐로 돌아와서 농장 일을 하시는 어머니도 도와드리고 동생도 돌봤어요.

로라 그리고 얼마 뒤에 임신을 해 앨리를 낳았어요. 존은 우리 식구를 부양하기 위해 직장을 다녔죠. 그 다음엔 에마가 태어났는데, 그때부터 우린 학교를 여는 문제를 진지하게 고려하기 시작했어요.

존 다니던 직장에서 만족감을 느끼지 못하고 있었거든요. 게다가 아까도 말했듯이 내 잠재의식 속에는 학교를 세워야겠다는 욕망이 있었죠. 그리고 우린 처음부터 아버지와는 다르게 할 생각이었어요. 로라와 내가 동등한 동료로. 예전에는 아버지가 혼자 학교를 이끄시고 어머니는 뒤로 물러나 있었거든요. 나서지 않고 뒤에서 학교를 지탱해주셨죠.

크리스 그러면서 두 분의 학교에 대한 꿈이 탄생한 거네요.

존 꼭 실험해보고 싶었던 것 중 하나가 협동 운영이었어요. 아내와 다른 교사들과 아이들이 협동으로 만들어나가는 학교요. 나도 사회적 관용, 포용력, 다양성 같은 문제에 대한 아버지의 철학에 공감했지만, 더 나아가 학습의 다양성도 중요하게 생각했거든요. 무슨 말이냐 하면, 아이들은 한시도 안 배우는 때가 없다는 거예요. 배움이라는 것은 아이가 껐다 켰다 하는 게 아니잖아요. 아이들이 놀고 있다고 해서 무인가를 배우지 않는 건 아니죠. 또 평등과 협력을 더 중시하고 싶었어요. 그래서 학교 일과를 시작하는 것에서도 형식을 배제했어요. 아이들은 등교해서 30분에서 한 시간 가까이 그냥 놀았어요. 아주 편안한 마음으로 하루를 시작하는 거죠. 아이들이 노는 동안 교사와 학부모들은 허심탄회하게 대화를 했어요. 격식을 갖춘 회의를 하는 게 아니라 그냥 편안하게 담소를 나눈 거죠.

로라 그러면서 학부모들이 자연스럽게 걱정거리를 털어놓았어요. 얘기하다보면 그 걱정거리가 별것 아니라는 게 밝혀지는 경우도 많았고요.

크리스 아버지나 본인 경험 말고 두 분 생각에 영향을 미친 요소가 있나요?

존 『서머힐』도 읽었고, 존 개토, 댄 그린버그, 론 밀러 같은 사람들의 책도 읽었고, 알바니 프리스쿨에서 펴내던 대안교육 저널 《스코레이》를 빠짐없이 읽었어요. 그리고 프리스쿨을 운영하는 사람들과 인연을 맺었죠. 알바니 프리스쿨을 방문하면서 우린 전부터 느끼고 있던 우리 학교 분위기가 무엇이었는지 깨닫게 되었어요. 바로 서머힐 분위기였던 거죠. 예전엔 아버지의 강렬한 존재에 가려져 있었지만.

로라 시아버지는 루돌프 슈타이너의 영향을 많이 받으셨어요. 그래서 우리 부부가 슈타이너 학교를 세웠으면 좋겠다고 한 학부모들도 많았죠. 하지만 그건 우리가 원치 않았어요.

크리스 어떻게 학교를 시작했나요?

존 지역신문에 기사가 몇 번 나기도 했고, 오픈하우스를 몇 차례 열었어요. 그리고 1995년 여름부터 아이들 7-8명과 오리건 주에서 온 젊은 인턴 부부와 함께 캠프를 시작했어요. 8시 반부터 1시 반까지는 프로그램을 운영했고, 오후에는 인턴들과 함께 두어 시간 이야기를 나누면서 그날 일정을 평가하고 다음 날 계획을 짰어요.

크리스 그때 이미 캠프를 학교로 발전시킬 생각을 하고 있었나요?

로라 그렇죠. 그 인턴 부부가 교사가 되길 바랐고요. 우리에게는 캠프 스타일이 딱 맞으니까 그렇게 시작하는 게 더 쉬울 것 같았어요.

존 여름캠프만 운영할까 하는 생각도 했었어요. 돈이 되기 때문에 유혹을 느끼긴 했죠. 하지만 그렇게 하면 우리가 원하는 공동체의 느낌이 안 살 것 같았어요. 캠프를 하는 것으로는 아이들에게 좋은 경험을 시키려는 부모들과 거래 이상의 관계를 맺기 힘들잖아요. 여름이 끝나면 다 뿔뿔이 흩어지고. 그래서 1995년 가을에 여름캠프에 참가했던 아이들을 데리고 학교를 시작했어요. 인턴 부부는 교사가 됐고요. 그리고 이스트힐에 학교가 다시 생겼다는 소문이 퍼지면서 아이들이 모이기 시작했어요. 이스트힐 농장과 학교를 기억하는 사람들이 많아 새 식구 모집에도 도움이 됐죠.

로라 재정적으로도 도움이 됐어요. 시아버지의 학교를 지지하던 분이 설립 자금을 기부하셨거든요.

크리스 설립하는 데 얼마나 들었는데요?

존 5천 5백 달러 정도요.

크리스 그 다음부턴 어떻게 자금을 조달했죠?

존 모금운동을 자주 했고, 학부모한테서 등록금도 받았어요. 등록금은 가정 형편에 따라 무료에서 3천 5백 달러까지 신축적으로 책정했지만요.

로라 처음에는 등록금을 적게 내는 가정이 몇이나 될지 예측하지 못해 재정 기반이 취약했어요. 우리 네 교사의 월급도 4백 달러밖에 안 됐죠.

크리스 그럼 두 분은 어떻게 생활했어요?

로라 당분간은 가난하게 살 각오가 돼 있었죠. 그래도 둘 다 대학 학자금 빌린 것도 다 갚았고, 집도 우리가 직접 지은데 다 집을 담보로 빚진 것도 없었어요. 자동차도 할부나 대출로 산 게 아니었고.

존 그리고 어머니가 농장에서 쓰지 않는 건물을 임대해도 좋다고 하셔서 그 임대료로 수입을 충당했어요.

로라 그리고 우리랑 같이 일하던 교사 부부에게도 농장에 있는 작은 집을 무료로 내줬어요.

크리스 정식 학교로 인정받기 위해 밟아야 하는 절차가 있었나요?

로라 버몬트 주에서는 이른바 인증을 받은 학교가 되려면 홈스쿨 가정들처럼 교과과정 계획을 제출해 주 교육국 산하 독립학교 부서의 승인을 받아야 돼요.

존 나는 그 부서의 독립학교 및 홈스쿨 담당관과 친해지려고 노력했어요. 나중에는 그 사람이 우리 학교의 든든한 지원군이 되었죠.

로라 사실 그렇게 철저한 감독을 받진 않았어요. 우리로선

다행이었죠. 우리가 워낙 형식에 구애받지 않았기 때문에 제출한 계획을 다 실행하는 건 애초에 불가능했거든요.

존 우리한테는 소방 시설이나 건물 안전 관련 법규가 가장 큰 문제였어요. 그런데 소방국에서는 아주 긴 개선 사항 목록을 줘놓고는 한 번도 와보지 않았어요. 그래도 화재 감지 시스템을 새로 설치하느라 돈을 꽤 많이 썼죠.

로라 보건국도 조금 까다롭게 굴었어요. 학교 급식 허가를 받으려면 갖춰야 할 게 많았거든요.

존 행정 당국은 처음엔 다 겁을 주려고 하는데, 장단만 맞춰주면 돼요.

크리스 비영리단체 면세 자격을 받는 건 어렵지 않았나요?

존 정말 길고 지루한 절차를 밟아야 했지만 우린 변호사 도움을 받지 않고 일을 처리했어요. 처음엔 아무리 해도 행정 당국에서 우리가 제출한 서류를 반송시켰어요. 결국 나는 넌덜머리가 나서 포기했고, 그 다음엔 로라가 시도해봤어요. 나보단 로라가 운이 좋았는지 서류 하나만 더 제출하면 된다고 해서 그 서류 제출하고 드디어 일 년 반만에 면세 자격을 받았어요.

크리스 학교 하루 일과를 설명한다면?

존 등교해서 편안하게 놀다가 여러 가지 활동을 했어요. 둥 그렇게 둘러앉아 스트레칭과 에어로빅을 하기도 했고요. 그 다음엔 내가 기타를 치며 아이들과 노래를 불렀고, 그 다음 엔 짧게 조례를 했어요. 무슨 딱딱한 회의는 아니고 그냥 하 고 싶은 얘기를 주고받는 시간이었죠. 그 다음엔 조별로 모 여서 수업을 했어요.

크리스 의무 수업이었나요?

존 그 문제 때문에 마지막까지 갈등이 많았어요. 처음 3년 동안은 학부모들의 조바심을 참아내야 했어요. 계속 우리한 테 그랬죠. "우리 아이 공립학교로 돌아가면 다른 애들보다 뒤처지는 거 아니죠?"

로라 우린 프리스쿨은 아니었지만 아이들에게 선택권을 많 이 주려고 했어요. 교사마다 정도는 달랐지만요.
크리스 탈학교 방식으로 접근하려고 한 건가요?

존 로라가 더 자유분방했던 것 같아요. 나는 학부모들이 돈 을 조금씩은 내니까 적어도 그 기대에 부응하려는 노력은 해 야 된다고 생각했죠. 예를 들어 학부모가 아이가 수학을 잘

419

하지 못해 걱정이라도 하면 최소한 그 아이 수업계획에 수학 시간을 넣으려고 노력했어요. 하지만 아이들에게 읽기는 억지로 가르치지 않겠다고 분명히 못 박아두었어요. 그 문제로 학부모들과 참 많이 싸우기도 했죠. 몇 명은 아이들을 자퇴시키기도 했고요.

로라 대개는 반항적인 아이들의 부모가 우리를 많이 압박했어요. 그렇게 되면 그 아이들은 교사의 권위를 인정하려고 하지 않죠.

존 학부모들에게 그랬어요. 읽기 연습이 자연스럽게 되는 환경을 마련하겠지만 아이들이 싫다고 하면 강요할 생각은 없다고요. 아사라는 아이가 있었는데, 이렇게 얘기하곤 했어요. "아사야, 아빠가 너 읽기 연습시키라고 하시는 거 알지? 하지만 내가 강제로 안 시킨다는 것도 알지? 그래도 읽기는 네가 살아가는 데 필요한 기술이라는 걸 잊지 마라."

크리스 그게 동기 부여가 됐나요?

존 별로요. 아사는 우리가 완전히 손을 떼고 권유조차 안 할 때까지 저항했어요.

로라 하지만 나중에는 자동차를 타러 나가는 길에도 손에서 책을 놓지 않는 아이가 되었죠.

존 그런데 글쓰기는 끝내 못 시켰어요. 이스트힐에 있는 동안엔 한 글자도 안 썼던 것 같아요. 지금은 공립학교에 다니는데, 우등생이래요.

크리스 그 아이한테 '싫어요'라고 할 자유를 주고 내버려뒀단 말인가요?

존 가끔은 아이들한테 뭔가 강요하는 실수를 저지르기도 했어요. 하지만 그건 아이들한테 폭력을 행사하는 것이나 다름없어요. 아이들이 과연 제대로 배우고 있나 의심하는 학부모들한테 너무 연연했던 것 같아요.

로라 하지만 교사로서 참 다루기 힘든 문제인 것 같아요. 자존심이 걸린 문제잖아요. 때론 내가 아무것도 못 하고 있다는 생각이 들기도 하고.

존 처음 2년 동안은 사람들이 떠나버리는 게 두려워서 조바심치는 부모들한테 아무 말도 못했어요. 우리 학교는 당신들이 찾는 학교가 아니라고 하면서 더 체계를 갖춘 학교를 권하지 못했던 거죠. 하지만 마지막 2년 동안은 훨씬 편안한 마음으로 그렇게 했어요.

로라 등록금을 많이 내는 학부모들과 불화가 심했어요. 잘사는 가정의 학부모들이 이게 탁아소지 학교냐며 집단으로 아이들을 자퇴시킨 적도 있었다니까요.

크리스 교육 방식에 회의를 품은 학부모가 몇 명쯤 됐나요?

존 해마다 절반쯤 됐던 것 같아요. 하지만 나중에는 회의를 품고 있던 학부모들도 우리가 양보하지 않는다는 걸 알고 자제하더라고요.

크리스 학교 운영에 대해 학부모가 발언권을 행사할 수 있는 공식 통로가 있었나요?

존 모든 정책은 우리 부부와 다른 교사들이 민주적으로 결정했어요. 이제 학교 역사의 다음 장으로 넘어가는데, 2년째 되던 해에 몇몇 학부모들이 쿠데타를 일으킨 적이 있었어요.

문제를 일으킨 학부모들의 개인적 불만까지 겹친데다 바람직하지 못한 인간관계 때문에 상황이 악화되어 벌어진 일이었어요. 일부 학부모들이 등록금 책정 방식에 형평성이 없다며 불만을 토로한 게 문제의 발단이었어요. 그 사람들은 누가 얼마를 내는지 공개하자고 했어요. 당연히 더 많이 내는 사람들이 그랬죠. 자기들은 많이 내는데 누구는 왜 조금밖에 안 내느냐는 식이었어요. 애초에 다른 사람들은 얼마나 내는지 알려고 하지 말았어야 했는데. 그러면서 이러는 거예요. "당신들은 그 사람들한테 속고 있어요. 왜 우리가 그 사람들 아이 교육비까지 부담해야 합니까?" 앞으로는 등록금 책정 방식을 우리 부부와 학부모들로 구성된 위원회에서 결정하자고 했어요. 또 학교 이사회에 학부모 대표가 있어야 한다고 주장했죠. 우린 절대 안 된다고 했는데, 그 문제는 빙산의 일각일 뿐이었어요. 돈 문제는 단지 그 사람들이 갖고 있던 불만을 표출하는 구실이었던 거죠. 그 사람들이 정말로 원했던 것은 우리 학교를 공립 중학교 진학을 준비하는 무슨 예비 학교로 만드는 거였어요. 그건 절대 허락할 수 없는 일이었죠.

로라 우리 학교에 아이를 보내고 있던 학부모이자 교사였던 사람 때문에 문제가 더 복잡해졌어요. 처음 채용했을 때는 알코올중독자라는 걸 몰랐어요. 그런데 결혼 생활이 파탄에 이를 지경이 되자 신경쇠약에 걸렸나봐요. 그 교사랑 나랑 나이가 적은 학생들 반을 같이 가르쳤는데, 사사건건 나를 비난하기 시작하더니 급기야 내가 없을 때는 나에 대한 험담을 늘어놓았어요. 결국엔 불만이 많았던 학부모들과 한편이 되더라고요.

크리스 잘 해결됐나요?

존 생각나는 건 다 시도해봤어요. 허심탄회하게 얘기할 수 있는 회의도 열었고요. 심지어 학교 초기에 가끔씩 도움을 받던 컨설턴트를 모셔다 회의 때 중재를 해달라고까지 했어요. 하지만 무슨 수를 써도 안 되더라고요. 결국 그 교사는 자기 아이와 세 가정의 학부모와 아이들을 데리고 나갔어요.

크리스 그 다음엔 어떻게 됐나요?

로라 이듬해엔 재정 상황이 더 악화됐어요. 등록금을 많이 내던 가정들이 떠났거든요. 그래도 우린 버텼죠. 새 가정들이 들어오고, 존이 모금운동을 열심히 한 덕에.

존 그리고 4년째 되던 해에 우리 교사들은 그 어떤 것에도 구애받지 않고 하고 싶은 대로 학교를 운영하기로 결심했어요. 그 결과 우리도 훨씬 즐거워졌고, 아이들도 학교생활을 재밌어 했죠.

크리스 결국 학교 문을 닫기로 결심하게 된 동기는?

로라 그래도 조바심하는 학부모가 꽤 많았어요. 그 사람들이 기대하는 학교와 우리가 원하는 학교의 격차가 좀처럼 좁혀지지 않더라고요. 거기서 오는 긴장감을 감당할 수 없었어요. 게다가 나는 선천적으로 싸우는 걸 잘 못해요. 그건 내 개인적인 문제지만. 아무튼 그 모든 불화가 내게는 고통 그 자체였어요. 학교를 운영하려면 얼굴도 두껍고 심장도 강해야 하나봐요. 당시에는 왜 그만두고 싶은지 나 자신도 잘 몰랐어요. 하지만 지난 2년간 두 딸을 홈스쿨링으로 키우면서 더 깊이 이해하게 되었어요. 딸아이들이 매일 관심 분야를 탐구하는 과정을 지켜보면서 배움이나 인생에 대해 정말 많은 것을 깨달았어요. 우리 식구들은 그날그날 일어나는 일에 즉흥적으로 대응하며 살아요. 아이들이 있는 그대로의 모습으로 생활하는 게 얼마나 예뻐 보이는지 몰라요. 두 아이 모두 체험을 통해 배우는 일에 마음이 활짝 열려 있어요. 배워야 하는 것들을 하루하루 일상 속에서 배우고 있죠.

존 자식 교육을 걱정하는 부모의 심정을 모르는 바는 아니었지만, "수업도 안 하고 하루 종일 숲 속을 돌아다니게 하면 제 아이는 뭘 어떻게 배우겠습니까?"라는 말을 골백번도 더 듣고 나니까 정말 더 이상은 못 견디겠더라고요. 사람들이 내 공간에 들어와 비난만 하는 게 너무 힘들었어요.

로라 왜 이런 압박까지 견뎌가며 학교를 살려야 하나 싶더라고요. 그리고 장기적으로 볼 때 그 지역에서 우리 학교를 지지해줄 사람은 그리 많을 것 같지 않았어요. 그리고 그나마 잘되고 있을 때 그만두는 게 실패를 맛본 뒤에 어쩔 수 없이 포기하는 것보다 낫다는 생각도 했어요.

크리스 두 분의 경험에 비춰볼 때 학교를 시작하려는 사람들에게 어떤 조언을 해주고 싶으세요?

존 우선 팀을 만드세요. 다시 시작할 기회가 있다면 우린 학교 세우는 일에 관심 있는 사람들을 신중하게 선택해서 팀을 만들겠어요. 처음부터 팀원들의 관계를 잘 설정하고 각자 맡은 역할도 명확하게 규정하는 거죠. 그리고 일을 아주 천천히 진행할 거예요. 또 사람들이 서로 솔직하게 대화할 수 있는 장을 마련하는 건 아무리 강조해도 지나치지 않을 만큼 중요해요. 그래야만 분쟁이 생겨도 해결할 수 있으니까요.

로라 우리가 포기하게 된 가장 큰 이유는 너무 많은 역할을 감당하려 했기 때문이에요. 학교 이사장에다 교사까지 했고, 아이도 둘이나 키워야 했잖아요. 게다가 재무관리도 맡고 있었는데, 존은 수업이 끝나면 하루에 두세 시간씩 모금운동에 매달려야 했어요. 또 주말에는 우리 집과 학교 건물 난방에 쓸 그 많은 땔감을 마련해야 했고요. 월급도 적게 주는데 다른 교사들한테는 차마 일을 더 못 시키겠더라고요.

다시 시작할 기회가 주어진다면 학교를 세우진 않을 거예요. 아이들이 마음껏 뛰놀며 어른들 생활에도 동참할 수 있는 공동체를 만들겠어요.

클롱라라 스쿨

미시간 주 앤아버에 있는 클롱라라 스쿨Clonlara School은 두 부분으로 구성되어 있다. 하나는 다섯 살부터 열여덟 살까지 50명의 학생을 위한 학교이고, 또 하나는 세계 곳곳에 살고 있는 6천 명의 홈스쿨 학생들을 위한 홈스쿨 지원 서비스다.

클롱라라 스쿨은 1967년에 패트 몽고메리가 설립했다. 지금은 홈스쿨 지원 서비스 수익금으로 지은 새 건물에서 운영되고 있다. 학교 학습은 자발적으로 이루어지고, 성적이나 학력평가시험이 없다. 여행을 중요한 교육 요소로 심고 있는데, 나이가 많은 학생에게는 여행을 더 많이 강조한다. 그리고 모든 학생들은 연령 구분 없이 매주 열리는 전체 회의를 통해 학교 제반 의사 결정에 참여한다. 전체 회의 참석은 선택

사항이다.

홈스쿨링 프로그램은 1978년에 시작되었다. 홈스쿨을 하는 가정에 교육과정과 자료를 제공하는 것인데, 아이의 학습을 지도하고 학부모에게 자문을 해줄 통신 교사를 배정해준다. 또한 홈스쿨 가정이 거주 지역 교육 당국에 제출해야 되는 서류를 관리해주고, 법정 분쟁이 생길 경우 필요에 따라 증인이 되어주기도 한다.

클롱라라 스쿨에 대한 이야기는 설립자 패트 몽고메리가 해주었다.

크리스 어떻게 학교를 만들 생각을 하게 되었나요?

패트 열다섯 살 때 '신의 섭리 수녀원'에 들어갔어요. 교육을 사명으로 하는 곳이었기 때문에 교사가 되는 게 당연하다고 생각하며 자랐죠. 그리고 열여덟 살 때부터 피츠버그의 가톨릭 학교에서 가르치기 시작했고요.

모든 일이 순조로웠는데, 하루는 아이들과 너무 격의 없이 지낸다고 주의를 받았어요. 아이들이 나와 함께 놀이터에서 놀다가 내 허리춤에 찬 묵주를 잡아당겨도 뭐라고 안 하고, 쉬는 시간이 끝나면 아이들이 내 손을 잡아끌고 교실로 들어가게 하는 게 문제가 된 거예요. 내 나이가 많지 않았기 때문에 아이들이 날 무척 좋아했거든요. 수녀원 원장님이 사무실로 불러 아주 호되게 꾸중하셨죠. 아이들과 간격을 유지해야 된다는 거 모르느냐고. 안 그러면 엄숙한 이미지가 무너져서 아이들을 절대 통제할 수 없다고.

원장님이 하는 말씀은 다 거꾸로 된 것 같았어요. 그래서 속으로 이렇게 생각했죠. "어쩌면 저렇게 틀린 말을 할 수 있을까? 정말 못 들어주겠군." 하지만 내 생각을 조리 있게 설명할 수준은 아직 아니었고, 당시엔 원장님에게 도전할 정도의 배짱도 없었어요. 그래도 직감적으로 내 생각이 옳다고 믿었는데, 나이가 들어서는 꼭 종교 단체에 소속되어 가르치는 일을 할 필요가 없다는 것을 깨달았죠.

그래서 스물다섯 되던 해에 수녀원을 나와 미시간 주의 공립학교에 취직했어요. 결혼도 하고 아이도 낳았고요. 엄마가 되어보니 교육이 확 달라 보이기 시작했어요. 가톨릭 학교나 공립학교는 직접 경험해봤기 때문에 둘이 거기서 거기라는 것은 알고 있었죠. 가톨릭 학교에서는 교사들이 수도복을 입고 학생들이 매일 기도문을 외운다는 차이밖에 없어요. 그것 말고는 똑같은 일상의 반복이죠. 내 자식들을 그런 데 보내고 싶지는 않았어요.

그래서 남편과 함께 앤아버에 다른 학교가 있나 둘러보기 시작했어요. 우리가 살고 있던 지역에 몬테소리 학교가 하나 있었거든요. 그런데 몬테소리 교육법에 대해 조사를 해보니, 미국의 몬테소리 학교들은 소꿉놀이, 역할극 같이 상상력을 자극하는 활동을 하지 않는다는 사실을 알게 되었어요. 마리아 몬테소리는 부모에게서 버림받아 자기만의 세계에 빠져 있는 아이들을 가르쳤기 때문에 그랬을 거라는 생각은 들었어요. 현실세계를 외면하는 아이들을 끊임없이 현실에 붙잡아둬야 했으니까. 하지만 1960년대 앤아버 아이들의 상황은 달랐거든요. 그런데도 몬테소리 추종자들은 스승이 하던 방법을 그대로 따라하려고 했어요. 그래서 우리 부부는 이것도 아니다 싶었죠. 그러던 중에 『서머힐』을 읽고 고민에 종지부를 찍게 되었죠.

크리스 『서머힐』은 어떻게 접하게 되었나요?

패트 석사 학위 논문을 쓰려고 자료 조사를 하다가 우연히 보게 되었어요. 책을 다 읽자마자 너무 흥분해서 친정 아버지한테 전화를 걸었죠. 영국에 끝내주는 학교가 있는데 내가 그런 학교를 직접 세울 거라고. 그랬더니 아버지가 이러시는 거예요. "그럼 영국에 가서 그 학교를 직접 보고 와야지." 나는 이렇게 대꾸했죠. "좋은 생각이긴 한데, 비행기표 살 돈이 없어요."

그 당시 아버지에게는 돈이 한 푼도 없었어요. 자식들 다 키우고 남은 재산을 자선단체에 기부하셨거든요. 그런데도 나한테 그러시는 거예요. "비행기표 필요해? 내가 사줄게."

알고 보니 아버지는 대공황 뒤로는 은행을 못 믿겠다며 퇴직 연금으로 받은 수표를 고스란히 자동차 한구석에 숨겨뒀대요. 발행한 지 꽤 오래된 수표도 있었는데 은행에 갔더니 다 현금으로 바꿔주더라고요. 그래서 1967년 3월에 니일을 만나러 영국으로 날아갔죠.

니일에게 나도 학교를 직접 세울 생각이라고 말했더니, "서머힐을 하나 더 세우겠다는 생각은 하지 마세요. 서머힐은 하나로 충분하니까"라고 하더군요. 그러더니 나더러 종교가 있느냐고 물어서 "천주교 신자인데요"라고 하자 이러는 거예요. "그럼 일찌감치 포기하시죠. 수녀들이 학교에 관여하면 볼장 다 본 거니까."

그러고는 이렇게 말했어요. "내 말을 오해하지 말아요. 예수에 대해 뭐라고 하는 게 아니니까. 예수야말로 진정한 선구자였죠. 신고 있는 신발조차 소유하지 않았고, 틀린 말은 한마디도 안 했으니까. 예수가 이 땅에 다시 오신다면 교황청 방문은 어떻게든 말릴 생각이오."

나는 가톨릭 학교에서 일해본 적이 있으니 걱정 말라고 했어요. 그리고 서머힐을 그대로 베낄 생각도 없다고 안심시켰죠. 어차피 기숙학교를 차릴 것도 아니고, 서머힐처럼 바다를 배경으로 한 넓은 땅이 있는 것도 아니었으니까.

서머힐을 떠날 때쯤에는 내 생각이 옳다는 확신이 생겼는데, 기필코 학교를 세우겠다는 굳은 결심을 하며 귀국했어요.

크리스 선생님 생각에 영향을 미친 다른 요소는 없었나요?

패트 우리 아이들이랑 장 피아제Jean Piaget요. 나는 피아제가 그랬던 것처럼 우리 아이들이 아주 어렸을 때부터 관찰하면서 열심히 기록을 했어요. 아이들을 관찰하는 것만으로도 얼마나 많이 배울 수 있는데요.

피아제는 첫아이를 관찰하면서 엄청나게 두꺼운 책을 세 권이나 썼다죠. 그런데 동료 연구자들이 피아제한테 자기 아이에 대한 관찰은 주관적일 수밖에 없다고 그랬대요. 그래서 피아제가 어떻게 했게요? 객관적인 자료를 수집할 수 있게 아내한테 놀이방을 차려달라고 했대요.

피아제는 어떤 동물이든 본성을 정확히 이해하려면 자연 서식지에서 그 동물을 관찰해야 한다고 했어요. 아이들에게는 놀이에 열중할 수 있는 곳이 자연 서식지죠. 그래서 피아제는 놀고 있는 아이들을 계속 쫓아다니며 지켜보고 질문했어요. 그의 생각이 당시에는 내게 큰 영향을 미쳤어요.

크리스 앤아버로 돌아와서는 어떻게 했나요?

패트 바로 작업에 착수해서 학교 건물을 물색한 끝에 쥬에트 가에 안성맞춤 건물을 찾아냈어요. 엘리노어라는 독신녀가 소유하던 건물인데, 그 사람도 그 건물에서 평생 학교를 운영했어요. 교실마다 특수 제작한 벽을 세워 아이들이 압정을 꽂을 수 있게 했고, 여동생과 2층에 있는 방을 침실로 썼어요. 처음에는 실외 화장실을 썼다는데, 우리가 입주할 때는 실내 화장실이 있었어요.

엘리노어는 공립학교에서 낙제한 아이들을 데려다가 수학과 불어를 가르쳤어요. 뒤뜰에 정말 아름다운 영국식 정원도 가꿨었는데, 불행히 우리 학교가 놀이터로 쓰기 시작하면서 다 망가졌죠.

아무튼 우리 맘에 쏙 드는 곳이었어요. 그래서 아버지가 자동차에 있던 퇴직 연금 수표를 다 털어서 마련해주신 4천 5백 달러로 계약금을 내고 입주했어요. 그리고 이듬해 9월에 학교 문을 열었죠.

크리스 클롱라라라는 이름은 어떻게 지은 건가요?

패트 아일랜드에 있는 아버지의 고향이에요.

크리스 학생은 몇 명으로 출발했나요?

패트 학교 운영에 대해 정말 아무것도 모른다는 생각을 하고 있었기 때문에 처음부터 욕심을 안 부렸어요. 그래서 십대 도우미 한 명과 함께 서너 살짜리 꼬마 여덟 명을 돌보면서 출발했어요. 그중 한 명은 내 아이였고.

크리스 그럼 나머지 일곱 명은 어떻게 모았죠?

패트 그냥 신문에 광고를 냈어요. '아이들이 놀고, 놀고, 또 노는, 정말 놀기만 하는 학교를 차릴 건데 관심 있는 사람들은 찾아오세요'라고. 그 광고를 보고 일곱 명이 찾아와서는 모험에 동참하겠다고 해서 그렇게 시작한 거예요.

크리스 학교를 시작할 때 다른 도움도 받았나요?

패트 대학원에 다닐 때 알게 된 여성이 한 명 있었는데, 아주 강인한 사람이었어요. 그 사람한테 우리 학교의 멘토가 되어 달라고 했죠. 학교 이사회에 자리를 주면 승낙하겠다고 하더군요. 그런데 그땐 아직 이사회가 없었거든요. 그 다음엔 내 계획이 무엇이냐고 물어봐서 말해줬죠. 그랬더니 말이 안 된다는 거예요. "궁극적 목표가 뭐야?"라고 묻더군요.

난 대답했죠. "행복이에요."

"행복이 대체 뭔데? 너 대학원에서 뭘 배운 거야? 그리고 아이들한테 하고 싶은 대로 하라고 말하는 건 또 뭐야? 제발 정신 좀 차려."

난 속으로 "이 아줌마, 우리 학교 이사하긴 글렀군" 싶었어요. 그래도 겉으로는 이렇게 설명했죠. "아이들이 뭘 하고 싶다고 할까봐 겁나시는 거죠? 이제 겨우 세 살인데. 빵에다 땅콩 버터 바르기 전에 젤리부터 바르는 거요? 그럼 어때요? 땅콩 버터가 빵에 붙어 있지 않고 미끄러지기밖에 더 하겠어요?"

"그래서 말하려는 게 뭔데?"

"무엇이든 아이들한테 '이렇게 하는 거다' 하고 한 가지 방식만을 가르치지 않겠다는 것뿐이에요. 아이들이 알아서 방식을 찾을 테니까요. 아이들은 체험을 통해 배울 걸 다 배워요."

"그럼 하버드대학까지 알아서 가겠네?"

그 사람한테 도움을 받겠다는 생각은 그 자리에서 접었어요. 그 뒤엔 한동안 폐쇄적으로 지냈던 것 같아요. 많은 사람들이 우리가 하는 일을 잘못된 것으로 보았으니까.

하지만 나중에는 정말 좋은 사람들의 도움을 많이 받았어요. 대표적인 예가 캠벨 아저씨죠. 아이들이 여덟 명에서 열 명으로, 열 명에서 열두 명, 열네 명으로 늘어나면서 더 많은 공간이 필요했는데 다행히 우리 집 옆에 공터가 있었고 그 옆에 있던 집이 비어 있었어요. 그 빈집이랑 공터가 다 캠벨 아저씨의 소유였죠. 캠벨 아저씨는 그때도 할아버지였는데 37년이 지난 지금도 살아계셔요. 아무튼 우린 계약금을 낼 돈이 없었는데도 캠벨 아저씨는 땅과 집을 우리한테 파셨어요. "할부금이나 제때 줘" 하시면서.

그렇게 부족한 게 있을 때마다 이 무식쟁이들을 도와주겠다고 나서는 분들이 계셔서 지금껏 버텨온 것 같아요.

크리스 초기에 자금 조달은 어떻게 했니요?

패트 나는 수입이 전혀 없었어요. 남편이 대학에서 외국인 학생 상담사로 일해 번 돈으로 생계를 꾸리고, 학교도 운영했어요.

그리고 운영비를 줄이기 위해 처음 2년 동안은 반나절만 운영했어요. 나중에 종일반으로 바꾸고 일 년에 한 학년씩 늘릴 계획이었죠. 아이들 수업에 필요한 자재는 공립학교 같은 데서 얻어왔어요. 그쪽에서는 낡은 물건들이니 얼마든지 가져가라고 했죠. 어떤 것은 정말 구닥다리였지만, 우리 아이들은 전혀 개의치 않았어요.

크리스 학교 재원은요?

패트 학부모들이 한 달에 130달러씩 냈는데, 나머지 자금은 우리가 직접 벌었어요. 축구 시합이 있으면 경기장에서 사과를 팔고, 미술 박람회장에서는 핫도그를 팔았죠. 한번에 4천 달러나 벌곤 했어요. 17년을 그렇게 지냈어요.

크리스 교사는 어떻게 구했나요?

패트 사실 처음 2년 동안은 도우미랑 나밖에 없었어요. 그 뒤엔 교사로 일하겠다는 사람들이 그냥 나타났어요. 우리 학교에 대한 기사를 봤거나 소문을 듣고 그냥 불쑥 찾아오는 거죠. 다행히 신문 광고를 낼 필요가 없었어요. 그랬다면 제도

권에서 가르치거나 훈련받은 사람들도 몰려왔을 텐데, 내게
는 옥석을 가려내고 기존 훈련의 껍데기를 벗길 시간이 없었
거든요. 요즘은 학교가 훨씬 더 커졌기 때문에 채용 광고를
내요. 우리 방식에 맞게 처음부터 다시 훈련시키는 과정도
도입했고요.

크리스 초기에 특별히 넘기 힘든 장벽은 없었나요?

패트 왜 없었겠어요. 우선 교사 월급이 너무 적어서 그것 때
문에 스트레스 받아 떠난 사람이 여럿 있었어요. 한 교사는
월급 적게 받는 게 굉장히 억울했는지 학부모들을 선동해 파
벌을 만들었어요. 그리고 날마다 회의를 하더니 그 학부모들
을 데리고 나가 따로 학교를 만들겠다는 말까지 했어요. 하
지만 결국 학부모들은 다 남고 그 교사만 나갔죠.

또 한번은 한 교사가 자기 생각에는 우리가 서머힐의 원칙
에서 너무 벗어났다며 얘기를 좀 하자는 거예요. 밤늦게까지
얘기를 했지만 떠나겠다는 그 사람의 고집을 꺾지 못했어요.
내가 무슨 용서받지 못할 짓을 해서 우리 학교에 대해 가지
고 있던 기대가 깨진 모양이에요. 지금은 그게 무슨 짓이었
는지 생각도 나지 않아요. 아이들한테 소리를 질렀던가?

아무튼 학교를 운영하기 위해서는 정밀 엄청난 시간과 노
력이 필요했어요. 남아 있을 각오가 된 사람들은 서로 얘기
를 많이 했죠. 한때는 이런 문구를 크게 써서 걸어 놓은 적도

있어요. "떠날 분은 조용히 떠나주세요. 나가실 때 문 좀 살살 닫고요. 우린 남아 있을 겁니다."

초반에 겪은 가장 큰 어려움은 1학년을 받으면서였어요. 미시간 주 법 규정에 따르면 2층짜리 건물에 초등학교를 세우려면 갖춰야 할 시설이 엄청나게 많다는 사실을 준비를 마치고 나서야 알게 된 거예요. 그런 시설을 갖출 여력은 전혀 없는데.

크리스 그래서 어떻게 했어요?

패트 이동식 교실을 구하러 다녔죠. 간이 교실 같은 거요. 그런 교실의 수명이 30년이라고 들었어요. 그런데 전문대학에서 우리한테 기증한 중고 교실은 그때 이미 20년 넘은 거였거든요. 그때부터 또 30년 가까이 썼고요! 그리고 나중에 헐값에 간이 교실을 하나 더 샀죠. 그렇게 간이 교실 두 개로 늘어나는 학생들을 수용하면서 버텼어요.

학교 규모가 커지면서 공간뿐만 아니라 인력도 더 많이 필요해졌어요. 그래서 가까운 대학의 사범대 학과장을 찾아가서 우리 학교를 교생실습 현장으로 지정해달라고 했어요. 그런데 교생실습생을 받으려면 내가 박사 학위가 있어야 된다는 거예요. 내게는 석사 학위밖에 없었기 때문에 그 자리에서 거절당했죠.

집으로 돌아와서 생각했죠. "클롱라라를 살리는 데 필요한

게 있다면 이 세상 끝까지 쫓아가서라도 얻어내야 한다." 그
래서 대학원을 다니면서 박사 학위를 받기로 결심했어요. 문
제는 돈이었죠. 하지만 아직도 월급 안 받고 학교를 운영하
는데다 어린아이가 둘씩이나 있었으니 돈을 모았을 턱이 없
었죠. 그래서 후원금 받을 만한 곳이 없을까 찾아보기 시작
했는데 그러자마자 랜스톤 퓨리나가 운영하는 댄포스재단을
발견했어요. 종교를 갖고 있는 사람들에게 교사 훈련 장학금
을 준다는 거예요. 별로 노력하지 않고도 거저 얻을 수 있는
게 있다는 사실이 놀랍지 않아요? 아무튼 댄포스재단은 박사
학위를 받을 때까지 7년 동안 계속 후원해줬어요. 그래서 드
디어 교생실습생을 받을 수 있었고요.

크리스 그러는 동안 학교는 원하던 방향으로 잘 운영되고 있
었나요?

패트 방향이랄 건 없었고, 그냥 가고는 있었어요. 아무런 예
측도 안 했으니까요. 마스터플랜도 없었고, 그냥 학교를 꾸려
가면서 배우는 데 만족했죠. 물론 니일의 모델이나 애쉬턴
워너의 『선생님』이 지침이 돼줬지만, 나만의 길을 찾고 싶었
어요. 그래서 목적지 없이 흘러가는 것도 나쁘지 않았어요.
　가끔씩 교사들이 내가 인도하는 대로 따르겠다는 말을 해
요. 그러면 웃으면서 나도 내가 어디로 가는지 모르는데 어
떻게 따라오겠단 말이냐고 대꾸해요. 그러니까 누가 누굴 따

르는 건 전혀 도움이 안 된다고 말하죠. 다 제 갈 길을 가는 게 훨씬 나아요.

게다가 아이들이 얼마나 훌륭한 선생인데요. 예를 하나 들자면 공립학교를 다니다가 우리 학교로 온 애니라는 여덟 살짜리 꼬마가 있었어요. 우리 학교에서 겨우 이틀을 보내더니 나한테 와서 그러더군요. "우리 엄마가 그러는데 이 학교에는 선생님이 하나도 없대요."

무슨 말이냐고 물었더니 이렇게 대답하더라고요. "내가 질문을 하면 선생님은 또 다른 질문으로 대답하잖아요. 진짜 선생님이면 우리한테 문제집을 주고 풀라고 해야죠."

나는 쪼그리고 앉아 애니 눈을 똑바로 쳐다보면서 물었어요. "애니, 정말 문제집 풀고 싶어?" 애니는 아주 자신 있게 "네!" 했어요. 그래서 문제집을 한 아름 구해줬더니 하루 종일 앉아 문제집을 풀더군요. 그런데 다른 아이들도 내게 와서 자기들도 문제집을 달라는 거예요. 결국 한동안 우리 학교도 전통적인 학교 수업을 했어요. 아이들이 지겨워해서 그만둘 때까지요.

그 와중에 다른 곳에서는 대안교육을 어떻게 하고 있는지 궁금해졌어요. 그 즈음에 잭 웨스트라는 사람이 이끄는 '대안학교 네트워크Alternative Schools Network'가 시카고에서 대안교육에 관한 회의를 해마다 연다는 소식을 들었어요. 1976년에 처음으로 참석했는데, 정말 감동적이었어요. 조나단 코졸, 엘리엇 위긴턴 같은 사람도 만났고, 우리 동네 반대편에 프리스쿨이 있다는 놀라운 사실도 그 회의에서 알게 되었죠. 빌 애이어스라는 젊은이가 만든 '어린이 공동체 학교Children? Community School'였어요. 빌은 반항아적 기질이 다분한 친구였죠. 열아홉 살에 교육위원장 선거에 출마하고, 미시간대학에 다닐 때는 '민주사회를 위한 학생회'를 결성한 핵심 회원이기도 했고요.

그리고 나랑 똑같은 일을 하는 사람들이 참 많다는 것을 알게 되었어요. 저마다 고립되어 서로에 대해 모르고 있었을 뿐이죠. 그래서 우린 어떻게 하면 서로 친하게 지내고 도울 수 있을까 고민하기 시작했어요. 그러던 중에 동부에 있는 메리 루나 존 다이치 같은 사람들이 벌써 전국 조직을 만들기 위한 기초 작업을 끝냈다는 얘기를 들었어요. 그래서 1980년에 시카고에서 열린 대안학교 네트워크 회의 때 전국 조직을 만들기 위한 회의를 앤아버에서 다시 열자고 제안했어요. 그리고 그 회의를 시카고 회의가 끝나고 한 달 안에 열기로 했어요. 사람들이 정말 전국 조직을 만들 의지가 있는지 시험해볼 수 있는 좋은 기회라고 생각했죠.

아무튼 전국 각지에서 대안학교를 운영하는 사람 24명이 앤아버에 모였는데, 우린 '전국대안공동체학교연대'를 출범시켰죠. 처음에는 운영 자금이 전혀 없었지만, 곧 많은 학교와 홈스쿨 가정들이 가입했어요. 그래서 회보를 만들기로 했어요. 지금이야 인터넷이 있으니 별 것 아니겠지만 그때만 해도 야심찬 사업이었죠. 이것 말고도 우리가 하는 일을 알리고 서로 도울 수 있는 다양한 방법들을 개발해냈어요.

크리스 클롱라라의 운영 방식에 중대한 변화는 없었나요?

패트 원래는 8학년 과정까지만 확대하기로 했어요. 그런데 막내 아이가 클롱라라를 졸업해 공립 고등학교로 진학한 지 2년째 되던 어느 날, 우리 학교를 다니던 열세 살짜리 아이가 공립 고등학교는 절대 다니지 않겠다는 거예요. 그래서 주 교육법을 뒤져봤더니 고등학교는 허가를 받아야만 설립할 수 있다고 나와 있었어요. 뿐만 아니라 허가 신청서를 내면 어학 실습실, 체육관 시설, 수영장은 있는지 물어본대요. 우리 그런 거 없으니까 당연히 허가를 못 받는 거죠.

하지만 나는 다른 사람한테 허락을 구하는 순간 자기 권리를 포기하는 거라고 늘 아이들한테 강조했거든요. 그렇게 생각하니까 나도 못할 게 없다 싶어 무작정 고등학교 과정을 설립하기로 했어요. 그 뒤로 주 교육국에서 가끔씩 "고등학교 교장님께"로 시작하는 공문을 보내왔죠. 그런 공문을 하나도 빠뜨리지 않고 보관했어요. 혹시라도 왜 허가 없이 고등학교를 운영하느냐고 교육국에서 따지면 "우리가 고등학교 운영하는 거 당신들도 알고 있었잖아요. 이렇게 공문도 보냈으면서"라고 하려고요.

하지만 그렇게까지 할 필요는 없었어요. 앤아버 교육위원회가 이른바 문제아들을 위한 공립 대안학교를 세웠거든요. 그 학교도 어학실습실이니 수영장 같은 시설은 없딘데요, 뭐. 학교 세우는 게 뭐 범접할 수 없는 성역이라고….

크리스 초등학교 허가는 받았었나요?

패트 미시간 주에서는 정부가 사립 초등학교를 짓지 못하게 할 수 없어요. 그래도 학교를 세우면 교과과정이다 뭐다 해서 서류를 첨부해 신고를 하긴 해야 되거든요. 우리는 교과과정이 없었잖아요. 그래서 옛날에 교사로 일하던 공립학교 교장을 찾아가 교과과정 좀 빌려달라고 했죠. 한참을 뒤져 찾아내더니 얼마든지 복사해 가라고 했어요. 그래서 그걸 베껴 교육국에 제출했어요. 우리가 만약 전통적인 학교라면 이런 교과과정을 따를 거라는 편지와 함께요. 또 우리는 학급제가 없으니까 교과과정은 알아서들 해석하시라고 덧붙였죠.

 아무도 이의를 제기하지 않았어요. 서류를 대충 훑어보기만 한 것 같아요. 그 사람들은 시설물 안전, 소방, 식품 영양 관련 규정을 잘 지키는지, 학생들을 안전하게 감독하는지 이런 것에 더 신경을 쓰죠. 당연히 그래야 하고요.

크리스 감사를 받은 적은 없었나요?

패트 앤아버 공립도서관에서 교사한테는 30권씩 6주 동안 대출해주거든요. 그래서 장학사가 오기 하루 전날 교사 네 명이 가서 책을 120권 빌려다가 학교 책꽂이를 채워뒀어요. 그리고 다음 날 아침 감사단이 도착했을 때 단장한테 이렇게

443

인사를 건넸죠. "선생님이 학교 세우는 데 도움을 많이 주신 다는 고마운 분이시군요." 그랬더니 "폐쇄시키기도 합니다" 라고 대꾸하던데요.

나중에 알게 된 사실인데, 그날이 CIA에서 우리 학교 앞에 주차된 자동차 번호판까지 다 찍어가 레드 파일을 만들어서 는 시민들을 관리하기 시작한 악명 높은 날이었대요. 그래서 감사단장이 그렇게 무섭게 굴었나봐요.

아무튼 감사단은 앤아버 교육위원회에서 한 명, 주 교육국 에서 두 명, 이 지역 대학에서 한 명, 모두 다섯 명이었어요. 우리 학교가 별로 크지 않아서 다섯 명이 들어오니까 꽉 찼 죠. 분위기도 굉장히 어색했고. 다행히 그리 오래 있진 않았 어요.

그 사람들은 보고서에 우리한테 해가 될 만한 내용을 별로 쓰지 않았어요. 그 일로 관료들도 우리랑 똑같은 사람들이라 는 사실을 깨닫게 되었죠. 최악의 경우라고 해봤자 힘 자랑 밖에 더 하겠어요? 그러면 우리도 힘 자랑하면 되죠. 게임일 뿐이에요. 권력자가 나와 다를 바 없는 인간이라는 사실을 잊지 말고 필요 이상의 투자를 하지 않아야 한다는 걸 알고 있어야 해요. 너무 많이 투자하면 정작 중요한 일은 하지 못 하고 손발이 묶이게 되죠.

또 다른 큰 변화는 1978년에 일어났어요. 한 가족이 찾아 와 아홉 살 된 아이를 클롱라라에 보내지 않고 홈스쿨링을 하고 싶은데 도와달라는 거예요. 당시에는 나도 홈스쿨이라는 말을 들어본 지 얼마 안 됐을 때거든요. 그래서 그 부모가 과연 제대로 할 수 있을까 의심스러웠어요. 그러다가 문득 이런 생각이 들더라고요. "가만, 나도 아무것도 모르는 상태에서 학교를 시작해 지금껏 운영해왔잖아. 그런 주제에 이 사람들한테 아이를 집에서 교육시키면 안 된다고 말할 수 있나?"

그 즈음에 존 홀트가 자기는 더 이상 대안학교에 관심이 없다면서 홈스쿨이야말로 바람직한 교육법이라고 주장하기 시작했어요. 홀트는 우리 '전국대안공동체학교연대'에서 여러 번 무료로 강연을 해준 고마운 사람이죠.

그래서 그 가족에게 홈스쿨링을 할 수 있도록 도와주겠다고 약속했어요. 사실 그것을 사업으로 발전시키면 돈이 될 수 있겠다 싶기도 했죠. 어차피 날마다 학교에서 하는 일이니까. 지난 10년 동안 얻은 경험을 학교 울타리 밖으로 수출하는 일이야말로 지혜롭게 사는 길이란 생각이 들었어요. 우린 분별력 있고 남에게 친절을 베풀 줄 알고 내면에서 우러나오는 만족감을 누리는 성숙한 아이들을 길러내는 방법에 대해 많은 것을 알게 되었잖아요. 그게 지금껏 내가 생각하는 행복의 정의예요.

그해가 다 가기 전에 또 한 가족이 찾아와 똑같은 도움을 청했는데, 그러면서 우리 학교의 새로운 측면이 급속도로 펼쳐지기 시작했어요.

그러던 어느 날 주 교육국의 높은 자리에 있던 폴 턴불이라는 사람한테 전화가 왔어요. 우리 학교 신입생 중에 앤아버 근처에도 살지 않는 아이들의 실체를 밝히라고 하더군요.

그러면서 이렇게 물었어요.

"도대체 이런 일을 벌여도 된다는 생각을 어떻게 하게 되었습니까?"

그래서 이렇게 대답했죠.

"전 교육자니까 교육자가 할 일을 하는 것뿐인데요."

그랬더니 협박을 하더라고요.

"계속 그렇게 사기를 치면 학교 문을 닫게 만들 수도 있습니다."

나도 "어련하시겠어요. 우리 학교 문 닫게 만들면 속 시원하시겠네요" 하고 쏘아붙이며 맞불 작전으로 밀고 나갔죠. 속으로 엄청 떨고 있는 자신을 애써 외면하면서. 험악한 분위기 속에서 계속 통화했는데, 전화를 끊자마자 근처 미시간 법대 도서관으로 달려가 홈스쿨 관련 법 규정을 찾아봤어요.

자료를 조사해보니 홈스쿨에 관한 법 조항은 없지만 1925년에 미시간 주 검찰총장의 결정에 따라 홈스쿨이 법적으로 허용되었다는 사실을 알아냈어요. 그래서 법적 근거가 있다는 확신을 갖고 주 정부와 정면으로 맞서기로 결심하고는 턴불 씨와 주 교육위원장에게 면담 신청을 했어요.

결국 턴불 씨와 교육국장의 오른팔 되는 사람을 만나게 되었죠. 나는 우선 어떻게 홈스쿨 가정을 돕게 되었는지, 그리고 왜 돕는지를 설명했죠. 그랬더니 그 가운데 한 사람이 물었어요. "설마 무슨 프로그램을 시작한 건 아니죠?"

중대한 선택의 순간이었어요. 그 당시엔 몇 가정만 지원하고 있었기 때문에 얼마든지 별것 아닌 걸로 얼버무려 당장의 귀찮음을 피해갈 수 있었죠. 하지만 나는 모든 걸 걸기로 했어요. 그래서 "프로그램이라고 할 수 있죠"라고 대꾸했죠. 그러자 바로 표정이 굳어지더니 이렇게 말했어요. "이 사람들 절대 집에서 자녀를 교육시키면 안 됩니다. 주에서 인증한 교사는 어떻게 구한단 말입니까?"

나는 "언제부터 그런 요건이 생겼죠?"라고 대꾸했어요.

논리적으로는 내가 이겼다고 봐요. 미시간 주 교육법은 학교교육과 관련된 의무 조항이 애매하거든요. 공교육과 비슷한 프로그램만 따르면 아이에게 공교육을 시키지 않아도 된다고만 나와 있죠. 나는 그 공교육과 비슷한 프로그램을 제공하겠다는 거고.

나는요, 애매한 게 너무 좋아요. 걸리는 게 없잖아요.

크리스 그렇게 간단히 끝났단 말이에요?

패트 홈스쿨 프로그램 홍보 책자 만드는 일만 남은 거죠. 그럴 때가 됐다고 생각했고요. 물론 주 교육국에 있는 그 친구들한테도 한 부씩 보내줬어요.

크리스 프로그램에 가입한 가정이 급격히 늘어났겠네요?

패트 아무한테도 얘기한 적이 없는데, 정말 빨리 늘어났어요. 순전히 홈스쿨 가족들 입 소문으로 퍼진 거예요.

다른 지역 사람들도 가입했기 때문에 다른 주의 교육법도 공부해야 했어요. 서부는 식은 죽 먹기였죠. 홈스쿨을 막을 만한 법 조항이 하나도 없거든요. 예를 들어 미주리 주 같은 경우는 홈스쿨을 한다고 교육 당국에 신고하는 것조차 안 해도 돼요. 하지만 동부는 법 규정이 조금 까다롭죠. 그렇게 1980년대 초반부터 조금씩 클롱라라 홈스쿨링 프로그램이 틀을 갖추기 시작했어요.

크리스 홈스쿨링 프로그램은 어떻게 운영되나요?

패트 우선 아이들에게 개인별로 교과과정을 제공하고 통신 교사를 배정해줘요. 현재 열여섯 명의 통신 교사와 도우미들이 홈스쿨 가정들을 서로 연결해주고, 거주 지역의 교육 자원을 알선해주며, 교재와 자료 활용법을 가르쳐주죠. 필요에 따라 학생 지도도 하고, 고등학교 과정을 마치고 대학에 진학하려는 청소년을 위해 진로 상담도 하고 있어요. 또 정기적으로 발행하는 회보와 펜팔제도를 통해 모든 홈스쿨 아이들을 연결시켜주고 있죠.

그리고 사회복지나 사회보장 관련 증명서, 교육위원회 분기별 보고서 같이 홈스쿨 가정이 법을 준수하는 데 필요한 서류들을 관리해주고 있어요.

불행하게도 법적 분쟁은 그때 주 교육국과의 면담으로 끝나지 않았어요. 주 정부에서는 계속 홈스쿨 가정에게 법을 준수하라는 경고문을 보냈는데, 나는 나대로 교육국에 계속 항의하고 우리 회원들에게는 법적 근거가 없는 경고문이니 무시하라고 했죠. 그러다 주 정부에서 이른바 '4계명'을 선포하고 위반한 사람들을 감옥에 가두는 무리수를 두면서 사태가 악화됐어요.

크리스 '4계명'이 뭐였는데요?

패트 첫 계명은 '일 년에 180일 이상 공인 교사가 가정에 상주할 것'이고, 두 번째는 '홈스쿨 가정은 학교 경영 관련 양식에 따라 모든 정보를 기입할 것'이었어요. 그리고 세 번째는 학교 수업 일수가 반드시 180일이 아니어도 된다는 내용이었어요. 얼마 전 폭설 때문에 휴교하느라 180일을 못 채웠다는 이유로 몇 학교가 지원금을 받지 못했는데, 그 학군 교육위원회가 정부를 상대로 소송을 제기해 승소한 사건이 있었거든요. 그 사건을 의식해서 세 번째 계명을 넣은 거죠. 그리고 네 번째 계명은 '명확히 규정된 과목과 영역에 따라 아이를 가르칠 것'이었어요.

여덟 살짜리 아이가 봐도 1번과 3번 계명이 모순이라는 걸 알 수 있잖아요. 그래서 기독교 단체, 기독교 홈스쿨 가정, 클롱라라 식구 열댓 명이 모여서 교육국에 쳐들어갔어요. 교육국장을 만나긴 했는데, 요식 행위에 불과했어요. 교사가 가정에 상주해야 하는 일수가 180일이냐 아니냐는 질문에 교육국장이 답변을 거부해 자리를 박차고 나와버렸죠.

집으로 돌아오는 길에 교육국이 우릴 괴롭히지 못하게 하려면 소송을 하는 수밖에 없다는 결론을 내렸어요. 물론 아무도 소송할 비용이 없었죠. 그래도 사람들에게 이렇게 말했어요. "그냥 합시다. 돈은 어떻게든 해결될 거예요."

그렇게 '클롱라라 스쿨 대 미시간 주 교육국' 사건이 시작된 거예요. 우리 변론의 요지는 교육국 사람들이 행정부 공무원인데도 입법부 행세를 하고 있다는 거였어요. 아무 법적 근거도 없는 정책을 홈스쿨 가정에 강요하고 있다는 것을 고발한 거죠. 게다가 교육국이 홈스쿨 가정에 사립학교보다 더 엄격한 기준을 적용하고 있다고 항의했어요.

크리스 어떻게 됐나요?

패트 1심에선 우리가 승소했는데, 주 정부가 항소했어요. 미시간 주 상소 재판소에서도 우리가 이겼는데, 주 정부는 또 항소했죠. 그래서 미시간 주 대법원까지 갔는데 결국 우리가 이겼어요. 마침내 주 정부도 포기했죠. 연방 대법원에서는 교육 관련 사건을 다루지 않거든요.

우리가 승소한 건 소송을 지켜보고 있던 전국 모든 홈스쿨 가정의 쾌거였어요. 그 뒤로 이 판례는 많은 홈스쿨 가정에 법적 방패막이 되어주었죠.

한편 우리 학교에도 이 홈스쿨링 프로그램은 복덩어리였어요. 홈스쿨 지원 서비스 수입으로 새 건물도 지었고, 교사들 월급도 올려줄 수 있었어요. 덕분에 교사들이 평균 8년에서 10년 정도는 재직하게 되었죠. 초기에 계속 교사들이 바뀌는 바람에 많이 힘들었거든요.

크리스 반나절만 운영하는 조그마한 유아원에서 K-12 학교로, 또 세계 각지 학생들을 위한 홈스쿨링 프로그램으로 발전하기까지 참 먼 길을 온 거네요.

패트 정말 멀고도 험한 길이었죠. 몇 년 전부터는 거의 모든 시간을 홈스쿨 지원에 쏟고 있어요. 판사나 변호사를 상대하는 일이 대부분이죠. 그리고 최근에는 이혼과 양육권 소송 도중에 부부가 자녀의 홈스쿨 문제로 분쟁이 생겼을 때 법정에서 홈스쿨을 변호하는 게 주요 업무가 되었어요. 요즘엔 홈스쿨의 적법성 자체가 문제되는 일은 드물어요. 스웨덴, 노르웨이, 독일 같은 나라가 아니면. 지금은 28개국 사람들에게 홈스쿨 지원 서비스를 제공하고 있는데, 국제교육법 전문가가 다 됐어요.

크리스 클롱라라의 장래를 내다본다면?

패트 솔직히 많이 걱정스러워요. 우리 학교 입학 지원율이 차터스쿨 때문에 많이 떨어졌어요. 차터스쿨은 공공 지원금을 받으니까 학생들이 수업료를 안 내잖아요. 학생들이 최고로 많았을 때가 115명이었어요. 그런데 지금은 50명도 안 돼요. 우리 학교가 있는 블록 모퉁이만 돌면 바로 차터스쿨이 하나 있고, 걸어서 갈 수 있는 거리에 여섯 개나 더 있어요. 요즘엔 사람들이 클롱라라에 와보고 정말 마음에 들어 하다가도 근처에 무료로 다닐 수 있는 대안학교가 있다는 걸 알고 나면 우리 쪽은 쳐다보지도 않아요.

엎친 데 덮친 격으로 우리 홈스쿨링 프로그램에마저 비열한 적군이 생겼어요. 윌리엄 베네트라는 사람이 12개 주에 연 '사이버 학교'죠.

크리스 사이버 학교요?

패트 차터스쿨법에 따라 공공 지원금으로 운영되는 홈스쿨 가정을 위한 프로그램이에요. 아이들은 학교 수업을 K12라는 회사에서 준 컴퓨터로 집에서 하죠. K12를 시작한 사람이 베네트예요. 레이건 행정부에서 교육부 장관을 지낸 사람인데, 유명세를 이용해 전국을 돌아다니며 자기 프로그램 지원금을 타내고 있죠. 베네트는 오래전부터 교육으로 돈을 벌 수 있다고 떠벌리고 다녔는데, 지금 그걸 증명하겠다고 나선 거예요.

사이버 학교는 다른 차터스쿨과 마찬가지로 수업료가 없어요. 덕분에 우리 홈스쿨링 프로그램 회원이 8천 명에서 6천 명 정도로 줄었는데, 지금도 계속 줄고 있어요.

그래서 사립 대안학교나 홈스쿨 가정의 미래가 그리 밝진 않아요. 사실 누군가 경종을 울릴 때가 됐어요. 이젠 생존마저 위협당하고 있거든요. 최근엔 K12가 사립학교를 사들이기 시작했어요. 몬태나 주인지 와이오밍 주인지 기억이 안 나는데 한 사립학교 재단이 소속 학교들을 통째로 K12에 팔아 넘겼대요. 그리고 2주 전엔 우리도 클롱라라 스쿨을 팔지 않겠느냐는 편지를 받았고요. 거침없이 달리고 있는 베네트 저 양반을 누군가, 아니 우리가 발을 걸어 넘어뜨려야 해요.

왜 클롱라라를 차터스쿨로 만들지 않느냐고 묻는 사람들이 꽤 많아요. 차터스쿨을 만들고 싶었다면 벌써 만들었겠죠. 하지만 그렇게 되면 홈스쿨 가정이 부당한 처사를 당했을 때 누가 국가를 상대로 소송을 제기하죠?

크리스 은퇴할 생각은 해보신 적이 있나요? 은퇴하시면 클롱라라는 어떻게 될까요?

패트 사실 지금 6년 반을 과도기로 잡아놓았는데, 2년째 들어섰어요. 어느 날 갑자기 사라지진 않을 거예요. 일상적인 학교 운영은 다른 사람들한테 넘기고 나는 글을 쓸 계획이에요. 나를 포함한 교직원, 몇몇 학부모와 학생이 위원회를 구성해서 내가 일선에서 물러난 클롱라라의 장래를 의논하고 있어요. 자극을 받으려고 책도 같이 읽고 있죠.

크리스 무슨 책이요?

패트 하나는 마가레트 휘틀리가 쓴 카오스 이론과 조직에 관한 책이에요. 서로 양육하고 보살펴주는 사람들로 구성된 조직에 대한 이야기죠. 또 하나는 피터 센지가 쓴 책인데, 센지는 기업을 단계별로 성장하는 생물체에 비유하면서 모든 구성원이 자신이 맡은 개별 업무에 충실하면서도 조직 전체에 대한 의식이 있어야 한다고 강조하죠.

그리고 내년 9월에는 센지의 책을 교재로 쓰는 미시간대학 교수를 초빙해 교직원, 학부모와 함께 과도기를 차근차근 밟아나갈 예정이에요. 내가 맡았던 역할을 모두 내려놓는 거죠. 우선 설립자 역할은 클롱라라가 이미 설립됐으니까 버릴 거예요. 그리고 나머지 역할들을 하나씩 내려놓는데, 내게는 어느 역할을 누구에게 물려줄지 결정할 권한이 없어요. 지금 클롱라라를 이끌 준비가 된 사람들이 꽤 많기 때문에 과도기를 무사히 통과하리라 낙관하고 있어요.

나는 클롱라라를 지탱해온 가치관을 수호하는 횃불지기로 남고 싶어요. 그래서 클롱라라가 목소리 없는 사람들이 목소리를 크게 낼 수 있을 때까지 늘 그들 편이 되어주는 곳이었으면 좋겠어요.

패스파인더 센터

매사추세츠 주 애머스트 시내의
커다란 지하 상가에 자리잡고 있는 패스파인더 센터^{Pathfinder}
^{Center}는 홈스쿨 가정을 위해 일 년 내내 운영되는 지원센터
다. 지원하고 있는 홈스쿨 학생은 열두 살부터 열여덟 살까
지 약 60명. 센터는 회의 장소 제공 말고도 수업, 강좌, 견학
같은 것을 기획·진행하며 회원들이 인턴으로 일하거나 사
회봉사를 할 수 있도록 돕고 있다. 수업이나 활동의 3분의 2
는 학업과 관련된 것이고, 나머지는 음악, 무용, 미술 같은 예
술 분야와 나양한 형태의 시회운동에 관한 것이다 센터는
또한 십대 청소년들에게 다양한 기회를 제공하는 다른 기관
들과도 연계를 맺고 있다.

공동 소장이자 교사인 켄 댄포드와 조쉬 호닉은 상담을 통

해 홈스쿨 가정이 자율적 학습으로 전환하면서 겪는 어려움을 극복하고, 거주 지역 교육 당국의 기준을 충족시키는 홈스쿨 교육 계획을 세우는 일도 도와준다. 댄포드와 호닉, 또한 사람이 센터의 상근 교사이고, 이 밖에도 주변 대학에서 찾아오는 자원봉사자들, 학부모, 옛 회원, 관심 있는 사람들이 파트타임 교사로 봉사하고 있다. 댄포드와 호닉은 각 가정과 일 년에 최소한 두 차례 면담하여 아이가 어떻게 지내는지 논의하고 적절한 목표를 정할 수 있도록 도와준다.

패스파인더 센터 이야기는 공동 설립자 조쉬 호닉이 해주었다.

크리스 어떻게 홈스쿨 십대를 위한 지원센터를 설립하게 되었나요?

조쉬 켄과 나는 애머스트 중학교 교사였어요. 그런데 각자 다른 이유로 힘들어하고 있었죠. 특히 켄은 학생들과의 관계에 불만이 많았어요. 학교라는 구조 속에서는 학생과 교사가 서로 대결하는 입장이 되는 경우가 너무나 많잖아요. 켄은 학생들이 자기를 대할 때 무언가 배우고 이해하려하기보다는 더 좋은 점수를 받아낼 궁리만 한다는 느낌을 받았대요.

켄은 미국 역사를 가르쳤는데 기말고사 대신 독특한 과제를 낸 적이 있었어요. 부모, 조부모, 삼촌, 이모, 고모 같은 친척들을 인터뷰해서 앞 세대가 현대사의 특정 사건과 어떤 개인적 연관이 있는지 조사하는 과제였죠. 정말 멋있고 의미 있는 생각 아닌가요? 그런데 켄이 가르친 백 명의 학생 중에 정말 극소수를 제외하고는 대개는 자기가 받은 점수만 확인하고 과제물을 쓰레기통에 버린 거예요. 일 년 동안 해온 역사 공부의 결실이자 자기 가족과 역사를 의미 있게 연결시키는 소중한 기록인데도 대부분의 학생들이 아무런 가치를 느끼지 못했던 거죠.

내가 느낀 답답함은 조금 달랐어요. 8학년 학생들에게 과학을 가르쳤는데, 내가 무슨 감방 교도관이 된 기분이었어요. 꽃처럼 활짝 피어나려고 아우성쳐도 모자랄 청소년들을 교실에 몰아넣고 그 앞에 서 있는데 아무리 기다려도 아이들이 활짝 피어나질 않는 거예요. 내가 아이들에게는 걸림돌밖에 안 된다는 것을 뼈저리게 느꼈죠.

서너 달을 그렇게 보내고 나니 더 이상 참을 수가 없더라고요. 그 즈음에 매사추세츠 주에서 차터스쿨 설립 신청서를 접수한다는 소식을 들었어요. 그래서 사람들을 모아 서드베리 밸리 스쿨을 참고한 제안서를 6주만에 만들어냈어요.

우리가 제안한 학교와 서드베리 밸리 스쿨의 유일한 차이점은 우리 학교가 문화적 다양성을 강조한다는 서였죠. 애머스트 지역은 문화적 다양성이 굉장하거든요. 인구의 30퍼센트가 소수 인종이에요. 우린 학교가 그런 다양성을 반영하길 원했던 거죠.

크리스 그래서 어떻게 됐어요?

조쉬 거절당했어요. 선정위원회가 공식적으로 밝힌 건 아니지만, 한 위원이 나한테 다른 사람들에게는 비밀이라며 해준 말에 따르면 주 정부에서는 학력 요건을 따지지 않는 차터스쿨을 허가할 생각이 전혀 없었대요.

크리스 그럼 공식적으로는 무슨 사유를 대던가요?

조쉬 우리가 제시한 모델이 기존 학교와 근본적으로 너무 달라 다른 곳에서 따라하기 힘들다고 했어요. 차터스쿨제도의 취지 중 하나가 시범 학교를 하나 개발해서 다른 학교에 보급하는 거였거든요.

크리스 그 다음엔 어떻게 했나요?

조쉬 교사 생활이 2년째로 접어들었을 때, 그해를 넘기지 않고 그만둘 생각을 굳혔어요. 교사가 되기 전에 하던 금융계 변호사 일도 너무 지루해서 그만둔 거였거든요. 십대 아이들과 일하면 정말 흥미진진할 줄 알았는데 적어도 애머스트 중학교에서는 아니었어요.

한편 홈스쿨을 하는 십대들이 어떻게 과학을 배우는지 연구해서 석사 학위 논문을 썼거든요. 연구를 시작하기 전에는 홈스쿨을 하는 아이들이 과학은 안 배울 거라고 생각했어요.
부모가 과학 전문가가 아닌 이상 집에서 어떻게 과학을 가르
칠 수 있겠냐고 생각했죠. 그런 선입견을 가지고 홈스쿨을
하는 일곱 가정과 심도 있는 인터뷰를 했어요.

인터뷰를 하면서 제일 먼저 느낀 것은 이 십대 아이들이
정말 똑똑하고 의젓하다는 거였어요. 하나 같이 자기 주장이
뚜렷했고요. 그 다음에 알게 된 것은 부모가 아이들에게 과
학을 가르치지 않는다는 거였죠. 그런데도 인터뷰한 어떤 아
이는 심지어 대학생보다도 더 과학 지식이 풍부했어요. 뒤뜰
에서 동물학 연구를 혼자서 했대요. 그것도 대학원생이나 할
만한 수준의 연구를요. 인터뷰할 당시에 열일곱 살이었는데
이미 코넬대학과 하버드대학 두 군데서 합격 통보를 받고 어
디로 갈까 고민하고 있었어요. 부모 중에 동물학을 전공한
분이 계시냐고 물었더니, 열 살이 되고 나서는 부모가 자기
한테 과학을 가르친 적이 없다고 대답했어요.

내가 본 홈스쿨 가정들은 모두 그랬어요. 부모가 직접 십
대 아이를 가르치는 경우가 드물어요. 학업의 틀을 잡아주는
데 관여하는 정도는 부모마다 차이가 있지만, 공부할 내용을
직접 가르치는 경우는 거의 없다는 거죠.

논문을 쓰기 위해 홈스쿨 가정의 십대들과 만나서 보낸 시
간이 너무 즐거웠고, 그 아이들이 스스로 배우며 성공하는
게 너무 신통했어요. 그때부터 이런 아이들을 둔 가정을 지
원하는 것은 어떨까 고민하게 되었죠. 그러면 부모 중 하나

가 자녀교육 때문에 일을 그만두지 않고서도 홈스쿨을 실용적인 대안교육으로 선택할 수 있으니까.

크리스 켄은 어떻게 참여하게 된 거죠?

조쉬 당시에는 차가 없어서 켄의 차를 얻어 타고 출퇴근했거든요. 차 안에서 우리끼리 학교교육을 성토하곤 했죠. 차터스쿨 제안서가 거절당하고 나서 우리를 더욱 실망스럽게 했던 건 우리가 일하고 있던 학교에서 우리 제안서를 베꼈다는 거예요. 우리가 제안한 팀 티칭team teaching(교사 여러 명이 한 팀을 이루어 학습지도를 담당하는 교수 조직 형태_옮긴이) 제도와 학부제식 교과과정을 8학년 과정에 도입한 거예요. 우리가 실행하기에는 너무 복잡하고 비용이 많이 든다면서 꿈도 꾸지 말라더니. 정말 참을 수가 없었어요.

출퇴근하는 동안은 켄과 내가 꿈을 꿀 수 있는 시간이기도 했어요. 처음에는 사립학교를 세울까도 고민했었는데, 켄과 나 두 사람 다 대중적인 걸 좋아했기 때문에 포기했어요. 사립학교는 등록금을 높게 책정할 수밖에 없기 때문에 소수 정예만 받게 되잖아요. 반면 홈스쿨 지원 서비스는 비용 때문에 포기하는 가정이 생길 일은 없으니까 그쪽으로 생각을 돌렸죠. 막 흥분해서 그런 얘기를 하다가 우리도 모르는 사이에 서로 약속을 해버렸어요. 같이 학교를 그만두고 십대를 위한 홈스쿨 지원센터를 만들기로.

크리스 실제로 어떤 절차를 밟아 센터를 시작했나요?

조쉬 정말 일이 쉽게 풀렸어요. 그래서 우리 꿈이 그만큼 매력이 있었던 거고. 맨 처음 한 일은 우리에게 기부금을 낸 사람이 세금 공제 혜택을 받을 수 있게 국세청에서 규정하는 비영리단체로 인정받는 거였어요. 여기서 우린 큰 행운을 잡았어요. 비영리법인을 운영하는 사람을 우연히 만났는데, 별로 하는 일도 없고 운영 범위도 아주 넓어서 센터를 운영하는 데 적합했어요. 나중에 그 사람의 딸들도 우리 센터 회원이 됐죠. 아무튼 그 사람은 자기 비영리법인 명의를 써도 된다고 해서 우린 아무런 시간과 노력을 들이지 않고 비영리법인 자격을 얻게 되었죠. 비용도 20달러 정도밖에 들지 않았어요. 그 비영리법인 이름이 패스파인더재단이었어요. 그래서 우리 센터 이름이 패스파인더 학습센터가 된 거죠.

우린 사업 계획도 짰어요. 목표는 80-100명 정도 회원을 모아 회비로 일 년에 천 달러를 받고 형편이 어려운 가정에게는 어느 정도 재정 지원을 해주는 거였어요. 그렇게 하면 적당한 공간도 임대하고 우리 둘도 먹고살 수 있을 정도의 수입은 되리라 본 거죠.

크리스 처음엔 어떻게 소문을 냈나요?

조쉬 사실 처음엔 소문을 안 냈어요. 나는 별로 걱정을 안 했지만 켄은 우리가 학교를 그만두기 전부터 소문이 나면 학교가 우리를 나쁜 사람으로 매도할 것 같다면서 걱정을 했어요. 켄 말이 맞았을지도 몰라요. 그 학교 교장이 아주 간사한 사람이었거든요.

우리는 5월에 학기가 끝나는 대로 사표를 내겠다고 학교에 통보했어요. 그리고 각자 학생들 중 제도교육에서 벗어나야 살 수 있을 것 같은 아이들에게 우리 계획을 알려줬죠. 그중 몇 명이 우리를 따라 학교를 떠나겠다고 했는데, 우리는 그 아이들의 부모님들과 비공식적으로 논의를 시작했어요. 학기가 끝나고 나서는 사흘 동안 대규모 공청회를 열었어요. 시내에 전단지를 돌리고 지역신문에 광고 낸 게 전부인데 애머스트 주민센터에 여든 명 넘게 온 거예요. 정말 놀랐죠.

크리스 공청회에서 무슨 얘기를 했나요?

조쉬 내 친구 중에 딸아이가 공립 고등학교 생활이 너무 괴롭다고 해서 자퇴를 시킨 친구가 있거든요. 그 아이를 집에서 교육할 수 있도록 켄이랑 내가 도와줬었어요. 딸과 엄마 둘 다 홈스쿨을 하면서 훨씬 더 행복해졌어요. 그래서 모녀가 공청회에서 정말 호소력 있게 지기들 경험을 애기했죠. 홈스쿨을 하는 다른 학부모들 몇 명도 나와서 이야기를 했고요. 그 다음에는 열여섯 살에 고등학교를 자퇴했는데 지금은 잘나가는 음향 기술자가 된 카일 홀름스테드라는 사람이 간증을 했어요. 그리고 다른 몇몇 사람들도 학교 때문에 상처 받은 경험을 얘기했죠.

그렇게 순식간에 우리 존재가 알려진 거예요. 마치 영화〈꿈의 구장Field of Dreams〉 같았어요. 거기에 그런 대사가 나오잖아요. "지어만 놓으면 사람들이 몰려올 거야."

크리스 공청회를 하고 나서 회원 가입을 한 사람이 몇 명이었죠?

조쉬 9월이 되자 회비를 납부한 회원이 스무 명이 넘었어요.

크리스 그 다음엔 어떻게 했나요?

조쉬 시내에 있는 방 세 칸짜리 사무실에 월세로 들어갔어요. 방 하나는 사무실로 쓰고, 다른 방은 휴게실 겸 강의실로 쓰기로 했죠. 나중에는 회원이 늘어나면서 건물 지하 상가 전체를 쓰게 됐어요. 처음 공간보다 세 배는 더 넓어진 거죠.

크리스 첫해 재정 상태는 어땠나요?

조쉬 아슬아슬했어요. 임대료가 월 7백 달러였기 때문에 켄과 내가 받을 수 있는 연봉이 5천 달러 정도 됐어요. 3년째, 그러니까 2년 전부터 최소 임금은 넘어섰어요. 우리한테는 중요한 성과죠. 그리고 올해부터는 2만 달러 넘게 받아요. 공립학교 교사로 남아 있었으면 받았을 연봉과 비슷해진 거죠. 그게 우리가 정한 목표거든요.

크리스 요즘은 일 년 회비가 얼만가요?

조쉬 1천 5백 달러로 올렸어요. 하지만 형편이 어려운 가정을 거절하진 않아요. 그런 가정에는 우리 센터에서 하는 수익 사업을 도와달라고 하죠.

크리스 어떤 수익 사업을 하는데요?

조쉬 가을에 빵 굽기 마라톤을 해요. 뛰는 게 아니라 하루 종일 빵만 굽는 거죠. 구운 빵은 자선단체에 기부해요. 또《자유롭게 배우는 사람들Liberated Learners》이라는 우리 센터 월간지 구독자도 모집해요. 센터 연보에 실을 상업 광고를 받기도 하고요. 그리고 올해 늦봄에는 경매 행사를 해서 돈을 꽤 벌었어요. 그리고 재정 지원을 받아야 하는 가정들은 공연이나 세차 같은 행사를 기획하기도 하죠.

크리스 회비나 자체 수익 사업 말고 다른 재원은 없나요?

조쉬 작년에 처음으로 꽤 많은 후원금을 받았어요. 만 달러요. 그래서 교직원을 한 명 더 채용했고 교재와 컴퓨터 소프트웨어도 살 수 있었죠.

크리스 그 후원금은 어떻게 받게 됐나요?

조쉬 우리 센터 이사 한 명이 대학 동창회에 가서 자기 아이들이 패스파인더 센터 덕분에 얼마나 재미있게 사는지 모르겠다고 친구한테 이야기를 했나봐요. 그런데 그 친구가 마침 조그마한 재단의 이사였거든요. 자기 재단에 후원금 신청을 해보라고 해서 신청했던 거예요. 내년에도 거기서 후원을 받을 가능성이 높아요.

이 밖에도 그동안 몇 차례 적은 액수의 후원금을 받았어요. 초등학교 강당에서 뮤지컬을 상영했는데 문화위원회에서 곡 저작권료로 쓰라고 2백 달러를 지원해줬어요. 또 2주짜리 정치운동 워크숍을 할 때는 전쟁세 반대 재단에서 5백 달러를 후원해줬고요. 그리고 지난봄에는 학교 자퇴 파티를 할 때 술과 마약 없는 행사로 만들겠다는 조건으로 주 정부에서 6백 달러를 받았어요. 그날 밴드도 부르고 가라오케 기계도 대여해서 다들 실컷 놀았죠.

크리스 센터 첫해는 어땠나요?

조쉬 켄이랑 나랑 각자 저축해둔 돈을 갉아먹으며 지냈다는 것만 빼고는 모든 게 순조로웠어요. 연초에 패스파인더 센터를 아주 긍정적으로 평가한 신문 기사가 나가면서 회원이 몇 명 더 늘었어요. 입 소문이 퍼지면서 일 년 동안 회원이 꾸준히 늘어 이듬해 여름에는 처음에 세든 공간이 좁게 느껴질 정도가 되었죠. 더 넓은 공간을 임대할 경제적 여유도 생겼기 때문에 지하 상가 전체를 임대했죠. 월 천 달러예요. 이젠 교실 다섯 개에 면적도 꽤 넓어요.

크리스 지금도 회원이 꾸준히 늘고 있나요?

조쉬 네. 장기 계획을 세우면서 전망했던 증가율보다 일 년 반 정도 늦어지고는 있지만, 그땐 너무 낙관적으로 전망했던 거였어요. 켄이나 나나 지금까지의 성과에 상당히 만족하고 있어요.

크리스 센터가 둘이 꿈꾸던 대로 모습을 갖춰가고 있나요?

조쉬 우리가 하는 일은 내가 아는 청소년 교육모델 중에서 가장 유망한 것이에요. 우리 센터는 학습을 위한 YMCA 같은 곳이에요. 아이들이 오고 싶으면 언제든지 와서 배움 그 자체의 즐거움을 만끽하는 곳이죠.

하지만 이른바 문제아를 위한 프로그램은 아니에요. 처음 2년 동안은 청소년 범죄를 저지를 가능성이 높은 두 아이를 받았거든요. 그 녀석들은 마음대로 거리를 돌아다녀도 된다는 것을 알고는 정말 하루 종일 밖으로 돌다가 결국 더 나쁜 일만 저지르게 됐어요. 그런 아이들에게도 도움을 줄 수는 있지만, 그 아이들은 우리가 해주지 못하는 더 많은 지원을 필요로 해요.

또 심각한 정서장애가 있는 아이들에게는 우리 센터가 적합한 곳이 아니에요. 물론 우리 센터 회원이 되면 학교 다니면서 받는 스트레스는 없어지겠지만, 그렇다고 모든 문제가 다 해결되지는 않아요. 우린 전문 치료기관이 아니니까.

내 생각에 패스파인더 센터는 이른바 '평범한 아이들'한테 가장 잘 맞는 것 같아요. 물론 평범한 아이란 있을 수 없지만, 학교에서 그렇게 부르는 아이들 있잖아요.

교사로 있을 때 보니까 아이들은 세 부류로 나뉘는 것 같았어요. 의욕이 넘쳐나는 아이들이 있어요. 인정도 받고, 칭찬도 자주 듣지만 미친 듯이 공부만 해서 오히려 그게 문제가 되기도 하는 경우죠. 그런 학생들은 자존심을 계속 유지할 수 있는 구조에서 생활해요. 또 다른 부류는 학교 성적이 부진해요. 정서적으로 건강한 아이라면 학교 일에 적당히 무관심해지는 것으로 자신을 방어하죠. 그리고 자존심을 유지할 수 있는 수단을 다른 곳에서 찾아요.

그런데 대부분의 아이들이 마지막 부류에 속하는 것 같아요. 그냥 그럭저럭 지내는 아이들이죠. 다들 너무너무 똑똑하거든요. 별처럼 빛날 정도로요. 하지만 아무도 그 아이들한테

"네가 정말로 하고 싶은 게 뭐니?"라고 묻지 않아요. 그런 아이들이 우리 센터 같은 환경에서 정말로 하고 싶은 것을 찾을 자유를 갖게 되면서 빛을 발하는 거죠. 우리 프로그램은 바로 그런 아이들한테 가장 많은 도움이 되는 것 같아요.

크리스 패스파인더 센터의 아이들을 특성별로 분류한다면?

조쉬 부모가 우리 방법론을 전적으로 신뢰하는 아이들이 가장 많아요. 그 아이들이 우리 프로그램의 중추적인 존재죠. 신이 나서 배우고 재미있는 과제나 활동을 적극적으로 찾는 아이들이에요.

두 번째 유형은 다시 둘로 나뉘어요. 하나는 전형적인 그레이스 르웰린Grace Llewellyn (『십대 해방 지침서Teenage Liberation Handbook』의 저자이자 유명한 홈스쿨 주창자_옮긴이) 스타일이에요. 학교가 자신의 성장을 억압한다고 생각하고 자퇴하기 위해 부모와 엄청 싸워야 했던 아이들이죠. 일단 센터를 찾아오면 부모가 이해할 수 있는 방식으로 홈스쿨을 설명하는 일을 우리가 도와주죠. 또 한 부류는 학교생활에 적응하지 못해 색다른 배움을 모색하는 아이들이에요. 그 고민을 아이가 주도하는 경우도 있고 부모가 먼저 하는 경우도 있어요.

그리고 세 번째 유형이자 우리 회원의 4분의 1을 차지하는 아이들은 우리한테 오기 전부터 이미 홈스쿨을 하고 있던 아이들이죠.

크리스 세 번째 유형이 더 많을 줄 알았어요.

조쉬 홈스쿨 가정들은 대개 패스파인더 센터에 관심이 없어요. 홈스쿨이라는 방법 자체가 아주 검소하잖아요. 그런 사람들은 우리 서비스를 받으려고 1천 5백 달러를 내는 것을 납득할 수 없는 거죠. 그리고 어떻게 보면 그 사람들 생각이 맞아요. 하지만 또 한편으로는 석사 학위 논문에서도 밝혔듯이 홈스쿨 아이들의 가장 큰 불만이 또래와 어울릴 기회가 없다는 거거든요.

크리스 회원들이 개별적으로 들락날락하는 와중에도 공동체의식을 형성할 수 있었나요?

조쉬 공동체의식을 강화하기 위해 더 많은 노력을 해야겠다고 생각하고 있어요. 주변만 맴도는 아이들이 있거든요. 그리고 끼리끼리 뭉치는 경향도 없지 않고요. 예를 들어 연극반 아이들은 서로 정말 친해요. 그리고 상상을 초월할 정도로 컴퓨터 게임에 매달리는 남학생들이 몇 명 있는데 그 친구들도 자기들끼리 뭉치죠.

  하지만 전반적인 분위기는 아주 화기애애해요. 아이들이 서로에게 친절하기 때문에 심각하게 누구를 무시하거나 따돌리는 일이 일어날 수 있는 분위기는 아니에요.

크리스 분쟁을 해결하는 특별한 방식이 있나요?

조쉬 '짜증회의'라는 게 있어요. 누가 다른 사람의 계속되는 행동 때문에 짜증이 나면 그 사람한테 가서 "우리 짜증회의 하자"라고 해요. 실제로 그런 경우는 아주 드문데, 짜증회의 가 소집되면 켄이나 내가 당사자들과 의논하여 합의점을 찾 도록 도와주죠.

크리스 패스파인더 센터에도 규칙이 있나요?

조쉬 아주 기본적이고 상식적인 규칙들이 있죠.

크리스 규칙은 누가 만들죠?

조쉬 규칙은 '이슈회의'에서 만들기도 하고 바꾸기도 하죠. 이슈회의는 정기적으로 하지 않고 필요에 따라 소집해요. 요 즘은 초기에 비해 횟수가 많이 줄어들었어요. 이젠 센터가 매끄럽게 잘 굴러가니까요. 센터의 정책을 바꾸고 싶은 사람 은 누구나 회의를 소집할 수 있어요. 그리고 논의와 합의를 통해 결정을 내리죠. 그동안 회의 소집 이유의 절반 정도는 센터를 더 깨끗하게 사용하고 관리하는 방식을 고민하기 위 해서였어요. 물론 다른 이슈들도 있어요. 연보를 만들자는 제 안이 처음 나왔을 때도 내가 회의를 소집해 연보에 들어갈 내용에 제한을 둘 필요가 있는지 토론했거든요. 결국 모든 사람들이 도가 지나친 내용은 싣지 않기로 합의했어요. 연보는 외부 사람들도 다 보는 거니까.

크리스 그러니까 패스파인더 센터는 민주적으로 운영된다는 말씀이네요?

조쉬 그렇긴 하지만 우리 센터 분위기는 선한 군주제에 더 가까운 것 같아요. 센터에 계속 상주하는 사람은 켄이랑 나밖에 없으니까 일상적으로 벌어지는 일들에 대해서는 우리 둘이 최종 발언권을 행사하죠.

크리스 패스파인더 센터에 대한 사람들의 인식은 어떤가요?

조쉬 이젠 애머스트 주민 대부분이 우리에 대해 알고 있는 것 같아요. 하지만 우리가 하는 일이 무엇인지 정확하게 아는 사람은 별로 없어요. 대부분의 사람들이 대안교육을 낙오자를 위한 거라고 생각해요. 점차 그런 인식을 바꿔가고는 있는데 더딘 과정이죠.

크리스 인식 전환을 위해 구체적으로 하는 일이 있나요?

조쉬 처음 2년 동안은 시장, 공공 서비스 기관장, 교회 목사 같은 지역 지도층을 만나서 우리가 하는 일을 설명하는 데 주력했어요. 그 사람들은 모두 십대 아이들이 정해진 교과과정을 따르지 않고도 자기 학습을 스스로 주도할 수 있다는 생각에 동의했고 우리 일을 격려해줬어요. 정말 고무적이었죠. 그 사람들이 우리 센터에 보내준 회원도 꽤 많아요.

끝까지 이해를 못한 사람들은 행정 당국밖에 없어요. 그 사람들 반응을 한마디로 요약하자면 이런 거죠. "뭐라고요? 열다섯 살 아이들한테 세계 문학을 안 가르친다고요? 그렇게 해선 절대 대학 못 가요. 인생에선 또 어떻게 성공하라고요?"

그 와중에 알고 지내는 기자에게 센터에 관한 기사를 써달라고 부탁했는데 기사가 그만 역효과를 내고 말았죠. 그 친구가 얼마나 균형과 중립을 지키려고 애를 썼던지 사람들이 생각지도 못했던 걱정거리들을 다 끄집어내서는 근거 있는 문제인 것처럼 포장을 한 거예요. 그 기사 때문에 타격을 조금 받았죠.

그러다가 2년 전 《보스턴 글로브》의 교육 섹션에 센터에 대한 훌륭한 기사가 났어요. 그 기사 덕분에 우리 센터 신용도가 많이 올라갔죠. 기사를 쓴 사람이 지금은 《뉴욕 타임즈》에서 발간하는 교육 관련 계간지 편집부장으로 있거든요. 조만간 우리 센터에 대한 기사를 또 내줄 것 같아요.

우리가 발간하는 잡지 《자유롭게 배우는 사람들》도 아주 유용한 홍보 수단이에요. 사람들이 항상 하는 질문이 "패스파인더 센터 아이들은 평균적으로 어떻게 지냅니까?"거든요.

하지만 아이들 하나하나가 다 다른데 평균이라는 게 어떻게 있을 수 있겠어요. 어떤 아이들은 일주일에 한 번 와서 수업 한두 개만 받고 가고, 어떤 아이들은 거의 매일 와서 열다섯 가지 정도 되는 활동에 다 참여하니까. 참여의 정도나 방식이 아주 다양해요. 그래서 아이들의 활동을 담은 프로필을 《자유롭게 배우는 사람들》에 실으면 앞서 말한 질문에 답하는 게 훨씬 쉬워지죠. 학부모들도 잡지를 보면서 자기 아이와 비슷한 처지의 회원을 발견하면 바로 안심하게 되고요.

올 가을에는 지금까지 소개된 프로필 중에서 제일 좋은 것을 골라서 특집을 낼 계획이에요. 센터의 핵심을 설명하는 데는 그 어떤 홍보 책자보다 더 큰 효과를 발휘할 거예요.

크리스 프로필은 누가 쓰죠?

조쉬 아이와 부모가 쓰고 켄과 내가 편집하죠.

크리스 패스파인더 센터에 대해 심각한 수준의 부정적 반응은 없었나요?

조쉬 없었어요. 우리가 누구를 그만큼 위협할 만한 존재가 아니니까요. 하지만 애머스트에 있는 매사추세츠대학 교육학과와 여러 차례 접촉을 시도했는데도 아무런 반응이 없어서 꽤 놀랐어요. 미국에서 가장 흥미로운 교육 실험 중 하나가 바로 코앞에서 벌어지고 있는데 눈길 한번 안 주고 있죠.

크리스 그래도 점점 더 많은 가정에 도움을 주고 있다는 거죠?

조쉬 내년쯤이면 회원이 65-70명 정도 될 것 같아요. 아까 말한 《뉴욕 타임즈》 기사가 나오고, 우리 《자유롭게 배우는 사람들》 특집이 나오면 더 많아질지도 모르고요.

크리스 패스파인더 센터의 장기적 지속가능성이 걱정되진 않나요?

조쉬 지금으로선 아무 걱정 없어요. 센터가 확실히 정착한 것 같아요. 나는 우리 교직원들이 서로 배려해줄 수 있는 여유가 생겼다는 게 특히 마음에 들어요. 내가 육아 휴가를 내고 싶어할 때 교사 한 명을 더 채용해 마음놓고 휴가를 다녀올 수 있었고, 켄의 아내가 출산할 때도 휴가를 보내줄 수 있었어요. 지금은 켄이 주 5일, 내가 주 4일, 그러니까 켄이 일을 더 많이 하는데도 우리 식구가 더 많은 수입이 필요하다는 이유로 내가 켄보다 월급을 많이 받아요.

　1월에 아기 엄마가 다시 복직하면 센터 일을 반으로 줄일 생각이에요. 일을 대신 맡을 사람을 구하는 건 어렵지 않을 것 같아요. 지금도 교사들 취업 문의가 심심찮게 들어오거든

요. 아이들 좋아하고 가르치는 거 좋아하는 사람한테는 패스
파인더가 꿈의 직장이죠.

내 생각엔 융통성이야말로 우리 모델의 가장 중요한 요소
인 것 같아요. 우리 교사들이 십대 아이들한테는 중요한 역
할 모델이기 때문에 우리가 서로 배려하는 모습을 보이는 게
아이들한테도 좋죠.

크리스 앞으로 회원이 될 가능성이 많은 사람들에게서 "대학
은 갈 수 있어요?" 같은 질문을 많이 받으시죠?

조쉬 우리 아이들은 열여섯 살, 늦어도 열일곱 살이 되면 대
학 수업을 따라갈 실력이 돼요. 그러면 대개는 대학 강의를
몇 개 들으라고 권하죠. 매사추세츠대학도 있고, 가까이 있는
전문대학 두 곳도 수준이 높거든요. 그래서 열여덟 살이 되
면 아이들은 이미 두 개에서 많게는 열 개의 대학 강의를 이
수한 상태죠. 그게 대학 입학원서를 낼 때 얼마나 유리한데
요. 게다가 홈스쿨 학습 경력 덕분에 다른 학생들보다 훨씬
더 수월하게 대학 생활에 적응해요.

크리스 고등학교 졸업증이 없어두 원하는 대학에 들어가는
데 지장이 없다는 건가요?

조쉬 전혀 없어요. 우리 아이들 대부분이 GED 시험General

Educational Development Test(미국의 대학 입학 검정고시_옮긴이)을 봐요. 굉장히 쉬운 시험인데, 아이들은 대학에 가고 싶어서라기보다는 GED 성적을 알고 싶어서 시험을 보죠. 대부분의 대학이 고등학교 졸업장에 신경 안 써요. 대학에서 알고 싶어하는 건 신입생이 수업을 따라갈 실력이 되느냐 하는 것인데, 센터 출신 아이들이 그건 확실하게 입증해왔죠.

크리스 패스파인더 센터가 지역사회에 영향을 미치는 것 같아요?

조쉬 글쎄요. 이 지역 중학교에 새로 부임한 교장이 전임자보다는 훨씬 나은데, 그 사람이 그랬어요. 자기 학교를 이 지역에서 최고의 학습환경으로 만들어 우리 센터 문을 닫게 만들 거라고. 얼마나 긍정적이에요. 학교에서 충족시키지 못하는 욕구가 있기 때문에 우리 센터가 존재한다는 걸 인정하는 거잖아요. 그리고 학교가 개선되면 그 학교 학생들한테는 좋은 일이죠.

크리스 패스파인더 센터가 복제 가능한 모델이라고 생각하시나요?

조쉬 학교 설립하는 일에 비하면 쉽죠. 센터가 뿌리를 내리는 2년 동안 먹고살 만큼 저축해놓은 돈과 약간의 경영 마인

드만 있으면 된다는 것을 우리 둘이 보여줬잖아요. 미국의
모든 학교에는 켄이나 나 같은 사람이 있고, 미국 전역에 패
스파인더 센터 같은 학습센터가 필요해요. 하지만 지금은 개
인적으로 우리 센터를 성공시키는 일에만 주력하고 있어요.
자기만의 동기로 배움에 임하는 아이들과 함께하는 게 너무
즐거워요. 성년의 문턱에서 복잡한 개념들을 이해하려고 애
쓰는 아이들을 돕는 일이 얼마나 신나는지 몰라요. 그래서
지금으로서는 우리 모델을 더 널리 보급시키겠다는 큰 꿈을
보류하고 있죠.

이야기는 계속된다

앞에 나온 이야기들이 웅변해
주듯이, 좋은 학교를 만드는 데는 정해진 공식이 없다. 2부에
소개된 학교들에 공통되는 가장 중요한 사실은 각 학교와 학
습센터의 빛나는 고유성과 독창성이다. 물론 공통점이 많은
건 사실이다. 그러나 학교마다 설립자의 이상, 구성원의 욕구
와 개성, 지역의 조건, 그리고 순간순간의 절박한 요구에 따
라 다양하게 발전해왔다.

또 하나 강조할 점은 이 이야기들이 여기서 끝나지 않는다
는 사실이다. 모든 학교들은 역동적인 생명체로서 끊임없이
환경에 적응하며 진화할 것이다. 한 예로 패스파인더 센터는
인터뷰를 한 뒤에 이름을 노스스타^{North Star}로 바꾸고, 지도부
의 세대 교체를 했고, 다른 동네로 이사를 했다. 물론 지금도

계속 번창하고 있다. 리버티 스쿨의 경우 빌게이츠재단이 5년에 걸쳐 40만 달러의 후원금을 주기로 했다. 후원금은 학생들이 운영하고 지역 주민들이 후원하는 농업 프로젝트, 영화 제작과 사진 촬영을 지원하는 미디어센터, 연극 공연을 할 수 있는 극장, 로봇 연구실, 교내 무선 인터넷 통신망 구축 같은 다양한 사업에 쓰일 계획이라고 한다. 뉴올리언스 프리 스쿨은 교육위원회의 집중 공격을 당하고 있기 때문에 그 지역 지지자들과 전국 지지자들의 다각적인 노력으로 학교 폐쇄를 막아내고 있다.

다시 한번 강조하지만 좋은 학교를 만들려면 영감, 인내심, 창의력, 결단력, 헌신성, 아이들에 대한 깊은 이해, 그리고 약간의 배짱이 있어야 한다. 교육학 또는 학교행정학 박사 학위나 학생들이 배워야 할 학문에 대한 전공 지식이 있어야만 학교를 만들 수 있는 게 아니다. 앞서 열거한 자질을 충분히 갖춘 사람이라면 누구나 교육적 실험에 참여할 수 있고, 새로운 교육의 확산에 기여할 수 있다. 다행히 그런 움직임은 이미 시작되었다.

살아 있는 학교 어떻게 만들까

초판 1쇄 발행 2005년 1월 17일 | **개정판 1쇄 발행** 2018년 6월 10일
글쓴이 크리스 메르코글리아노 | **옮긴이** 조응주 | **펴낸이** 현병호
편집 김소아, 장희숙, 조하늘 | **디자인** 임시사무소
펴낸곳 도서출판 민들레 | **주소** 서울시 성북구 보문로 34가길 24
전화 02) 322-1603 | **전송** 02) 6008-4399 | **전자우편** mindle98@empas.com
홈페이지 www.mindle.org | **페이스북** facebook.com/mindlebooks

이 도서의 국립중앙도서관 출판예정도서목록(CIP)은 서지정보유통지원시스템
홈페이지(www.seoji.nl.go.kr)와 국가자료공동목록시스템(www.nl.go.kr/kolisnet)에서
이용하실 수 있습니다.(CIP 제어번호: CIP2018017156)